漫畫圖解

古代エジプトうんちく図鑑

不可思議的

埃及古文明

芝崎みゆき———圖、文　**許晴舒**———譯

ANCIENT EGYPTIAN
CIVILIZATION

寫在前面

您是不是：
對古埃及完全沒有基礎知識，想了解它卻不得其門而入？
有意了解埃及古文明，卻因不甚清楚其歷史朝代而打退堂鼓？
正考慮去埃及旅行？或者已去過埃及，因而更想深入了解它？
不論你是上述哪種人，這本書都適合您。
另外，寫作這本書時，我常常提醒自己不要讓內容流於膚淺，因此我相信即使你是感嘆難逢敵手的「埃及通」，也能從這本書獲得新知與樂趣。
總之，只要是腦子曾經閃過「埃及？」這個念頭的人，我想都適合看這本書吧。
請隨意從您有興趣的地方開始讀起。
關於法老王的章節，由於是按照朝代順序寫的，剛開始的地方或許有些無聊。所以從知名的國王（像是：胡夫、圖坦卡門等）開始閱讀，或許會比較有親切感吧。

雖然不需要我多說，但是古埃及真的是
既深奧又有趣呢！
讀完這本書，還請多多吊書袋啊。

那麼，就來好好享受這趟「古埃及巡禮」吧！

接下來，很冒昧地，就由小女子我擔任大家的嚮導。
我的埃及知識還不到家啦，還請各位多多指教！

目次

MYTHOLOGY

眾神的繪卷

一說到古埃及，就不能不提埃及的眾神。埃及擁有長達三千餘年的歷史，在如此悠久的歲月裡，深植在埃及人們心目中、生活中、習慣中的宗教觀，都可從這些原始神話的故事中一窺端倪。

世界呢，是這樣開始的。
首先，讓我們從這個題目開始！
最早的時候，有一片名為「努恩」（Num）的黑暗混沌之海。
混沌～
努恩
太陽神「拉」（Ra）突然從那裡蹦了出來，從那時候開始，就有了「時間」。
鏘鏘！
我用意志力把自己創造出來囉！
接著，他創造了站立的地方。
啊哈哈！
這個地方稱做「原始之丘」，在古埃及的建築物裡，也可以常常見到這個主題。
緊接著，有了限制級的發展……
接下來，他藉著手淫，從自己的精液裡生出「休」（Shu）跟「泰芙努特」（Tefnut）這兩個神。
不過有另外一種說法是：休和泰芙努特是從拉的噴嚏還是口水中生出來的，更有人說是從尿液而來的。總之，都是髒東西＋排泄物之類的……
就因為事情是這樣開始的，所以，便演變成「拉的手代表女性」。據說，後世擔任「神之聖妻」這個職務的女神官也因此被賜予「神之手」這個稱號。
實在是太猥褻了！
休是空氣之神。
泰芙努特是濕氣的女神。
如果我得負責濕氣的話不知有多悲哀……
連這樣原始的神話裡都會跑出「濕氣」來，可以想見，埃及的氣候……
這兩者感覺很像，但其實卻是各有千秋。他們的名字背後隱含著這樣的意義喔！
空氣（休）具有乾燥、保存物質的性質，所以代表「秩序」；濕氣（泰芙努特）則因為會導致物品腐敗、鏽蝕，所以被拿來跟「無法預測的事」——也就是「無秩序」劃上連結。（The Legacy Of The Ancient Egypt, Charles Freeman）
不過，這兩個孩子，在努恩這片大海中跟拉失散了。

拉取出了自己的雙眼，
尋找兩人的下落，沒多久便與孩子重逢。
這個時候，拉喜極而泣，
那時所掉下來的淚珠便成為人類。
嗚哇
落下
人類（rmt）跟眼淚（rmi）的發音很相近，
據說上述故事便是基於這樣的文字趣味產生的。
什麼嘛，原來是雙關語啊！
休和泰芙努特雖然是兄妹，不過卻結婚了，他們兩人生下大地之神「蓋布」（Geb）和天空女神「努特」（Nuit）。
可是，年輕的蓋布和努特一天到晚只曉得嘿咻，怠忽了職責，所以他們的父親休就介入其中，把兩人給拆散了。
這個姿勢太勉強了吧！
努特
你們兩個夠了沒！
休
據說地震就是「蓋布的笑」。
呵
蓋布
在這裡，很突然地，一個先前沒啥說明、也毫未著墨的，很成熟很成熟的大人「多多」（Thoth）神登場了！
多多神
不知何時何地蹦出來的、莫名其妙就存在的神
碰！
多多同情兩個人的悲慘遭遇，決定幫他們做點什麼事情。他跑去跟月亮玩擲骰子的遊戲，每贏一次就偷一點亮光，於是時光增加了五天，這多出來的五天就成為努特和蓋布約會的日子。聽說啊，原本一年只有三百六十天，之後就變成有三百六十五天了！
月
真是太好了！
他是一個好好先生，為人非常熱心。不僅公正無私、協調性強，頭腦也很靈活。他有一顆朱鷺頭（也有人說是蒼鷺），但這顆頭有時候也會變成狒狒頭（這是因為狒狒強烈的好奇心也是多多神性格的一部分）。他負責學問、智慧、紀錄、陰曆、數學等各個領域，同時也是書記的守護神。
可是狒狒頭看起來像個笨蛋似的，而且醜不拉嘰的。

在這五天當中，努特及蓋布生下了這些人。

為什麼只有我是動物的頭？
搞不清楚是什麼動物
頭上放著王座
結婚
結婚
奈芙蒂斯（Nephthys，次女）
賽特（Seth，次子）
紅頭髮紅眼睛，是掌管沙漠、混亂、災難等，必要的惡神。
艾西斯（Isis，長女）
擅長魔法。
歐西里斯（Osiris，長子）
原是穀物、豐收之神。以黑色或小麥的綠色為象徵。

若是再加上三男「荷魯斯」（Horus），正確地說，五天之內是生了五個小孩，但是為了避免跟之後要介紹的另一個荷魯斯（Horus）搞混，這裡就先跳過他啦！

很沒有禮貌耶！
大荷魯斯

荷魯斯以各種樣貌出現，有時是兄弟、有時是小孩，有時又是拉的孩子，而且又分成大荷魯斯和小荷魯斯……

顏色

在埃及，
黑＝肥沃＝吉祥的顏色
紅＝沙漠＝不吉利的顏色
過去大家是這樣認為的……

「顏色」也表現出歐西里斯及賽特個性上的差異。

歐西里斯及賽特

長男歐西里斯成為國王，統治埃及。原本人類像禽獸般食用人肉，他予以禁止，並且教導他們農業技術，帶來了秩序。

歐西里斯因此受到人們的愛戴，越來越受歡迎，成為人氣天王。

哼，無聊透頂！

但這卻引發了弟弟賽特的嫉妒，最後甚至演變成憎恨。

此外，由於賽特的妻子奈芙蒂斯單戀歐西里斯，懇求歐西里斯跟她「做一次」，結果發生了婚外情。

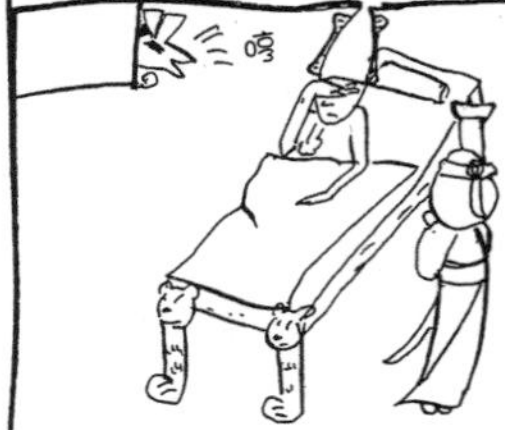
哼

賽特目睹了兩人的姦情，因而下定決心要「殺掉歐西里斯」。

宴會的時候，賽特拿出了一個美麗的箱子。
亮晶晶
亮晶晶
我要把箱子送給剛好能躺進去的人。
賽特事先偷偷量了歐西里斯的身高，所以，除了歐西里斯，誰也擠不進這個箱子。
許多人都試了，最後，在歐西里斯進入箱子的那一瞬間，賽特和他的黨羽一起制伏了所有的人，然後關緊箱子，把箱子投入尼羅河中。
啪啪啪
經過這個政變之後，賽特成為國王。
從這裡開始便是
艾西斯之旅
艾西斯擅長魔法，只要能找到歐西里斯的軀體，她就能令其復活。她從皇宮飛奔而出，無視於自己全身衣物破爛不堪，
破爛~破爛~破爛~破爛~
你有沒有看到一個大箱子？
像著了魔似的，逢人便探問歐西里斯的下落。
努力有了回報，在遙遠的拜布魯斯（Byblus）皇宮中，她終於找到了變成樑柱的箱子。
呀──！
就是這個！沒有錯！
但是，賽特卻趁著艾西斯一個不留神，把箱子給偷走了。而且，這一次他把屍體大卸八塊、撒到世界各地。
不過艾西斯不死心，再度開始尋找丈夫的屍體。
我也討厭賽特！我和我的兒子也一起幫忙找。
奈芙蒂斯
阿努比斯（Anubis）
歐西里斯和奈芙蒂斯的兒子
請原諒我和歐西里斯的感情吧！
接下來，他們花了很長的時間，找到了被切割成十四塊的遺體，但就只有生殖器被魚（有人說是鯰魚）吃掉了，所以沒有找到。
據說，就是因為這個緣故，魚才遭人唾棄……

既然生殖器被魚吃掉了，也沒辦法了，只好趕忙做一個假的。
是不是這種感覺？
捏！
捏！
沒錯！就是這樣！
阿努比斯（Anubis）把收集到的零碎肉塊和假生殖器接合在一塊兒，
然後用繃帶捆綁起來。這就是木乃伊之始！
阿努比斯
他有一顆胡狼的頭，是保護木乃伊及墳墓的守護神，可以常常在墳墓壁畫上看到他的身影。（當時埃及似乎並沒有胡狼這種動物，所以也有人說是野狗……）據說，是因為狗兒常在墓地附近找吃的，所以人們才有了這種聯想。
接著，艾西斯誦念起魔法的咒語，
終於讓歐西里斯復活了。
阿努比斯也高興得不得了
呼～
呼～
但是，不知道是不是因為身體不完整、混著假陽具的緣故，歐西里斯在陽間發揮不出真本事，於是乎，爾後他變成了陰間之神。接著，艾西斯生下了歐西里斯的孩子「荷魯斯」。
這是獵鷹的頭喔
荷魯斯幾度遭受賽特的迫害，好幾次都差點喪命，不過終於長大成人，變成一個有為青年。
接下來就拜託各位了！
拜拜！
喂，這樣就沒搞頭囉？
什麼!?
什麼時候懷孕的啊!!
靠假陽具也生得出來喔!?
大致上，截至目前為止的內容，是普盧塔克（Plutarchos，西元一至二世紀的希臘人）從埃及文獻中整理出來的故事。

荷魯斯VS賽特
荷魯斯長大成人後，艾西斯把他帶到眾神面前。接著揭發賽特殺人的罪行，宣布：「荷魯斯是原本真正的國王歐西里斯的兒子，他才應該成為法老。」
不知道什麼時候冒出這麼一堆神
本來這個問題應該可以很快地解決，但是眾神議論紛紛，最棘手的是拉的態度不肯軟化，堅持「讓賽特當法老就好」。
再怎麼說，賽特都是殺人犯耶……
賽特算起來也是我的曾孫嘛，他的武力又是第一，可以保護我啊！
搖搖晃晃～
荷魯斯還年輕，不行、不行！
拉的立場如此，其他的神馬上跟著受到別人的影響，意見搖擺不定。搞了半天得不出個結論，於是大家便去詢問地方神祇的看法，但沒有人願意擔起責任。
就只有公正的我從頭到尾站在荷魯斯這邊喔
多多
門德斯（Mendes）的「巴」（Ba）神說……
我不知道啦，去問賽斯（Sais）的「妮特」（Neith）女神……
牡羊之神
賽斯的「妮特」女神說……
聽了妮特女神的意見，大家都大為嘆服。
不愧是妮特女神。
判得好
聽見人人稱道，拉卻生氣了。
人家說話有沒有在聽啊?!
說那什麼話啊，我都說荷魯斯太年輕了！
賜給賽特美女及財富讓他臣服，再把王位給荷魯斯，你們覺得怎麼樣？
ㄋㄟㄋㄟ露出來啦！
妮特女神
狩獵、戰爭之神。從遠古時代就是賽斯地方尊奉的神。她特別受第26王朝崇拜。
結果大家都變得意興闌珊、提不起勁來。
終於，一個叫「巴巴」的神出來說話了。
唉，怎麼樣都好啦！
能不能快點結束啊。
拉先生啊，您的神殿已經是空殼了。
就像他說的，神殿已成了廢墟，沒什麼人要來參拜，可見拉已經過時了。

咚——！
巴巴被大家罵得狗血淋頭，遭到一頓痛打。
反正我是個沒用的老人。
再怎麼說你都說得太過火了。
對不起。
碰！
碰！
拉也關起心房，不願意再多說一句話。
因為拉自閉了太久了，愛及喜悅的女神赫特（Hathor）為了讓他打起精神，打開自己的陰部給他看。
噴？
一上場就有這種服務喔……
哇哈哈哈，我受不了啦。
碰，碰！
拉一看，馬上笑逐顏開，心情大好。
真的有這麼好笑嗎……
審議再度展開，但是狀況仍舊繼續陷於膠著。面對堅持「讓荷魯斯當王」的艾西斯，賽特也開始焦躁起來，
哼！
女人身段不夠柔軟是不行的！
艾西斯無法做出冷靜的判斷。
有艾西斯在，我不想出席法庭！
因為賽特撂下這些話，於是大家甩開艾西斯，換了個地方進行審議。
但是艾西斯這個女人，除了有頭腦，更有行動力。她偷偷潛入眾神集會的地方，化身成美女，企圖勾引賽特。賽特很快就中了她的圈套。
承蒙您看中我，我很感謝，但是我現在沒有辦法跟您在一起。
為什麼？有什麼我幫得上忙的，我都願意出力。
聽到這句話，艾西斯說：
事情是這樣的——你願意聽我說嗎？我是牧羊人的妻子，和兒子三人一起和樂地過著生活。但是我的不幸從我丈夫過世後就開始了。

有一天，一個陌生男子突然跑來我家，蠻橫地住了下來，還用棍棒打我兒子，說道：「這家裡的財產全是我的，你們給我滾出去！」你說這有天理嗎？
賽特聽了大為憤慨：「怎麼會有這種事！世界上有這麼可惡的混蛋？財產本來就應該由兒子繼承，這種事豈能原諒！竟然有這麼過分的事。」
聽了這些話，艾西斯……
這回變成了禿鷹，
啪啪啪！
喂，給我等一下！
這樣的裁決可是你自己說的喔！
說完這話，艾西斯就飛走了。
她把這些話轉述給眾神聽，荷魯斯因此成為國王。但是賽特心有不甘，
我抗議！我可不承認這個判決！
我們來一決勝負！
賽特提議兩人變成河馬，看誰能在河裡潛水最久，誰就當王。
荷魯斯接受了這個挑戰。
樂意奉陪
為什麼啊？眾神都已經認定你是王了，根本沒有必要再比賽了嘛！
不然剛才穿插的艾西斯那段不就白費了嗎？
那是因為——拉說荷魯斯太年輕、不能擔負重任，不是嗎？
於是呢，兩人變成河馬。
噗通！

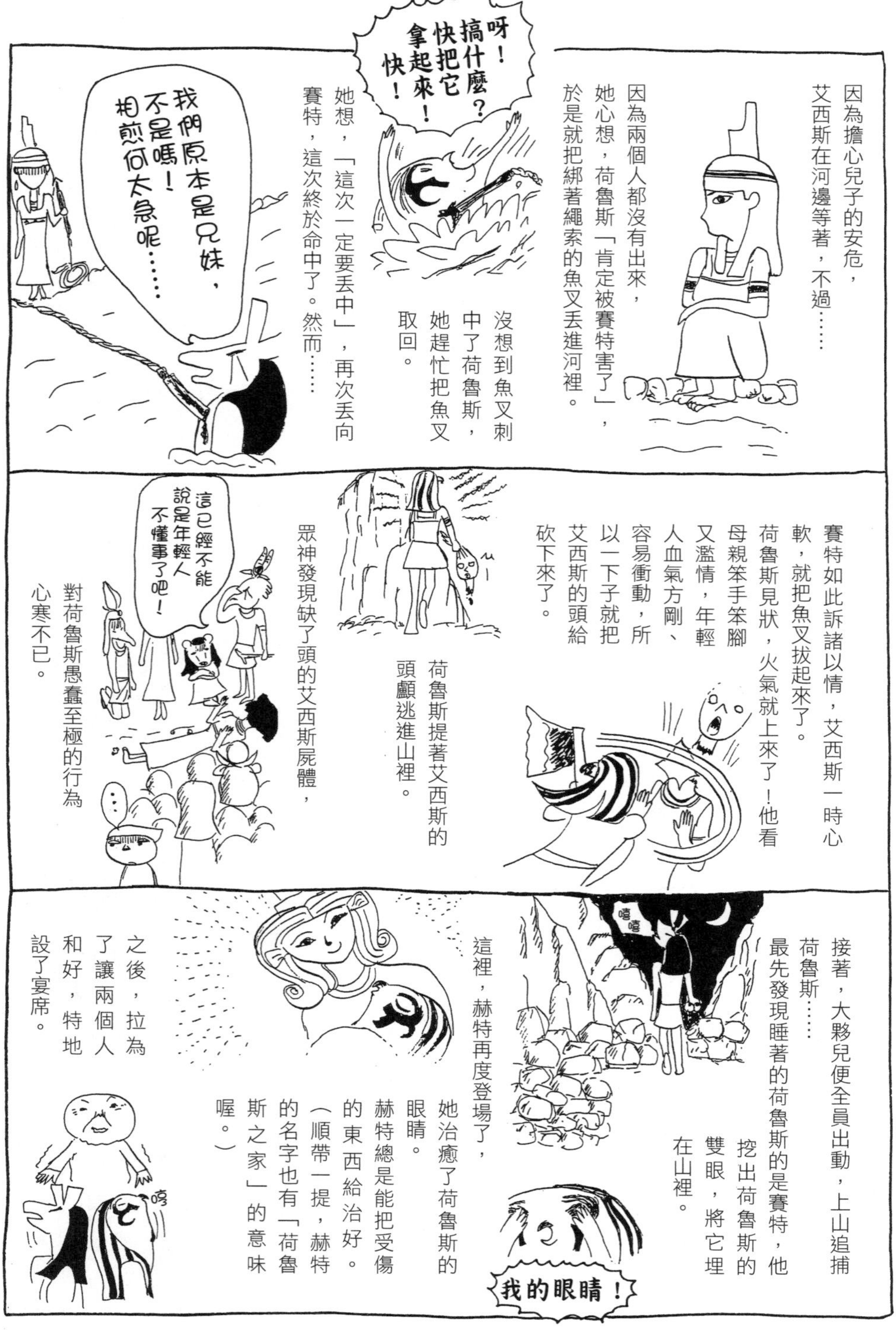

因為擔心兒子的安危，艾西斯在河邊等著，不過……
因為兩個人都沒有出來，她心想，荷魯斯「肯定被賽特害了」，於是就把綁著繩索的魚叉丟進河裡。
呀！搞什麼？快把它拿起來！快！
沒想到魚叉刺中了荷魯斯，她趕忙把魚叉取回。
她想，「這次一定要丟中」，再次丟向賽特，這次終於命中了。然而……
我們原本是兄妹，不是嗎！相煎何太急呢……
賽特如此訴諸以情，艾西斯一時心軟，就把魚叉拔起來了。荷魯斯見狀，火氣就上來了！他看母親笨手笨腳又濫情，年輕人血氣方剛、容易衝動，所以一下子就把艾西斯的頭給砍下來了。
荷魯斯提著艾西斯的頭顱逃進山裡。
眾神發現缺了頭的艾西斯屍體，對荷魯斯愚蠢至極的行為心寒不已。
這已經不能說是年輕人不懂事了吧！
…
接著，大夥兒便全員出動，上山追捕荷魯斯……
最先發現睡著的荷魯斯的是賽特，他挖出荷魯斯的雙眼，將它埋在山裡。
嘻嘻
我的眼睛！
這裡，赫特再度登場了，
她治癒了荷魯斯的眼睛。赫特總是能把受傷的東西給治好。（順帶一提，赫特的名字也有「荷魯斯之家」的意味喔。）
之後，拉為了讓兩個人和好，特地設了宴席。
哼

宴會結束之後，賽特接待荷魯斯到自己的家裡，接著，就到了就寢的時刻。
不知為何……
可以跟你一起睡嗎？
賽特也一塊兒鑽進了被窩。之後，賽特看準荷魯斯已經睡熟，偷偷地要侵犯他。
但是荷魯斯察覺到了賽特的小動作，於是把手蓋在屁股上，捕捉住賽特的精子。
怎麼那麼突然！
又來了～
隔天荷魯斯回家的時候，把捉到的精子拿給母親看。
你看！
滑溜～
嘔心！
艾西斯是什麼時候還魂的啊……
艾西斯說兒子的雙手被玷污了，於是把他的雙手切下，連同精子一起丟進河裡。
大家都很喜歡分屍。
她用魔法為荷魯斯做了新的手，接著取了荷魯斯的精子……
母親對兒子？！
然後，把精子混入賽特要吃的萵苣裡頭。
我最喜歡吃的東西就是
萵・苣・囉～
過了一陣子，賽特再度自信滿滿地現身。
那件事要不要上法庭公斷呢？
誰怕你啊！
在法庭上，賽特告訴眾神們，
呵呵～
笨蛋荷魯斯的身體裡已經有了我的種啦。我當法老大家沒有意見吧！
欸！這是什麼邏輯啊？
但是，眾神卻認為：「如果真是如此，代表荷魯斯比賽特低等，所以賽特可以當法老。」實在是太奇怪了！

來，給你們看證據吧。
我的精子啊，快出來吧！
噗噗
咦？奇怪了～
著急
著急
著急
換我來把我的精子叫出來吧。
轉頭
結果，精子從賽特的頭冒了出來。
扭～
遵命！
肅——靜——
因為荷魯斯這樣要求，多多神呼喊道：「荷魯斯的精子，出來吧！」
多多神把精子裝到自己頭上。
抓起
貼上
哇！
搞不懂欸～
關於多多神出生的故事，版本很繁多，也有一說指出是這時才從賽特的頭上誕生的。
這樣故事根本前後兜不起來嘛！
在眾人面前顏面盡失的賽特說：
哼，這次我要比賽划石船！
但是眾神仍然答應了賽特任性的要求。
唉～
哎呀！
奉陪到底！
你何必跟著答應咧？
但為什麼比賽划石船呢？荷魯斯準備了表面塗上石膏、杉木做成的船；賽特則用普通石頭做的船比賽。想當然爾，賽特的船沈了……
不知道為什麼，故事進行到這裡，賽特變成了個沒大腦的人。
救救我！
之後，大家徵詢過在陰間的歐西里斯的意見，並歷經法庭裁判等相同情事一再重複之後，終於，時隔八十年，賽特俯首認輸了。
請立荷魯斯為王吧……
結局是花了八十年得到賽特大爺的同意。這個故事也終於告一段落。
呼～
關於賽特跟荷魯斯之間的鬥爭，位於艾德夫（Edfu）的荷魯斯神殿裡，有他種版本的壁畫。壁畫中，賽特的軍團變成鱷魚跟河馬，最後以「賽特的頭被砍了下來」做為收場。
賽特

關於他們之間的爭執，還有其他版本說「變成黑豬的賽特攻擊荷魯斯的眼睛（荷魯斯的眼睛老是遭到攻擊），荷魯斯則是傷了賽特的睪丸，讓他無法再傳宗接代」。或許，是從這個典故開始，豬被稱為賽特的聖獸，也是因此才惹埃及人討厭的吧。故事說到這裡，大家是不是稍微看出埃及神話的特徵了呢？

整個故事有某些地方一再地重複，實在是有夠煩人的；有的時候則是沒有多做什麼解釋，就跳到另一個階段了。眾神彷佛多重人格似的，性格一變再變，總之，內容充滿了矛盾。（雖然有些片片斷斷是有做了整合啦……）。當然，不管是哪個地方的神話，在某種程度上都令人匪夷所思，但是我覺得埃及神話特別地突兀，大家覺得呢？其古神話的這些特徵，似乎反映了埃及人不在意小細節、只挑出好的、愉快的、方便自己的部分放進生活中的粗線條（？）性格。雖然，裡頭或許蘊含有我們現代人無法理解的法則……

噢，不過我們日本人不也是很草率、隨便嗎？兩方正好可以較量、較量。日本的信仰也是神道教和佛教混在一塊兒，人們在自己有需要的時候，才向各式各樣的神祇祈求，不是嗎？

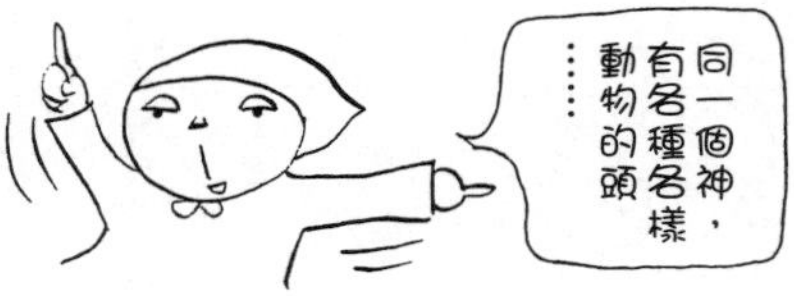
同一個神，有各種各樣動物的頭……

習俗

埃及的神明中，有許多是兩個以上的神合為一體，或者是吸收對方、抑或是被對方併吞，因而成為更有力量的單體神。

有些神明是將對方的力量全部吸收，也有的是只留下對方的優點、捨棄不好的部分，關於神的合併，也是沒有明確規則可循的。

在先前的故事裡，老大全用「拉」做統一，但其實最原始的造物主叫做「阿圖姆」（Atum）。太陽神拉被拉拔成主要神明的時候，把遠古的神明阿圖姆的部分也吸納進去了。（有時候阿圖姆的地位因而被降格，成為太陽的形態之一「夕陽」）。而且，之後拉和荷魯斯合體，變成名為「拉・哈拉克提」（Ra-Horakhty）的神。

更複雜的是，他們合體之前，還以各種姿態各自進行活動。

已經無法解釋了！說明到此結束！
哇——！我搞不清楚了啦！

※拉原本跟荷魯斯一樣是獵鷹頭（大體而言），為了不要搞混，這裡就單純用太陽（不太常見的姿態）來表示。

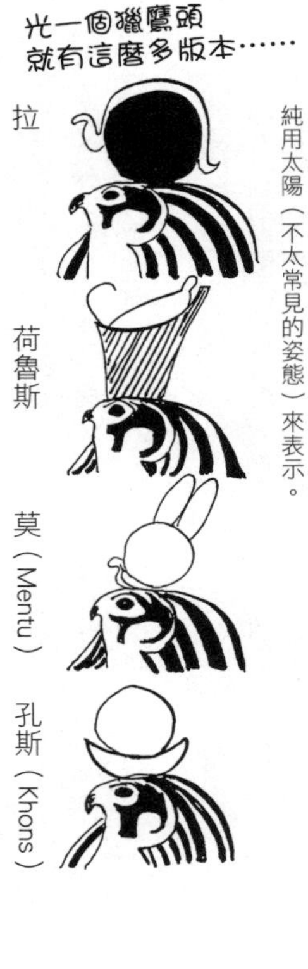
光一個獵鷹頭就有這麼多版本……
拉
荷魯斯
莫（Mentu）
孔斯（Khons）
其他還有……

這裡，來談談為什麼名字很重要

古代的埃及人非常重視語言以及文字的力量。

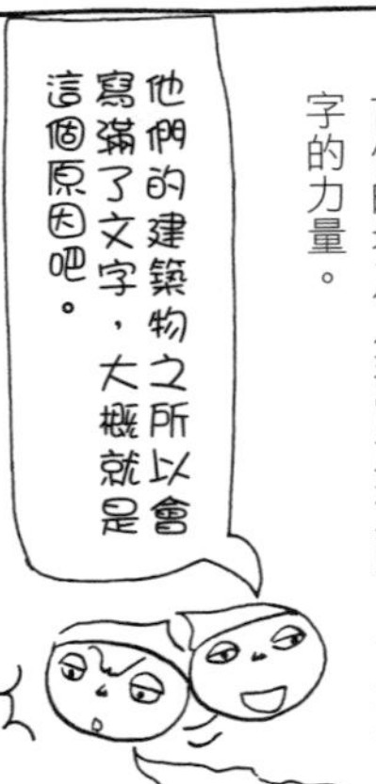
他們的建築物之所以會寫滿了文字，大概就是這個原因吧。
但是建築物上的文字若換成日文，看起來感覺還滿差的。

特別是，他們相信名字「封印」了那個人的一切。父母會給自己的小孩取兩個名字，其中一個名字只有母親和本人才知道。為了避免名字被人盜用或是遭到詛咒，所以必須堅守這個祕密。這個信仰也反應在以下的故事中。

神明中擁有上百個名諱的也不在少數……
歐西里斯也是如此

艾西斯非常自豪自己擁有可以操縱「言靈」的魔力，但是，有一回她心血來潮，想要達到像拉一樣全知全能的境界，於是就馬上採取行動。這時候的拉已經衰老到只會不停地流口水了。艾西斯就是看準了這一點。

要是能夠知道拉真正的名字就好了。
好！

她把滴到拉的口水的泥土揉成毒蛇，叫那隻蛇去咬拉。遭到毒蛇嚙咬的那一瞬間，一陣劇痛向拉襲來。

這時，艾西斯一臉泰然自若地登場了，她說：「我可以替你治療，只要你願意告訴我你真正的名字。」拉說：「我好痛苦……快救我……求求你……。我是創造世界上所有生物的人。我早上叫做凱布利（Khepri），中午是拉，晚上是阿圖姆……」就這樣，拉開始唸出一長串的名字。

但是，艾西斯卻很無情地說：「我不想聽這些大家都知道的名字！你還沒有告訴我你真正的名字！」拉拚命忍耐著痛楚，但最後還是忍受不了，於是就說出了自己真正的名字。

哇！

這個時候，艾西斯還要痛苦的拉跟她約定：「把拉的雙眼給荷魯斯，並且把祕密的名字也告訴荷魯斯。」在這之後，她才解除了拉肉體上的疼痛。就這樣，艾西斯得到了和拉相同的創造力量。

（這個故事來自於第二十王朝的莎草紙）

拉好像因為這樣而中了無法治療的毒。

艾西斯很會打契約的……
應該說，她很會抓住人的弱點。

對埃及人來說，「名字擁有力量」這樣的概念是理所當然的，所以法老在建築物刻上自己的名字，用意就跟把肉體製成木乃伊是一樣的，都是為了要保留完整的自己以求存在——也就是說，是為了想得到「永生」。所以，如果有人把別人刻在建築物上的名字給削掉，要不是具備了相當的覺悟，或擁有某種充滿氣勢的怨恨，可是做不出這樣恐怖的行動呢。

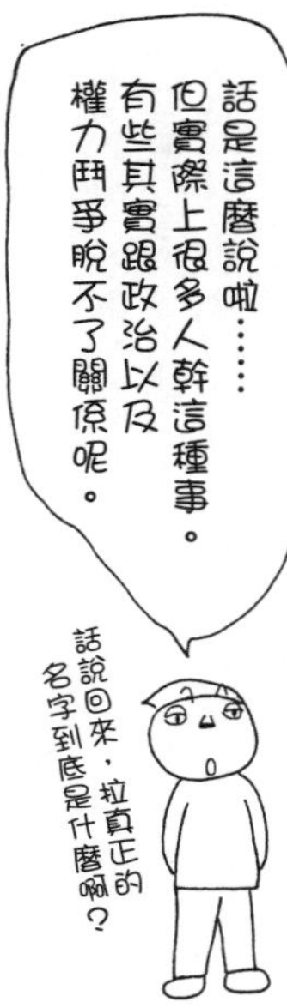
話是這麼說啦……
但實際上很多人幹這種事。
有些其實跟政治以及權力鬥爭脫不了關係呢。
話說回來，拉真正的名字到底是什麼啊？

不過，艾西斯總是很蠻橫——在這裡也沒有例外，而且她行動力又超乎常人的迅速，還常常很笨地出槌。

但不過，艾西斯尋找丈夫遺體的那一段，看到她那樣拚命，還真是教人感動……。但是，正因為她那時哭喊得太大聲，竟把在附近的小孩子給嚇死了。

呵呵呵
真是個會添麻煩的人！

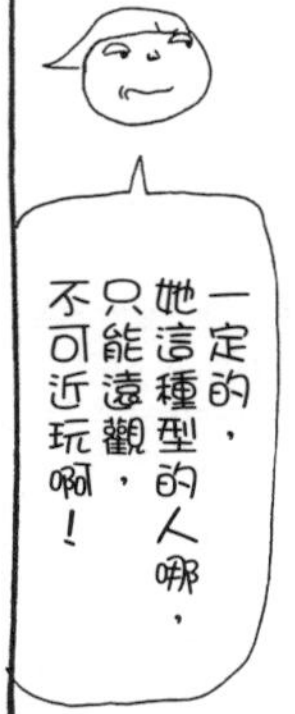
一定的，
她這種型的人哪，
只能遠觀，
不可近玩啊！

復仇女神賽克麥特的故事

塞提一世（Seti I）墳墓壁畫所載

拉開始衰老之後，越來越老耄昏聵得不像樣，不只是眾神看不起他，就連人類也不把他放在眼裡。拉受不了此等輕視，想讓人類知道他的力量……

首先，他把自己的眼睛給挖出來。他的眼睛變成了母獅子的姿態，成為女神賽克麥特（Sekhmet），這位女神承繼了拉激烈的憎恨、復仇心態、殘忍、破壞等所有負面情緒，開始為非作歹。

賽克麥特毫不留情地欺負人類，把人類大卸八塊、吸乾人的血。但是做到這個地步，連拉都害怕了起來。

做得太過火了吧！

然而，即便拉喊停，也沒有辦法駕馭賽克麥特進行破壞的慾望。賽克麥特甚至欲罷不能，因殺戮的樂趣而快樂地顫抖。

於是眾神趕緊聚頭，討論出一個法子，就是把從石榴及曼陀羅果抽出的紅色汁液加到啤酒裡，弄成不管是味道還是顏色都跟人類的血一模一樣的飲料，放在賽克麥特的必經之路上。賽克麥特喝下那個飲料之後，整個人醉得東倒西歪，拉的破壞力量才被從她的身上取出，事情終於圓滿解決。

啊，很好喝的樣子。
跟八岐大蛇的故事很像！

賽克麥特

「炎熱夏天的陽光快把皮膚曬成黑炭的感覺……」

這就是賽克麥特。

噢，賽克麥特！

賽克麥特同時也是醫術的守護神。因為是她帶來中暑等疾病的，解鈴還需繫鈴人，乾脆就叫她負責壓制疾病。

※大家或許會搞不太清楚，其實賽克麥特也是赫特的分身，不過，她也是一個獨立的神。另外，有時候她也會被看成是同為貓科的貝斯特神（Bastet），從這裡也可以看出埃及人不拘小節的性格。

赫特

叉鈴（sistrum）
在宗教儀式中，女性神官所使用的一種打擊樂器。
髮型好可愛！
基本形態
她也常以牛的姿態出現。
赫特神柱

赫特神經常以正面的臉孔出現，算是相當稀奇的。從人們為她建造許多神殿這件事來看，可以知道她相當受到重視。有時候可以在柱子上看到她，有時候則可以在樂器上看到，總之她無所不在。如果你到埃及去，不管你喜不喜歡，都會對她相當熟悉。我們知道她對於受了傷的東西很溫柔，不過我們完全看不到她原來的性格。是不是因為她平常必須一直治療別人、對男性來說是再好不過的幫手，所以才會在偶爾發作的時候變成賽克麥特呢？

這兩個神同樣都職司歡樂、舞蹈、享樂、笑話、陶醉感等領域。

這兩個神相比較的話，我比較喜歡賽克麥特，她個性比較單純好懂。

貝斯特

早在很久以前，她就頗受三角洲地帶的人們所推崇，甚至在第二十二王朝的時候，差一點就榮登主神的寶座。

雖然她是掌管娛樂的神，但是也有具攻擊性的一面，性格相當的複雜。

在巴斯達（Tell Basta，古名布巴實提〔Bubastis〕）這地方，曾經有過她的大神殿。

地中海
布巴實提
開羅

關於其他城市的天地創始

大赫爾莫波利斯（Hermopolis）
（現在叫艾爾－阿什穆嫩〔el-Ashmunein〕）

本書開頭所講的世界源頭的神話，是來自赫里奧波里斯（Heliopolis）地區的傳說。隨著地區的不同，各地的「創始」神話也不一樣。接下來要介紹幾個代表性的神話。

起初有八個神，八個神是原始的狀態，是混沌的擬人化。
男神是青蛙頭，女神是蛇的頭。

不可見
阿曼（Amen）
阿曼勒特（Amenuit）
赫夫（Heh）
賀賀特（Hehet）
無邊
（時間）無限的……
看不見前方，
克庫（Kek）
克克特（Keket）
黑暗
深淵
原初之水
努（Naun）
努努特（Naunet）
接下來

這個「不可見」又譯做「隱形人」。從字面上來看，會讓人搞不清楚是什麼，其實他們是像空氣一樣的東西，在混沌裡似乎是唯一「動態」的能源。

只有阿曼神在往後成為一國的主神。從他「動」的這部分，可以看出他的積極性相當受到注目吧？「隱形人」這說法聽起來好像是在開玩笑，但是你可不要小看它呢。

而且他的頭從青蛙升格為這種了。

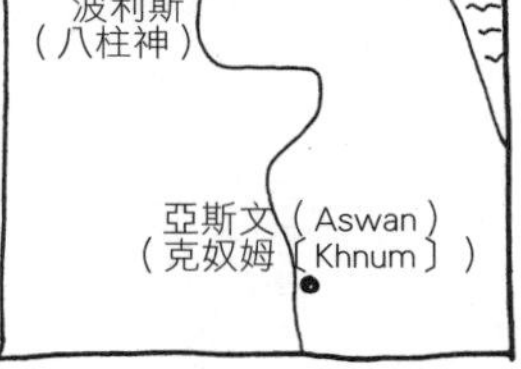

地中海
孟菲斯（Memphis）（布塔〔Ptah〕）
赫里奧波里斯（拉）
赫爾莫波利斯（八柱神）
亞斯文（Aswan）（克奴姆〔Khnum〕）

八個神創造了原始之丘（也有一說是海），有一隻叫做「偉大的咕咕叫的人」這怪名字的天鵝產卵在上面，從這個卵裡頭，拉誕生了。

另一說

八個神做了一朵睡蓮，讓它漂在水上，從那朵花當中生出了拉。

諸如此類，這八個神創造了拉。關於拉接下來的傳說，就和赫里奧波里斯地區的一樣了。

順帶提一個無關緊要的問題：赫里奧波里斯和大赫爾莫波利斯這兩個名字很容易搞混耶。

孟菲斯

布塔（Ptah）是創造之神。布塔神從心臟思考出世界的開端，他用舌頭舔了心臟，才有了創造的力量。拉和人類都是布塔所創造的。

古代埃及人認為人是用心臟進行思考的喔……

這點倒是滿容易理解的。

所以他也是工匠、工人的守護神。他的妻子就是可怕的賽克麥特。

由此可知他的肚量有多大

「埃及」這個國名是從布塔神來的

在孟菲斯有個「福特－卡－布塔（布塔神的靈魂的神殿）」，所以希臘人以訛傳訛把它唸成「Aigyptos」，接著阿拉伯人到來之後就唸成「gypt」，到後來就變成「Egypt」了。

亞斯文

創造世界所有生物的是克奴姆神（Khnum）。原先他在創造人類的時候，也是跟創造其他生物一樣旋轉轆轤；後來他覺得麻煩，就把人的身體丟進轆轤裡，讓人類自己任意成形。（那就是子宮。）

他在埃及各地，都同樣擔任尼羅河川漲潮時的守護神這重要的職務。

也有把尼羅河的氾濫擬人化造出來的神喔！

哈碧神（Hapi）

（具有兩性的特徵）

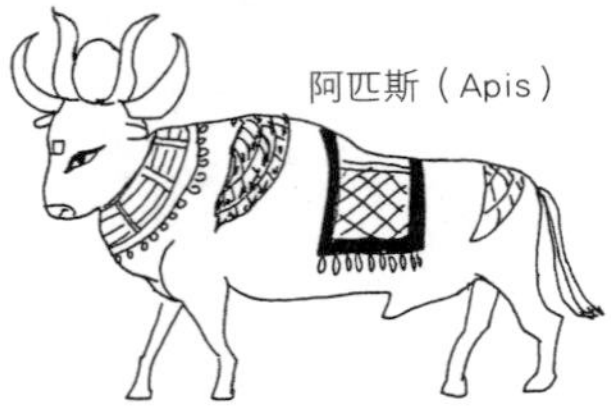

阿匹斯（Apis）

他是布塔神的使者，也可以說就是布塔神所化身的聖牛。是完全具備阿匹斯二十九個特徵的活牛，曾經被選進孟菲斯神殿好好地飼養。（據希羅多德（Herodotus）形容，阿匹斯牛的特徵是體黑、額頭上有四角形的斑點、背上有老鷹的圖案，舌下還有像甲蟲的圖形。）

在埃及，牛是很尊貴的。除了阿匹斯牛之外，還有姆尼維斯牛（Mnevis，拉的化身）和布希斯牛（Buchis，莫神（Mentu）和歐西里斯神的化身，有時還是拉的靈魂，看起來是很忙碌的牛）。

真有符合這種條件的牛？

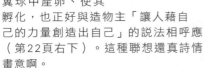

其他有名的神

敏神（Min／Menu）
突然冒出這東東！
生菜是小道具
因為生菜的汁液讓人聯想到精液。

就如同大家所看到的，他原本是掌管生殖的神，不知道從什麼時候開始，卻成為掌管植物生長及豐饒的神……

索貝克神（Sobek）

鱷魚頭，原本是法尤姆（El Faiyum）的地方神，後來這個信仰也傳播到了其他的地方。鱷魚在這個地方很受尊敬。

不過，也有一些地方瞧不起鱷魚，看到就殺呢！

聖甲蟲（scarabee），再生的象徵

凱布利神（Khepri）

為了保護心臟，把聖甲蟲跟木乃伊裹在一起。

喂，等等！這張臉怎麼看都太離譜了吧？整張臉根本就是甲蟲的身體！他擔任旭日東升時的太陽。

大便跟太陽啊～

古埃及人認為，聖甲蟲推動糞球的樣子，跟似乎被某種力量推著移動的太陽很像；這是很有名的。而聖甲蟲在糞球中產卵、使其孵化，也正好與造物主「讓人藉自己的力量創造出自己」的說法相呼應（第22頁右下）。這種聯想還真詩情畫意啊。

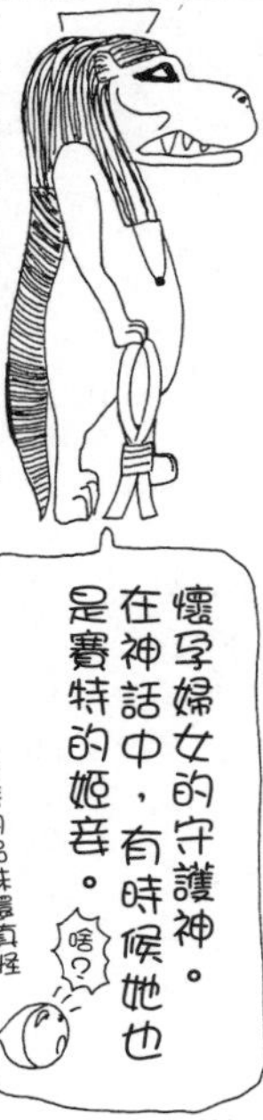
塔維瑞特女神（Taweret）
兩人是夫婦

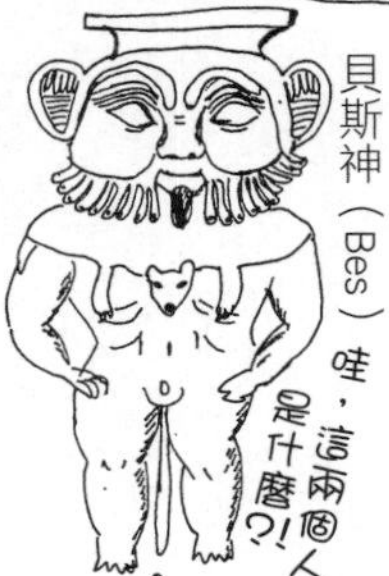
貝斯神（Bes）
哇，這兩個人是什麼？！

懷孕婦女的守護神。在神話中，有時候她也是賽特的姬妾。

賽特的品味還真怪
嗒？

他負責保佑人們脫離日常生活中發生的小災禍，並且帶給小家庭幸福。他擅長舞蹈以及音樂，也擔當生產的重責大任，據說是在國外出生的。

上頭這兩個人深受市井小民愛戴。他們雖說是夫婦，但其實家庭成員常常變來變去，擔任的職務也時有重疊。

阿匹卜（Apep）

絕對惡神。

成天跟拉打仗，因此，被斬首也是他每天的功課。

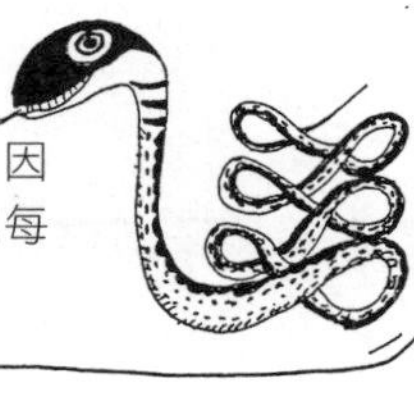

貝奴鳥（Benu）

據說是鳳凰的原型（包含牠的叫聲），象徵「再生與生命」。也有人說牠是從火燄中誕生的，還有牠是從歐西里斯的心臟飛出來的等各式各樣的說法。推崇拉的赫里奧波里斯地區也崇拜牠。牠佇立於本本石（benben stone）上。

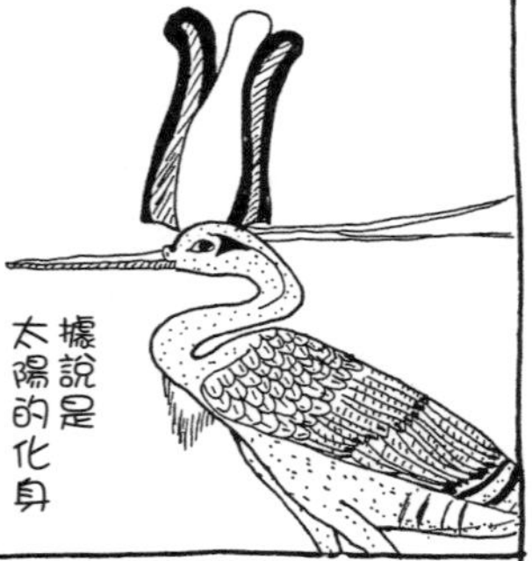
據說是
太陽的化身

神秘的本本石

本本石在赫里奧波里斯被當做聖石，供奉在朝陽最初照射到的位置。有人說這個石頭是代表「原始之丘」，也有說法指石頭裡封印著拉的靈魂；另外，因為「本」（ben）這個字帶有「勃起、射精」的意思，所以也有人猜這塊石頭是「太陽的精子」。

總之，說法莫衷一是，一直沒有定論。不過唯一可以肯定的是跟太陽有關。

其實搞不好是真正的隕石。

據稱是金字塔及方尖碑（Obelisk）的原型。

順帶一提，金字塔頂端的石頭，
叫做本本尖（benbenet）。

阿蒙涅姆赫特三世（Amenemhat III）的本本石

（代赫舒爾〔Dahshur〕出土）

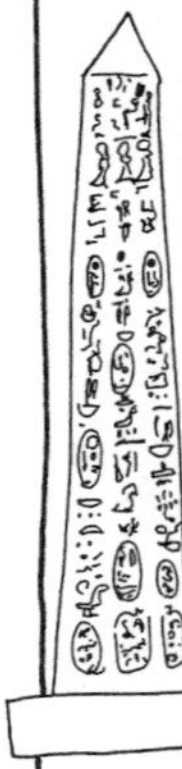

方尖碑

關於姆特（Mut）

「姆特」是深植於古代埃及人心目中的概念。姆特代表宇宙的絕對真理、絕對正義、秩序、平衡，不會因為時代而改變，不論在什麼時候，都被認為是絕對的善。所有的人都要用心效法姆特。正是因為法老被這種道德觀念緊緊地束縛著，所以，在埃及的歷史上才沒有出現什麼大暴君（曾擔任日本早稻田大學教授、日本埃及考古學第一把交椅的吉村作治的論點）。

人是不是切實地遵循姆特度過人生，決定了其死後的命運。人死後心臟會被放在秤上受審，如果心臟跟姆特的羽毛或是神像一樣重的話，就合格了；但是，如果秤歪到一邊的話，就會有一個名叫**阿米特**（Ammut）的怪物會把心臟給吃掉，人就「永遠無法復活」了。

對埃及人來說，「永遠無法復活」可是令人窒息的恐怖懲罰。

至於合格的人，則可以永遠快樂地在「蘆葦之野」生活。

阿米特

阿努比斯
心臟
姆特的羽毛

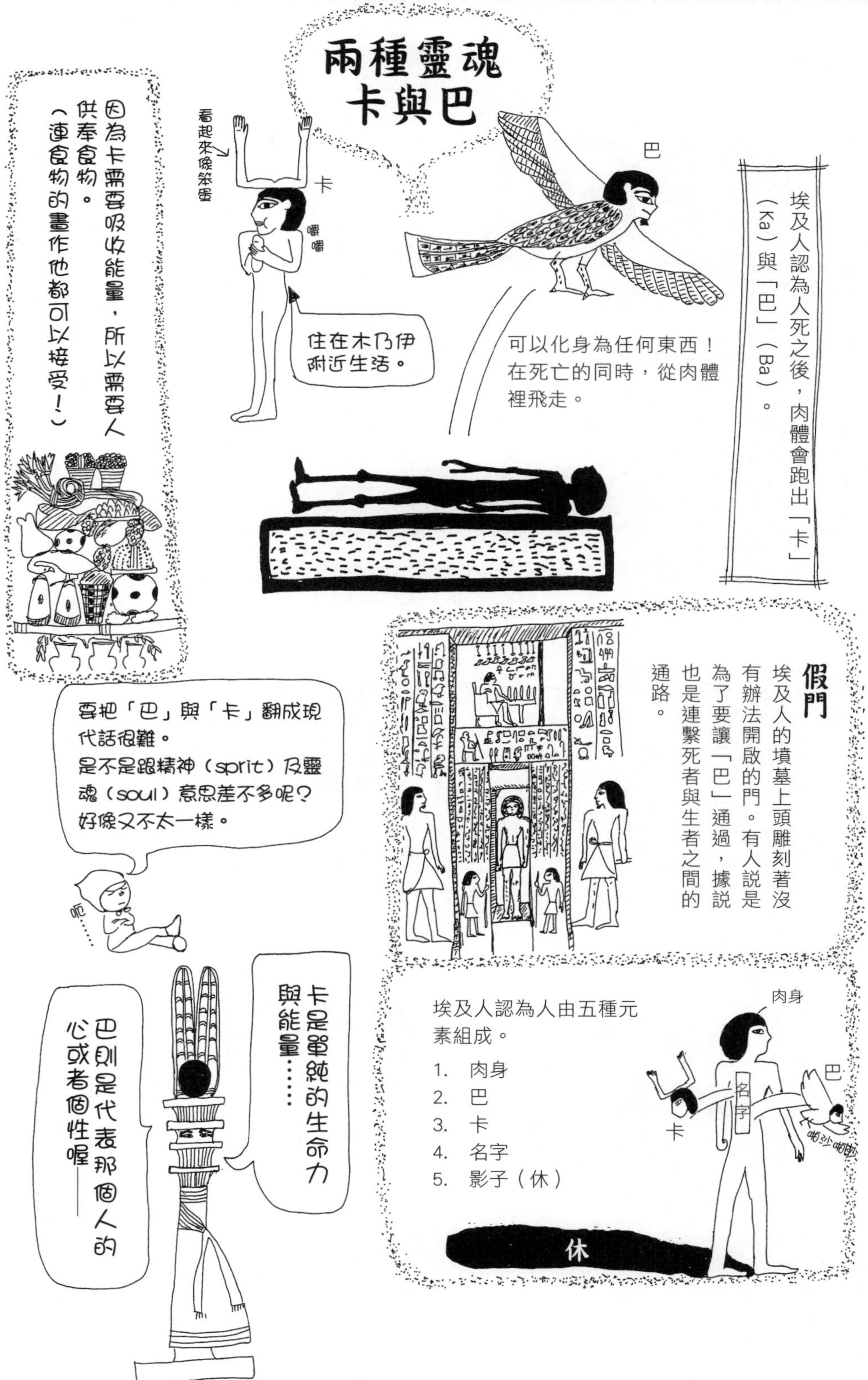
兩種靈魂
卡與巴
因為卡需要吸收能量，所以需要人供奉食物。（連食物的畫作他都可以接受！）
看起來像笨蛋
卡
嚼嚼
住在木乃伊附近生活。
巴
可以化身為任何東西！在死亡的同時，從肉體裡飛走。
埃及人認為人死之後，肉體會跑出「卡」（Ka）與「巴」（Ba）。
假門
埃及人的墳墓上頭雕刻著沒有辦法開啟的門。有人說是為了要讓「巴」通過，據說也是連繫死者與生者之間的通路。
要把「巴」與「卡」翻成現代話很難。是不是跟精神（sprit）及靈魂（soul）意思差不多呢？好像又不太一樣。
呃……
卡是單純的生命力與能量……
巴則是代表那個人的心或者個性喔——
埃及人認為人由五種元素組成。
1. 肉身
2. 巴
3. 卡
4. 名字
5. 影子（休）
肉身
巴
名字
卡
啪沙啪沙
休

木乃伊

對於堅信人死後會再度復生的埃及人而言，「保存肉體」是最重要的大事。

甚至有人提出以下的意見……

「所謂的木乃伊，與其說是好好保存肉體生前的狀態，還不如說是將身體變成『充滿魔力』的新肉體。」（中間省略。The Complete Pyramid, Mark Lehner）

希羅多德所見的木乃伊製作 ——花七十天完成的木乃伊——

希羅多德到埃及去的當時（西元前四百五十年左右），早已出現指南教人製作木乃伊。根據價位的不同，木乃伊也有三種不一樣的做法。

【高價位】切開腹部的側邊，將內臟給取出，把腦從鼻孔勾出來，接著再用各式香料淨身。

【中價位】從肛門注入杉木油，接著把肛門口塞起來，放置一段時間。之後，把油放掉，這個時候，因為油的效果，體內的內臟等已經完全溶解，隨著油流出了。

【低價位】就只是簡單地用浣腸等方法，把腸裡頭的東西給清出來而已。

無論是哪一種價位的做法，都是用碳酸氫鈉（由重碳酸鈉、碳酸鈉等形成的天然混合物，可以做肥皂）浸泡七十天。經由這樣的處理，肉體就會慢慢變成只剩皮和骨……

選擇以高價位的方式取出內臟的話，會用名為卡諾皮克罐（canopic jars）的東西盛裝各個內臟。

罈的蓋子分別是荷魯斯四個孩子的臉

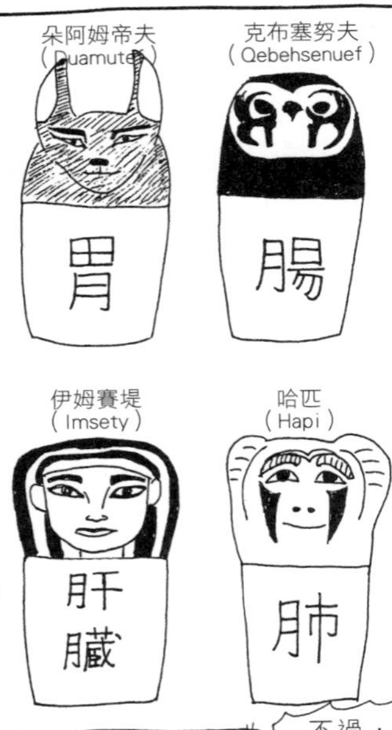
克布塞努夫（Qebehsenuef）
腸
朵阿姆帝夫（Duamutef）
胃
哈匹（Hapi）
肺
伊姆賽堤（Imsety）
肝臟

為了要讓臉看起來飽滿，會在臉部塞進填充物，這樣看起來會比較氣派。譬如說，為了保持拉美西斯二世（Ramesses II）的鷹鉤鼻，人們就在他的鼻子裡頭塞滿了芝麻粒。

令人討～厭～的事
舉行葬禮的時候，會在儀式中切掉小牛的一隻腳。

葬禮時會雇用「哭女」來個五子哭墓，以營造悲戚的氣氛。

路克索（Luxor）西岸拉美西斯之墓的壁畫

連指甲也保存得很妥當。

不過，即便會將內臟取出，但很重要的是心臟會保留。

木乃伊的詞源是來自「木米阿」（阿拉伯文），這個詞是指天然柏油「瀝青」。阿拉伯人將抹遍木乃伊全身的黑色東西誤認為是瀝青（其實是樹脂）。
結果，「木乃伊外頭塗的是瀝青」這個錯誤的訊息就這樣傳到了世界各地，從中世紀的時候開始，木乃伊身上的瀝青就被當做藥而傳遍歐洲（自古以來，瀝青就被人們當做藥物來利用，不過因為採集不易，所以是相當貴重的東西）。木乃伊的藥物風潮一直持續到十九世紀初。
而想當然耳，由於木乃伊的樣子很稀奇，自然也成為了展示品。不知道是不是因為歐洲的紳士、淑女們把將木乃伊放在家中娛樂客人視為展現自我品味的方式，當時，陸續出現了木乃伊的收藏家。
算不算是吃人的行為啊？
於是，木乃伊遠渡重洋、流落各國。阿拉伯人把木乃伊視為「搖錢樹」，大量地蒐集屍體，很快地就做出了大量的假木乃伊，狠狠撈了一筆。木乃伊生意在當時是很賺錢的買賣。
也成為繪畫用顏料

美國的創業家將木乃伊回收利用，拿來當做包裝紙。因為木乃伊身上沾滿了樹脂及污垢，只能做成咖啡色的紙，所以做成的紙是賣給肉店等使用，但後來因為發生霍亂，所以就停止生產了。
用人肉紙包動物的肉？
而在埃及當地，因為木乃伊容易燃燒，所以被當做燃料使用。
太精打細算了吧。根本就沒把木乃伊當屍體了！
好！給我拿下一個法老來！
《湯姆歷險記》的作者馬克・吐溫也曾在埃及旅行的途中，親眼目睹木乃伊一個接一個被拿來當火車燃料。

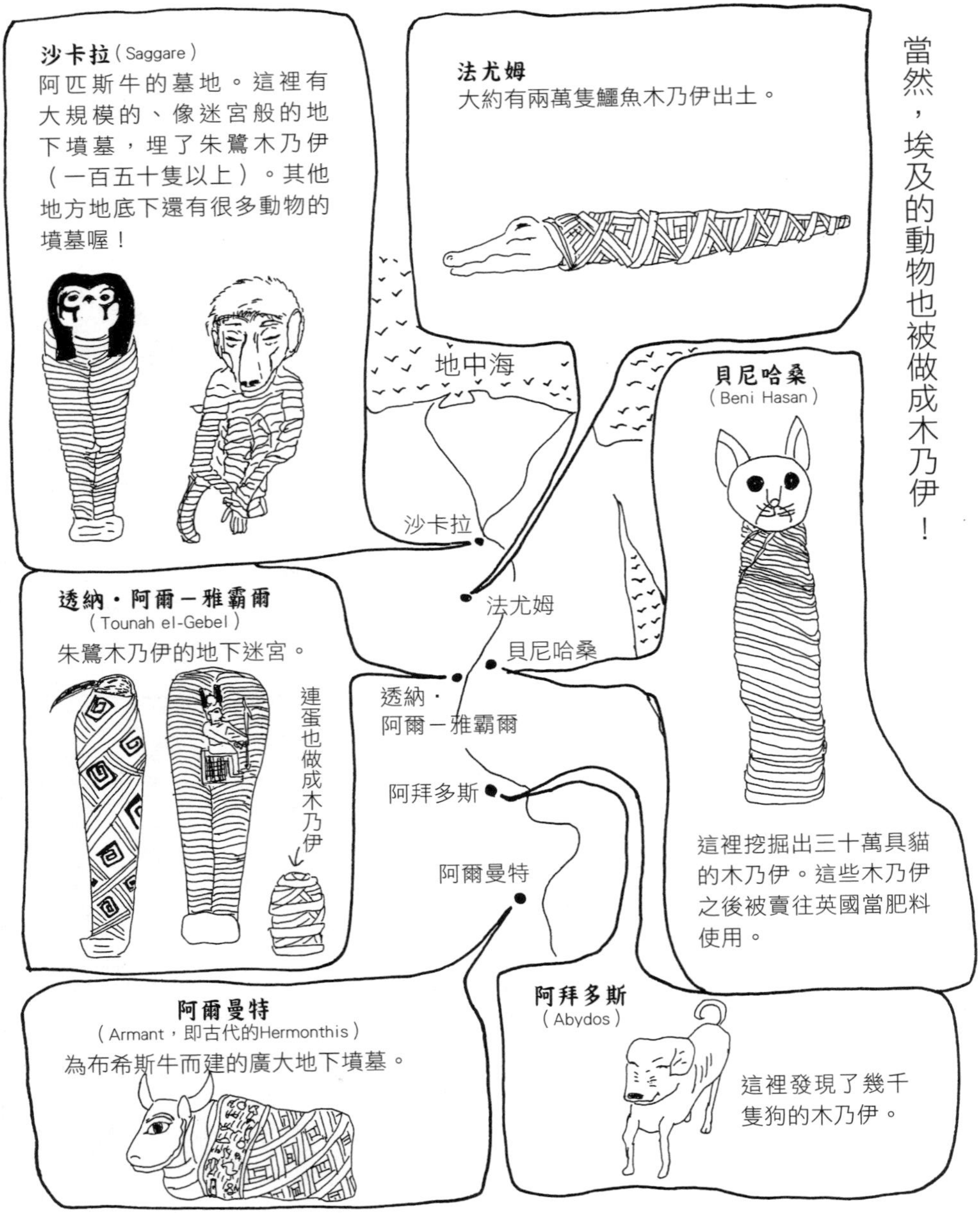
當然，埃及的動物也被做成木乃伊！
沙卡拉（Saggare）
阿匹斯牛的墓地。這裡有大規模的、像迷宮般的地下墳墓，埋了朱鷺木乃伊（一百五十隻以上）。其他地方地底下還有很多動物的墳墓喔！
法尤姆
大約有兩萬隻鱷魚木乃伊出土。
地中海
沙卡拉
法尤姆
貝尼哈桑
透納・
阿爾一雅霸爾
阿拜多斯
阿爾曼特
貝尼哈桑
（Beni Hasan）
這裡挖掘出三十萬具貓的木乃伊。這些木乃伊之後被賣往英國當肥料使用。
透納・阿爾一雅霸爾
（Tounah el-Gebel）
朱鷺木乃伊的地下迷宮。
連蛋也做成木乃伊
阿爾曼特
（Armant，即古代的Hermonthis）
為布希斯牛而建的廣大地下墳墓。
阿拜多斯
（Abydos）
這裡發現了幾千隻狗的木乃伊。

其他地區也有動物的木乃伊出土，因此成為各個朝聖地。
埃及人前往這些地方膜拜，於是，購買木乃伊供奉成為一種習俗。
不知道是不是因為木乃伊偶爾會缺貨，還發現用泥土做的假木乃伊。

HUMAN

～把埃及介紹給全世界的男子～

在接下來這個章節中，將對那些把古埃及的樂趣傳達給全世界的了不起的人物，做個梗概的介紹。
一想到他們奮鬥不懈的努力，那些挖掘出土的骨董及建築遺蹟就更添光彩了。

圖坦卡門法老王墳墓大發現

霍華德・卡特（Howard Carter）

1874～1939

霍華德・卡特出生於倫敦，兄弟姊妹共有九人（也有說法指超過九人），他是當中的老么。父親是動物畫家。

由於家境貧困，所以他幾乎沒有受過什麼正規的教育。不過，他從父親那裡繼承了繪畫的天份，在十七歲的時候，獲得當時風行一時的埃及古蹟挖掘場中素描畫家的工作。在獲得這份工作之後，卡特開始了他與埃及密不可分的人生。

在埃及當地，卡特不但做素描的工作，還被派遣到各個地方，在考古學家們底下跑跑腿辦事。他曾經在貝尼哈桑以及阿馬納（Amarna）等地方擔任著名考古學者富林德斯・佩特里（Flinders Petrie）的助手，之後他能夠成就考古偉業，或許這期間所累積的經驗也是重要的因素之一。

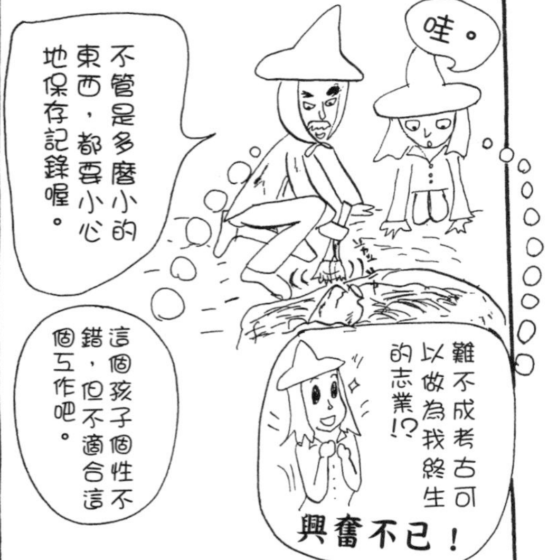
哇。
不管是多麼小的東西，都要小心地保存記錄喔。
這個孩子個性不錯，但不適合這個工作吧。
難不成考古可以做為我終生的志業!?
興奮不已！

富林德斯・佩特里做事態度嚴謹，卡特應該有受到他的影響。

由於做事態度認真嚴謹，二十五歲的時候，卡特因而被拔擢，擔任埃及南部的考古局主任監察員的職位。

那麼，就交給你囉。
馬斯佩羅說卡特是
很有行動力的年輕人，不過有些頑固。

加斯頓・馬斯佩羅（Gaston Maspero）法國人，是當時的考古局長官（最高階的人）。

接著，他遇到了美國的金主西奧多・戴維斯（Theodore Davis）。戴維斯原本是為了陪伴妻子、心不甘情不願地來埃及觀光的，不過，到了後來，他本人倒是愛上了埃及。卡特慫恿戴維斯挖掘「帝王谷」（Valley of the Kings）。

好，就交給你了！
你給我多挖掘些墳墓，提高我的知名度！

※不論是以前還是現在，挖掘工作都要花很多錢，所以需要金主。

★關於佩特里，我們到62頁再提。

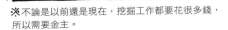

在戴維斯的贊助下，發現了圖特摩斯四世（Tuthmose IV）的墳墓。
接著前往KV20墳墓，這裡其實早已為人所發現，但是因為挖掘過於麻煩，因而沒有人願意經手。
213m
總之先挖再說！
玄室
他花了長達一年的時間深入挖掘、清理，最後終於到達玄室，找到了哈塞普蘇女王（Hatshepsut）的陪葬品。
考古局必須負責在帝王墳墓內拉電線，
提供照明，好讓觀光客得以參觀；
還有負責清掃早已發現的塞提二世（Seti 二）的墳墓，
此外也發現了哈塞普蘇女王奶媽的墳墓。
還有木乃伊！
太棒了!!
就這樣，卡特在南埃及的任期結束之後，被調到了北部（在卡特調職之後，戴維斯找到了基貝魯這個人接替他的工作）。過了不久，卡特就在沙卡拉這個地方跟法國人發生了打群架事件。
這個經過，據佩特里的說法：
幾個喝醉酒的法國人想要闖入我妻子以及其他女性住宿的小房子，埃及的小男僕把他們給擋在門外。那些法國人因為這樣惱羞成怒，於是就鬧事了。
這個時候，卡特來到了現場，對埃及員工說道：「在警察來之前，你們可以正當防衛。」下達了許可。法國人聽到這個說法，說：「竟然有人允許當地人反抗法國人，實在太失禮了！」結果引發了嚴重的衝突。
接下來，那群素行不良、鬧事的法國人透過領事館，要求卡特謝罪。
怎麼這麼霸道啊！
馬斯佩羅
卡特，你就做個樣子，跟他們道歉吧。

這個故事引自《埃及學夜話》（酒井傳六著）。另外還有講法是說：法國人沒有購買入場券，就想強行進入阿匹斯牛墳墓，因而引發衝突。不管是哪種說法，都是法國人不好啦！

結果卡特拒絕，因而丟了工作。

斷然
哼！
絕對不幹！

卡特還真有骨氣！

從這個小故事可以看出卡特高尚豪邁的性格。即使會失去自己熱愛的工作，他的意志仍如鋼鐵般強硬，絕對不違背良心。大部分的人會認為，為了自己的事情，即使有所犧牲也在所難免，所以多半會做些妥協，但是卡特卻是這麼的頑固。

就是因為他個性如此，因此生活顛簸而不順遂。卡特雖然失去了考古挖掘工作，但仍不想離開埃及，所以他以水彩畫家為業，過著貧窮拮据的生活。

長達兩年！
戴維斯也冷淡相待……

就在這個時候，挖掘圖坦卡門（Tutankhamun）墳墓的另一個主要人物，英國貴族卡爾納馮爵士（Lord Carnarvon）來到了埃及。打從年輕的時候開始，他就花父母的錢到處玩樂，是個不停追求新刺激的人。做了許多莽撞的事後，有一次他遭逢交通事故，身受重傷，整個人於是沈寂了下來。他的這個傷一直沒有痊癒，身體變得很差，他是為了休養身體才來到埃及的。

在埃及觀光的過程中，卡爾納馮完全被埃及的魅力所懾服。

他跟馬斯佩羅商量之後，

馬斯佩羅一直掛念著卡特。

我也想挖掘！
ぽん
這樣啊，我想到一個適合的人選。

這下子卡特終於出運了。

但是接下來故事就長——了。

喀！

來，開挖！

挖掘人氣居冠的地點是帝王谷，但是由於戴維斯在那裡展開作業，他氣燄很盛，一直將挖掘權緊緊握在手上。因此，卡特決定挖掘帝王谷周邊的區域。

經由當地人的指引，在朵拉・阿布・阿一納加（Dra Abu el-Naga）發現了✱阿蒙霍特普一世（Amenhotep Ⅰ）的墳墓。

把陵墓盜空之後，再賺取小費。

✱關於阿蒙霍特普一世的墳墓，參考第175頁。

關於這些人物，到一九一頁再提……
另一方面，在帝王谷的西奧多·戴維斯接二連三地發表了輝煌的成果。
發現由雅（Yuya）以及秋雅（Tuya）的墳墓。
卡特，怎麼樣啊，你那裡根本挖不出什麼東西來吧。
氣勢不凡
卡特的繼任者基貝魯接手挖掘工作之後，馬上就在帝王谷挖掘到被認定為「首次出土」、幾乎沒有被偷盜過的墳墓。
卡特聽了不知有多懊悔……
甚至還挖掘到第十八王朝初期王子提達·基的墳墓。
叩！
在達爾一巴赫里（Deir el-Bahri）的曼圖霍特普（Mentuhotep）葬祭殿的前庭，他從馬背上摔了下來。
但是，他挖掘了絆倒馬匹的坑洞之後，發現那竟然是通往墳墓地下室的通道。
曼圖霍特普二世的座像
在那裡發現了由木乃伊的布所包起來的人像。
我們繼續來談談這個戴維斯的事。
在卡特、基貝魯之後，受戴維斯僱用的是被大家稱為怪人的艾爾頓（Elton）。聽說戴維斯常有過分要求，而且自我中心、很難伺候，令艾爾頓很難招架。
不知道是不是因為這個緣故，艾爾頓經常做惡夢，會莫名奇妙地用流利的中文大吼大叫，工作夥伴因而視他為麻煩人物。
四面楚歌
愛別離苦
ZZZ
說夢話
其實艾爾頓挖掘到了現在已經絕種的敍利亞象及土陶片（ostracom）等物件，這些東西相當具有學術價值，
但是戴維斯總是老大不高興。
給我挖更引人注目的東西！
土陶片是古代的石板，拿來塗鴉或當練習簿使用。

關於這件事，請參考第165頁。

在戴維斯的淫威之下，艾爾頓發現第十九王朝的法老西普塔（Siptah）的墳墓。也接連發現了猴子及狗、鴨子的墳墓。
這些被認為是阿蒙霍特普二世的寵物們的墓。
在那之後，跟著戴維斯工作的人都在考古學方面發現有意思的東西，但是在戴維斯看來，那些東西都是些無聊玩意，無法引起大眾矚目，沒辦法提高他的知名度，為此，戴維斯常常焦慮不安。
受僱於戴維斯的瓊斯就表示：
「挖掘的樂趣都因為無知的戴維斯加以干涉，而消磨殆盡了。
只有一種方法能讓戴維斯高興，就是照他說的話做，無視於工作品質低落！」
儘管瓊斯嘴巴上這麼說，但再怎麼不滿他也還是認真地工作，最後在挖掘中途因衰弱而死亡。
後來還發現了以神祕著稱的墳墓KV55。
他甚至還挖到了不起的大人物、第十八王朝的法老霍朗赫布（Horemheb）！
見二二二頁
不夠！再挖，再挖！
就這樣，戴維斯的名聲隨著艾爾頓的發掘成果逐漸提高，但是，或許是因為艾爾頓再也受不了戴維斯，到最後已經厭倦一切，甚至放棄了埃及學。
像他這種陰氣沈沈的傢伙走了最好。
呼～
埃及怎麼樣已經無所謂了。
到後來，戴維斯終於說，
帝王谷已經沒什麼好挖的了，不可能有新發現啦！
哇！
但其實，距離戴維斯最後挖掘的場所僅僅兩公尺遠的地方，就是圖坦卡門的墳墓喔。
終於，戴維斯厭膩了挖掘。
他在卡特發現圖坦卡門的墳墓之前過世。從某個角度來說，戴維斯早死對他而言也是好事啦。

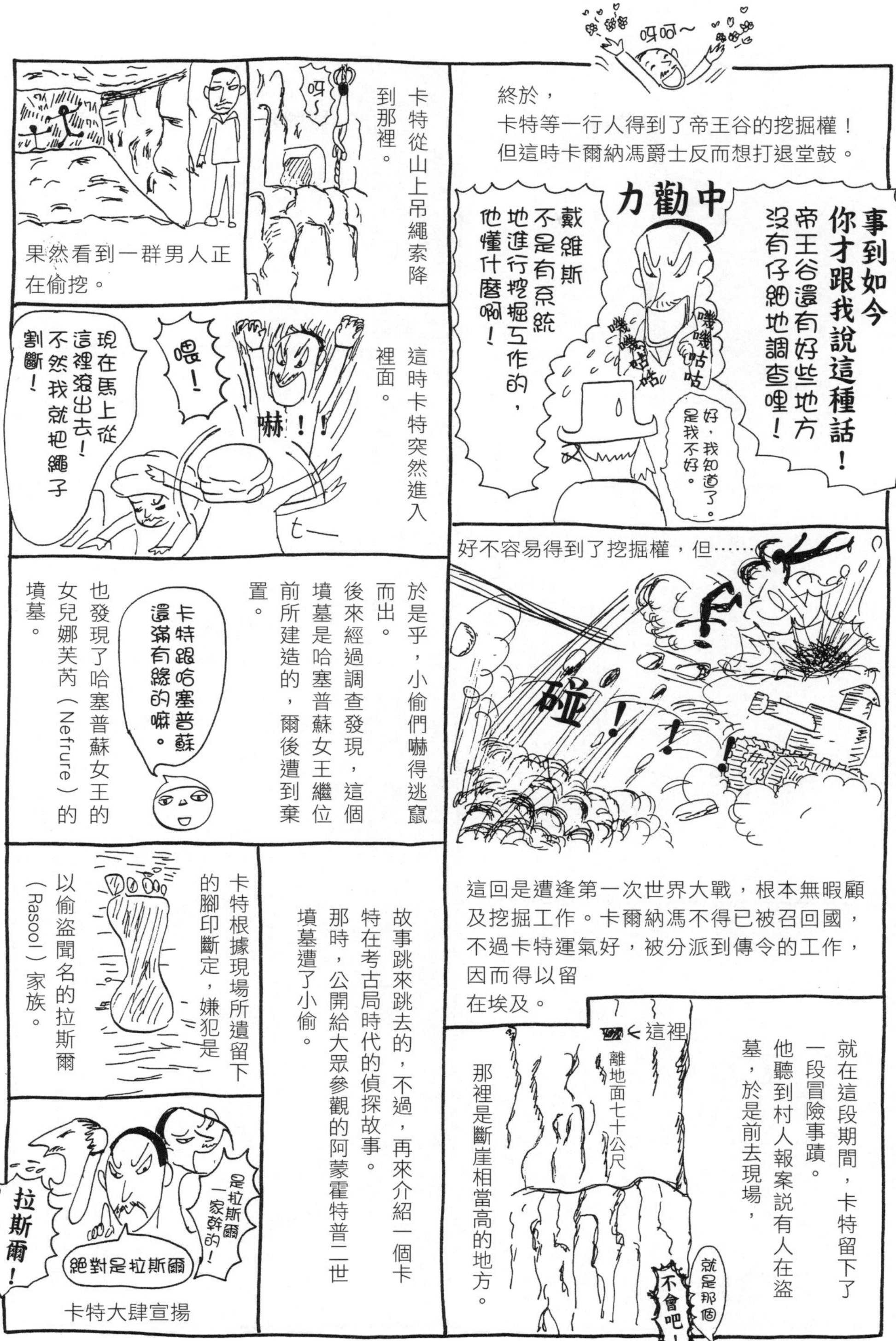
呵呵～
終於，
卡特等一行人得到了帝王谷的挖掘權！
但這時卡爾納馮爵士反而想打退堂鼓。
事到如今你才跟我說這種話！
帝王谷還有好些地方沒有仔細地調查哩！
力勸中
戴維斯不是有系統地進行挖掘工作的，他懂什麼啊！
嘰嘰咕咕
嘰嘰咕咕
好，我知道了。是我不好。
好不容易得到了挖掘權，但……
碰！！！
這回是遭逢第一次世界大戰，根本無暇顧及挖掘工作。卡爾納馮不得已被召回國，不過卡特運氣好，被分派到傳令的工作，因而得以留在埃及。
就在這段期間，卡特留下了一段冒險事蹟。
他聽到村人報案說有人在盜墓，於是前去現場，
這裡
離地面七十公尺
那裡是斷崖相當高的地方。
就是那個
不會吧！
卡特從山上吊繩索降到那裡。
呀～
果然看到一群男人正在偷挖。
這時卡特突然進入裡面。
喂！
嚇！！
現在馬上從這裡滾出去！不然我就把繩子割斷！
於是乎，小偷們嚇得逃竄而出。
後來經過調查發現，這個墳墓是哈塞普蘇女王繼位前所建造的，爾後遭到棄置。
也發現了哈塞普蘇女王的女兒娜芙芮（Nefrure）的墳墓。
卡特跟哈塞普蘇還滿有緣的嘛。
故事跳來跳去的，不過，再來介紹一個卡特在考古局時代的偵探故事。
那時，公開給大眾參觀的阿蒙霍特普二世墳墓遭了小偷。
卡特根據現場所遺留下的腳印斷定，嫌犯是以偷盜聞名的拉斯爾（Rasool）家族。
拉斯爾！
是拉斯爾一家幹的！
絕對是拉斯爾
卡特大肆宣揚

戰爭期間，卡特除了發現哈塞普蘇女王的墳墓之外，也調查了位於帝王谷西邊的阿蒙霍特普三世的墳墓。

光靠腳印就認定拉斯爾一家是盜墓者，證據太薄弱了，卡特的指控遭到駁回。結果拉斯爾一家被判無罪，卡特大受打擊。
靜——！
卡特太躁進了。
言歸正傳，之後大戰終於結束。
從這裡開始，終於可以正式展開挖掘工作。
喔！
不過，儘管圖坦卡門沒有出現在古埃及國王年表上、大家也不確知他的名字，我仍然一直相信他是存在的。而且我相信他一直沉睡在帝王谷中……。我之所以這麼認定，是因為到處都有刻著他名字的東西出土，不是嗎？而且發掘圖坦卡門墳墓的希望，成為支持我挖掘下去的支柱。
KV55的封印
彩陶的酒杯
壺
金箔
全部都是戴維斯在不同地方挖掘出來的東西。
回頭想想，過去也曾發生過這種事。
跟在戴維斯身邊從事挖掘工作的期間，曾經有人突然傳來消息說：「發現圖坦卡門的墳墓啦！」
什麼！
戴維斯挖掘一個小小的豎坑，裡頭有很多刻有圖坦卡門名字的印章，所以戴維斯誤以為那裡是圖坦卡門的墳墓。
喂，卡特，這是不是就是你說的圖坦卡門的墳墓啊？
哇哈哈哈
不對，絕對不可能是那樣粗糙的地方！
哎呀呀呀，再沒有比這個時候更令人焦急的了。
卡特一行人在帝王谷一地投入五年的時間（和卡爾納馮爵士合作後，共計十五年）挖掘主谷，但並沒有什麼重大的發現。
甚至，之後由於卡爾納馮爵士換匯交易失敗、沒有足夠的資金，終於跟卡特提出要停止挖掘工作。
抱～歉
我實在很難跟你開口……但是，可不可以別再挖了？

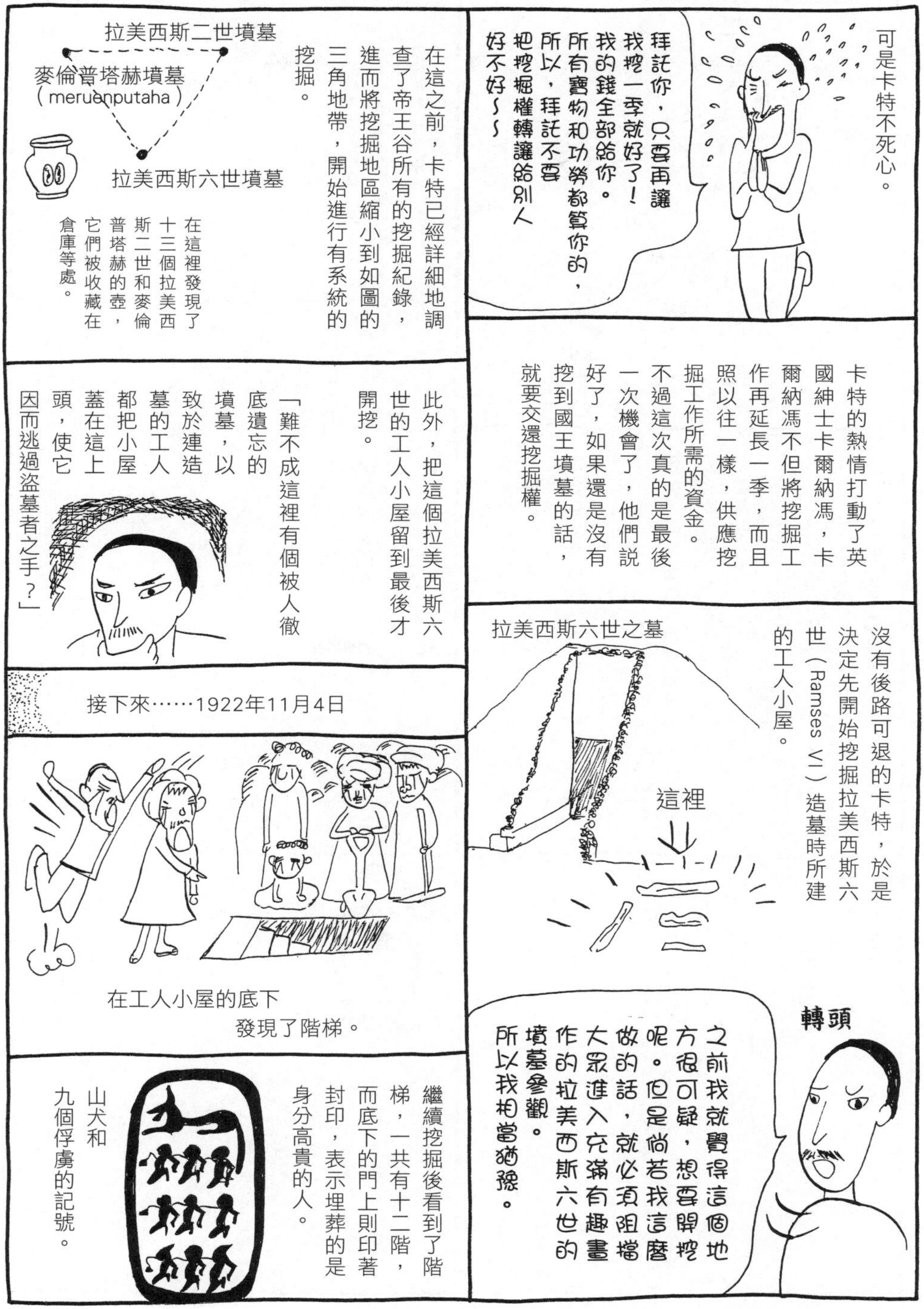
可是卡特不死心。
拜託你，只要再讓我挖一季就好了！我的錢全部給你。所有寶物和功勞都算你的，所以，拜託不要把挖掘權轉讓給別人好不好～～
在這之前，卡特已經詳細地調查了帝王谷所有的挖掘紀錄，進而將挖掘地區縮小到如圖的三角地帶，開始進行有系統的挖掘。
拉美西斯二世墳墓
麥倫普塔赫墳墓（meruenputaha）
拉美西斯六世墳墓
在這裡發現了十三個拉美西斯二世和麥倫普塔赫的壺，它們被收藏在倉庫等處。
卡特的熱情打動了英國紳士卡爾納馮，卡爾納馮不但將挖掘工作再延長一季，而且照以往一樣，供應挖掘工作所需的資金。不過這次真的是最後一次機會了，他們說好了，如果還是沒有挖到國王墳墓的話，就要交還挖掘權。
此外，把這個拉美西斯六世的工人小屋留到最後才開挖。
「難不成這裡有個被人徹底遺忘的墳墓，以致於連造墓的工人都把小屋蓋在這上頭，使它因而逃過盜墓者之手？」
沒有後路可退的卡特，於是決定先開始挖掘拉美西斯六世（Ramses Ⅵ）造墓時所建的工人小屋。
拉美西斯六世之墓
這裡
轉頭
之前我就覺得這個地方很可疑，想要開挖呢。但是倘若我這麼做的話，就必須阻擋大眾進入充滿有趣畫作的拉美西斯六世的墳墓參觀。所以我相當猶豫。
接下來……1922年11月4日
在工人小屋的底下發現了階梯。
繼續挖掘後看到了階梯，一共有十二階，而底下的門上則印著封印，表示埋葬的是身分高貴的人。
山犬和九個俘虜的記號。

真是美夢成真的瞬間！照理說應該會想趕快把門打開，
在卡爾納馮爵士來之前先關著……
但卡特實在太重道義了！好不容易有進展的洞穴，他還是先按兵不動。
亮晶晶
亮晶晶
亮晶晶
陶醉……
亮晶晶
讚！
而且，房間裡寶物堆積成山，令人不敢置信……
卡特趕緊發電報給已經厭倦埃及、回到英國的卡爾納馮爵士，之後他等卡爾納馮等了十九天。好漫長啊！
等待的期間，卡特他……
沒證據證明這是圖坦卡門的墳墓！
搞不好只是倉庫……
但是那種地方應該沒有人想到要去偷挖才對。
啊～每次我以為挖到了結果都槓龜。
唉，會是怎麼樣？
不，古代的小偷什麼墳墓都偷的。
我大概只是個成不了氣候的傢伙。
可以想見，卡特等待卡爾納馮爵士的這段時間有多煎熬。
卡特的不屈不撓，成就了這個史上第一的大發現。世界各地大肆報導這個大新聞，但是卡特一行人達成目標的高亢情緒，卻被媒體、埃及政府及信奉神祕主義的團體所阻撓。而偏偏選在這個時候，善於交際應酬的卡爾納馮爵士去世了。
卡爾納馮爵士未能得知黃金面具的存在。
終於等到卡爾納馮爵士抵達，挖掘工作再度展開。原本以為階梯總共十二級，其實還有四級，而深鎖的門下方則刻著圖坦卡門的名字！
離最初開挖的地方，這裡不過是相距數英吋的地底。剛開始如果再多挖深一點點的話，卡特之前十九天的不安應該能稍微得到寬解才是。
鏘
我沒什麼期待喔。
拙於人情世故、堅持己見的卡特根本沒辦法應付那些人，結果樹立了許多敵人。
雖然他個性強硬，不過常常給人好感喔。
安朵留思
西奧多・戴維斯的女朋友
由於發生了這些事，再加上墳墓中的遺物數量龐大，結果挖掘之後的整頓（整理、分類、記錄），竟然花費了「十年」！

圖坦卡門的那些令人驚嘆的美麗寶藏之所以能夠完整地呈現在世人面前，全都得歸功於卡特的發現，沒有一個人可以做到這種程度。

不過一個成功的人難免會惹上一些流言蜚語，就有人認定「卡特在圖坦卡門的墳墓中順手牽羊，拿走好幾個小東西」，還為此寫了厚厚的一本書考證。（詳見 Tutankhamun:The Untold Story, Thomas Hoving）

想想卡特的個性，實在很難相信他會做出這種事情，

就算是那樣，

也沒有關係啦～

但是，這些寶物實在是太美了，美得叫人找不到話形容……

卡特的一生似乎與金錢無緣。從埃及回到英國之後，他過著靠演講維生的生活，終生未娶，在西元一九三九年時，於倫敦去世。

卡特說：「我希望學術上的研究到達一定程度的時候，可以讓法老在他自己的墳墓中安息。」現在的情況就依了卡特的心願，圖坦卡門雖然開放給觀光客們參觀，不過確實也是安睡在自己的墳墓裡。

豪爽！貝爾佐尼
命運極端的男人
喬凡尼・巴提史達・貝爾佐尼
（Giovanni Battista Belzoni）
生於義大利帕多瓦，長相俊俏。
身高據稱有兩公尺。
他十六歲的時候，因為想當聖職人員而前往羅馬，
但因為怕政府要他當兵，於是潛逃。
接著，他在阿姆斯特丹做起了生意。
之後不知道為什麼，
他在英國因雜耍而受到注目，
成為那個世界的明星……
這是他最著名拿手的絕活，叫做人體金字塔。
後來他就跟真的金字塔結緣了呢。
附帶一提，他也擔任歌劇的歌手。
1778～1823年
接下來，貝爾佐尼迷上了旅行，開始浪跡天涯的生活。
那時一個在馬爾他島結識的男人對他說：
欸，你學過水力學啊。
那正好是埃及總督默罕穆德・阿里要找的人選啊！我幫你牽線。
生平無大志、沒什麼人生目標的貝爾佐尼，這回想靠揚水器（一種改良水車而來的東西）大撈一筆，於是馬上就前往埃及。
他花了兩年時間專注於機械的製作，等待默罕穆德・阿里的到來。就這樣，到後來東西終於完成了。但是……
我不～需要
他被拒絕了，走投無路。
但是，貝爾佐尼天生厚臉皮，又有社交手腕，藉此他認識了許多人。其中有一個人是英國駐埃及領事亨利・薩爾特（Henry Salt）。
我想要把一個巨大雕像運回英國，你不是大力士嗎？

就這樣，貝爾佐尼成功地搬動了論誰都舉雙手投降的拉美西斯二世頭像，把它搬到開往英國的船上。
看來跟是不是大力士沒關係啊……
搞不好埃及很有趣哩！
貝爾佐尼燃起了鬥志，他聽說有個「一半埋在沙漠中、令人喪膽的神殿」，於是馬上採取行動。
當他終於來到遙遠的南邊，見著這神殿時，卻……
埋在沙漠中的阿布辛比（Abu Simbel）神殿
嚇！這我哪有辦法啊！
嘴巴上雖這麼講，他還是展開挖掘工作。
哈哈哈
哈哈哈
咿
但是他所僱用的村民實在太懶惰了，令他大傷腦筋。
他只好一直給他們小費，或是勸誘他們，不斷地幹這些麻煩事。好不容易挖掘得夠深入，可以進入墳墓了。
但是，在裡頭並沒有找到像樣的寶物，貝爾佐尼非常失望……
好！接著挖帝王谷！
但這次經驗反而讓他發覺了尋寶的樂趣。

太開心了
哇哈哈
之後，貝爾佐尼運勢大旺。
貝爾佐尼氣勢無人能敵，他一口氣就發現了八個墳墓。而且，那些墳墓完全是他隨便亂挖找到的。
最短的時間內
發現的墳墓數是史上第一名。
同時期致力於挖掘工作的法國駐埃及領事德羅韋蒂（Bernadino Drovetti），眼見貝爾佐尼越來越出名，心裡漸漸覺得很不是滋味。
為什麼那種傢伙運氣會那麼好？我努力地挖掘卻挖不出什麼東西來的地方，換做他來挖，就會冒出絕妙寶物！
德羅韋蒂
貝爾佐尼個性我行我素，即便是木乃伊也任意踐踏。關於他的故事，有一段是說：有一回他深陷自己所破壞的大量木乃伊中，因為大量的粉塵，有十五分鐘的時間他完全動彈不得……
咳！吸進太多木乃伊粉了。
咳、咳
咳、咳
呣～
好耶～接下來是金字塔
而貝爾佐尼的雇主亨利．薩爾特，看到貝爾佐尼意氣風發、那麼地活躍，也開始心生嫉妒。
哇哈哈、哇哈哈
於是亨利．薩爾特決定自己來挖掘。
結果，亨利．薩爾特跟貝爾佐尼因為金錢問題而分道揚鑣。
我也來中個大獎！
那種不專業的傢伙都能挖到了
就連發現地位高貴的女性木乃伊，他……
我不過才稍微拉一拉她的頭髮，結果一下子就掉光了。
嘻嘻
居然這樣說。
在帝王谷中，貝爾佐尼所發現的最有名的墳墓，是最大、最長（一百二十公尺以上）也最為壯麗的塞提一世的墳墓。
我人生最巔峰的時期
他製作了墳墓的模型，在英國大大地展示，佳評如潮！
他因而順利地晉身名流。
之後薩爾特狂挖了四個月，最後是
無疾而終。

光生影，有光才有影。跟貝爾佐尼分道揚鑣之後，薩爾特時運不濟，處處遭遇絆腳石。
他無法拋卻對貝爾佐尼的嫉妒，而這種情緒所導致的負面能量，反而更替他招來不幸。
原本那些東西都應該屬於我，都是那個男人奪走了我的名聲和榮譽。
我才不屑跟那傢伙的名字並列咧。
在薩爾特四十八歲去世之前，他的埋怨憤恨都未曾消解。
嫉妒真的會給人招來不幸啊。
反過來看，貝爾佐尼的運氣會這麼好，或許就是因為他天性樂觀的關係。
對於周遭人們的不愉快情緒，貝爾佐尼完全不在乎。這種男人，有誰能扳倒他呢？
好耶！
這回，他發現了吉薩（Giza）的卡夫拉金字塔（Pyramid of Khafre）入口。
不過玄室裡頭不見任何財寶，牆壁上還有阿拉伯文的塗鴉，可見已經有人早他一步來過這裡。
真嚥不下這口氣，我也要來塗鴉。
僅剩的就只有棺材裡的白骨，他當那是唯一的希望把它帶了回去。但在得知那其實只是牛的骨頭時，他的心情更加愁悶。
聽說了金字塔的消息後，法國人德羅韋蒂更加焦急了。
哼~~本來我也要找金字塔的！
之後，德羅韋蒂開始找碴了。
他叫部下持槍恐嚇貝爾佐尼。
呀
對不起啦，我投降。
德羅韋蒂不斷使出孩子氣的手段。
啥？
我的船怎麼落跑了！
很抱歉
船已經變成德羅韋蒂大人的了。

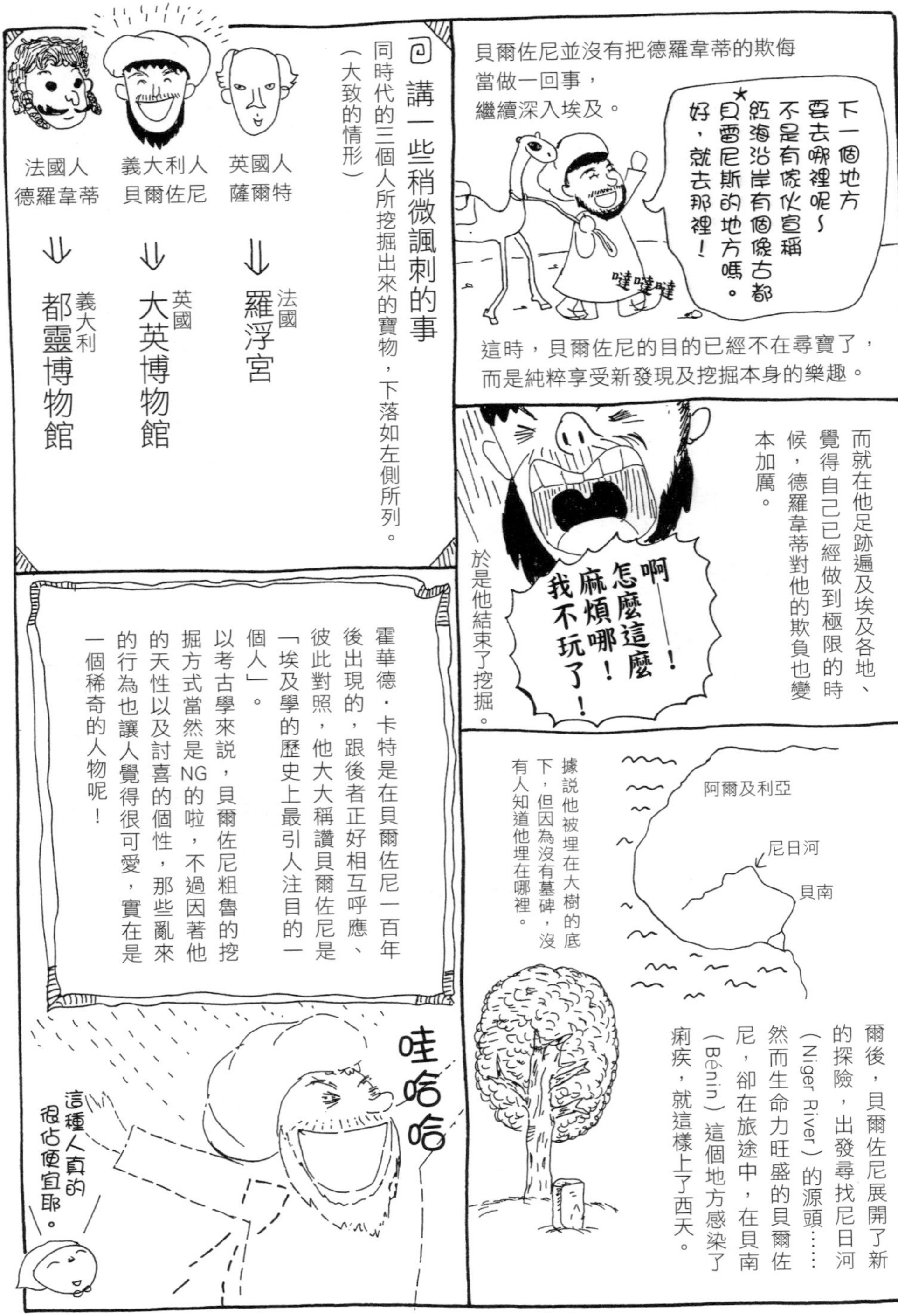
貝爾佐尼並沒有把德羅韋蒂的欺侮
當做一回事，
繼續深入埃及。
下一個地方要去哪裡呢～不是有傢伙宣稱紅海沿岸有個像古都貝雷尼斯★的地方嗎。好，就去那裡！
噠噠噠
這時，貝爾佐尼的目的已經不在尋寶了，
而是純粹享受新發現及挖掘本身的樂趣。
回 講一些稍微諷刺的事
同時代的三個人所挖掘出來的寶物，下落如左側所列。
（大致的情形）
英國人 薩爾特
⇓
法國 羅浮宮
義大利人 貝爾佐尼
⇓
英國 大英博物館
法國人 德羅韋蒂
⇓
義大利 都靈博物館
而就在他足跡遍及埃及各地、覺得自己已經做到極限的時候，德羅韋蒂對他的欺負也變本加厲。
啊——！怎麼這麼麻煩哪！我不玩了！
於是他結束了挖掘。
爾後，貝爾佐尼展開了新的探險，出發尋找尼日河（Niger River）的源頭……然而生命力旺盛的貝爾佐尼，卻在旅途中，在貝南（Bénin）這個地方感染了痢疾，就這樣上了西天。
阿爾及利亞
尼日河
貝南
據說他被埋在大樹的底下，但因為沒有墓碑，沒有人知道他埋在哪裡。
霍華德·卡特是在貝爾佐尼一百年後出現的，跟後者正好相互呼應、彼此對照，他大大稱讚貝爾佐尼是「埃及學的歷史上最引人注目的一個人」。以考古學來說，貝爾佐尼粗魯的挖掘方式當然是NG的啦，不過因著他的天性以及討喜的個性，那些亂來的行為也讓人覺得很可愛，實在是一個稀奇的人物呢！
哇哈哈
這種人真的很佔便宜耶。

★貝雷尼斯（Berenice）是托勒密（Ptolemy）王朝時代的主要貿易港。

守護埃及的男人**奧古斯特・馬里埃特**

（Auguste Mariette，1822年～1881年，生於法國布若紐〔Boulogne-sur-Mer〕）

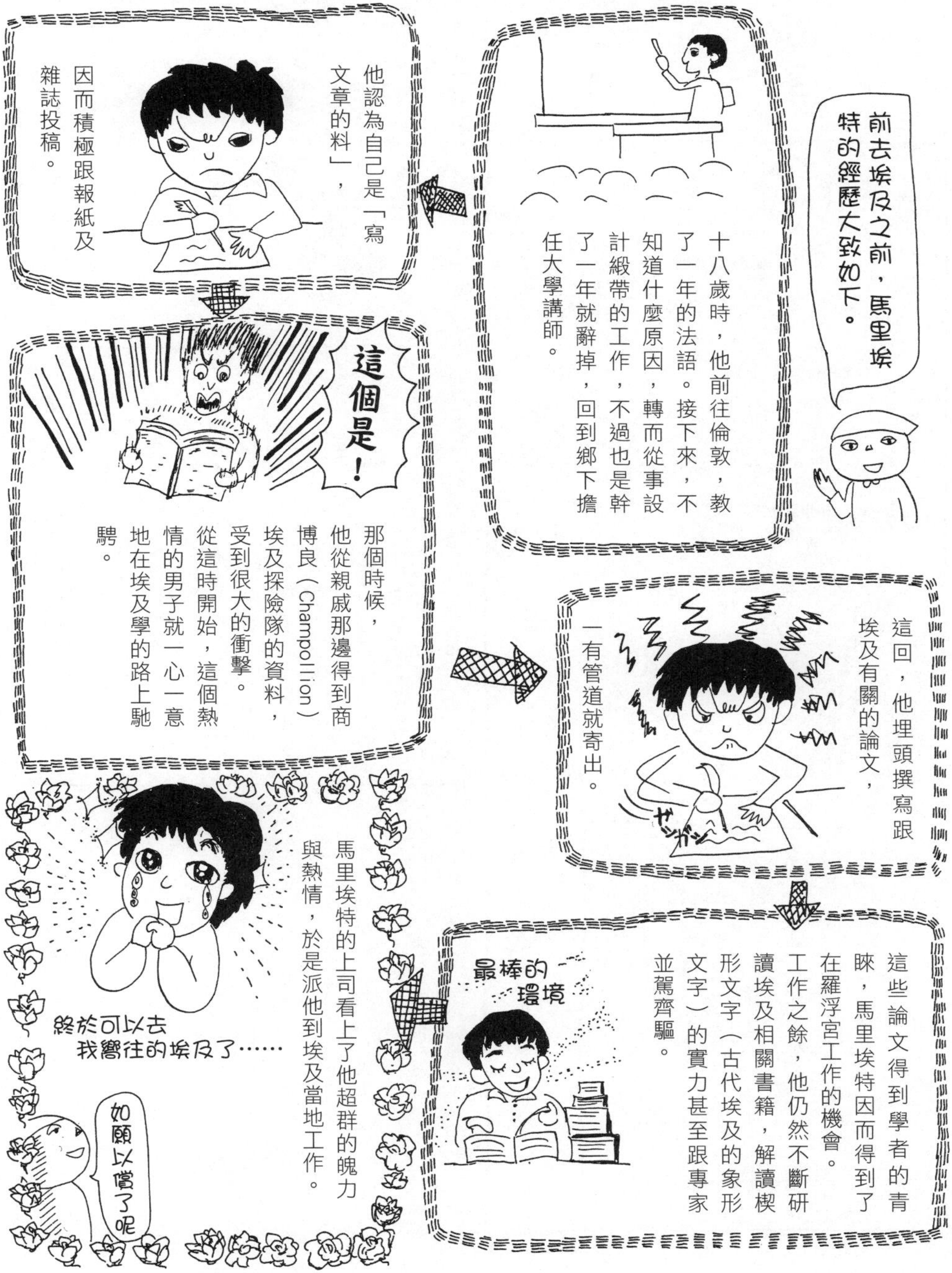

前去埃及之前，馬里埃特的經歷大致如下。
十八歲時，他前往倫敦，教了一年的法語。接下來，不知道什麼原因，轉而從事設計緞帶的工作，不過也是幹了一年就辭掉，回到鄉下擔任大學講師。
他認為自己是「寫文章的料」，因而積極跟報紙及雜誌投稿。
這個是！
那個時候，他從親戚那邊得到商博良（Champollion）埃及探險隊的資料，受到很大的衝擊。從這時開始，這個熱情的男子就一心一意地在埃及學的路上馳騁。
這回，他埋頭撰寫跟埃及有關的論文，一有管道就寄出。
這些論文得到學者的青睞，馬里埃特因而得到了在羅浮宮工作的機會。工作之餘，他仍然不斷研讀埃及及相關書籍，解讀楔形文字（古代埃及的象形文字）的實力甚至跟專家並駕齊驅。
最棒的環境
馬里埃特的上司看上了他超群的魄力與熱情，於是派他到埃及當地工作。
終於可以去我嚮往的埃及了……
如願以償了呢

在埃及，馬里埃特的任務是收集科普特教會（Coptic Church）的手抄本，所以他馬上前往開羅的教會。
外國人最差勁了！前陣子才有個英國人把我們的手抄本偷走跑掉了，我不會再借人的。
笨蛋～
氣憤
咦～不行嗎？
就這樣，他的任務才一下子就結束了。
失望之餘，馬里埃特只好漫無目的地眺望著籠罩於夕陽下的開羅街道。
多麼動人心魄的景象，叫我靈魂都要融化了。我人生的夢想，在這個地方才能實現！
他沒有消沉多久，很快就又恢復原有的活力。
他在吉薩的金字塔附近搭了帳篷，希望能夠有所發現。
看起來很愉快
哈哈
亮晶晶
但是他沒辦法適應其他探險隊的熱鬧歡樂氣氛，又轉往沙卡拉。
沒辦法加入～～
他在沙卡拉的沙漠一屁股坐下……
結果注意到沙堆中露出的獅身人面像。
這東西，怎麼有種似曾相識的感覺，這個是……呃……
不對～我曾經在書上看過它！
啊——斯特拉博！
（Strabo，西元前一世紀的地理學者）
之後，馬里埃特想起他以前可說是卯起來研讀的埃及書中的一節。
孟菲斯這地方
有塞拉匹斯（Serapis）神殿
在風吹過的沙漠中，
我看到了許多的
司芬克斯（Sphinx）
有的埋沒到背脊，有的
則全身都被埋沒……

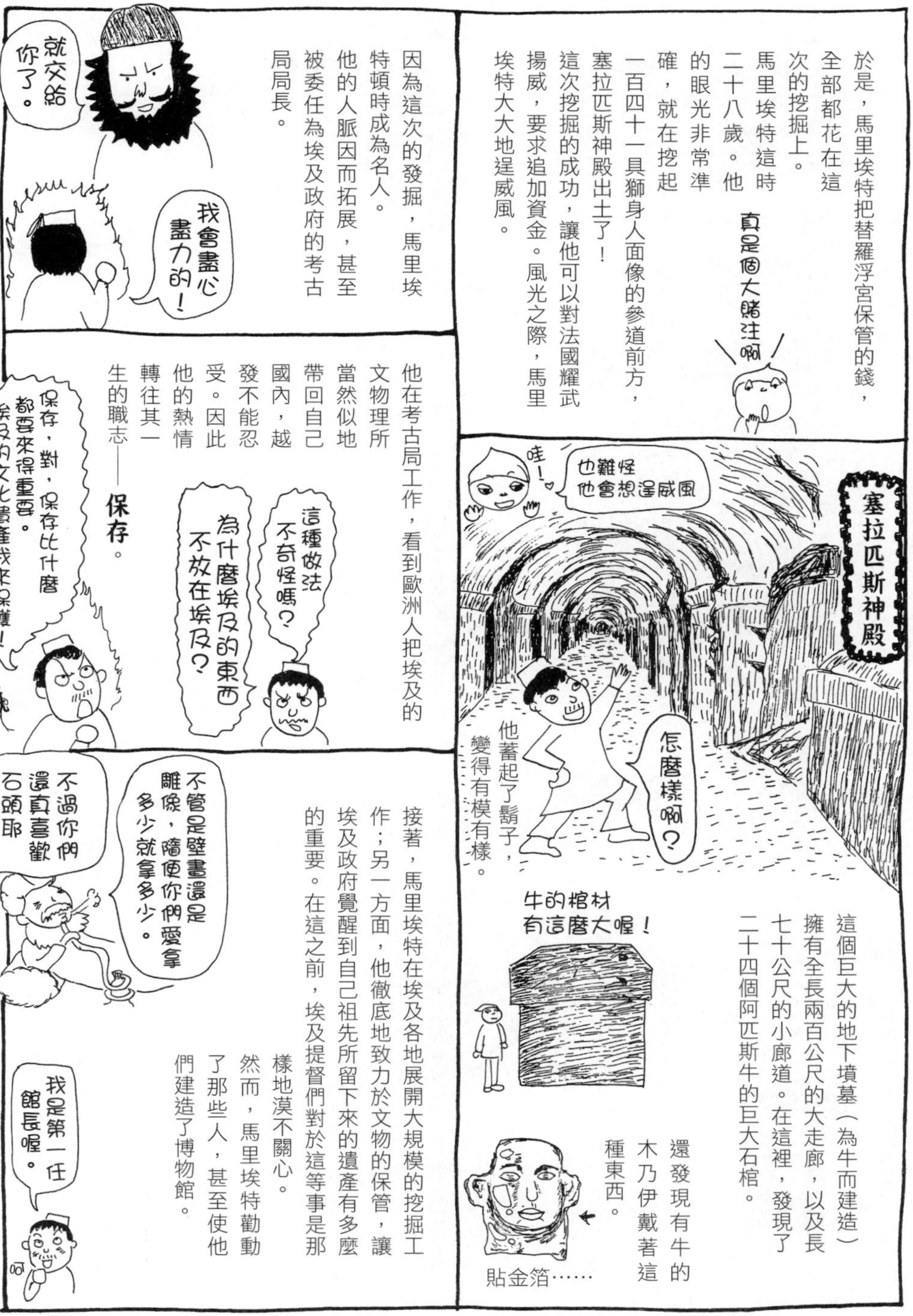
於是，馬里埃特把替羅浮宮保管的錢，全部都花在這次的挖掘上。馬里埃特這時二十八歲。他的眼光非常準確，就在挖起一百四十一具獅身人面像的參道前方，塞拉匹斯神殿出土了！這次挖掘的成功，讓他可以對法國耀武揚威，要求追加資金。風光之際，馬里埃特大大地逞威風。
真是個大賭注啊
塞拉匹斯神殿
哇！
也難怪他會想逞威風
怎麼樣啊？
他蓄起了鬍子，變得有模有樣。
這個巨大的地下墳墓（為牛而建造）擁有全長兩百公尺的大走廊，以及長七十公尺的小廊道。在這裡，發現了二十四個阿匹斯牛的巨大石棺。
牛的棺材有這麼大喔！
還發現有牛的木乃伊戴著這種東西。
貼金箔……
因為這次的發掘，馬里埃特頓時成為名人。他的人脈因而拓展，甚至被委任為埃及政府的考古局局長。
就交給你了。
我會盡心盡力的！
他在考古局工作，看到歐洲人把埃及的文物理所當然似地帶回自己國內，越發不能忍受。因此他的熱情轉往其一生的職志——**保存**。
這種做法不奇怪嗎？
為什麼埃及的東西不放在埃及？
保存，對，保存比什麼都要來得重要。埃及的文化遺產我來保護！
憤慨
接著，馬里埃特在埃及各地展開大規模的挖掘工作；另一方面，他徹底地致力於文物的保管，讓埃及政府覺醒到自己祖先所留下來的遺產有多麼的重要。在這之前，埃及提督們對於這等事是那樣地漠不關心。然而，馬里埃特勸動了那些人，甚至使他們建造了博物館。
不管是壁畫還是雕像，隨便你們愛拿多少就拿多少。
不過你們還真喜歡石頭耶……
我是第一任館長喔。
呵

可以在博物館中見到的馬里埃特的發掘物

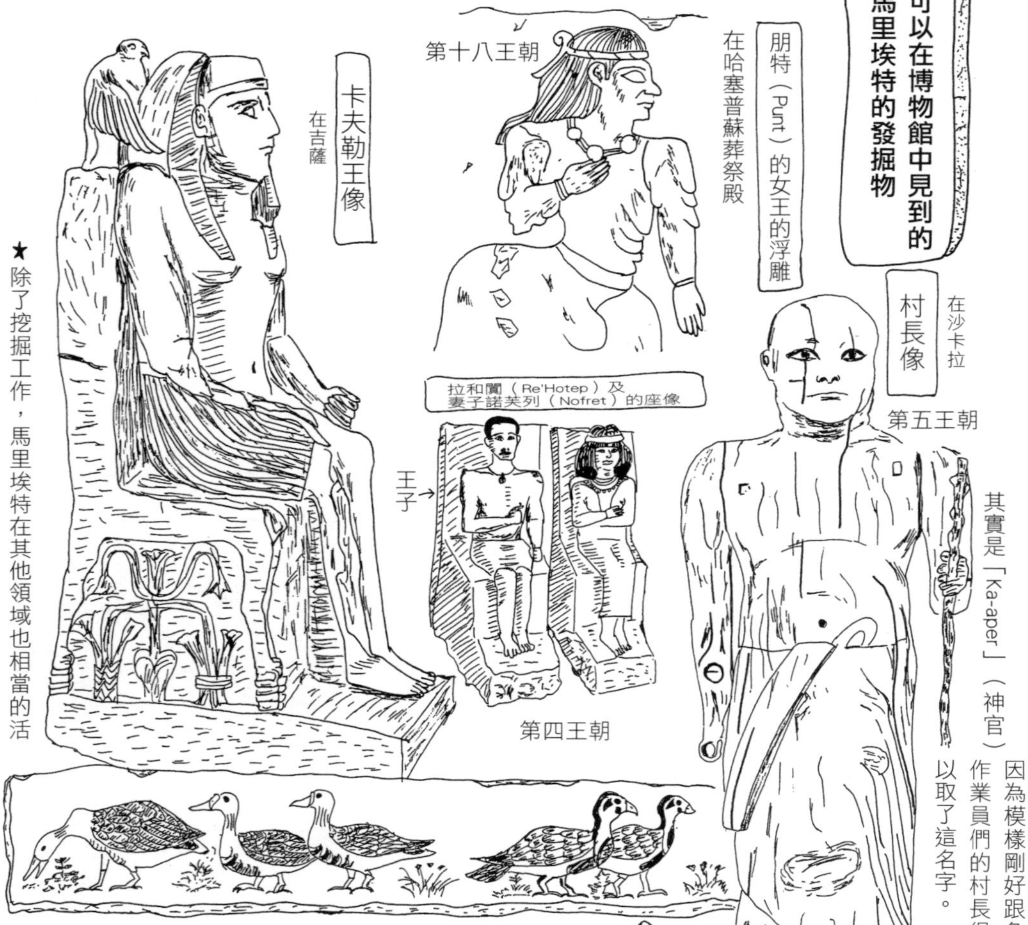

朋特（Punt）的女王的浮雕
在哈塞普蘇葬祭殿
第十八王朝
卡夫勒王像
在吉薩
拉和闐（Re'Hotep）及妻子諾芙列（Nofret）的座像
王子→
第四王朝
村長像
在沙卡拉
第五王朝
其實是「Ka-aper」（神官）
因為模樣剛好跟負責挖掘的作業員們的村長很相像，所以取了這名字。

★除了挖掘工作，馬里埃特在其他領域也相當的活躍，還是歌劇《阿伊達》（Aida）的原作者。

雁的畫作
在梅朵姆（Medium）
木頭雕的喔！木頭耶！

在沙卡拉有許許多多的發現呢，包括了高級官員帝，以及海西勒（Hesira）等人的石室墳墓。

馬里埃特嚴密地監控、管理出土的物品，他的態度非常的強硬，以其異於常人的氣魄，連打包、裝箱等過程都檢查得滴水不漏。要是哪天讓他發現有人偷竊，不管對方是何等人物，他都絕不輕饒，有時甚至會因為太過激動而毆打對方。不消說，賄賂對他也完全起不了作用。

這個時代做事怎麼變得這麼難啦……
唉……

哇～怎麼那麼漂亮
不過，為了在祖國法國開博覽會，馬里埃特把埃及雅霍特普王妃（Ahhotep 一，見一七七頁，第十七王朝）的遺物帶回去展示。當時的法國皇帝拿破崙三世（Napoleon 三）的皇后歐仁妮（Eugenie）見了那些寶物，頓時眼睛一亮，直嚷著要那些東西。
馬里埃特當然拒絕了。皇帝提出一些榮譽職務以及金錢等，做為交換條件，也使出各種手段威脅他。但這個男人說什麼都不答應。
不行！
發怒
哼！你被法國解雇了！
馬里埃特因此失去法國的奧援。
但後來他還是跟法國重修舊好了。
接著下來，馬里埃特越來越挺埃及人。之後他的妻子及小孩感染瘟疫，一個接著一個離開人世，馬里埃特不知道是不是因為承受太大的悲傷，晚年時強勢的性格變得更為極端、脾氣更壞，既固執、成見又深，完全變成一個頑固的老頭兒。
譬如說，
已經不可能在金字塔方面有新發現，也不可能找到什麼文字了，不用再浪費時間啦！
類似這樣，他會做些事侮辱年輕考古學者，挫挫他們的氣勢。
而馬里埃特的說法，卻在他罹患糖尿病而踏上黃泉路之前被推翻了。因為，這時有人發現了寫滿文字的金字塔。聽到這個消息時，他不知對自己錯誤的判斷有多麼驚愕啊。
不過聽說他最後還是回歸學者的本色，很高興世界上有了新發現。
哈～
唉呀～真是羞愧。
咚！

然而，馬里埃特不像貝爾佐尼那樣討人喜歡，加上他強勢的個性也樹敵不少，在他過世之後，有不少人說他的壞話。

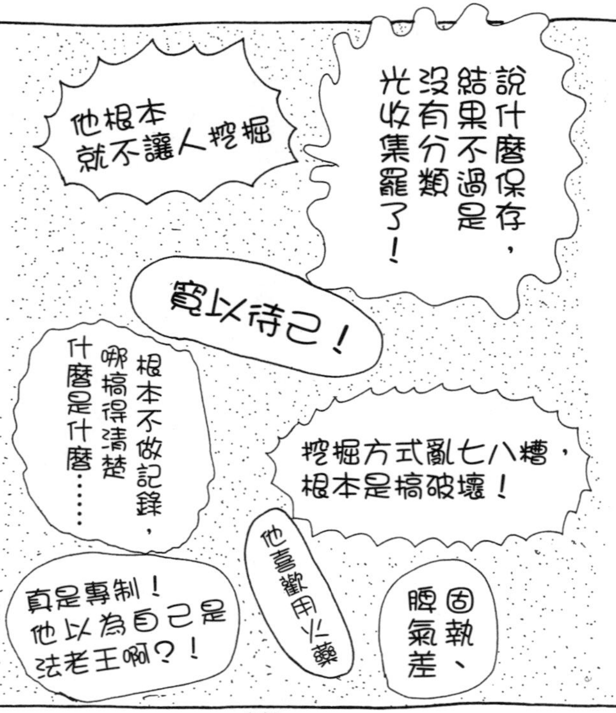

接替馬里埃特職位的加斯頓・馬斯佩羅（第三十頁），又偏偏是一個懂得變通、身段柔軟的人，更加凸顯出馬里埃特不給人留餘地、正面衝突的做法對於歐洲勢力而言是怎樣的黑暗時代。

但是，馬里埃特行事的基本信念是「保護埃及」；此外，某次他回法國的時候甚至表示：「如果不回埃及，我要不就是死掉，不然也會瘋掉。」由此可見他對埃及的感情有多強烈。

馬里埃特的遺體被埋在博物館的前院（有銅像）。

加斯頓・馬斯佩羅

在前面探討卡特的章節也有提到這個人（第三十頁）。（不過他無緣得見圖坦卡門出土，就去世了……）他最顯著的工作成果是挖掘到有碑文的金字塔，以及將帝王谷的「皇家墓城」（Royal Cache，收藏四十具法老木乃伊的地方）介紹給世人。不過，他給人的感覺是相當被動，令人覺得他只不過是幸運，才能夠在任期內湊巧有幾次有意思的發現。

雖然馬斯佩羅有時會發表大膽的學說，但又常很快收回自己說過的話，肯定現有的論點。不知道這是因為他懂得變通，還是因為個性不愛與人爭。

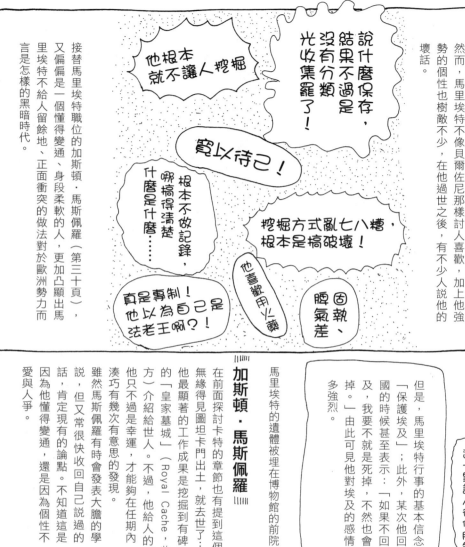

時至今日，古代埃及文化的內涵已經廣為人知，但是其實在十九世紀初期的時候，並沒什麼人了解古埃及，直到這個人替大家讀解出古埃及文字……

讓埃及開口說話的男人

天才★商博良

1790～1832

完成「解讀出埃及楔形文字」這樣偉大功業的男人，出身於法國一個叫菲熱克（Figeac）的鄉下小鎮，是貧窮書店老闆的第七個兒子。

雖然他的父親並不注重小孩子的教育，然而，替他取「商博良」這個名字、大他十二歲的哥哥，卻很早就注意到他的才能，而幫他尋找學校，為他準備好一個適合追求學問的環境。商博良之所以會很早就開始對埃及產生興趣，也是受到他這個哥哥的影響。

五歲時，就能唸書唸得很流利。

我好想知道世界的起源喔。我覺得古埃及裡有解開這個問題的關鍵……
哥，對不對！
興奮
才這麼小就對這種事情產生興趣。天才還真早熟！

他哥哥對古埃及相當熱中，甚至因而報名要加入拿破崙的埃及學術隊（但是未獲錄用）。

另一個對商博良影響很大的人，是以《熱傳導理論》（Heat Transfer）成名的傅立葉（Fourier）。那個時候，擔任知事的傅立葉在視察小學時，就對表現優異的商博良印象深刻。

大熱天也生火
熱烘烘
熱烘烘
哎呀，歡迎你來啊。
鬆軟～
毛皮

他的家裡充滿了跟埃及有關的有趣資料。

傅立葉

怪人一個。他說像埃及那樣高溫的環境最適合思考，所以就用自個兒獨創的方法，將房間的溫度維持在異常高熱的狀態，結果導致自己的動脈瘤惡化。

小小年紀的商博良跟傅立葉挑戰：

我一定可以將象形文字解讀出來的！

小小年紀，就已經很張狂。

順帶一提，商博良死後，就埋在傅立葉的隔壁。

羅賽塔石碑（Rosetta stone）

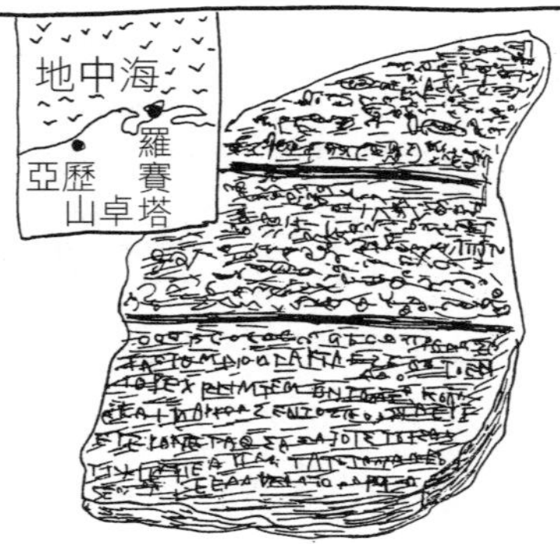
地中海
羅賽塔
亞歷山卓

穿插一下。在那之前不久，拿破崙的遠征隊發現了這一塊不起眼的石頭。但是，這塊石頭上面竟然以古埃及文及希臘文兩種語言刻著相同的記述，這個發現可不得了！當然，論誰都會期待：「終於，讓古埃及文的時代到來了。」因為有希臘文的翻譯在，所以大家以為解開象形文字只是遲早的問題。

那是因為，在那之前都沒有這種發現。
哼～
我才沒那麼廉價呢。
我的小羅賽塔——

然而，人們以為可以輕易解讀羅賽塔石碑，卻發現事實不然，根本是拿它一點兒辦法也沒有。向它挑戰的研究者感到萬分痛苦與挫折，這石碑對他們簡直就像是惡夢一般。

拿破崙的學術遠征隊

為了確保跟英國作戰的航路，拿破崙的軍隊在埃及登陸，而方才提到的傅立葉等學者共一百三十九人，這趟也跟軍隊同行。因為，拿破崙是高級知識份子，也對古埃及之事相當的關切。

這群學者在砲彈橫飛的地方做素描，還被軍人們喚作「驢子」、視為累贅，他們歷經千辛萬苦，進行了長達三年的調查工作，這一趟的成果，記錄在《埃及誌》這本壯麗的巨著當中。

《埃及誌》的出版，帶動起一股空前的埃及熱。

砰咚！
剛好手邊沒鉛筆，我就用融化的彈藥做素描呢！了不起吧？
叩——

學術隊的名人
維旺・德農（Vivant Denon）
他在嚴苛的環境底下，畫了埃及的素描，因而一舉成名。後來他出版了情色小說以及《陽具崇拜集》（陽具蝕刻畫集）等奇書，由此可以看出他興趣廣泛、多才多藝。

是這樣嗎？

順帶一提，這趟埃及遠征，在軍事的意義上是大大的失敗。

你很囉唆耶。

古埃及文字

經過之後的研究才知道，原來羅賽塔石碑上的兩種埃及文字，分別是象形文字（聖刻文字，是基本的象形文字），以及為了能快速書寫、將象形文字簡化而成的古埃及世俗體（demotic，草書）。其他還有介於兩者之間的僧侶體（Hieratic）。

再回來談談商博良。

在兄長以及傅立葉的幫助之下，商博良得以專心於學業上，語文方面的才能因而逐漸發揮，十七歲的時候就已經精通法語、德語、義大利語、拉丁語、希臘語、希伯來語、阿拉伯語、土耳其語、梵語、敘利亞語、波斯語、亞蘭語、衣索匹亞語，也學會了其他的東方語文。

甚至連科普特語（Coptic language）都……

商博良也參酌了其他人的研究，最後得出結論，認為科普特語正是源自於古埃及文的。

厲害——
但數學我就完全不在行啦。

科普特語是什麼?!

（「科普特」這個詞是從「Aigyptos」※來的。）

在羅馬帝國統治的時代，分布於埃及的希臘教被稱做「科普特教」。科普特語的口語現在已經失傳了，但是，在教會的儀式及《聖經》中，現在還是會使用科普特文。科普特文是由希臘文及幾種古埃及世俗體所構成的。

※關於Aigyptos，請參考第二十二頁。

他寫信給哥哥：

哥哥，
平常我會將心裡所想的事情在腦子裡全部翻譯成科普特文，每天都感到快樂得不得了。

諸如此類，他經常寫信給兄長，談及學問帶給他的快樂之情。不像其他同學為了功課傷透了腦筋，商博良很快地就從學校畢業了。

十八歲的時候，他已經當上大學的老師（助教授）。

就這樣，他終於具備了解讀象形文字的能力，總算要挑戰羅賽塔石碑的時候，他卻一反常態、猶豫不決，甚至一度逃避，去研究前羅馬文明的伊特魯里亞（Etruria）文明。

如果要著手去攻打最後一個堡壘，就等於必須投注自己全部的生活，最後就只有朝出口前進而已！不能再走回頭路了！

到現在為止，在旁觀者看來，商博良以超乎常人的速度精通了許多語言，但就本人來說，那些不過是語言遊戲或只是前哨戰而已。就是因為他是天才，所以更能預見接下來的道路有多麼艱難吧。

★Healing Emotions:Conversations with the Dalai Lama on mindfulness,emotions,and health,Daniel Goleman著（編按：中譯本名為《情緒療癒》，立緒出版）。光書名就點出問題的根本，好討厭喔。

穿插一段 毫不相干的話題

論人類習性之不可思議……

電影《七宗罪》（Seven）中描寫人類原有的七大罪狀——性慾、饕餮、憤怒、妒忌、怠惰、貪婪、驕傲。到這邊還沒什麼話說，不過裡頭的「怠惰」，不僅僅是指無所事事以及偷懶，也不是指「我不想工作了，好，我要休息去玩」這樣單純的事情。大家知不知道，其實「怠惰」是「不去努力追求自己最想要的東西、最想做的事情，是一種不知曉自己目標何在的罪狀」？（而且這種定義由來已久……）

據說，不知道是什麼原因，人對於自己真正想做的事反而會躊躇不前！

鏘啷！
原來是這樣啊！
我是在最近★所讀的書知道這個道理的。

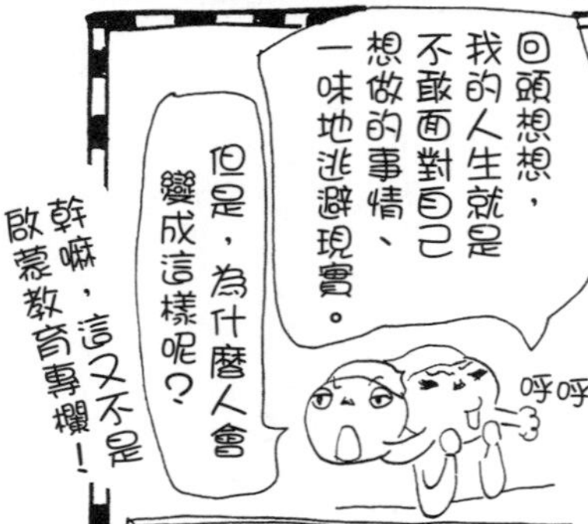

回頭想想，我的人生就是不敢面對自己想做的事情、一味地逃避現實。
但是，為什麼人會變成這樣呢？
呼呼
幹嘛，這又不是啟蒙教育專欄！

和商博良一樣是語言天才的謝里曼（Schliemann）也是一樣，挖掘特洛伊（Troy）遺跡時最必要的希臘文能力，他一直擺在最後遲遲沒有著手去學。哎呀呀。不過最後他們還是有突破這個「怠惰之罪」啦。

再回到商博良的事。之前稍微懈怠下來的商博良，很快回頭進行解讀羅賽塔石碑的工作。可是，即便天才如商博良，對羅賽塔石碑也一樣束手無策……。而且，這個時候，他樹敵不少，有的人因為嫉妒他，故意拿出他和早已下台的拿破崙交好的事情說嘴，結果商博良因而被學會開除；彼時他生活相當貧困，處境的艱難讓他喘不過氣來，時運不濟到了極點。

長久以來，商博良一直被「象形文字的圖畫式文字是用來表示意義的」這樣的想法所侷限。他一直從這個概念出發進行研究，直到某一天他凝視著羅賽塔石碑的抄本時，突然想通了。

奇怪捏，象形文字會不會太多了點？

因此，他開始一個字一個字地算，留意到象形文字的單字數比希臘文的單字數多出很多。

所以一個圖案不可能只表示一個意思。
難不成象形文字是像字母一樣，其實只是表音文字?!

接著，他著手研究人名。

這個時候，其他的學者在研究之後已經發現，埃及法老的名字會被像⬯的橢圓形給圈起來。由於這個橢圓形跟「槍的彈藥包」很像，所以爾後就以與此同義的法語「cartouche」稱呼它（英文則是叫做cartridge）。

從羅賽塔石碑的希臘文翻譯得知，石碑中的⬯裡頭，出現過「托勒密」（Ptolemaios）這個名字。

而商博良則藉由上述這兩道線索，找到「克麗奧佩脫拉」（Cleopatra）的象形文字。

商博良找名字的方法，是先取得以古埃及世俗體寫成的莎草紙（papyri）。他在上面找到了兩個cartouche，其中的一個跟羅賽塔石碑上的文字吻合，所以推知是「托勒密」這個名字。而另外一個，他猜想或許是克麗奧佩脫拉，於是他從古埃及世俗體推敲克麗奧佩脫拉的象形文字寫法。（這個時候，商博良已經發現，古埃及世俗體和僧侶體是象形文字的草寫，研究文字的草寫並沒有辦法得知字義或者是發音，但是他已經大概能夠掌握哪一個草寫字是相當於哪一個象形文字。）

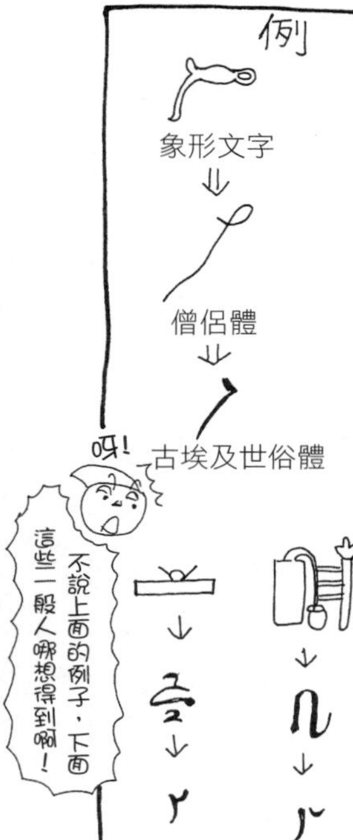
例
象形文字
僧侶體
古埃及世俗體
呀！
不說上面的例子，下面這些一般人哪想得到啊！

接著，他著手抄寫費拉島（Philae）方尖碑上頭的字。

由於方尖碑上刻著希臘文（不是譯文），上面有克麗奧佩脫拉和托勒密的名字，所以上頭的象形文字若不是指托勒密，當然就是指克麗奧佩脫拉了。而那竟然和商博良所推測出的象形文字相當的吻合。

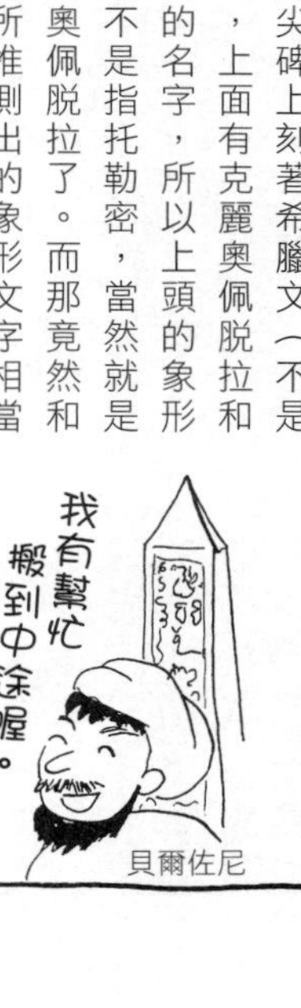
我有幫忙搬到中途喔。
貝爾佐尼

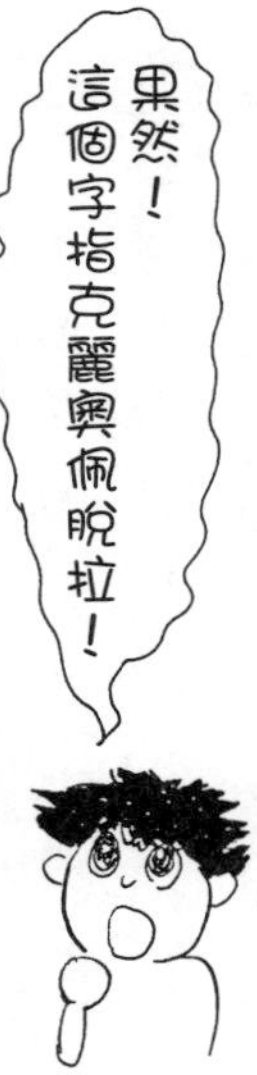
果然！這個字指克麗奧佩脫拉！

得到了驗證。

商博良找出了這兩個名字的象形文字後，先是假設字母跟象形文字是一一對應的。

（1822年1月）

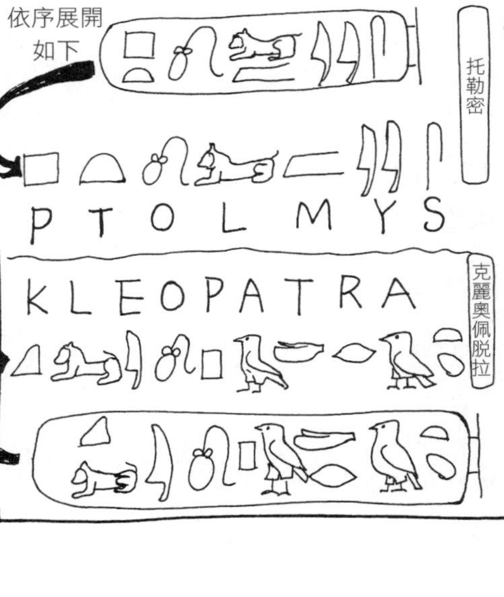
依序展開如下
托勒密
P T O L M Y S
K L E O P A T R A
克麗奧佩脫拉

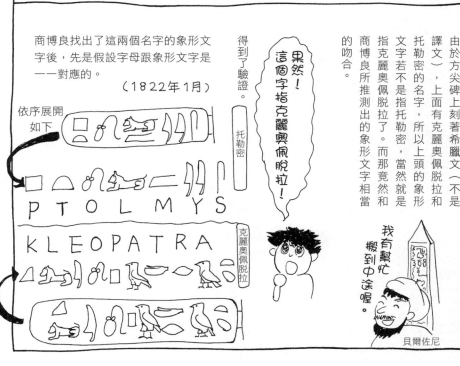

他將這兩個名字湊在一塊兒進行比較，竟然發現裡頭有兩個一樣的圖形（共通的字母）！

果然是表音文字～！
哇啊啊啊

雖然兩人（名字中）字母「T」的地方圖案不一樣，但商博良並沒有卡在這個細節上，他設想「★會不會是不同字但唸法相同？」接著便繼續進行下一步研究。

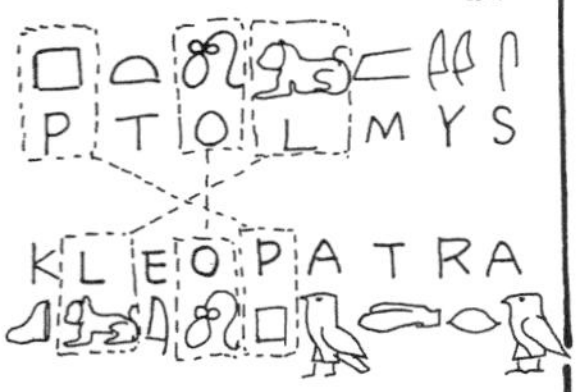
P T O L M Y S
K L E O P A T R A

接下來，商博良試著用科普特語的角度去思考。科普特語中，「口」叫做「ROOT」。而口形狀的象形文字，不就正好對應「R」嗎！

果然啊！科普特語是源自古埃及文！

就這樣，他把用圖案表示的文字轉換成科普特語，再把科普特單字的頭一個音當做象形文字的發音，結果發現完全吻合。（像是獅子是Lavoy，所以是L；貓頭鷹是Muragy，所以是M）。

經由這個方式，商博良陸續讀解出亞歷山大大帝及羅馬皇帝的名字。甚至在這一年的九月，他又解讀出圖特摩斯（Thutmose）、拉美西斯等知名法老王的名字。他驗證出：不只是表示「托勒密」這種外國發音時會用表音文字，其他所有情況也都是使用表音文字。

在這個重大發現之後，他搖搖晃晃、好不容易到達他哥哥那裡，喊出那句有名的台詞：「謎底終於揭曉了！」然後倒頭睡了整整五天。接著，兩個禮拜之後，他提出論文、發表演講，得到莫大的讚揚。

那時商博良時值三十一歲。

商博良厲害的地方，不只在於解讀出象形文字是表音文字，

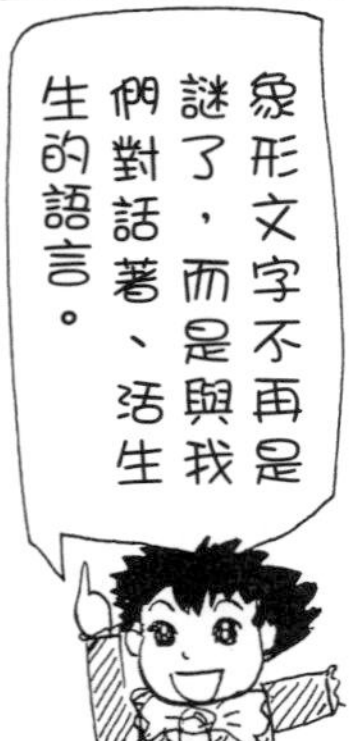
象形文字不再是謎了，而是與我們對話著、活生生的語言。

他甚至注意到定語（attributive）的存在；定語對西洋文化而言是陌生的。

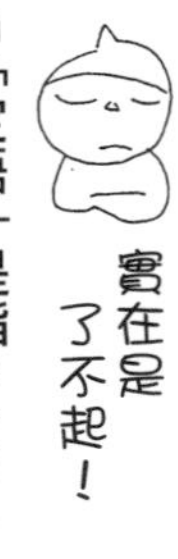
實在是了不起！

為什麼象形文字會多出來呢？難道說這幾個字其實可以略過不讀？

「定語」是指？

定語不表發音，而是表示意思。大家想像漢字的偏旁或許比較容易了解，譬如說「疒」部或「宀」部。

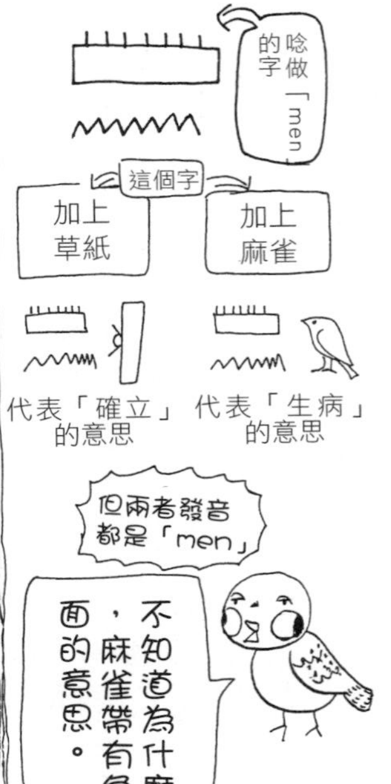
唸做「men」的字
這個字
加上草紙
加上麻雀
代表「確立」的意思
代表「生病」的意思
但兩者發音都是「men」
不知道為什麼麻雀帶有負面的意思。

★想知道得更詳細的人照過來！本來 [象形文字] 是當做「D」的發音。因時代變遷，發音也會跟著改變，所以，根據推測，在克麗奧佩脫拉的時代，[象形文字] 和 [象形文字] 的發音是相同的。

載譽而歸的商博良，在兩年之後獲得了去義大利的機會。看到義大利都靈博物館龐大的莎草紙資料時，他欣喜若狂！
因為長久以來，商博良都在資料稀少（而且是模糊的複寫資料）的狀況下做研究。
(Turin King List)
都靈王名表
這是商博良的重大發現當中的一個。上面詳細記載了多達三百個以上的國王名諱、統治年數、確切年月，實在是非常好的資料。但是，在運送至埃及的途中，莎草紙四分五裂，大部分都遺失了。
損失慘重
商博良當時扼腕不已。
接下來，終於……商博良抵達他嚮往的埃及了。
這次是跟義大利一塊組成的遠征隊。隊長便是這感動不已的男人。
呀荷 我終於來囉！
這個男子操著一口完美的阿拉伯話，穿著當地土著的衣服，任誰看了都不會想到他是法國人。
『エジプト学夜話』酒井傳六著
在法國的時候，這位先生老是叨唸著：「不管在哪兒，我都覺得自己人在埃及。」到了埃及之後，想當然耳，每天都像瘋子一樣，活蹦亂跳的。
啪啪啪
寫給哥哥的信跟以前一樣。
哥哥！埃及的美好遠遠超乎我的想像，不管說多少讚美的話都不足以形容。在這麼巨大而且壯麗的建築物前，我們歐洲人不過是渺小人類罷了！
不過，怎麼說商博良仍是一個理智冷靜的觀察者。比方說看到金字塔時……
遠遠眺望金字塔的時候，是那麼的感動，但是越是走近察看，越發覺得自己受騙了。到了金字塔跟前，甚至覺得厭惡，像半成品似的……大家是不是也覺得「早知道就不要走近來看」呢？
在法國的哥哥
我一直覺得金字塔和獅身人面像給人感覺非常浪漫，你怎麼可以說這種話呢！

The Story of Archaeology，作者西拉姆（C.W. Ceram）

在丹德拉（Dendera）的哈托神殿（Temple of Hathor），他說：
以建築來說，這算是個傑作啦，但是裡頭完全被樣式俗惡、墮落的雕刻所覆蓋。畢竟是王朝沒落時期的東西了啦。
接著，在各地解開象形文字之謎的商博良，對於自己的解讀方式越來越有自信。哈塞普蘇其實是「女王」這件事，也是商博良發現的。
我相當有把握！
對不起，對於喜歡的人事物，我弟弟會讚不絕口；但看到厭惡的東西，他也會毫不留情地做出殘酷的批評，他所罕見的攻擊性由此可見。過去他就會給別人取很過分的綽號，可以說他實在很不社會化……
商博良批評的刀鋒，也指向了拿破崙的埃及學術遠征隊。學術隊的喬邁爾（Chomel）認為阿馬納的建築是穀倉，商博良則表示：
這是神殿，事實上。
嘻嘻
另外，在貝尼哈桑這個地方……他把貴族墳墓內牆壁上的灰塵擦乾淨後，眼前出現美麗的壁畫。
明明有這麼珍貴的東西存在，你們怎麼沒有報告？由此可見你們的管理有多麼疏漏。居然敢這麼偷懶！
該死的商博良～
打從認識商博良，喬邁爾就很看不慣他自信滿滿的態度，曾經使盡了各種手段妨礙商博良升遷。而正是因為商博良挑出喬邁爾的這些錯誤判斷，在商博良死後，喬邁爾中傷他仍舊毫不手軟。
原來如此。商博良不只因為其才能而為人嫉妒，他又是那種有話就說的個性，所以樹立了不少敵人。此外，對於一些事情，他也沒辦法睜一隻眼閉一隻眼。
他實在看不下去古蹟遭人破壞，為此，還特地向埃及總督穆罕默德．阿里提出請願書，請求保護古蹟。
快住手！
那是人類遺產哪！

唉，不過商博良自己也有些地方不太像話。他還把塞提一世墳墓的壁畫給割下來帶走了呢，因為實在是太漂亮了。

我弟弟不懂事，做了這些事，我真的覺得非常的抱歉。

就這樣，經過為時大約兩年的埃及之旅後（這段期間，他讓同行的夥伴們相當的疲累），商博良心滿意足地踏上了歸途。

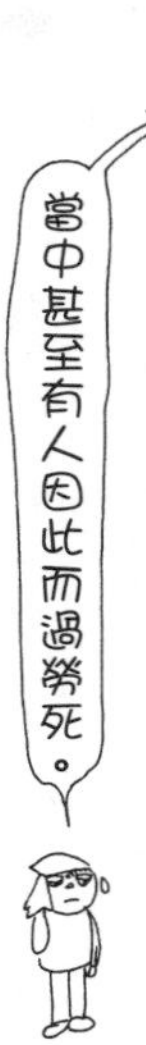
當中甚至有人因此而過勞死。

接著，四年後，商博良就以四十二歲的年紀英年早逝。別看他平常活蹦亂跳的，其實他患有痛風、結核病、糖尿病等多種疾病，是個身體相當孱弱的人。

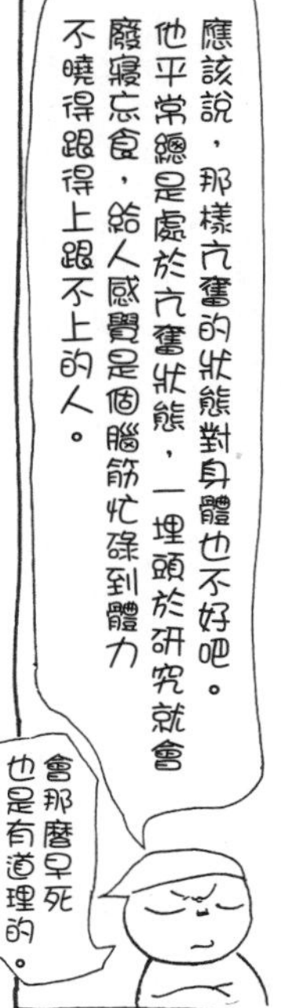
應該說，那樣亢奮的狀態對身體也不好吧。他平常總是處於亢奮狀態，一埋頭於研究就會廢寢忘食，給人感覺是個腦筋忙碌到體力不曉得跟得上跟不上的人。
會那麼早死也是有道理的。

講到學者的世界，這些人明明都是成年人了，還是經常出於嫉妒而互相中傷毀謗，其激烈程度讓人瞠目結舌。商博良不論是在生前還是死後，遭受的毀謗與批評都未曾間斷。

連商博良的一位老師德・薩西（Silvestre de Sacy），都曾因為自己解不開象形文字之謎，而說出「不可能解讀了」這類的話，故意打擊自己的學生，甚至還向商博良的對手提出警告，謊稱：「要小心商博良，他最會剽竊別人的研究成果了。」盡幹些扯商博良後腿的事。（商博良後來離開了這個老師，不過最後有和好。）

在解讀象形文字的競爭之中，商博良最大的對手是托瑪斯・楊格（Thomas Young）。楊格認為商博良的研究成果是以他自己的研究為基礎的，因此非常的氣憤。其實，楊格直覺敏銳，確實也走對了方向。他比商博良還要早發現象形文字是表音文字（他實際地在「托勒密」的象形文字上標上字母。雖然有些地方錯誤……），而且指出複數形、發現女性限定詞、解讀出數字等等，將這些在論文中發表。

可～～惡，商博良剽竊我的研究成果！！！
憤怒——

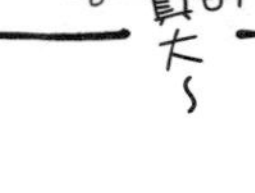
商博良的肚量還真大～

但是，楊格和商博良的不同之處在於：前者沒有辦法將這些發現整理出一個系統。

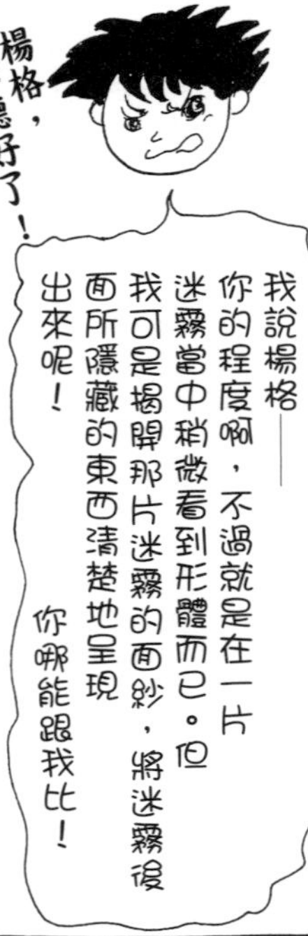
楊格，你聽好了！
我說楊格——
你的程度啊，不過就是在一片迷霧當中稍微看到形體而已。但我可是揭開那片迷霧的面紗，將迷霧後面所隱藏的東西清楚地呈現出來呢！
你哪能跟我比！

而且商博良有精通科普特語的優勢啊。

敗退
沈——！

聽說，楊格一直到死前都還埋怨著商博良。

托瑪斯・楊格

英國人。據說才兩歲的時候就會唸書了。他和商博良一樣精通多國語言。楊格是醫生，也在植物學、哲學、昆蟲學等許多方面發揮才能，在物理界已經享有很高的名聲。他曾表示，研究象形文字對他而言不過是「閒暇的時候轉換心情的消遣」，講得一副很瀟灑的樣子。雖然楊格在象形文字的解讀競賽中敗北，輸給了商博良，不過，之後他在古埃及世俗體的研究上交出了成果。

也有人批評商博良的解讀方法不過是胡說八道。不過，在商博良死後，德國人累普濟烏斯替他提出了佐證，證明他的解讀法是正確的。

沒有反駁的餘地。
商博良，你真是了不起。
啪啪啪

卡爾・理查德・累普濟烏斯（Lepsius, Karl Richard）

他將商博良的解讀補足得更加完整縝密。累普濟烏斯也組織挖掘隊，在埃及停留了四年，發現了阿蒙涅姆赫特三世的迷宮古蹟以及三十級的金字塔痕跡。

他也曾在大金字塔的入口塗鴉。德國人。

★此外，還有意外沒派上用場的「這個」！

呵呵呵
故弄玄虛，抱歉捏。
小羅賽塔

它在解讀象形文字一事派上用場的，就只有托勒密的名字（雖說那是最大的突破，也是最大的線索）。羅賽塔石碑本身嚴重磨損、字形難以識別，結果還是其他的莎草紙和碑文比較有用處。但是，也是因為它的出現，使得人們認為有解開象形文字之謎的希望，驅使大家付諸行動。再怎麼說還是很了不起的玩意兒啊。

★艾德金斯夫婦（Lesley Adkins and Roy Adkins）合著的The Keys of Egypt: The Race to Read the Hieroglyphs當中的觀點，非常棒的一本著作！

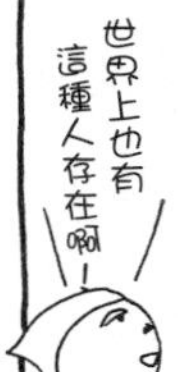
世界上也有這種人存在啊！

後來，商博良的研究由他活到八十九歲的哥哥整理出版。在弟弟過世之後，哥哥仍舊擔任輔助者的角色。雖然哥哥影響了弟弟，使他對埃及事物產生熱愛，但是前者終其一生都沒有去過他一心嚮往的埃及。

此外，一輩子都在波濤洶湧的情感巨浪中翻滾的這個男人，留下了底下這句名言。

情感強烈才是真人生！
他還真的是徹底實踐著這句話呢。

埃及文的發音

埃及的文字基本上不顯示母音（不過，像「克麗奧佩脫拉」等外國名就會表記），所以後世的人沒有辦法得知完整的發音，只能藉由科普特語等其他語言去推測。

因此，隨著研究者不同，神祇名字等唸法也會不一樣。譬如說，阿曼神（Amen）有「Amun」、「Amon」等唸法；「拉」（Ra）有時叫「Re」（實際上，在科普特語中太陽就叫做「Re」），「Akhenaten」也叫做「Ikhenaten」、「Akhenaten」。

比方說
索貝克
布塔
P t h S b k

商博良的考古發現

雖然跟「解讀象形文字」這樣偉大的功績相較之下，商博良的其他研究就不太引人注目，不過，他在考古學上其實有相當重要的發現。其中之一便是關於卡諾皮克罐（Canopus）。

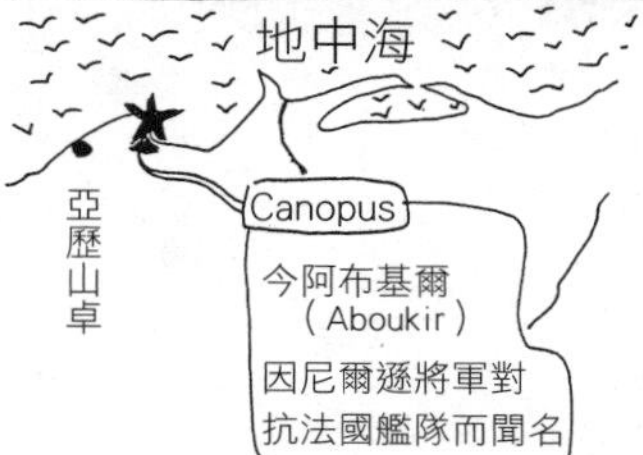
地中海
Canopus
今阿布基爾（Aboukir）
因尼爾遜將軍對抗法國艦隊而聞名
亞歷山卓

在古希臘人稱為「Canopus」的地方（這名字來自於希臘神話中出現的人物之名），人們把人形的壺當做歐西里斯的化身，予以供奉。初期的埃及學學者把這種壺和裝木乃伊心臟的人頭壺視為同類，將兩種壺都稱為卡諾皮克罐。而發現這兩種壺的用法其實完全不一樣的，正是日後解讀出象形文字前、那時年僅二十一歲的商博良。

這種壺

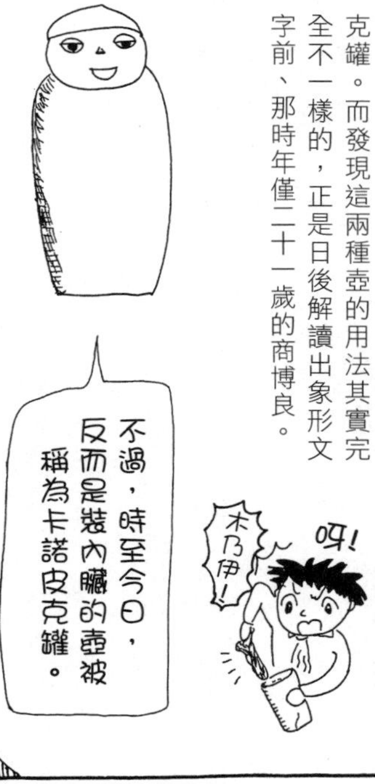
不過，時至今日，反而是裝內臟的壺被稱為卡諾皮克罐。
木乃伊！
吼！

埃及考古學界的偉大良心

富林德斯·佩特里（Flinders Petrie）

出生於英國肯特郡（Kent）查爾頓（Charlton）1853~1942

奠定「埃及學」基礎的男人

不管出土的是多麼不起眼的東西，他都能從中看出研究的價值，仔細地進行記錄。而且，他將斷簡殘篇重新整合，是一個做研究很有系統的智識探求者。一有東西出土，很快他就會發表成果，以極快的速度出版成書，根本是一個不知休息為何物的工作狂。他還因研究並訂立「地層斷代法」（將出土的文物詳加比較、研究，更精密地細分其年代）而知名。他不找金主支持，而是自行研究，靠著出版的酬勞負擔考古挖掘的花費，是少數在挖掘作業上自主獨立的人。

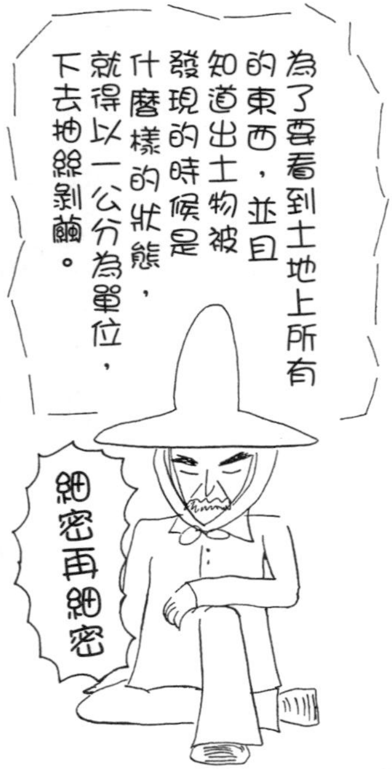
為了要看到土地上所有的東西，並且知道出土物被發現的時候是什麼樣的狀態，就得以一公分為單位下去抽絲剝繭。
細密再細密

他最初會前往埃及，是為了要測量金字塔。因為皮雅斯·史密茲（Piazzi Smyth，英國天文學家）曾經表示：「在大金字塔的底下，藏有揭露地球大小之物及《聖經》的預言。」（詳情請參見第一四〇頁），佩特里就是為了要確認這個學說，而動身前往埃及的。皮爾吉·史密斯和佩特里的父親是好朋友，結果到最後，佩特里卻背叛了父親的這個友人。

佩特里沒有上過學！

他跟著母親學習幾何學，從父親那裡學了跟測量有關的知識。

據說打從小時候開始，他就是一個看到什麼東西就測量的怪小孩。

他們父子倆感情之好，甚至組成了「測量二人組」。兩人一起測量了像是巨石陣等無數的東西。

本來他父親也計畫一起前往埃及，但因為身體狀況不佳而放棄。

嘻

佩特里剛抵達埃及時，看到隨隨便便的挖掘方式，大感震驚、怒上心頭！

太亂來了！

當時從事挖掘的馬里埃特，一挖到稀有的物品，不但不調查建築物本身、不做任何記錄，甚至還用炸藥將現場炸個粉碎。這種粗暴的處理方式，遭到了佩特里嚴正的批評。

佩特里的主要功績

佩特里雖然沒有像圖坦卡門墓那樣重量級的發現，不過，他倒是發現了不少在學術上頗具意義跟價值的東西。

胡夫王唯一雕像（Khufu）

雕像破碎得四零八落，佩特里以其拿手的細膩功夫將碎片接合。

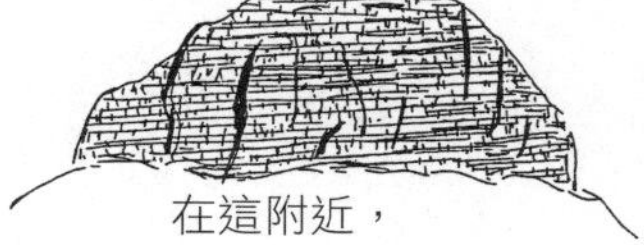

發現薩努雷特二世（Senusret II）金字塔的入口

在阿魯－拉馮

在這附近，還發現勞工住處遺跡！

發現阿曼連罕三世（Amenemhat 三）金字塔的入口！

（在哈瓦拉）

在這裡，他對累普濟烏斯所發現的迷宮加以詳細地調查。

以色列石碑

這是唯一記載與以色列相關之事的石碑。

頭腦懂得變通的人

為了防止僱用的埃及人藏匿出土之物，佩特里設立了一個制度：找到東西的人，除了正規的薪水之外，還可以領取獎金。他是個會因應環境做適當調整的人。

光是滿懷正義感，是解決不了什麼事的啊——

做事要有成果

另外，佩特里還發現了末期王朝時代希臘人的居住區諾克拉提斯（Naukratis，第二六二頁）、阿馬納的宮殿、前王國時期（西元前四〇〇〇～三一五〇年）那卡達（Naqada）的大墓地、早王國時期（西元前三一五〇～二六八六年）阿拜多斯的王墓群，且在塔尼斯（Tanis）等地進行挖掘，幾乎將埃及全國都挖遍了。

對於看來不起眼又無聊的工作，他總是耐著性子完成，除了追求知識，可以說幾乎沒有其他的欲望，總是一身破爛的穿著，吃的食物也很簡單。

佩特里以其踏實的行動力，贏得不少年輕考古學者的尊敬及嚮往，所以又被尊稱為「埃及考古學之父」。

順帶一提，據說「阿拉伯的勞倫斯」也曾經加入佩特里的考古隊喔！

毀譽參半
希羅多德
（Herodotus）
地中海
三角洲
尼羅河
故事要追溯到很久很久以前……
這位是大家在課堂上聽聞過的知名人士。著有《歷史》（Historia）一書。他是希臘人，在西元前四百五十年左右來到波斯統治下的埃及。
這位大眾觀察家秉持其不尋常的好奇心和厚臉皮，到處闖蕩，相當討人喜愛。
他留下了「埃及是尼羅河的贈禮」這句極其響亮的名言。這句話其實帶有「三角洲地帶是由尼羅河氾濫時所帶來的堆積物堆積而成的」這種「地理上」的意涵，但是後來的人加油添醋地解讀成「正是拜尼羅河所帶來的肥沃土壤之賜，埃及才能夠建立起這樣偉大的文明」，兩個意思加乘的結果，使這句話成了不朽的名言。
我希羅多德所見、所聞、感到驚訝以及深為感動的小故事，在此介紹給大家。
埃及人非常的愛護動物。
養的貓死了，甚至悲傷到剃掉眉毛；
狗死了，就把身體的毛全給剃掉。
光滑
另外，如果家裡發生火災，而貓還在家裡，人還會衝進火場。
不會吧
埃及是個所有事物都跟常態相反的國家。
女人家在外頭經商；大男人窩在家裡頭織布。女人有扶養雙親的義務，男人卻沒有。字是從右邊寫到左邊。※廁所設在家中，吃飯則在戶外進行。咦，女人竟然站著小便！
殺死鷺鷥或老鷹的人，不管理由為何，全處以死刑！
應是因尊敬荷魯斯神及多多神而來的規定吧！

※其實可以從右寫到左、也可以從左寫到右。

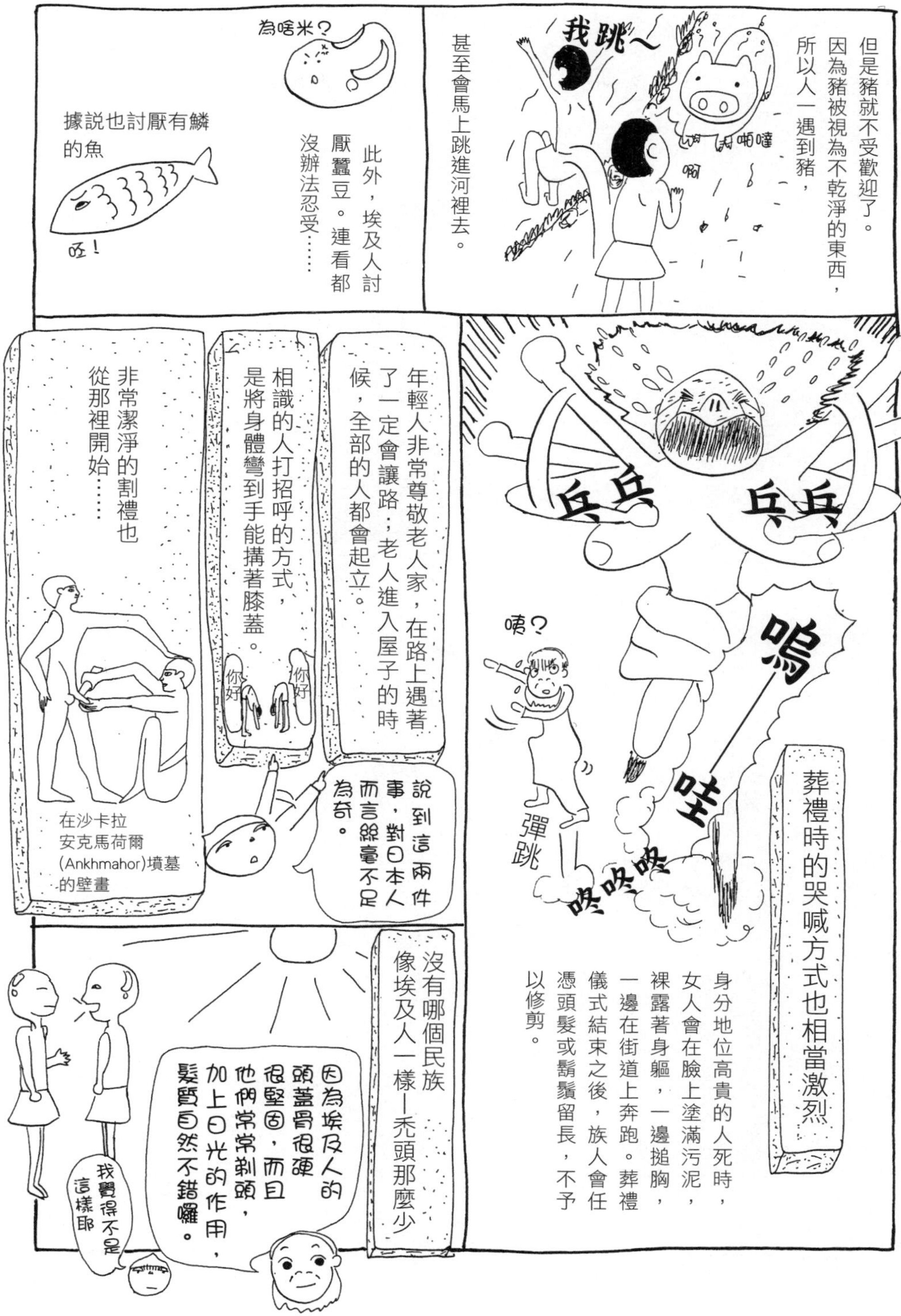
但是豬就不受歡迎了。因為豬被視為不乾淨的東西，所以人一遇到豬，
我跳～
啪噠
啊
甚至會馬上跳進河裡去。
為啥米？
此外，埃及人討厭蠶豆。連看都沒辦法忍受……
據說也討厭有鱗的魚
呸！
年輕人非常尊敬老人家，在路上遇著了一定會讓路；老人進入屋子的時候，全部的人都會起立。
相識的人打招呼的方式，是將身體彎到手能搆著膝蓋。
你好
你好
非常潔淨的割禮也從那裡開始……
在沙卡拉安克馬荷爾(Ankhmahor)墳墓的壁畫
說到這兩件事，對日本人而言絲毫不足為奇。
乒乒
乒乒
嗚
哇
咦？
彈跳
咚咚咚
葬禮時的哭喊方式也相當激烈
身分地位高貴的人死時，女人會在臉上塗滿污泥，裸露著身軀，一邊搥胸，一邊在街道上奔跑。葬禮儀式結束之後，族人會任憑頭髮或鬍鬚留長，不予以修剪。
沒有哪個民族像埃及人一樣─禿頭那麼少
因為埃及人的頭蓋骨很硬很堅固，而且他們常常剃頭，加上日光的作用，髮質自然不錯囉。
我覺得不是這樣耶

希羅多德一面揭露色情逸話，
尼羅河氾濫所滋潤的土地，全都是埃及的土地。
飲用尼羅河水的人，全都是埃及人。
另一方面
也介紹埃及人的人情味。
而且，希羅多德似乎對色情之事特別感興趣。
啥！
女性去世之後，要過三天才能讓製作木乃伊的工人動工。因為怕女性的屍體會遭到侵犯或是被人惡搞一通。
還有啊
咩～
咩～
你們知道嗎，我竟然在一個儀式中親眼目睹公羊和女人交媾！
啊——
還有像是：「胡夫王為了籌措建造金字塔的資金，叫他的女兒去當妓女」、「雙眼失明的國王叫一位從未外遇的貞節妻子撒尿在他眼睛上，眼睛就重見光明了」等故事。在介紹這些事情的時候，我們可以從他那生動的筆觸感受到其著迷的程度。
還是說，感受到這一層的我，才是對色情敏感呢？
感慨良多
但是，再也沒有其他民族比埃及人更充滿知性了吧。最早訂出「一年有三百六十五天」的民族，就是埃及人啊。
你說啥！
埃及人拿人來祭祀？對動物那麼慈祥又充滿愛心的民族，怎麼會把人類當成祭品呢！
當時希臘人把埃及人看做是「崇拜動物的野蠻又粗俗的民族」，相當瞧不起他們；希羅多德導正了這種觀念。不僅如此，希羅多德甚至說埃及人比希臘人優秀，所以他在自己的國家很不受歡迎。

當然，談埃及，希羅多德不可能不提到金字塔。
他從嚮導那邊聽來一些說法，像是「建造大金字塔所必須支付給工人的白蘿蔔、大蒜、韭菜等，全都記錄在大金字塔的表面」，然後連查證都沒查證，就原原本本地抄了下來，這種不負責任的態度，讓後世許多學者大感憤怒。
特別是馬里埃特，他說：
嘩
我最討厭隨隨便便的男人了。明明身在和埃及古文明同步、可以親身接觸那些文化的幸運大環境，竟然畢恭畢敬地去記錄什麼白蘿蔔、韭菜。有沒有搞錯啊，還有更多東西值得問的吧……
看來他真的是氣壞了。
你白痴啊！
咚！
吁—
和希羅多德幾乎同時代、也曾造訪埃及的人
斯特拉波
（Strabon）
希臘的地理學者，西元前一世紀的人。他的著述後來成為探訪埃及的指南，對於後世的人有很大的貢獻。
你問我希羅多德？我很討厭他欸。他寫的東西根本就是胡說八道。感覺像是故意要標新立異。
迪奧多羅斯（Diodorus）
西元前一世紀的歷史學家。出身於西西里。凱撒大帝在埃及的時期，來到埃及。
你們曉得嗎？聽說老鼠是從泥土中生出來的喔。
我能找到色納壁安（Serapeum）神廟，都是託這個人的福。
我可是第一個測量金字塔的人呢
老普林尼（Plinius）
西元一世紀的人（當時世稱the Elder）。原本是軍人，後來成為博物學者，其觀點常具有嘲諷意味。他老了之後，好奇心及求知欲絲毫不減，在調查維蘇威火山的時候，被濃煙窒息而死。
說到金字塔啊，那不過是法老們愚蠢的炫耀罷了。

希羅多德造訪埃及的時候，雖然埃及是處於波斯的統治之下，不過，波斯其實相當的放任埃及人，所以埃及的文化以及宗教等，得以維持原樣。不過，那個時候埃及已經步入了沒落期，往年的繁華風貌已不復見……

由於希羅多德不會講埃及話，所以替他做嚮導的，應該是住在埃及的希臘人、或者是會講希臘話的埃及人等等，這類很習慣接觸旅遊者的人們。（那個時代，希臘人移民到世界各地，或是從事買賣，或是當傭兵。）我在埃及旅行的途中所遇到的現代埃及導遊，經常會為了娛樂客人，而在講事情時故意加油添醋、誇大其詞。我想，這點從古至今都是一樣的吧。而希羅多德對於奇人軼事反應熱烈、又善於傾聽，我們應該可以很輕易地想見，在他面前，那些導遊應該更是講得天花亂墜、一發不可收拾吧。

但是，在轉述那些道聽途説而來的話時，希羅多德總會在前頭寫著「我想絕對不可能有這種事」、或是「這完全是謠傳」、「我聽到的時候覺得應該是開玩笑的」這類話，感覺像是為了規避責任、保護自己。

不過，看到他不經意聽信了那些話時那種滑稽耍笨的模樣，也讓人感受到鮮明的人性，幾乎要忘記那是遠達兩千五百年前的記載了。

希羅多德的著作《歷史》，若是就標題來看，會讓人以為是一本嚴肅的書，不過其實原文「Historia」含有「隨聽隨記」的意思，而這本書的內容恰恰符合了這樣的原意，既是八卦總集、也是集奇怪又有趣故事的大成。想要讀些好笑的東西的話，這本書是再適合也不過了呢。

據稱，在埃及的希臘人居住區諾克拉提斯（Naukratis）發現了寫有「希羅多德」這個名字的杯子，這個消息令人眼睛為之一亮，只不過沒有證據可以證明指的就是這個有名的希羅多德。

我覺得再怎麼樣這種事都是不可能的。
印度人會在大庭廣眾之下媾合，而且印度人的精子是黑色的喔！
呵呵呵呵呵

趴趴走紀行

在繼續下一個豐富的主題之前，
我談一下自己在埃及旅行途中的趣聞。
不知道對大家有沒有一些參考價值……（汗）

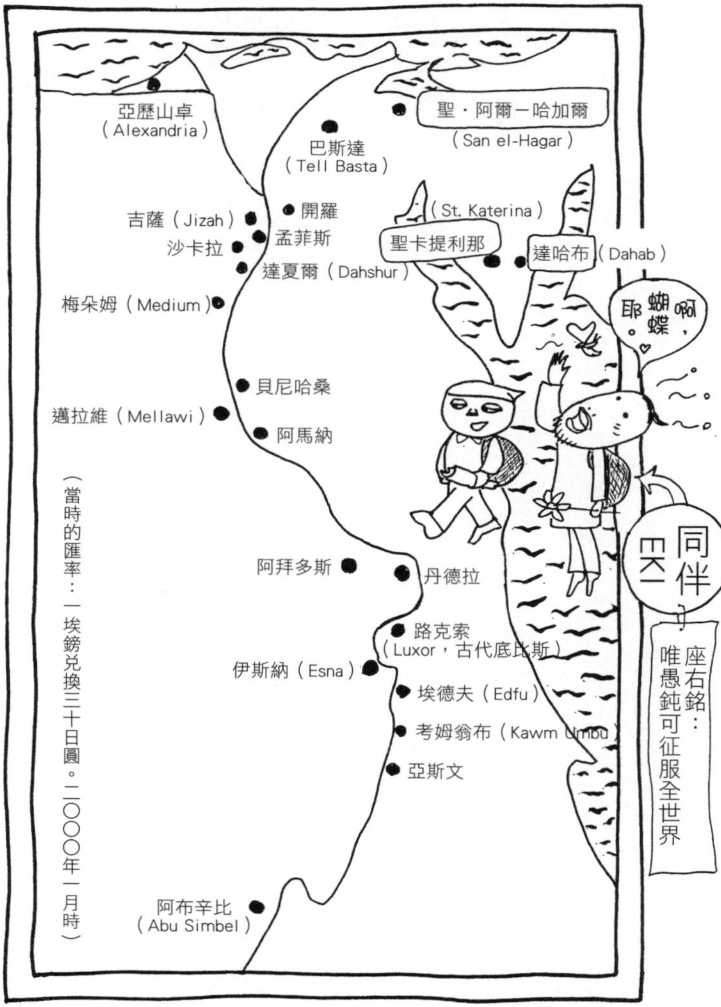

亞歷山卓（Alexandria）
聖・阿爾－哈加爾（San el-Hagar）
巴斯達（Tell Basta）
吉薩（Jizah）
開羅
孟菲斯
沙卡拉
達夏爾（Dahshur）
聖卡提利那（St. Katerina）
達哈布（Dahab）
梅朵姆（Medium）
啊，蝴蝶耶
貝尼哈桑
邁拉維（Mellawi）
阿馬納
（當時的匯率：一埃鎊兌換三十日圓。二〇〇〇年一月時）
阿拜多斯
丹德拉
同伴 EKI
路克索（Luxor，古代底比斯）
伊斯納（Esna）
埃德夫（Edfu）
考姆翁布（Kawm Umbu）
亞斯文
座右銘：唯愚鈍可征服全世界
阿布辛比（Abu Simbel）

吉薩，遙遠的金字塔

常常有人說我是一個「經常慌慌張張的人」。呃，才一開場就做這麼奇怪的自我介紹，有點……。不過，真要論我的毛躁程度，我很有自信絕對不輸給卡通《田螺小姐》。反正啊，只要一有機會，我就會慌張。

而今天呢，我也是盡己所能地慌張處事。「慌張指數」達到四級，相當的危險，簡直慌張到骨頭都快要從肉裡蹦出來了呢。

今天是我的埃及之旅的最後一日，錯過這一天的話，之後我大概就再也沒有機會進到大金字塔裡頭了。所以，我打定了主意，一定要趕一大早就去搶購門票——門票是每日限量的，藉以限制進場人數。

其實，早在整個旅程第一天，我們就趕到過吉薩了，為了要取得入場券，當時也是趕搭第一班車抵達。但是，由於我們所搭乘的巴士是前往有獅身人面像的入口※，所以眾人在下車的那一瞬間，魂魄頓時被巨大的獅身給擄去了，大夥兒目不轉睛到都忘了時間。等到回過神來，腦袋瓜閃過念頭：**「啊，胡夫的入場券！」**這個時候，早就為時已晚，全部的票都賣光光了。

因為這個緣故，我們擇日再度出發，前往吉薩。但是，我這個大笨蛋！竟然挑在這種重要時刻睡過了頭！

倉皇之中，我們還是在七點的時候離開了旅館，使盡全力奔往巴士站。然後，每當有巴士停下來，我們就比手畫腳地大聲問道：「去金字塔嗎？」（上次我們就是用這個方法去成的）。就在我們做這些動作的時候，一位體格圓圓胖胖、同樣在等待巴士的大叔問道：「金字塔？」我同樣比手畫腳地回答了他。

大叔大大地點了個頭表示他了解了，在不知道是第幾台的巴士抵達的時候，點頭跟我們示意：「就搭這一台。」大叔也跟著搭上同一輛巴士。好啦，那時原本我心想，這下子終於可以安心了，只要車子這樣一路開過去，我們就可以趕上搶購門票了。我極度慌張的魂魄暫時安歇，「慌張指數」此時降到一級。

可是，巴士駛達第三站的時候，大叔又「晃了晃他的腦袋瓜」，示意我們應該在這個地方下車。第一天去吉薩的時候，我們花了四十分鐘，因此大叔要我們下車時，我心裡疑惑著：「奇怪，怎麼這麼快就到了？」但是轉念一想，或許我們搭了需要轉車的巴士吧，所以還是下車了。

接下來，我們就一直跟在大叔的屁股後面走著。原本還以為他是要帶我們到另一個巴士站呢，但是，走到一個工廠的入口前時，他說：「我就在這裡工作，拜拜。」（我猜想是這個意思），然後跟一個行經的男孩子不知道說了些什麼，叫那個男孩接下來替我們帶路。

一時之間我們也搞不清楚是什麼狀況，不管三七二十一，反正就向進入工廠的大叔揮手、用全身的姿態表達感謝之意。隨後我們跟著小男孩走著走著，到了一間說大不大說小不小、看起來很不起眼的旅館前面，這時他停下了腳步，說道：「到了。」

欸？

「不是，我們是要去金字塔。」我說。

小男孩說：「這個就是啊。」咦？仔細一瞧，旅館的招牌上的確寫著「金字塔旅館」。

吼！

※入口有兩個，一個是在大金字塔（胡夫），一個則是在獅身人面像前。

這位大叔，你看看你幹了什麼好事！正常情況下，外國人若是提到了金字塔，一般人應該只會想到那個有名的金字塔嘛，不是嗎？大叔，我可以想像得到，你每天上班的時候，都會經過自己上班地點附近的旅館，所以一講到金字塔，難免你會反射性地想到那一家名為「金字塔」的旅館。可是你的腦子就不能正常點、用一般的方式去思考就好？我猜想，你現在一定覺得自己日行一善，沈醉在行善的滿足感當中吧。哼！你根本就是幫倒忙嘛！

至於那位小男孩，他看了我們的反應便知道是搞錯了，眼神毫不掩飾他的同情，不過之後就這樣去上學了。話又說回來，這裡到底是哪裡啊？不管怎麼樣，我看我們先回到巴士站再說了。我的慌張裝置又發揮其最大機能，這時我甚至感到一陣絕望。

回到巴士站之後，我們問了周遭的人，大家都說：「這裡沒有到大金字塔的巴士。」然後指著遙遠的另一邊。也不知道是不是正確的方向，唉，總之過去看看再說了。

我們走過去一看，噢！這是怎麼一回事？有一個大團體正在吃早餐，稍微估算了一下，這一群大約有六十個人。我抱著最後一線希望，向他們問路。結果，當中那位看起來像是帶頭的人大聲一喊，所有的人都停下了動作。

哎呀，也不用搞得這麼誇張吧……

接著，每個人明明臉上寫著「莫宰羊」，一副完全不知道怎麼到金字塔的模樣，但十秒過後，這個人說：「往右邊去。」那個人說：「不對，是往左啦。」沒有一個人說法是一樣的。那個場景就好似：對埃及人來說，回答「不知道」更不應該。

接著呢，他們又眾口紛紜地開始討論了起來。

——簡、直、沒、完、沒、了——

見狀，「打擾你們吃早餐了，真的很抱歉。」我們鄭重地跟他們道歉，之後就趕快閃人。

不行了，這已經到了我的極限了。我現在一定是全世界慌張指數排名第八十六位的人。

接下來，我們又在同一條路上走來走去、走來走去，也進去旅館問了路，問的時候剛好碰到了警察，這下才終於找到了巴士站。但是，到這個時候我們已經浪費兩個小時了。不過事到如今，我已經覺得什麼都無所謂了，總之先搭上巴士再說了啦。

情況就是這樣。真要是跟埃及這個國家的人問路，他們一定會想盡辦法要為你解答。

甚至有三個人還畫了地圖給我呢，當中的一個人是花了二十分鐘的時間畫了如《圖一》的圖。我是不知道為什麼畫一個這樣的圖他需要花上二十分鐘啦，而且，他告訴我們方向之後，我們還是花了很多時間找路。而我們實際上找到的地方，如果畫成地圖的話，路徑應該是如《圖二》所示。

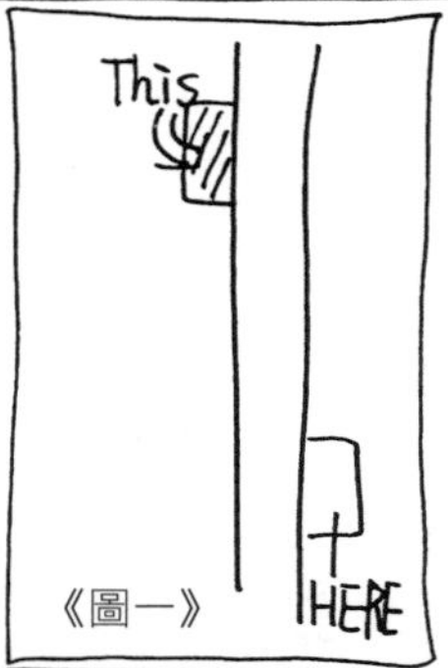

《圖一》

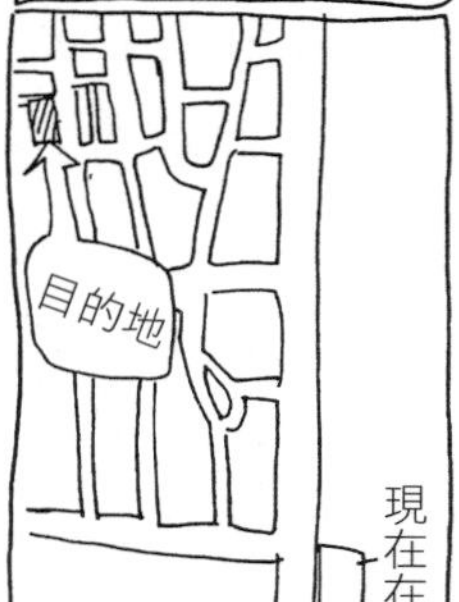

《圖二》

雖然方向大致沒錯啦……

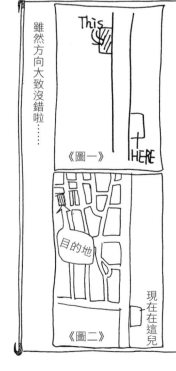

時間傲視一切，而金字塔傲視時間。
阿拉伯諺語

石頭建造的幾何學永遠的沈默
西拉姆（C.W. Ceram）

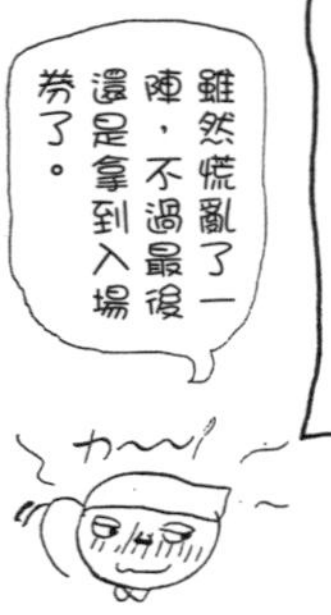

雖然慌亂了一陣，不過最後還是拿到入場券了。
カ~ッ

真是絕妙名言啊
沒錯，我深有同感呢。

大金字塔內部

為了避開參觀人潮，我盤算著晚一點的時候——十點半左右再進金字塔，沒想到看門的人擺出了一副晚娘面孔。好像是因為這天遊客很少吧，所以他想要早點關門休息。他對我們說：「本來是十點半就關門的啦，沒辦法，還是讓你們進去。不過，五分鐘之後就要回到這兒喔。」說這話時，他是恩威並施外加吐舌頭！

我聽了氣憤吼道：「五分鐘怎麼看得完啊！而且這裡不是開放到十二點嗎！明明是自己想偷懶，還撒這種連小孩子都騙不過的謊！」

啊——，雖然說人生總是在不斷的「期待落空」中度過，但是，就只有這裡，是完全符合想像的。多氣派的空間啊！跟「金字塔」這名稱真是相稱。

我才不管它是「虛榮的表徵」還是「公共事業」哩，真不知道究竟是出於什麼樣的心理，讓人可以造出這麼壯觀的景觀？（我個人是希望能有個再愚蠢不過的理由！）這裡有三個造型單純、除了「巨大」別無特點的建築（附獅子）。光是這種單純，不，應該說，就是因為這樣單純，才這麼撼動我心吧？哎呀，現在我可以稍微理解為什麼有人會說金字塔跟外星人還是亞特蘭提斯（Atlantis）有關了……

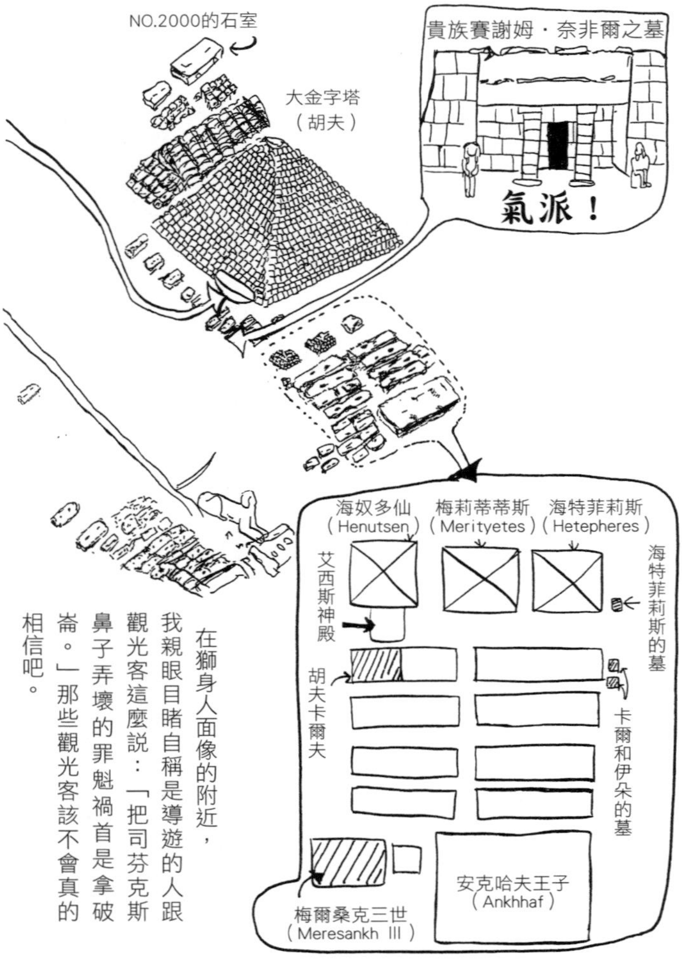

NO.2000的石室
大金字塔（胡夫）
貴族賽謝姆・奈非爾之墓
氣派！
海奴多仙（Henutsen）
梅莉蒂蒂斯（Merityetes）
海特菲莉斯（Hetepheres）
艾西斯神殿
海特菲莉斯的墓
胡夫卡爾夫
卡爾和伊朵的墓
安克哈夫王子（Ankhhaf）
梅爾桑克三世（Meresankh III）

在獅身人面像的附近，我親眼目睹自稱是導遊的人跟觀光客這麼說：「把司芬克斯鼻子弄壞的罪魁禍首是拿破崙。」那些觀光客該不會真的相信吧。

結果，隨後他的態度有了一百八十度大轉變，跟我們表示：「抱歉、抱歉，剛剛我是開玩笑的啦。你們慢慢參觀啊。」哼，還真的是不能對埃及人掉以輕心哪。不過，講到大金字塔內部的景象，其壯觀程度真的是怎麼形容都無法盡述啊。而且這裡是我目前為止看過的金字塔當中最乾淨的，不愧是這個國家的賣點啊！

我們花了一個小時慢慢地走逛，本來還怕出去的時候看門的人會多所怨言，沒想到這傢伙竟堆著滿臉的笑容說道：「怎麼樣啊，很棒吧。」真的是敗給這個國家的人了……

夜 聲光秀

好像一直在觀賞大紙張上演出的「看圖說故事」……。所謂的「秀」，還是要動態的才行啊。開始想念起人的味道。

實際地靠近金字塔，不可思議的感覺不再那麼強烈，不知道為什麼，突然有一種親切感，覺得：「（這是）人類所創造的建築、真真實實的東西」。

太陽船博物館

→（Solar Boats of Cheops）

不知道是不是這一棟像住宅的建築物害的，參觀了那麼多的景點，這裡是唯一令我提不起勁的地方。這裡明明應該是個值得探究的所在，真是可惜啊。

第二金字塔（卡夫拉）

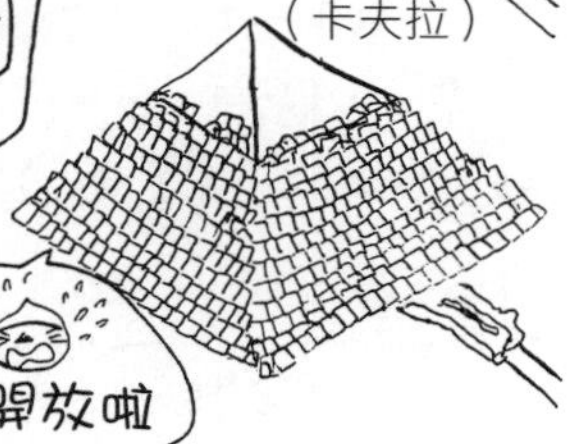

嗚一 暫不開放啦

第三金字塔（孟卡拉〔Menkaura〕）

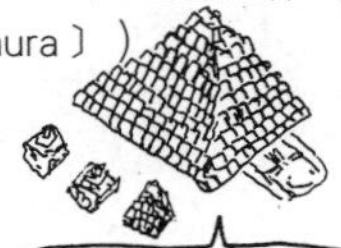

雖是個小小的金字塔，裡頭卻有點複雜。

肯特高維斯（Khentkawes）王妃墓

據說，這個地方原本是古王國時期尼羅河物資的流通地點，之前尼羅河曾經流經這一帶。

哇！這個墳墓表面的侵蝕痕跡，跟獅身人面像上頭的一樣呢！

這麼說來，其他古蹟的尼羅河水位計測器的風化情況，也跟獅身人面像一模一樣囉。

這雖然是出自我不專業的判斷，不過在我的心裡已經認定：「尼羅河的氾濫，也會造成類似獅身人面像那樣的風化情況。」

☆關於獅身人面像的風化，詳見第一九六頁……

在吉薩，可以悠哉悠哉地觀光。吉薩的觀光客實在是太多了，所以那些要小費的大叔們專找看起來有錢的肥羊，完全不把我們放在眼裡。雖然有點寂寞啦，不過也因而享受到很大的自由。

我們花了一天半的時間逛吉薩，由於要看的東西實在太多了（像是石室、小金字塔等等），時間根本不夠用。

小費

「原本」是比較有錢的人救助貧窮之人的習慣。

沙卡拉

行前計畫太一廂情願，大失敗！

原本還以為只要花整個下午就可以逛完這個地方，結果是什麼都沒做成！（只有參觀階梯金字塔和卡傑姆尼（Kagemni）、麥若魯卡（Mereruka）的墳墓，以及另外三個金字塔）。

說到失敗的原因，第一是因為土地太遼闊了，而且值得一看的東西實在是多不勝數！此外，「賺小費」的人口密度很高，一組觀光客竟然有十五個人一隊的「兄弟」跟著，根本連移動腳步都很難。

☆**觀光警察**☆名為「警察」啦，但實際上跟警察差遠了，感覺像「打工警衛」。他們對小費相當斤斤計較。

金字塔葬祭殿
看起來簡直像新建的哪。

據說是一位叫羅艾爾的人整建當時的建築而成。

麥若魯卡的雕像

當權者麥若魯卡迎娶了法老的女兒；他的墳墓一共有三十二個房間。美麗且有趣。

為什麼這個形狀
會讓人發抖呢……

沙卡拉的壁畫連禿頭都畫得很逼真。

誠實！

沒想到!!居然沒看到地下墳墓！我前來埃及，最主要的就是要看地下墳墓耶……竟然封起來了！（聽說理由是天花板快要坍塌了，需要進行整修維護）。

這個打擊
真的令我當場腿軟

但是原本說不能參觀的烏那斯金字塔卻又讓人進去，狀況經常改變，不去真的不曉得實際如何。唉！

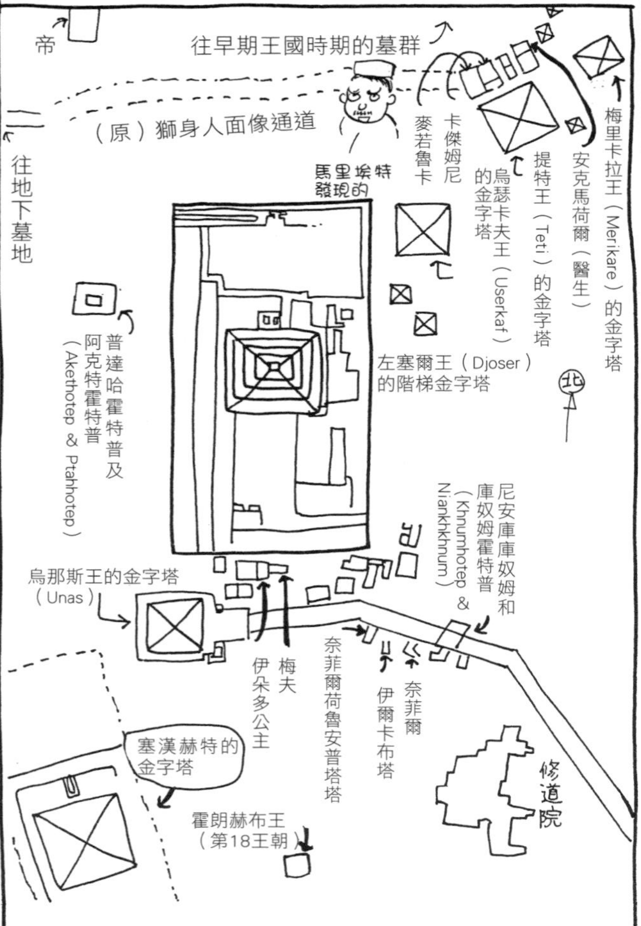
帝
往早期王國時期的墓群
（原）獅身人面像通道
往地下墓地
梅里卡拉王（Merikare）的金字塔
安克馬荷爾（醫生）
提特王（Teti）的金字塔
烏瑟卡夫王（Userkaf）的金字塔
卡傑姆尼
麥若魯卡
馬里埃特發現的
左塞爾王（Djoser）的階梯金字塔
北
普達哈霍特普及阿克特霍特普（Akethotep & Ptahhotep）
尼安庫庫奴姆和庫奴姆霍特普（Khnumhotep & Niankhknum）
烏那斯王的金字塔（Unas）
伊朵多公主
梅夫
奈菲爾荷魯安普塔塔
伊爾卡布塔
奈菲爾
塞漢赫特的金字塔
霍朗赫布王（第18王朝）
修道院

此外，南邊還有第六王朝國王們的金字塔及梯形、平頂形墳墓等，總之逛也逛不完。（需取得核准）

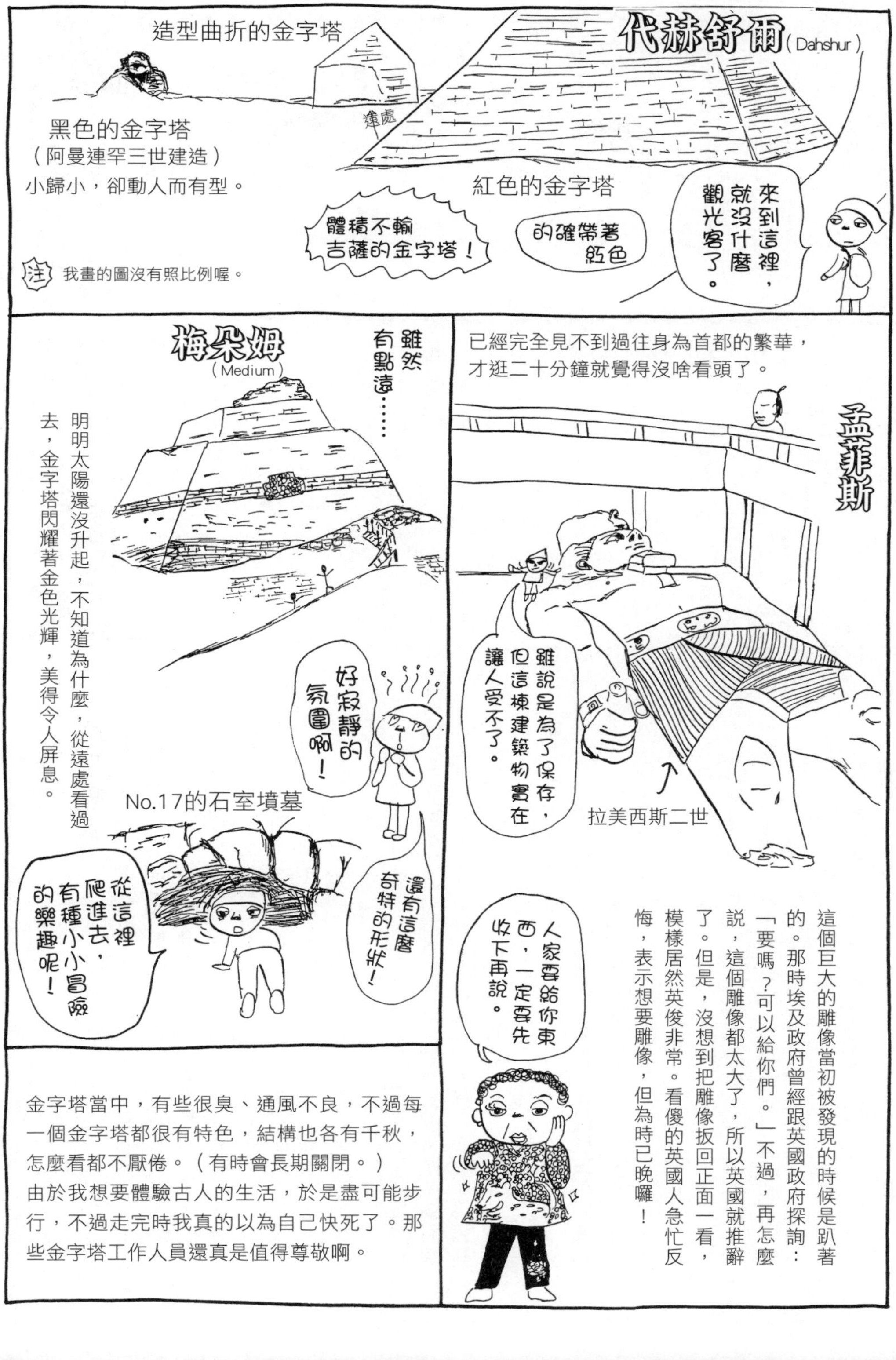
代赫舒爾（Dahshur）
造型曲折的金字塔
遠處
黑色的金字塔
（阿曼達罕三世建造）
小歸小，卻動人而有型。
紅色的金字塔
體積不輸吉薩的金字塔！
的確帶著紅色
來到這裡，就沒什麼觀光客了。
注 我畫的圖沒有照比例喔。
梅朵姆（Medium）
雖然有點遠……
明明太陽還沒升起，不知道為什麼，從遠處看過去，金字塔閃耀著金色光輝，美得令人屏息。
好寂靜的氛圍啊！
No.17的石室墳墓
還有這麼奇特的形狀！
從這裡爬進去，有種小小冒險的樂趣呢！
已經完全見不到過往身為首都的繁華，才逛二十分鐘就覺得沒啥看頭了。
孟菲斯
雖說是為了保存，但這棟建築物實在讓人受不了。
拉美西斯二世
金字塔當中，有些很臭、通風不良，不過每一個金字塔都很有特色，結構也各有千秋，怎麼看都不厭倦。（有時會長期關閉。）
由於我想要體驗古人的生活，於是盡可能步行，不過走完時我真的以為自己快死了。那些金字塔工作人員還真是值得尊敬啊。
這個巨大的雕像當初被發現的時候是趴著的。那時埃及政府曾經跟英國政府探詢：「要嗎？可以給你們。」不過，再怎麼說，這個雕像都太大了，所以英國就推辭了。但是，沒想到把雕像扳回正面一看，模樣居然英俊非常。看傻的英國人急忙反悔，表示想要雕像，但為時已晚囉！
人家要給你東西，一定要先收下再說。

米尼亞（Menia）、貝尼哈桑、邁拉維
① 我們所住宿的觀光景點米尼亞，是一個滿是塵埃和瓦礫的城市。
乍看之下簡直像廢墟（抱歉啦）
但是，不知道為什麼，所有的旅館都像別墅。搞不清楚原因。
② 早上起了個大早，準備出門觀光，一出房門，卻驚見大廳裡擠滿許多持槍的男子……
有沒有搞錯！他們竟然說要護送我們。就憑我們這德性？真的是太令我們吃驚了。
據說，凡是來到這兒旅遊的觀光客，都會有軍隊隨侍一旁。
③ 然後，不知何故，我們被安排坐進學生畢業旅行的巴士。
前後有坦克車。兩側還有警車夾著。
④ 接下來，我們還頻繁地換車。之所以如此，好像是隨著軍方的管轄地區不同，座車和警備會跟著更換。
越來越覺得我們來到了一個危險的地方。
咦？這樣不是太引人注目了嗎?!
這樣不是反倒成為明顯的目標嗎……

不過，我們還是很厚臉皮地開始觀光。

羅馬隊長

邁拉維地區的軍人們對人非常的親切。他們的隊長甚至充當我們的導遊，跟我們解說一堆有的沒的。年輕的士兵們看起來也頗醉心於偉大的古蹟，不住地發出激賞的讚嘆。

實在是太好了。原本我一直擔心著：這些士兵接受了嚴格的軍事訓練，結果被指派的任務竟然是保護我們這些沒什麼危險意識的觀光客，不知道他們會不會心裡犯嘀咕，懷疑自己的人生究竟有什麼意義、甚至對人生感到心灰意冷呢。不過，看來他們似乎可以趁機休息，我也就沒有那麼重的罪惡感了。

但是，奇怪的是，不知為道為什麼隊長對羅馬相當情有獨鍾，一開始就拚命地嚷道要參觀羅馬帝國的遺跡。參觀其他古蹟的時候，他也是一直問道：「你們不看看羅馬遺跡嗎？」不斷地提醒我們羅馬遺跡的存在。看來他似乎對埃及的古蹟沒啥興趣；倒是，一看到羅馬的東西，他的瞳孔馬上放大三倍，聲音也變得鏗鏘有力。

接下來，他的話匣子完全停不下來！我們聽煩了想要閃人，但是隊長露出乞求的眼神說道：「為什麼？你們要走了喔？不要再多品味一會兒嗎？」於是我只好在夕陽的餘暉下倚著柱子，盡全力營造嚮往羅馬的氛圍。最後終於通過了隊長的「測試」，獲得了釋放。

到了分道揚鑣的時候，我本來想要問隊長為什麼那麼替羅馬說話，不過，一想到跟在一旁、已經累得搖搖晃晃的年輕士兵們，要讓他們再聽隊長的長篇大論實在太殘忍了。而且，萬一我這一問引發了隊長的雅興，叫他回顧起自己一生的經歷，那可就太糟糕啦。所以，雖然可惜，但就把隊長的「羅馬熱」當成謎吧。

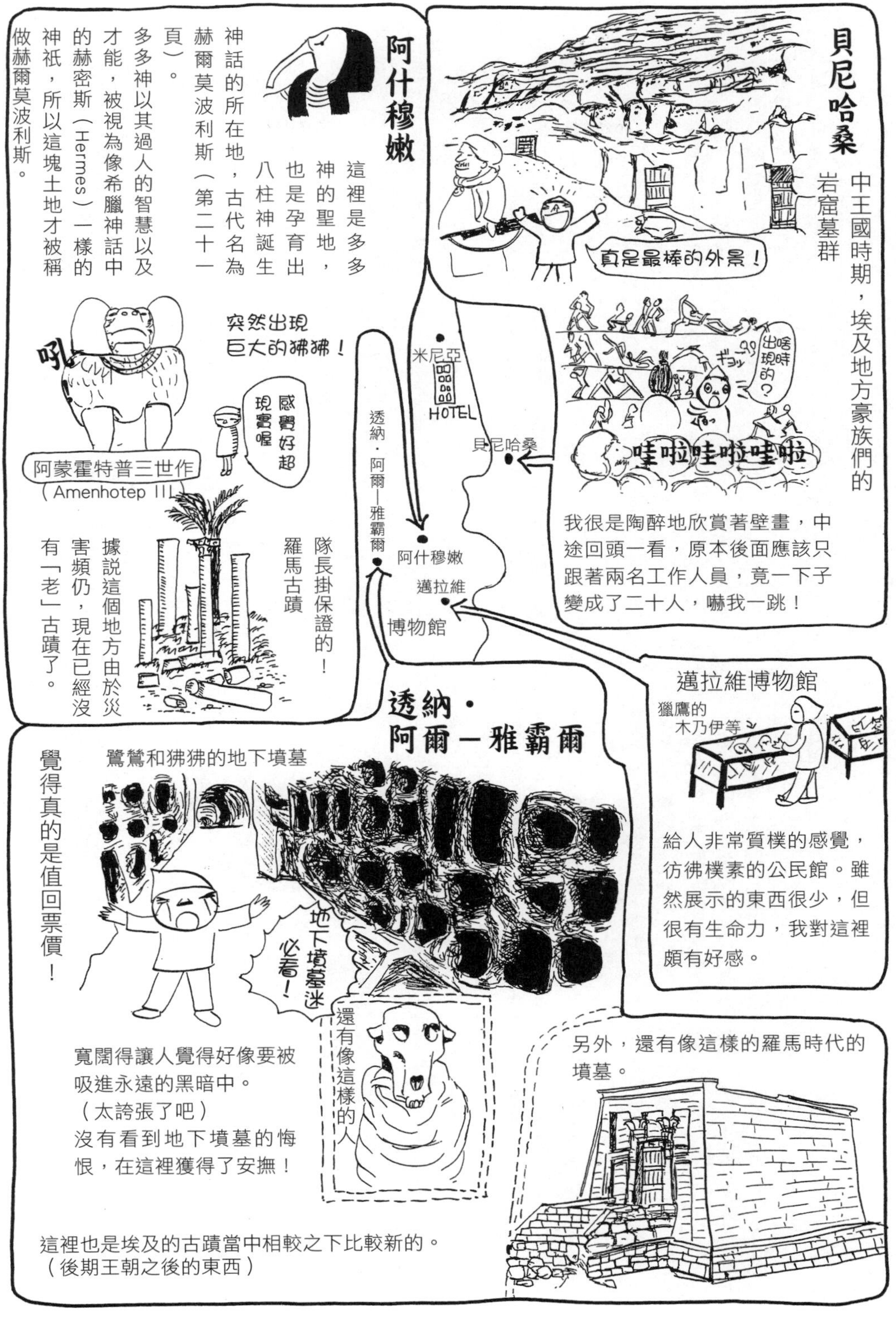
貝尼哈桑
中王國時期，埃及地方豪族們的岩窟墓群
真是最棒的外景！
出啥時現的？
ギョッ
哇啦哇啦哇啦
我很是陶醉地欣賞著壁畫，中途回頭一看，原本後面應該只跟著兩名工作人員，竟一下子變成了二十人，嚇我一跳！
阿什穆嫩
這裡是多多神的聖地，也是孕育出八柱神誕生神話的所在地，古代名為赫爾莫波利斯（第二十一頁）。
多多神以其過人的智慧以及才能，被視為像希臘神話中的赫密斯（Hermes）一樣的神祇，所以這塊土地才被稱做赫爾莫波利斯。
突然出現巨大的狒狒！
吼！
感覺好超現實喔
阿蒙霍特普三世作
（Amenhotep III）
隊長掛保證的！
羅馬古蹟
據說這個地方由於災害頻仍，現在已經沒有「老」古蹟了。
米尼亞
HOTEL
貝尼哈桑
阿什穆嫩
邁拉維
博物館
透納・阿爾—雅霸爾
邁拉維博物館
獵鷹的木乃伊等
給人非常質樸的感覺，彷彿樸素的公民館。雖然展示的東西很少，但很有生命力，我對這裡頗有好感。
透納・阿爾—雅霸爾
鷺鷥和狒狒的地下墳墓
覺得真的是值回票價！
地下墳墓迷必看！
還有像這樣的人
寬闊得讓人覺得好像要被吸進永遠的黑暗中。
（太誇張了吧）
沒有看到地下墳墓的悔恨，在這裡獲得了安撫！
這裡也是埃及的古蹟當中相較之下比較新的。
（後期王朝之後的東西）
另外，還有像這樣的羅馬時代的墳墓。

阿馬納，逛到號啕大哭

終於，我們來到了傳奇人物埃赫那頓（Akhenaten）偉大理想下的產物，一個夢幻城市——埃赫塔吞（Akhetaton）。

由於滿懷著期待與興奮之情，我不禁全身顫抖，作勢要往前衝，小跑步來到入口處。一個恐龍臉的男性職員看到我之後説道：「除了入場券的錢之外，要請你另外付導遊費，付多少都沒有關係。」由於我迫不及待想看阿馬納，所以就掏出了小費十五埃鎊（約合四百五十元日幣），根據過去的經驗，這樣的費用已經算是多的了。恐龍臉奸笑了一下，就帶著我們開車出發了。看來導遊啦、售票等等，什麼差事這傢伙都做。

不過話説回來，阿馬納的景色真的是美得令人動容，廣大的荒野非常震撼人心。

接下來，我們參觀了北邊的三個墳墓，心裡正想著一段美麗的旅程就要展開時，惡質的恐龍臉導遊對我們説道：「好啦，就到此為止。」

才經過二十分鐘欸。不會吧！

北邊還有一個墳墓沒參觀，南邊也有四個墳墓、皇宮以及街道古蹟，此外還有埃赫那頓的墳墓呢。若是在這裡就結束旅程的話，根本就沒有必要特地前來嘛。何況，今天我們光是來到這兒就已經是一波三折了。因為這裡跟上一個地方的情況一樣，有軍隊護送，光是換人接替以及接受盤查，就花去了我們不少的時間，讓我覺得來到這兒簡直是千里迢迢。

不過，這裡果然還不是終點。吼——！恐龍臉導遊略微説明了其他要參觀的地方之後，最後説道：

「然後呢，從這裡開始因為是石子路，所以只能搭人力車，那需要另外付一百埃鎊。」

……什麼？這個老兄在説什麼啊。我在觀光導覽中心聽到的價碼，觀光車夫是一個人四埃鎊耶。

聽了我的指正，恐龍臉導遊很得意地表示：「那是兩年前的價碼，今天還是因為我高興，才特別放行的呢。」

「我今天搭計程車跑了八十公里，也才二十埃鎊耶。為什麼光是繞這一帶就要花一百埃鎊啊？」

「哈哈哈，你不能拿外面的價碼跟觀光景點的價碼比嘛。這裡是特別的地方耶，所以『當然值得』這個價錢囉！」

這個傢伙，還虧他是個職員呢，竟然這麼厚臉皮地揩油，而且一開口就是「一百埃鎊」這樣的大數目。那些在觀光景點到處可見、自己推銷上門的導遊，給個兩埃鎊他們就心滿意足了哪。今天如果有很多遊客的話，我諒他也不敢這麼做，但是因為我們只有兩個人，他心裡肯定認為要讓我們就範非常的容易。而且，不管我們怎麼討價還價，他都不肯降低收費，由於園內無法步行，沒有人力車的話我們根本一點辦法也沒有。他根本完全吃定我們了，那張得意洋洋的臉實在讓人恨得牙癢癢的。

我説什麼也不想受這種傢伙擺佈。雖然説一百埃鎊換算成日幣不過三千元而已，但是對於這個國家的人來説，那可是一筆大數目呢。如果我付了這筆錢，那不是太侮辱這個國家的人和錢了嗎。而且，即便在自己的國家，我也絕對不會原諒這種獅子大開口的詐騙行徑。

看到海邊賣的三百日幣一瓶的萊姆汽水、六百日幣一根的玉黍蜀、電影院前兩百日幣的香菇山等等，我向來是貫徹「絕對不買」的原則，日夜與孤獨奮戰著。如果我在現在這個局面下掏腰包付錢的話，恐龍臉可能會繼續這麼幹，對下一個旅人應該會造成困擾吧。我怎麼能答應呢——！

「那麼，就一百埃鎊囉。」

恐龍臉導遊聞言，臉上堆滿了笑容，說道：「那我去找車來。」然後就走掉了。

可惡，我不但被迫做痛苦的抉擇，而且還屈服了。但是既然事情已經到了這步田地，那麼我一定要好好地觀光、讓一百埃鎊花得值得，我要讓這個傢伙忙得團團轉。就在我努力轉換思考的時候，恐龍臉導遊回來了。

「不好意思，現在叫不到人力車。但是不要緊，四個小時之後會有德國的攝影隊前來。我會安排你們搭他們的便車。」

啥——？喂！講這什麼話啊。

「對了，因為我得幫你們跟德國人斡旋，能不能請你再加五十埃鎊的費用？」

這個傢伙！到底要多少錢他才會滿足啊？我想像得到，為了要減輕工作量，所以他盤算著乾脆把遊客集中在一起，他做起來會比較輕鬆。但是這樣居然還要再加價，實在太沒有道理啦！我已經無法再吞忍下去了，火山終於爆發。

「為什麼等四小時還要再花一百五十埃鎊！什麼跟什麼啊，一直錢、錢、錢的。我可是拚死拚活地賺錢，才終於能夠來到這塊嚮往的土地的耶。（說拚死拚活是太誇張了）你難道就沒有熱忱要讓遠道而來造訪的旅客欣賞你自己國家的寶物嗎？」大事不妙，在我嘶吼的當兒，吼著吼著我的眼淚竟然奪眶而出。事情發展至此，我實在再也控制不住自己了，我沒辦法停止咆哮怒罵，頓時變成一個受欺負而哭鬧的小學生似的。但是已經無所謂了啦，我才不在乎這種傢伙會怎麼看待我呢！

經我這麼一哭鬧，原本已經走掉的軍隊啦、很多大叔等，不知道從哪裡迅速地集結而來。他們臉上露出擔憂的神色，向一邊訴說委屈、一邊哭得不成人形的我問道：「你是怎麼啦？」、「你說說看是怎麼一回事。」於是，我一股腦兒地將那恐龍臉導遊的惡劣行徑和盤托出，而且壓抑不住憤怒，說道：「我不看了！」準備走人。這下子大叔們開始斥責恐龍臉，接著他們對我說：「請你別走，求求你。我叫他一定要讓你參觀到全部的景點。」、「你要是就這樣帶著不愉快的心情回去，那我們很沒面子呢。搭車就不跟你收費了，請你不要討厭我們埃及！」

這下我也漸漸意識到自己其實也給人添了麻煩，覺得很對不起這些大叔，而且恐龍臉這時也把人力車給找來了。（之前還敢說沒有！）這下子我不繼續參觀也不行啦。

哎呀，不過我真的很慶幸那個時候並沒有真的走掉。前往王墓的路上，被荒涼的岩山所包圍的石子路不斷地延展，看到這片充滿夢幻的美麗風景，我的心情就完全變好了。但是石子路不好走，的確很花時間。雖然剛才大叔們說可以不用付車資，但我還是付那一百埃鎊吧，免得顯得心胸狹隘、小裡小氣的。而且，剛才我像猴子一樣哭喊也挺丟人的，恐龍臉的語氣也和緩了許多。我猜想，或許也是因為最近遊客不多，他的收入銳減，這才動了貪念的吧。

終於，我們來到了埃赫那頓的墳墓。

恐龍臉導遊指著壁畫，對沈浸在感動中的我說道：「這個你一定要照下來。」、「這個位置照起來比較清楚。」等等，甚至還搬來了梯子，讓我們盡情地照相。看到恐龍臉這麼的認真，我頓時對他刮目相看，心想，他終於展現出身為導遊的工作熱忱了。

但是，就在我們步出墳墓的時候，恐龍臉導遊居然又對我們說：「這個墳墓很特別，所以照一張照片要五埃鎊。」然後一臉抱歉地說道：「你剛才照了二十張對吧。所以我得跟你收一百埃鎊。這是規定，沒有辦法。」

什麼跟什麼？難道現在他又露出那奸詐狡猾的真面目？不過，經過了剛才的事情，他還敢這麼做嗎……？雖然我的內心充滿了疑惑，不過還是決定先給看門的大叔小費再說，但看門的大叔卻表示：「小費另計，但你得先付照相機的門票五埃鎊。」

咦？什麼嘛。果然只要付五埃鎊就夠了。

面子掛不住的恐龍臉導遊立刻對看門的大叔露出兇相。這個豬頭，只要是他想拿到的錢，不管是用什麼手段，他都會變相抽頭拿到！不過到了這個時候，我已經懶得多說什麼、也不想發脾氣了，反倒是很高興看門的大叔不動聲色地暗暗助我們一臂之力。要是沒有這位大叔，我們差點又要被恐龍臉的惡劣詭計給矇騙了。當我滿懷感謝地打算掏出小費之際，恐龍臉導遊在一旁搭話了：「**不用給他！**」這個傢伙實在是……。唉，不知道惡劣的恐龍臉之後會不會找這位大叔的麻煩哪……

「照相A錢計畫」功敗垂成的恐龍臉導遊，是一個不屈不撓、不輕言放棄的男人。不過沒想到接下來他卻是連尊嚴都不要了，嘴裡咕咕噥噥地說著：「我媽生病了。」似乎想要耍苦肉計。這個笨蛋，要不是你一直想進行詐騙的話，我本來打算爽快地付那一百埃鎊的。

事到如今，說什麼我都不想要給他錢了。不過我也不想再跟他撕破臉啦，所以最後還是屈服了，我說：「這樣吧，你讓我參觀完全部的東西之後，我再給你六十埃鎊。但是中途請不要再提錢了。」恐龍臉聽了頓時眉開眼笑，跟我握手商定。

但是還不到三分鐘，他又莫名奇妙地說：「我覺得六十埃鎊還是太少了。政府的公定價是七十埃鎊耶，我若是沒跟你收這個價碼，之後會挨罰的，那我可吃不消。」我實在是受夠了。看來，要這個傢伙不談錢是不可能的。

結果呢……我投降了。我丟下四十埃鎊，離開了車子。跟他吵是沒用的，我覺得一切都無所謂了。比起一直想看的其他景點，現在這一刻，我只想要離開這個男人。

但是回去之後，阿馬納那美得無可言喻的風景，經常浮現在我腦海中，對於沒有忍耐恐龍臉導遊看完全部景點，我一直覺得懊悔不已……

阿拜多斯～考姆翁布的神殿

阿拜多斯 塞提一世葬祭殿

這是一個非常有氣氛的地方。神秘的氛圍中，透著一種高雅的氣質，令人完全陶醉在其中。一說到浮雕之美，就不能不提它那美麗的色彩，而且，掉色的地方反而更增添其尊貴的感覺。越往裡邊走，壁畫保存得越是完整。

令我覺得很不可思議的是，神像的臉部沒有太大的損傷，但是陽具的部分卻很明顯被刮掉。

咦，你「那裡」被惡整了喔！
你不也一樣
根據畫面來推測，原本的畫應該沒有裸露性器才對！是哪個不正經的混蛋搞的鬼？
所有的神殿我就最喜歡這裡，不過也可能是因為這是我第一個參觀的神殿，所以才這麼感動吧。

商博良沒來過這裡，實在很可惜啊～
真是多管閒事

列柱廳裡有看起來像直升機和飛機的畫喔！

◎旁邊的拉美西斯二世神殿

雖然遭受了嚴重的破壞，不過小巧別緻，而且牆壁顏色的剝落程度剛好像粉彩一樣，實在很可愛。以我對拉美西斯的印象來說，這裡跟他的形象差滿多的。

阿馬納
阿修特（Asiut）
索哈古
克納
阿拜多斯
丹德拉
路克索
伊斯納
埃德夫
考姆翁布
北
亞斯文

從阿修特往索哈古行去，警戒的情勢越來越緊張。剛開始的時候，我們沒多加思索就搭上了巴士，中途卻因為臨檢而停下來。當地的埃及人全被叫下車，得在那裡等到下一輛巴士來為止……

怎麼會這樣！都是我們的錯，害大家連帶被拖下水。我懷著愧疚跟大家致歉，不過所有乘客都溫柔地對我說：「別放在心上，這不是你們的錯。」要是在日本的話，這種情形一定會引來大家的嚴正抗議吧……在埃及的時候，有時巴士或是野雞車※會拒載，這下我們才知道是為什麼了——就是因為中途很可能會被攔下臨檢。

結果，專載我跟友人兩人的巴士，旁邊跟著兩台坦克車、四輛警車，一路浩浩蕩蕩、喧鬧嘈嚷地前往索哈古。

住宿一晚要十六埃鎊（四百八十日幣）的破爛旅館正門，以及房間的前面，都有士兵徹夜守衛著……。而且，周遭的人都跟我們道歉，說：「真是抱歉，給你們添麻煩了。」啊——，該道歉的，應該是不知事情輕重就隨便跑來的我們哪！沒想到情況會演變成這樣……我們只好懷著沮喪的心情睡去。

後來我們才聽當地人提到，在兩個禮拜前，這個地方的穆斯林和科普特教人發生了衝突，其間甚至有人喪命，所以這陣子才會特別加強警戒。

我們在旅途中所遇到的一個女孩子很豪邁地說：「只要簽署切結書，聲明『不管發生什麼意外，都由本人自行負責』，就可以自由行動了。因為我覺得軍隊的警備很煩人，就簽囉。」可是……

※野雞車：這裡是指「共乘計程車」。

丹德拉

在旅程中，我所遇到的旅客異口同聲說「看了最感動」的，正是丹德拉的哈托神殿。甚至有人認為：「應該把那個地方留到最後再去。」

我滿懷期待地前去造訪哈托神殿，然而，呈現在我眼前的卻是一座髒兮兮的神殿，特別是天花板，好像燒焦似的黑抹抹一片。哈托神柱的臉也被人刮得亂七八糟，壁畫遭破壞的嚴重程度，讓人根本分不清楚那是哪張畫。在我這個吹毛求疵的人看來，就只有以上這些感想。

不過，沒想到我之後在其餘的畫作中發現很好笑的圖！讓我頓時興奮了起來。仔細一看，這裡也是、那裡也有耶！

《地下室的畫》

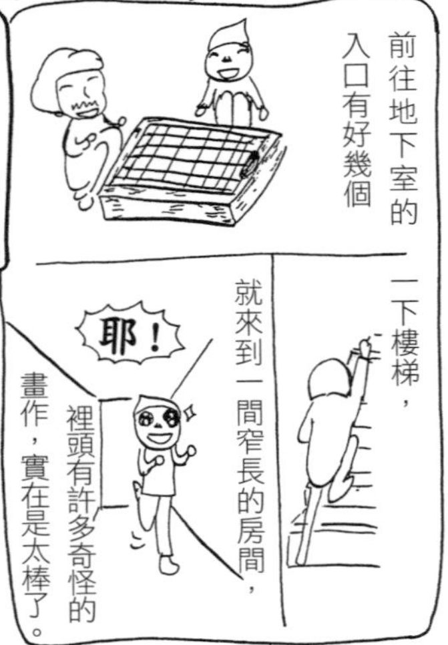
前往地下室的入口有好幾個
一下樓梯，
就來到一間窄長的房間，
耶！
裡頭有許多奇怪的畫作，實在是太棒了。

地下室最讚了！不僅可以由此通到屋頂，而且也不是左右對稱的建築。這地方讓我嚐到在設機關的房屋內探險的樂趣。

看起來像電燈泡的名畫也放在地下室。

這個人好可怕……
手上拿著像菜刀的東西……
不過，為什麼有人會破壞神像呢？好像並不是單純地因為否定偶像崇拜才這麼做的。

這世界沒天理啊！

在本書前面稍微提過的，拿破崙探險隊的德農（第52頁），曾大大讚揚這個地方：

「先前我遭遇了許多不如意，心情消沈、厭倦了一切。但是一到丹德拉，我馬上就打起了精神。今日在這裡所見的一切，讓我之前的辛勞都有了代價。我這輩子都不會忘記曾經來過這裡才是。」

節錄自艾德金斯夫婦的The Keys of Egypt: The Race to Read the Hieroglyphs

不過，商博良就看不上這裡了吧。

伊斯納的克奴姆神殿
（Temple of Khnum）

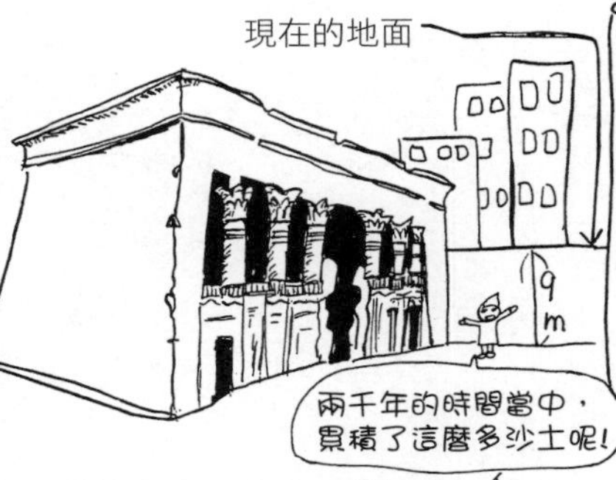
現在的地面
9m
兩千年的時間當中，累積了這麼多沙土呢！

不過這裡很小，令人不禁疑惑：「咦，就只有這樣？」這裡就只有第一列柱廳沒有遭到破壞。不過相當的簡樸。

才沒有那回事呢！這個神殿棒得很哪。
不知在感動個啥勁

埃德夫的荷魯斯神殿

不知道是不是造訪過伊斯納之後產生了錯覺，這裡，我就覺得很氣派豪華。在這地方可以看到各種型態的荷魯斯，對喜愛荷魯斯造型的我來說實在太滿足啦！

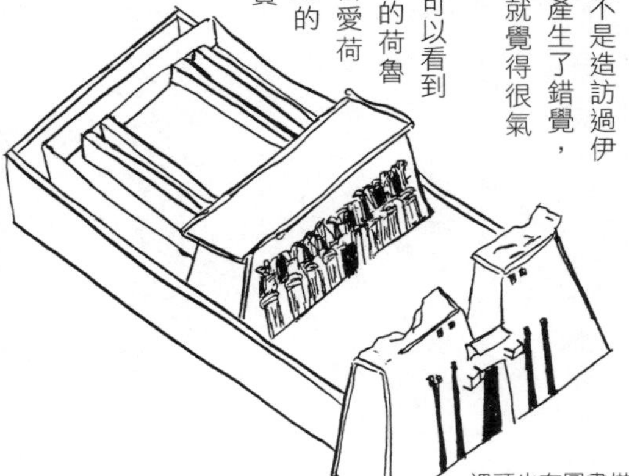

裡頭也有圖畫描繪「荷魯斯對抗塞特」的故事喔

荷魯斯～
還有這種荷魯斯
這個人好可怕！
全都是荷魯斯！
有這種荷魯斯
荷魯斯！
也有這種荷魯斯
迷你荷魯斯

考姆翁布

這裡是雙神殿，供奉索貝克和荷魯斯（獵鷹頭）這兩大家族。此處還供奉索貝克的妻子赫特。如之前所述，她是千面女郎。

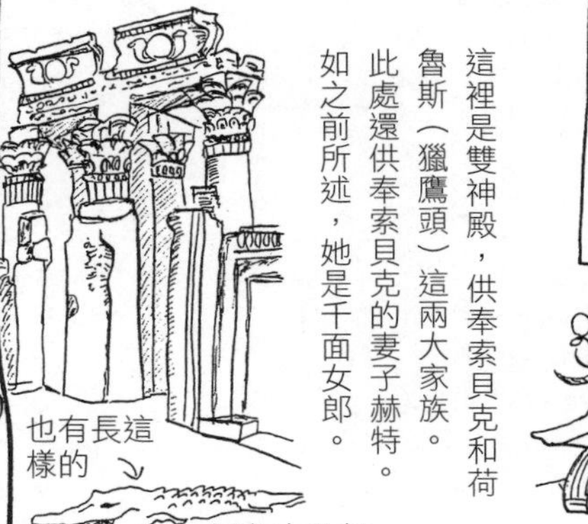
也有長這樣的

鱷魚木乃伊

壁畫

手術用道具

話說回來，托勒密王朝以後的人物壁畫（除了阿拜多斯之外），因為摻雜了希臘的風格，人物看起來既立體又寫實呢。不過，在這些工整的畫當中，有時候會冒出一些怪形怪狀的東西來，還真是不能掉以輕心哪。

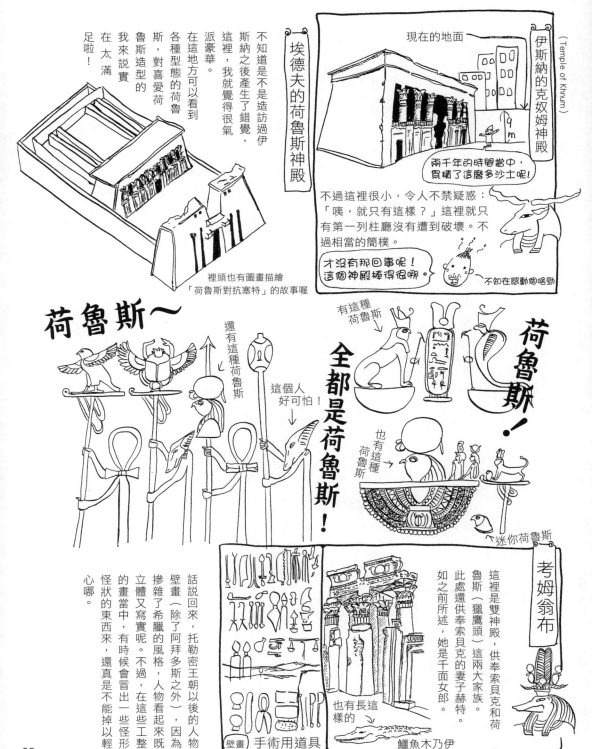

埃德夫的性感男孩

我們在埃德夫等待前往亞斯文的巴士，托商店街的男孩子們的福，這段時間一點兒也不無聊。

我們遇到一個留小鬍子的二十歲青年和一對非常俊美的兄弟，哥哥二十歲、弟弟十歲，一共三個人。

我們簡單地交談幾句之後，小鬍子青年和英俊小弟都對我的導覽手冊表現出興趣，於是我將它秀給他們看，他們馬上興奮得不得了。

這什麼狀況？

原來，引起他們亢奮的是手冊上一張小小的、穿著泳裝的人的照片。穿泳裝的照片令他們興奮我還能理解，但他們連對穿短袖的女孩子的照片都發出了驚嘆。甚至，看到一張穿著長裙的女性的照片，他們也指著腳踝處說道：「腳露出來了！」然後紅著臉大呼小叫。

「日本還真的是一個性感的國家耶。這個真的是導覽手冊嗎？」

接下來，他們兩個就不停地尋找「性感照片」。我來這個國家至今，第一次看見有人露出這麼認真的表情。聽說在他們的世界，幾乎沒有人在結婚之前看過女人的裸體。（當然，在結婚之前也都沒有性經驗；這裡也沒有妓女。）更不要說是照片了。

「為了要得到裸女的照片，我甚至曾計畫前去開羅呢。」小鬍子表示。他說這話的時候，臉上流露出悲傷的神情，好像自己是為了掙錢、不得已跟家人分隔兩地的中年男人似的。

「其實我對開羅沒什麼興趣啦。但是只有那裡才有性感的事物……」

導覽手冊裡頭也有鴿子的照片，不知道為什麼，他們連看到鴿子都興奮，一邊賊賊地笑著、一邊說道：「這才是正港的性感啊……」這是為什麼？我一探問，只見他們支支吾吾地低下頭說：「這就不能說了……」

之後，我因為要去借洗手間，所以暫時離開了現場。後來聽我朋友EKI說，我不在的這段期間，小鬍子巴著EKI不放，緊迫釘人地追問跟「性感」有關的事。比如說：「到目前為止，你所看過最性感的照片是長什麼樣子啊？」、「你跟你太太（在旅途中，為了避免不必要的麻煩，我們兩個人對外聲稱是夫妻）做過什麼『性感』的事啊？可不可以全部告訴我？」（埃及這地方的人好像也把性交稱為「性感」。）

「日本人在結婚之前可以『性感』嗎？」、「聽說美國人很誇張，每個人終其一生都會跟好幾個人『性感』哪，那日本呢？」小鬍子提出了千百個諸如此類的問題。EKI告訴我，這是他這輩子第一次在這麼短的時間內聽到「性感」這個詞兒這麼多次。聽說，即使到了現在，他一聽到「性感」這個詞，腦子還一定會浮現小鬍子的臉呢。

據說EKI是這樣回答小鬍子的問題的：「偶爾會有一、兩個幸運的傢伙啦，不過一般日本人都是只有一個太太吧。」他說會這樣回答，是不想讓他們可愛單純的心靈對日本產生過度的羨慕與遐想。

但是，說到羨慕，我們應該羨慕的是情色王國日本呢？還是這個純樸的埃及鄉下小鎮？在這個地方，人們光是看到女人的腳踝就可以這樣的開心、興奮，未嘗不是件好事啊？等到真正「洞房」的時候，那時候的喜悅可就真的是無與倫比了哪。

而EKI也告訴我關於鴿子的祕密。這一帶的年輕人有個共通的認知，就是「鴿子＝性的道具」。比如A說：「啊，好想做喔。」B回答：「要不要我把我的鴿子借你啊？」等等，男孩之間的對話常常冒出「鴿子」。

不過這裡要特別說明的是，俊美兄弟檔中的哥哥，從頭到尾都沒有參與這場討論「性感」的談話。因為他必須顧店，所以來來去去的，看起來很忙的樣子。除了「性感」的話題之外，小鬍子在其他時候經常故作大人樣，這個時候，英俊的小哥就會挑個絕妙的時機晃過來，提一下小鬍子鬧過的笑話、出他的洋相，讓小鬍子苦心經營出來的「形象」瞬間烏有，只能苦笑。看來他在英俊小哥面前是抬不起頭來的。

話題後來轉到「錢」上頭。我們一拿出日幣給他們看，小弟的雙眼立刻閃閃發光，於是我們就說：「你喜歡的話可以給你。」但是他哥哥叼著菸、皺眉頭說道：「不可以、不可以。」叫我們把錢收起來。

之前我一直覺得英俊小哥跟誰長得很像，這下子終於想起來了。他長得不就像布萊德·彼特嗎！不但動作神似，就連表情都一模一樣呢。

他那狂野不羈卻又天生惹人憐愛的笑臉、行事從容自在的樣子、開朋友玩笑時的大哥風範，還有隱隱可見的溫柔，都令我印象深刻。

回頭想想，我們站在巴士站等車時，為我們搬來椅子的，也是這位英俊的小哥，就是這樣我們才開始交談的。而且，在這個上哪兒去都有人跟你索取小費的埃及，他是第一個請客的人。我們要付錢的時候，他還露出一副「你們幹嘛付錢呀？」的表情，然後叼著菸、眼睛瞇得細細長長的，拒收我們的錢。呀——！怎麼會有人可以帥成這樣呢！要是我們再多待個十分鐘，我想我的舉止一定會變得很糟糕。不，他的俊美至今還深深地烙印在我的腦海裡呢，或許我已經步入了「糟糕」的初階了吧……

巴士來的時候，我第一次看到布萊德·彼特慌張的神態。小鬍子要跟我握手道別，故意假裝手滑，趁機摸了一下我的腰。不是胸部，也不是屁股，是腰。

雖說那裡不是啥重點部位，但想來仍覺得有點恨。不過這或許是他為了留下「性感」回憶，竭盡所能地進行的冒險吧。算來，我應該是對他的「性感探索」有貢獻才是。

路克索

霍華德・卡特住過的地方

一想到卡特不屈不撓的精神，就心頭一熱。

卡納克神廟（Temple of Karnak）

……這裡實在是太大啦！！！
我還以為自己永遠都走不完咧。
夜晚有「聲光秀」，不過那是朗讀會。

路克索博物館

從照明到擺設都很下工夫，
根本一點都不像埃及！
雖然陳列的全是珍稀寶物，
不過數量實在是太少了啦，
還不到兩個小時就參觀完了。

木乃伊博物館

一反木乃伊給人的「陰森恐怖」的印象，裡頭反倒是既明亮又有活力。啊～，注意力完全被轉移了。這裡的寶物真的是非常稀少啊。

路克索神廟

夜晚在這裡散步最棒了！
既浪漫，又充滿神祕氣氛。

真是謝天謝地，夜間也開放參觀。

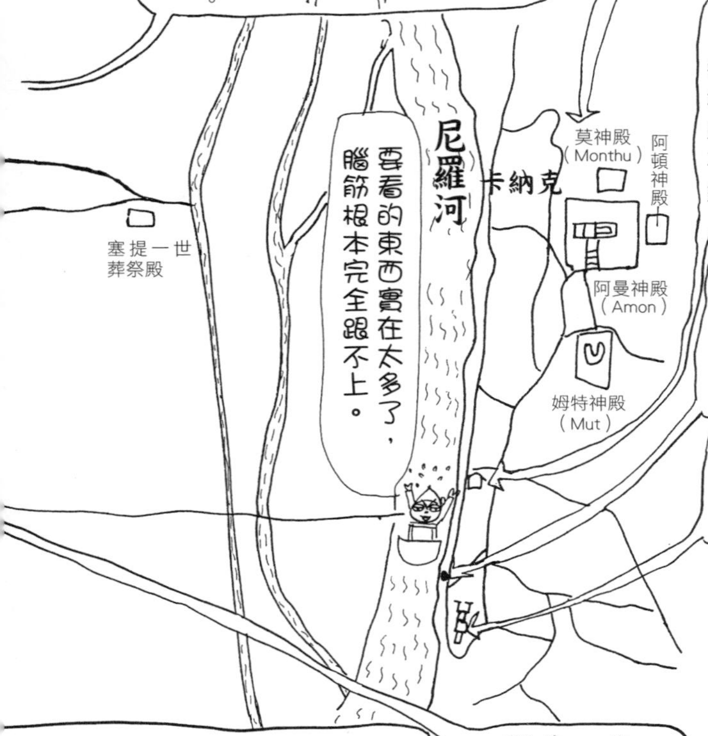

尼羅河
要看的東西實在太多了，腦筋根本完全跟不上。
卡納克
莫神殿（Monthu）
阿頓神殿
阿曼神殿（Amon）
姆特神殿（Mut）
塞提一世葬祭殿

不過啊，真不愧是舉世聞名的觀光勝地，就連討錢的小混混也是最多的！我們一回到停腳踏車的地方，就有個瘋漢吼道：「我幫你們看車耶！給我小費！」而上前來罵那位瘋漢的人也說：「我幫你們討公道了喔。小費。」總之他們會找盡各種理由，無所不用其極地跟你索討小費。

門農石像（Memnon）

它們面目模糊，其實也滿可怕的。

這種寂寥感真有韻味啊。晚上更陰森森了，讚！

它們的質感讓人想起少林寺的木人樁或是魔像（Golem）。

帝后谷

納法塔莉（Nefertari）的墳墓真是美得令人屏息啊！美得令我覺得之前參觀的墳墓都是廢墟！而且這裡跟其他地方不一樣，壁畫上面沒有覆蓋一層惱人的塑膠板。不過參觀這裡十分鐘要花一百埃鎊（合三千日幣），這就貴了點。而且毫不通融的管理員還把重要的遊客當牲畜趕來趕去，真是可恨哪！此外一天限定一百五十個人參

不過，稍微兇一下，
啥?!
一這麼說
對方會很快地道歉。
沒有，我隨便講講的。

貴族的墓

貴族的墳墓不但很多，而且四散在各處。不僅沒有什麼標示，連地圖也畫得不清不楚的，可說幾乎沒有半點提示。所以光是找地方，我們就吃了不少的苦頭。自力尋找中途，我終於舉雙手投降，請願意帶路的小孩兒帶我們前去，這下子就輕鬆多了，早知道打從一開始我就該請人帶路。而且，孩子們把帶路當成遊戲般，比大人們要來得起勁又肯吃苦，給他們大人的幾分之一的小費就高興得又叫又跳呢。

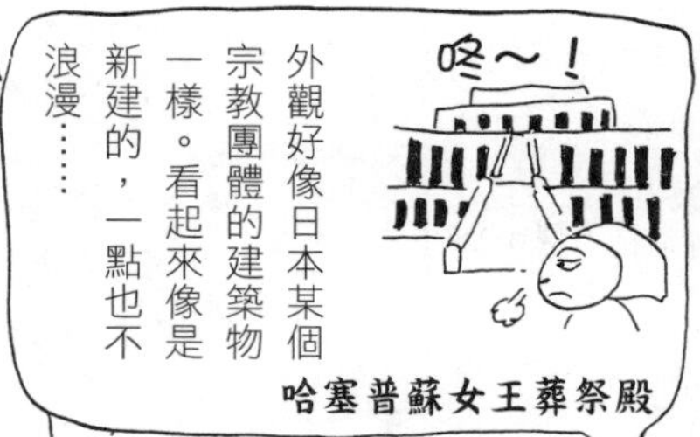
外觀好像日本某個宗教團體的建築物一樣。看起來像是新建的，一點也不浪漫……
咚～！
哈塞普蘇女王葬祭殿

隨處可見叫賣的大叔
來
來
來
商品齊全
身軀即店面！

帝王谷

已經找不到更好的詞兒形容這裡了。

因為，這個地方實在是美得好比是個奇蹟啊。

但是，圖坦卡門的墓就……

進入陵墓五分鐘後，我想起卡特的努力，沈浸在感動中，但因為圖坦卡門的墓很受歡迎，不僅人潮眾多，我還聽到一些奇怪的對話，一下子就受不了了。害我沒辦法繼續感動下去！

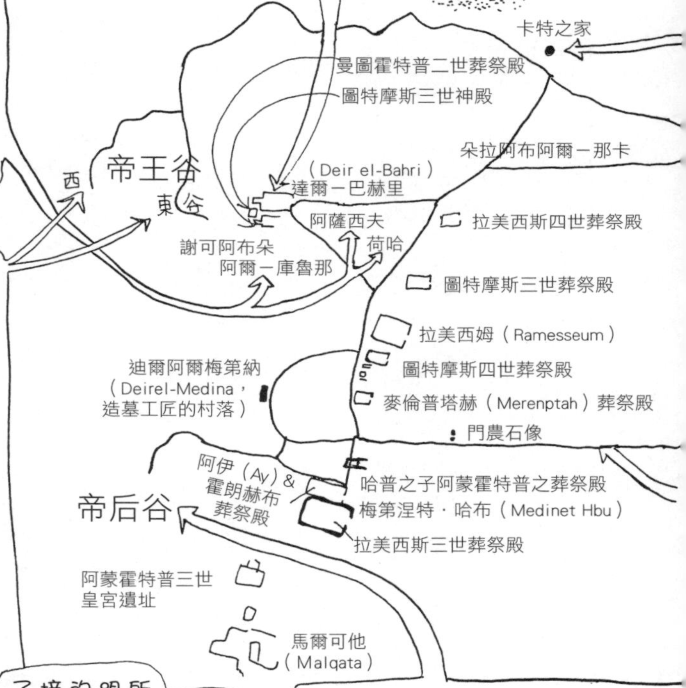
卡特之家
曼圖霍特普二世葬祭殿
圖特摩斯三世神殿
朵拉阿布阿爾－那卡
帝王谷
西
東谷
（Deir el-Bahri）
達爾－巴赫里
阿薩西夫
荷哈
拉美西斯四世葬祭殿
謝可阿布朵
阿爾－庫魯那
圖特摩斯三世葬祭殿
拉美西姆（Ramesseum）
圖特摩斯四世葬祭殿
迪爾阿爾梅第納
（Deirel-Medina，
造墓工匠的村落）
麥倫普塔赫（Merenptah）葬祭殿
門農石像
阿伊（Ay）&
霍朗赫布
葬祭殿
帝后谷
哈普之子阿蒙霍特普之葬祭殿
梅第涅特・哈布（Medinet Hbu）
拉美西斯三世葬祭殿
阿蒙霍特普三世
皇宮遺址
馬爾可他
（Malqata）

這是靈媒嗎？
這個地方靈氣很強喔！你們看！雞皮疙瘩！
吊書袋的人最遜了。連我光站在一旁聽著，都替他覺得害臊！
吼！你就這麼想要出鋒頭啊？
所以，跟木乃伊有關的人全部一個接著一個翹辮子了……
而且，還不停地講著無聊的靈異事件……
滔滔不絕地講著話，像在吹噓自己知識的男人

當然，隨便你們愛講什麼就講什麼啦，我無權干涉。
但是，你們又不是導遊，為什麼聲量那麼驚人啊？
我知道你們很厲害啦，但是可不可以請你們小聲一點哪。

觀！虧我一大早四點就起床了，但不知受了什麼詛咒，意外不斷，票一直買不成，直到第三次——也就是第三天，我早上三點就起床，終於買到票了。（我可沒有蒐集票券的癖好喔。）

我這個傢伙
又忘記帶錢包啦～～

從哈塞普蘇葬祭殿
前往帝王谷的登山捷徑
這背後就是帝王谷
登山步道在旁邊……
我們真的要穿越這裡嗎？
不過，所謂「知難行易」！實際攀爬後發現並沒有想像中的累，而且路有些變化。
還真是有意思呢——♪
成功啦！終於爬上山頂囉！
ハアハア
接下來，直到帝王谷都是輕鬆的下坡路啦。
但沒想到那兒竟有龐大黑影阻擋在前……
不～～！
攀
我手頭上有很棒的寶物要賣喔……
叫賣的出現啦！
你若要去帝王谷我可以帶路。
莎草紙你甲意嗎？
這可是五千年前的遺物喔
我可是已經爬山爬得氣喘吁吁的了，沒想到還得忍受這個推銷員！害我爬上山頂的成就感以及享受明媚風光的心情頓時全化為烏有。
不予理會，逕自往前走，
但他真的很纏人。
最後，我生氣地吼道：「拜託你安靜一點行不行哪！我想要欣賞風景啦。」
你給我錢，我就不煩你。
真是流氓，這傢伙！
不得已，我只好給他小費，沒想到他還嫌錢少，越來越煩人。
哼！
啊！
所以我就把錢給搶回來！
我放棄欣賞明媚風光，然後連滾帶爬地迅速衝下坡。
你還是把那個錢給我吧！！
直到帝王谷持續追趕跑跳碰！
回程的路上，我目睹了白人應付強迫推銷的方法。推銷的小販一湊近那位白人，這先生就隨便撿起一塊石頭，說道：
噢，這可是一萬年前的東西呢！我就算便宜些賣你吧。
一百埃鎊如何？欸？太貴了？那多少錢你肯買？
那白人就這樣死纏爛打，搞得推銷的小販招架不住、落荒而逃。真厲害！不愧是狩獵民族。「攻擊乃是最大的防禦」這句話在此得到最好的印證啊。不過，他毫不躊躇猶豫、咄咄逼人不給人拒絕餘地的態度，其實我並不怎麼欣賞啦～

說到貴族的墳墓……

本來這裡也應該跟其他地方一樣，一個墳墓有一個負責開門的看守人，但不知道是不是因為參觀的人太少，有時沒有看守人在場。這個時候，就得對中央的司令塔（？）大叫，塔上的人聽到吼聲，就會負責找到看守的人。

不過，大部分被叫回崗位的守墓人，不知道是不是休息時間遭打擾而感到生氣，現身的時候總是一臉老大不高興，嫌麻煩似地開門，一副「趕快看完，趕快給我出來」的樣子，參觀沒多久就得出來了（大概五分鐘）。

這種制度
雖說原始，
卻充分發揮了功能。
沒問題！
我想要看這裡!!

雖然很不想給這種人小費（入場費都付了，還要付小費，這種制度真不合理），但就是這種人會找盡藉口跟你多要錢。有時間講自己不幸的遭遇，為什麼不禮貌地開門讓遊客盡興參觀呢？服務好，自然有豐厚的小費可拿啊，為什麼他們就是不懂互惠的道理呢？

碎碎唸，藉口一大堆。
從早上到現在我只吃了一顆糖。
我的小孩生病了。
我都付不出小孩的學費來！

唉，不過這些人看起來也的確滿辛苦的。錢沒有多少，主要靠小費維生。

能夠負責人潮眾多的景點當然很幸運。（聽說有人會為了獲得肥缺而賄賂官員），但被派任這種閒差的人，自然而然地會心生不滿吧。既然沒有什麼遊客，久而久之，他們也就養成了怠惰的毛病。但是，一遇到偶爾上門的遊客，他們又會迫不及待地想趁機撈點油水，所以態度才會變得那麼令人匪夷所思。

唉，他們的政府難道就不能付給他們像樣的薪水嗎～
在這裡觀光還真是為難哩。

但有一個人卻是當中的例外！

這個人把他所負責管理的墳墓弄得比迪士尼的表演還要精彩。他進入深邃的洞穴中，一會兒爬上、一會兒爬下，讓人很好奇這個洞穴的構造究竟是怎麼樣、裡頭到底有多寬敞；就像充滿驚奇的探險一樣（而且花了一個小時呢）。其他人都是有樣學樣（壞榜樣）、想盡辦法偷懶，但是這個人為我提供的服務真的完全彌補了其他那些人給我的負面印象。

從頭到尾的光明
可說鶴立雞群
實在太深得我心了

為了答謝我，他說要帶我去木乃伊洞穴。
那洞穴離這裡有一段距離。

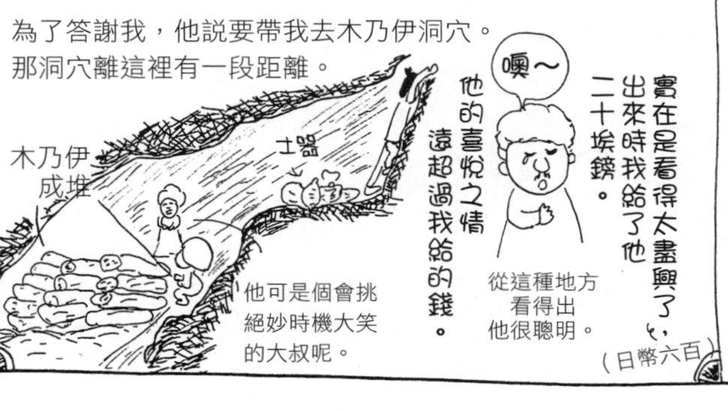
木乃伊成堆
土器
他可是個會挑絕妙時機大笑的大叔呢。
噢～
實在是看得太盡興了，出來時我給了他二十埃鎊。
（日幣六百）
他的喜悅之情遠超過我給的錢。
從這種地方看得出他很聰明。

在路克索觀光的代步工具

腳踏車

我被路克索的腳踏車搞得幾乎要哭出來了。

其實那裡有很多家腳踏車店，我最大的敗筆是偷懶沒多加比較、直接跟第一家店租車。那間店擺著戰爭電影裡頭才看得到的老舊傢伙，而且只有看起來像廢鐵的腳踏車，但是我心想：「這裡是埃及嘛，這款腳踏車還過得去吧。」加上老闆長得像泰迪熊，看在他可愛臉蛋的份上，結果我就跟那家店租借腳踏車了。

但是在那之後，我看到其他店家中擺放著普通而結實的腳踏車，馬上就對自己個性那麼急躁感到相當的後悔。

我所租借的腳踏車實際騎起來就跟它的外表一樣糟糕，而且，它糟糕的程度也在我的觀光過程中發揮得淋漓盡致。一路騎下來，它的踏板鬆脫、前輪脫落、座墊也掉了下來，連輪子都爆胎兩次。每次出了狀況，我都氣得直要找老闆算帳，但一看到泰迪熊可憐兮兮的表情，就又把話吞了回去。泰迪熊一看到故障的腳踏車，臉色立刻黯淡下來，滿臉悲切地道歉，說：「這次一定沒問題的！」旋即勤奮地修起車來。看著他辛苦的背影，我實在沒辦法說我要轉而跟別家店租車……

對不起

在路克索的
最大敵人
是熊！

當我要把腳踏車放上前往西岸的小船之時，
第一次狀況是這樣！
其他乘客好心地替我把腳踏車搬上去。
真是謝謝，你們好紳士。
心情真好
啊！
哐啷啷
不知何故，腳踏車的前輪……
我焦急不已，
不要緊的
到目的地之後我幫你修理
這些人不愧是紳士。
但是呢，船一靠岸，他們就立刻做鳥獸散，衝得不見人影了。
咻—
啊？紳士們！
留下孤單的我以及壞掉的腳踏車。
要幫忙嗎？
我幫你修理，收你十埃鎊！
怎樣都好啦～快幫我修理
可是呢，
前輪雖然固定住了，但是，完全不能轉動！
這個老頭拿了錢就落跑。
還我錢！
這樣的狀況我不斷地重蹈覆轍，真是個大笨蛋！三天之內，我四度中斷觀光，就為了回腳踏車店修車。不知道浪費了多少時間……在此順帶一提，我問過那些騎著亮晶晶腳踏車的人，他們都表示他們的車完全沒有問題，而且租金還只要泰迪熊店的一半而已！
唉！！！

亞斯文、阿布辛比

嚴窟墓

看過路克索的華麗墓群之後，再來看這邊，就會覺得這個地方顯得很寒酸，幾乎是荒廢的狀態。

不過，這裡的古蹟有很長的階梯，而且坡度起伏頗大；然而，守墓人卻是一位八十歲左右的老人家。比起古蹟，這個人的存在才更令人感到驚奇呢。他一邊發出「咳、咳」的聲音，一邊一往無前地直往上爬，不過當然是走得慢如牛步啦，有時候身軀還會顛簸一下，看起來好像快要跌倒似的，還真是怕他會突然暴斃。因為這樣，我們感覺自己好像在欺負老人家，只好多給他一點小費。難不成這是他的戰術？

挑起浪漫情懷的外景
上面還有一個墓，
要看嗎？
ぜーぜー
不，不用了。

未完成的方尖碑

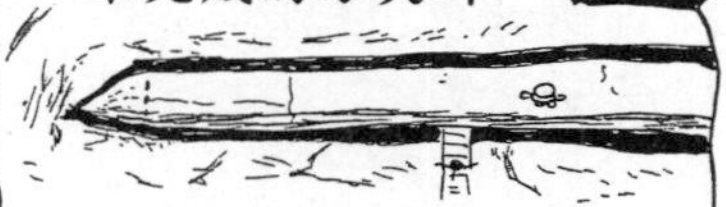

呃，樸素到我一看就不禁叫道：「什麼，就這樣！」不管怎樣努力去品味，十分鐘已是極限。

大象島（Elephantine）

這裡的博物館未免也太小了，尼羅河水位測量器也是。

才這樣啊～

克奴姆神殿已成廢墟，感覺好像是透過障紙觀賞一樣，有股朦朧不清的感覺。只不過，我躁動的心也因此平靜下來。

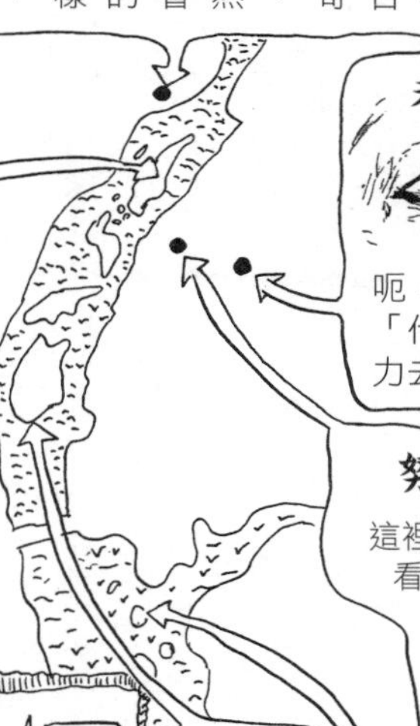

努比亞（Nubia）博物館

這裡又新穎、又寬闊、又氣派！一看就知道一定花了很多錢建造。但是我想不起來裡頭有什麼了……。一吃過晚飯，我就全忘了。裡頭好像有模型吧……好像也有校慶的氣氛……還有很大的中庭，不知道這麼大要幹嘛……

撒黑爾島（Sahel）

島上有著名的「左塞爾王向克奴姆神祈求」之碑文。

費拉島

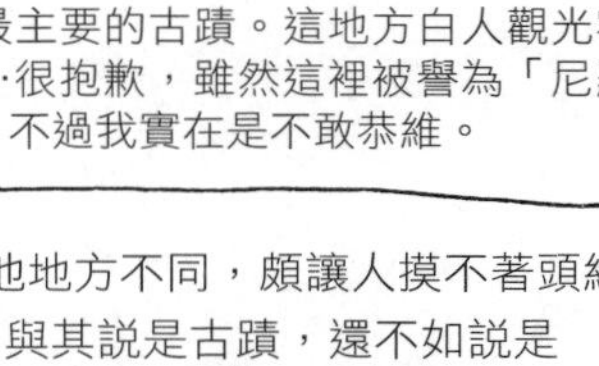

這是亞斯文最主要的古蹟。這地方白人觀光客非常多。……很抱歉，雖然這裡被譽為「尼羅的珍珠」啦，不過我實在是不敢恭維。

名產：三桅小帆船

大夥兒明明看起來都很閒……

小船或是三桅小帆船的船長們（努比亞人），自尊心很強，他們不會主動拉生意，且很有團隊意識，搭船的價錢幾乎是公定的（索費相當高，不像埃及其他地方）。這個地方不接受講價，而且他們會擺出一副「要我降價，我還不如就別接生意了」的姿態，強硬的態度甚至會讓人懷念起埃及其他觀光地區油嘴滑舌、拚命推銷的導遊。算了，這裡雖然索價昂貴，但至少不會給你惹麻煩、也不會跟你強迫推銷，是讓人覺得比較安心啦……（也是有油嘴滑舌跟你推銷的三桅小帆船船員，不過那些大部分都是不肖業者。話說回來，我也只知道三個例子……。）

亞斯文跟其他地方不同，頗讓人摸不著頭緒。
這裡，與其說是古蹟，還不如說是
以三桅小帆船為賣點的度假勝地。
而且還是專為有錢的歐洲人設的，
所以主要調性是優雅和休閒。
難怪我內心沒有什麼感動。

阿布辛比神殿

看到這麼威嚴壯闊的景象，我簡直說不出話來。
完全懾服、拜倒其下，淚水不住地淌落。
到這兒之前我已經看過照片等等，照理說應該不覺得陌生的，
但親身來到這裡，才真正感受到其偉大是無法言喻的。

其實我對拉美西斯二世沒什麼興趣，哎呀，但這地方實在讓我無言以對……

稍有距離的
喀爾他西神殿
（Kertassi）

跟卡拉布夏（Kalabsha）神殿位於同一個島上

神殿和尼羅河的對比
真可以說是絕景啊！
在這裡，我第一次覺得
尼羅河很美。

敵人檔案第302號
三桅小帆船少爺〈之一〉

他呢，是旅館的員工，
也是三桅小帆船的船長。

看起來雖像個少年，但也像三十八歲中年人。個頭矮小，而且表情陰沉、有氣無力。

阻擋我們行程的小惡魔，正是這位三桅小帆船少爺。他的武器就是他的聲音。他的聲音陰沉而飄忽、百分之百是運用鼻子發出的，聲音好像是從耳朵傳出的；我從來沒聽過那樣奇特又令人不快的聲音。

這位三桅小帆船少爺那地獄般的聲音，像是下了詛咒一般，把希望及活力等光明的能量吸得一乾二淨，讓我們的身體失去了自由。

我們就像被迫聽他說教一般，不得已地坐在那兒，聽他跟我們推銷三桅小帆船。

「這種人哪，喜歡的動物應該是斑馬沒錯。」ㄇㄟㄧ不知道是用什麼基準在判斷人，嘴巴碎碎唸這句莫名奇妙的話。

他擅做主張地限制我們的行動範圍。就連我們去餐館買個東西，他都跟來。甚至我們為了要去阿布辛比而搭計程車前往機場時，他也跟著坐進計程車。他說：「你們回來的時候我再過來接你們！我想好要帶你們去哪裡觀光了。」我回答：「不需要，我們想隨意觀光。」但他還是丟下了一句話：「反正我還會再來的。」然後就消失了。

不用客氣啊！
噗噗
不是，是你要客氣點！
拜託、拜託……

待續……

在亞斯文的機場

俗話說：「入境隨俗。」我自認已經是個標準的國際旅人了，自然也是將這句話視為理所當然地謹記在心、切實遵行。

這一天，我同樣是「入境隨俗」，乖乖地等待著前往阿布辛比的飛機，沒有發半句牢騷。不是還有人甚至這麼說：「等個飛機就不耐煩地嘟嘟嚷嚷的人，根本沒有資格去埃及！」唉呀呀，正如這句話所說的，對於國際旅人來說，「等候」只不過是初級中的初級功夫，要通過這一關實在是太簡單啦。

是呢，**啊**——，到這裡，就連國際旅人也招架不住了。等候三個小時已經是我的極限了，如果發脾氣會讓我喪失國際旅人的資格，我也覺得無所謂了。誰教那些飛機一班接著一班準時地飛走，就是我們要搭乘的那一架除外！雖然其他飛機有些也有延誤起飛的情況，不過，不都有廣播告知會延遲多久嗎？就只有我們要搭的那一架飛機沒消沒息！

不過說實在的，也不能完全怪罪對方啦，我自己也太脫線了點兒。雖然我的腦袋裡牢牢地記著「機票一定要跟航空公司購買」，但是，最終我還是跟旅館買了機票。因為一般跟旅館買機票是要加佣金的，所以比較昂貴，但是不知道為什麼，我投宿的那家旅館所出售的機票票價跟埃及航空公司的定價一樣，結果後來我就……

所以呢，到了機場之後，我才知道箇中原因。我原本以為埃及這地方就只有埃及航空這一家航空公司，但是事實上還有一大堆低價促銷機票的小公司呢！我不是小看埃及啦，但是，這一點還真的是我當初完全沒有料想到的。我原本以為自己手上這張機票是埃及航空公司的，但其實是小公司的機票。也就是說，我所支付的金額裡頭，早就包含佣金了。

什麼啊！我一回神，方才辦理登機手續的那家公司招牌已經不見蹤影了。難道說，這家航空公司只是個空殼？

我忐忑不安地不斷伸長脖子到處張望，坐也不是、站也不是。之後我去候機室問裡頭的人員：「這家公司的飛機是怎麼搞的？真有這家航空公司嗎？」對方搖搖頭說不知道。接著，我轉而詢問機場服務台的人員，他們說：「那我們廣播找找看好了。」他們大概替我們廣播了不下三十次，就是沒看到半個人前來。後來我們問遍了這棟建築裡的職員，大家都回答說：「不知道。」說到這國家，之前問路的時候，連不知道路的人都會報個假消息的啊，為什麼這裡的職員對自身的業務卻推說「不知道」？不只如此，在我詢問的當兒，甚至有職員在一旁訕笑著說：「表情好可怕喔，哈哈。」或許是因為我太過憤怒又太著急了，表情扭曲得很誇張，但是再怎麼說，對客人可以用這種態度嗎？

哼，我的焦躁已經達到頂點了！飛機延遲我覺得倒還無所謂，最困擾的是，現在不知道到底是什麼狀況。而且，甚至連有沒有那家公司都無法確認，這要教人怎麼辦……？喔！突然我發現了一個團體，裡頭有一群白人氣急敗壞地直跳腳。看來他們跟我們是搭同一班飛機的。得知不是只有我們被困住，我稍微感到安心了。

這一群人好像是一個旅行團，隨團人員中的埃及人竭盡所能地安撫著他們。我們去問那一位隨團人員知不知道現在是什麼情況，他嘮嘮叨叨地回答道：「我也是一直在找那一家公司的人哪，但是就是找不到。這下子我要挨罵了。可是我又沒有辦法確認，我真的是一點辦法也沒有了。」接著，他又突然拜託道：「欸，可不可以請你們去報警哪？」奇怪，為什麼要我去啊？他卻這樣回答：「我得好好地看著這群人才行。」就是不肯採取行動。可惡！

結果，我們去找機場裡頭的警察，跟他說明原委。聽了我們的話之後，這位警官說道：「你們等了五個小時？不會吧。你們為什麼不早點兒過來呢？」這是我們這一天第一次聽到令人覺得欣慰的話。你看吧。就算這裡是埃及，也沒有要人等這麼久的吧。

接下來，過了五分鐘，那一家公司的職員隨著警察一道過來了。什麼嘛，原來根本就在這兒嘛。為什麼警察不出動他們就不現身！根本是不把顧客放在眼裡嘛。

接下來呢……

這位職員開金口啦：「因為飛機狀況不好，所以今天沒辦法起飛了。」各位、各位，你們聽聽看這什麼話呀！什麼？害我們空等了五個小時，就只有這樣喔？

聽了他的說詞之後我渾身無力、腦袋一片空白。正像個行屍走肉般準備同大夥兒一塊走出去時，那家公司的職員突然追了上來，他說：「我們最後決定還是要飛。」

這家公司究竟在搞什麼飛機啊？若是一般的情形，這時候我應該會覺得哪裡不對勁，但是，之前浪費的時間有了補償，我現在高興都來不及了，哪會心生啥懷疑？自然是滿心喜悅，趕快坐進飛機裡。這一切能有圓滿的結局，都是多虧了我的熱心、積極吧，我頓時感覺自己好像成了撐天的大力士。

為大家這樣奔走爭取，我已經疲勞困乏至極，一坐上飛機，馬上就安心地睡著了——睡得不醒人事。

睡夢中，我做了個奇怪的夢，我夢到全世界因為「埃赫那頓（Akhenaten，即阿蒙霍特普四世）事實上是閃米人。」這個新事實而深感震撼，接著，我聽到了歡呼聲及鼓掌的聲音。看來我們已經抵達目的地了。大家看起來相當的高興。你們的喜悅可是我的努力所換來的呢，是不是應該跟我道謝，或者至少做點什麼表示啊？這麼想的當兒，我不經意地往窗外一看，咦？竟然看到了「亞斯文」的字樣。再轉頭看了看坐在一旁的EKI，只見他的身體不住地顫抖著。後來我聽說，飛機離開地面不久後，在空中搖搖晃晃地飛行好一會兒，感覺像在特技表演，而駕駛員判斷，飛機若繼續飛行的話將會有危險，所以最後決定折返原地。原來其他乘客的歡呼聲是在慶祝平安生還啊！

我呆坐在座椅上，連解開安全帶的力氣都沒有。接著，我看到一股香菸的煙霧飄了過來。一個胖大叔不滿地一口氣抽著三根菸。空服人員前去警告他，他又開始點起新的菸。

好啊，幹得好，大叔。這裡就交給你了。

唉，但我們真的是被擺了一道，就這樣白白地浪費了六個小時。六個小時剛好可以往返亞斯文跟阿布辛比耶。航空公司的人員堆滿笑容，說道：「抱歉啊。」可惡，我真該對他大發雷霆的，但最後還是看在他的笑容的份上，將話吞了回去。我叫他寫下切結書，保證「旅館將全額退還費用」，然後再次打起精神，進入亞斯文觀光。

但是，苦難尚未結束……

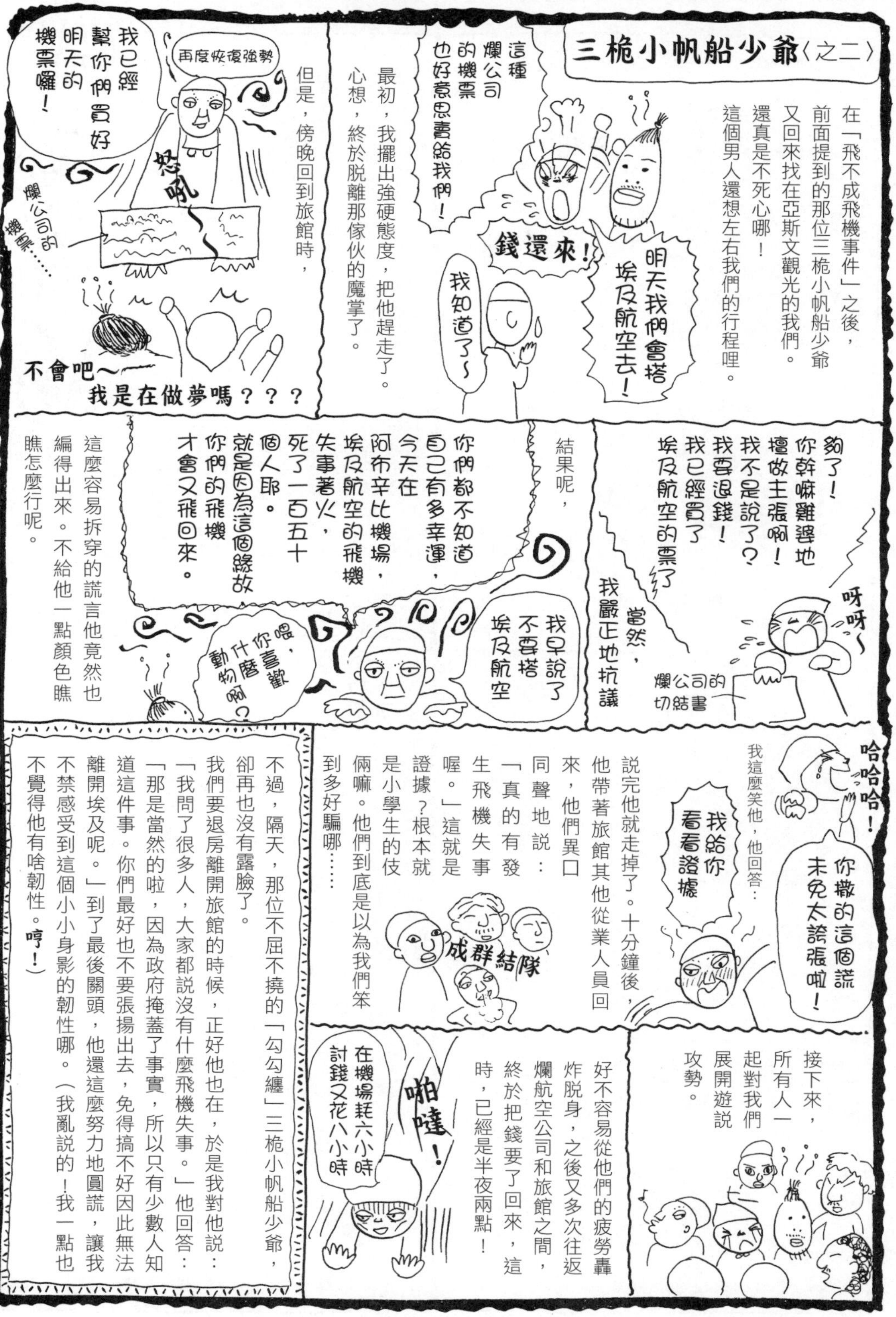

三桅小帆船少爺〈之二〉
在「飛不成飛機事件」之後，前面提到的那位三桅小帆船少爺又回來找在亞斯文觀光的我們。還真是不死心哪！這個男人還想左右我們的行程哩。
明天我們會搭埃及航空去！
錢還來！
我知道了～
這種爛公司的機票也好意思賣給我們！
最初，我擺出強硬態度，把他趕走了。心想，終於脫離那傢伙的魔掌了。
但是，傍晚回到旅館時，
再度恢復強勢
我已經幫你們買好明天的機票囉！
怒吼
爛公司的機票……
不會吧～我是在做夢嗎？？？
夠了！你幹嘛雞婆地擅做主張啊！我不是說了？我要退錢！我已經買了埃及航空的票了
當然，我嚴正地抗議
呀呀～
爛公司的切結書
結果呢，
你們都不知道自己有多幸運，今天在阿布辛比機場，埃及航空的飛機失事著火，死了一百五十個人耶。就是因為這個緣故你們的飛機才會又飛回來。
我早說了不要搭埃及航空
喂，你喜歡什麼動物啊？
這麼容易拆穿的謊言他竟然也編得出來。不給他一點顏色瞧瞧怎麼行呢。
哈哈哈！
我這麼笑他，他回答：
你撒的這個謊未免太誇張啦！
我給你看看證據
說完他就走掉了。十分鐘後，他帶著旅館其他從業人員回來，他們異口同聲地說：「真的有發生飛機失事喔。」這就是證據？根本就是小學生的伎倆嘛。他們到底是以為我們笨到多好騙哪……
成群結隊
接下來，所有人一起對我們展開遊說攻勢。
好不容易從他們的疲勞轟炸脫身，之後又多次往返爛航空公司和旅館之間，終於把錢要了回來，這時，已經是半夜兩點！
在機場耗六小時討錢又花八小時
啪嗟！
不過，隔天，那位不屈不撓的「勾勾纏」三桅小帆船少爺，卻再也沒有露臉了。
我們要退房離開旅館的時候，正好他也在，於是我對他說：「我問了很多人，大家都說沒有什麼飛機失事。」他回答：「那是當然的啦，因為政府掩蓋了事實，所以只有少數人知道這件事。你們最好也不要張揚出去，免得搞不好因此無法離開埃及呢。」到了最後關頭，他還這麼努力地圓謊，讓我不禁感受到這個小小身影的韌性哪。（我亂說的！我一點也不覺得他有啥韌性。哼！）

到摩西山的漫長路途
接下來我們所要前往的地方，是跟法老們的古蹟風情迥然不同的所在——西奈半島。
我們的目的地是摩西山，根據傳說，摩西就是在這個地方得到十誡的。從基納出發到胡卡達，再從胡卡達搭快艇到西奈半島，是最短、最快的路程。
快艇一個禮拜有三班。雖然導覽手冊上有時間表，但是「僅供參考」，沒有親臨現場，你無法確知快艇會何時出發。
西奈半島
聖卡提利那
(St. Catherine)
摩西山
西奈山
南西奈
紅海
胡卡達
基納
丹德拉
① 從基納到胡卡達
(Hurghada)
剛開始，我們在基納尋找開往胡卡達的野雞車。
但是，卻被警察給攔了下來。
你們不可以搭野雞車！太危險了！
接下來的一個半小時，我們遭到監視，被迫在大街上等。
終於……
我幫你們找到車子啦！
他指著運送番茄的一輛卡車。
所以，簡而言之呢，就是警察會負責幫你找便車啦，雖然不知道為什麼……。
本來我以為卡車司機會抱怨被派任這種差事，但是他的表情完全看不出有什麼不快。
卡車司機人很爽快，還教我們唱埃及歌呢，在車上度過愉快的時光。
但是，沒想到途中我們遇到了臨檢，所有人都被叫下車。
而且，只有開卡車的大叔被嚴厲責罵。
呀～～你們一定是誤會了，這可是基納的警察安排的啊～～
我拚命地解釋。
但是他們完全不予理會！
而且警察數落了大叔好一會兒，然後就把他趕走了。
噗噗！
啊～～大叔，真是抱歉！
接著，終於輪到盤查我們了。我們重複說明了好幾次，他們才終於了解實情。
不用擔心！你們的事我會安排的，再等兩個小時吧。
語畢，他就消失在建築物裡了。

大家也陸續進入建築。
唉，我想要早點到胡卡達，查看明天快艇的時間表耶。
肚子又餓
外頭又冷……
因為臨時想借個廁所
請問～
我進到建築內，沒想到他們正在大開宴會。
哇哈哈
嚼
嚼
嚼
大夥兒正在享受豪華的晚餐呢！！
就是因為這樣，才要我們等兩小時的啊。
警察老大注意到我
呃，現在我們正為你們的事開會討論呢。
他似乎多多少少有些愧疚。
終於，晚宴結束，警察老大回到這裡…
那麼，我們就來找輛卡車吧！
那剛才的時候，你就不該叫我們下車啊！
怒髮衝冠
結果，他又是找一輛剛好經過的載番茄的卡車，叫我們上車。
可惡～
旅途愉快喲！
這回的卡車司機也是一個豪爽的人。為了招待我們兩個人，還把錄音帶從埃及音樂換成西洋音樂。
不過啊，不知道為何，他放的是「快嘴約翰」的歌。
還隨著音樂扭動起來！
霹靂啪啦啪啦
啪啪！
呀荷～
黑暗的埃及道路加上狂熱演唱的男人，再加上快嘴約翰，我旅行的心情也跟著「嗨」了起來。
霹靂啪拉～啪啦啪！
但是，之後我們又遇到好幾次臨檢。
我們就這樣一再重複説明原委
這麼折騰下來，卡車大叔漸漸露出疲態，話也變少了。
咚～！
這也是當然的啦。他一定想早點結束工作回家吧……
為了要掃除罪惡感和陰沈的氣氛，EKI跳起舞來……
霹靂啪啦啪啦啪
大叔要笑不笑的，
只是用手指頭打著拍子。
等到終於到達胡卡達，已經是深夜了……
我們下車的時候，終於，大叔破涕為笑了。
對不起啦～真的！
啊——！我們到處給人添麻煩！
對警察的管束實在是受夠了！
結果仍不知道隔天發船的時間！

② 胡卡達是……
這個地方可以說是全世界數一數二的潛水度假勝地。但是，對我們來說，它不過是前往摩西山的轉乘站罷了。
清晨五點五分，我們抵達港口。導覽手冊上寫著六點發船，但是我們也只能賭賭看。不過到達港口時，船已經開走了！運氣怎麼會這麼背啊……。才剛抵達，就眼睜睜看著船無情地從自己面前開走，實在是……
不會吧！
原來是五點發船。
咚！
啊，不過我記得還有另外一個方法，就是搭慢船！（快艇只要一小時就可抵目的地；慢船則要花六個小時。）
我們當場詢問看起來像負責人的先生，他卻說：「我們不知道有這回事。你們自己去大飯店查查看。」完全不鳥我們。
我們跑了好幾家飯店，裡頭的人都說不知道這回事。到了第六家、當中最豪華的飯店時，櫃檯的人說：
我們旅館裡有個人對這方面事務很熟悉喔，我找他來吧。
我還以為他要叫旅館裡的其他從業人員呢，沒想到……
出現的竟是飯店的旅客。
什麼？你說是怎樣的情形？
而且，這個人表情很臭，一臉凶神惡煞的模樣哩……
話說回來，正常情況下有人會為這種事吵醒客人嗎？早上六點耶！

不過，想不到那位客人後來幫了我們不少，簡直就是天使！

我想睡到一半被挖起來他一定覺得很疲憊，但一聽我們說完，他馬上就打電話查詢，結果是：「他們說慢船已經不開了。」接下來他教我們怎麼樣經由陸路前往，還邀我們：「在巴士來之前我們一塊兒吃個飯吧！」然後就在那樣高級的飯店的餐廳請我們吃飯。

怎麼會有人這麼親切啊？

這位仁兄名叫阿夫梅特，他本身是個導遊，此外還經營專辦自由行的旅行社，他的旅行團的客人也在這家飯店住宿。由於他有著堅定的宗教信仰（伊斯蘭教），因此看到有人遭遇困難時，絕對不會撒手不管。（這是後來我們聽他下屬說的。）

他常常這樣熱心幫助別人嗎？光是做慈善事業，真的有辦法維持生計嗎？我很感謝他肯幫助我們啦，但是同時也擔心會造成他的負擔。

阿夫梅特先生說話風趣，而且很有內涵。他平靜地陳述他對戰爭及恐怖組織等國際問題的觀點，之後也談到了埃及現在的狀況等等，比如，很多埃及人會向外國旅客要小費，這種行為他就覺得很可恥，且深深覺得抱歉……

我從他那裡得知，前一天日本的金婆婆和銀婆婆中的金婆婆過世了。而且，他還告訴我不少跟金婆婆、銀婆婆兩個人有關的趣聞，都是些我原本不知道的事。我很驚訝在離日本這麼遙遠的國家竟然還能得知自己國家這麼微不足道的消息，不知道這算不算是一次驗證全球化的體驗……

吃完飯之後，阿夫梅特先生送我們去巴士站，還替我們買了水以及很多的零食，然後特別交代道：「旅行之前要做好計畫。」之後，就像幻影一樣消失了。

這麼有涵養而且又有威嚴的人竟然才三十四歲，但氣度有五十二歲呢。

接著來到摩西山

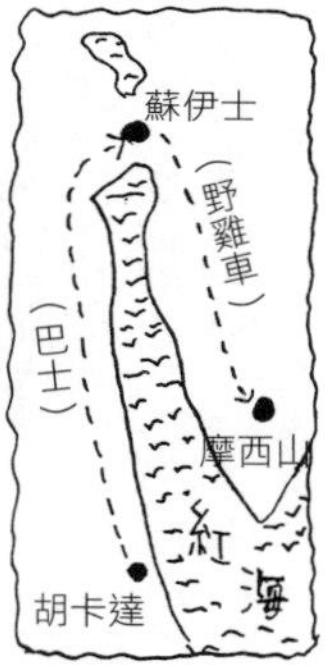

繞了很長的一段遠路之後，終於，我們在半夜的時候抵達了摩西山所在的聖卡提利那。半夜，廉價的小旅社全部都已經關了，我們只好去住一個晚上就索價五十九美元的飯店。但是，收費這麼昂貴的飯店，不但蓮蓬頭出來的水像水滴，而且還是污水，跟一個晚上只要三百日圓的小旅社根本沒有什麼差別。而且，我們不過為了睡兩個小時，就得花五十九美元！唉……。

接下來，到了深夜兩點，我們出發前往觀看摩西山「日出」的必經之路。從飯店到摩西山入口，整段路相當的長。我們倆在完全沒有電線桿照明的黑暗道路上匍匐前行，真是孤單啊。而且，山脈在月光下看起來黑漆漆的，感覺好像朝人侵襲過來一樣，氣氛很詭異。就好比「巫婆節慶」般，隨時會有巫婆飛到眼前來。我害怕得像小學生逛鬼屋一樣，心臟都快負荷不了了。

正當我以為這地方只有我們兩個人的時候，一個韓國的旅行團剛好開車經過，他們主動停下來，邀我們一塊兒搭車。實在是感激不盡哪！而且，他看我們一副不好意思的模樣，還滿臉笑容地說「Welcome.」、「No problem.」，以化解我們的尷尬。真是一群親切的人。巴士行駛的距離，遠比我們想像中要來得長，還好我們中途遇到了這群人。

接下來，終於到達了摩西山的入口。那個地方早就停了幾十輛觀光巴士，人聲鼎沸，頗是熱鬧。這樣的大半夜竟然會有這麼多人聚集在此，這下我再也不覺得害怕了。

開始登山後不久，就有德國大叔過來跟我們攀談。他說：「你們是日本人吧，你們知道金婆婆去世的消息嗎？」——怎麼又是這個話題！我再度體會到這是世界性的新聞。德國大叔繼續說道：「我去年有去日本呢。」他是生物學領域的科學家（他跟我們做了許多說明，可是我還是搞不懂他究竟是從事什麼研究），好奇心強、對研究人有興趣。他問了我們很多問題，而且反應很熱絡，講到自己的時候，也是既有趣又簡潔，給人很好的印象。而且，這位大叔很好親近且個性純真呢！

「我在日本所遇到最覺得驚訝的事，就是喝酒的地方都有女人作陪。我們才幾個人，就有十個女孩子圍過來，不管我們聊些什麼，所有的女孩子都露出非常佩服的表情，心情真是太爽快啦。德國就沒有那樣的店，我真是羨慕日本哪。」

聽說人家帶他去了日本的北海道、仙台、京都、沖繩等地方，我們一邊聽他講述他在日本的花痴行徑，一邊聊著其他的話題，就這樣，不知不覺地一起通過了登山步道和幾個休息區。

之後，不知從哪兒突然傳來女人的怒吼聲。德國大叔表情立刻大變，緊張地說道：「啊！是我太太，我忘記她了。」原來他太太也一道旅行啊？一般情況下人會忘記自己帶著太太嗎？而且還是兩個小時耶。大叔被罵得很慘。他小聲地對我們說道：「我太太好像在吃醋，我還是回去她那邊。」

「謝謝你們，聊得很愉快。」科學家實在了不起，連妻子都會忘記。就是有這樣「專注於眼前事物」的性格，才能發現一般人所不會發現的奧祕吧，真是令人佩服啊。

雖然失去了一個旅行的同伴很是寂寞，不過，我還是叫自己心裡想著攀爬摩西山的事就好，集中精神，一步一腳印地繼續前進。我在腦中揣摩著摩西的苦惱，一想到現在自己正走在摩西當初所走過的道路上，心頭就不禁熱了起來。山上神祕的風景非常的美麗，就跟我自己之前想像的摩西時代的景象一模一樣。但是，跟埃及其他觀光勝地一樣的景象，終究還是映入了眼簾。「你累了吧，要不要搭駱駝啊？」就像這樣，我因為體力不支而在各個休息站停下來休息的時候，都會有牽著駱駝的腳伕伺機而動。我就這樣眼看著許多年輕觀光客一個接著一個放棄步行，跑去坐駱駝或是轎子；然而，這些軟腳的年輕人身旁，卻有八十歲左右的老阿公、老阿嬤悠悠然地繼續邁著腳步往上爬。這幅景象，還真像諷刺的四格漫畫啊。

就這樣，最後我們終於抵達了山頂。但是，到達山頂的時候，我的感想就只有：「啊，到了。」

山上有很多小屋子可以讓人歇歇腳，但是幾乎都擠滿了人，沒有絲毫的空隙。我看到有不少團體一塊兒合唱，還真是羨慕他們有這麼多旅行的夥伴呢。

最後，我們決定放棄進山上小屋取暖，而待在山的斜坡上等待太陽升起。但是，姑且不論小屋子裡頭有多少人，山頂上就只有四十人左右。奇怪了，我在入口處看到的那些人，究竟都上哪兒去啦？

先不管這些了，這山上還真是寒冷呢，簡直跟地獄沒什麼兩樣嘛。我都不知道寒冷會這麼令人感到痛苦、這麼難熬。我站著一動也不動，試著忍耐寒冷，這比起登山時的辛勞要痛苦好幾百倍。我的手腳失去了知覺，牙齒也咯咯地打顫。黑暗與寒冷的感覺好像永無止盡，我的意識漸漸地飄遠了。接著，我的腦袋裡響起了「快嘴約翰」的歌聲，以及金婆婆、銀婆婆的各種姿態。不行、不行，我得專心想著摩西才行。摩西、摩西、金婆婆、摩西、金婆婆、銀婆婆、摩西、快嘴約翰、摩西、金婆婆、銀婆婆、金婆婆、銀婆婆、快嘴約翰、金婆婆、銀婆婆、快嘴約翰……謝天謝地，太陽終於出來了！（六點三十八分）。

還真小一個。電燈泡大小的太陽沒什麼特別地出現在我們眼前。原本，我以為景象會非常的壯觀——會冒出一個超大的太陽，把大地染成一片紅色；所以，看到這樣普通的景象還真是有點失望。不過，光是那樣迷你的小火球冒出來，四周就越來越溫暖了。這時我深刻體驗到太陽有多麼的重要，頓時對「日夜交替」這麼理所當然的現象肅然起敬。就在我還沈浸在遲來的感動中的當兒，太陽冒出來還不到三分鐘，大家已經紛紛往回程走了。欸，等等，這樣就回去囉？那麼辛苦才爬上來的耶，為什麼你們絲毫不眷戀呢？我們日本人的宗教是不一樣啦，但是，其他人難道不是抱持著深刻的宗教信念前來的嗎？

不過先不管這些，我已經因暑熱而汗流浹背了。啊——！我實在沒辦法再忍耐下去了。酷熱才是最痛苦的啊。

(St. Katerina)
從聖卡提利那到達哈布
摩西山的後面是聖卡提利那修道院。
雖然這裡氣氛肅敬森嚴，但是我對《聖經》沒什麼興趣，因此我只覺得這地方滿是塵埃而且太樸素了。
在「燃燒的柴火」禮拜堂有人正嚎啕大哭……
待結束觀光，走到巴士站的時候，我們才知道前往達哈布的巴士是早上六點發車，而且一天只有一班，錯過就沒了。沒辦法，看來只好搭計程車或野雞車了。
我們一邊注意路上有沒有車子經過，一邊在餐廳裡頭吃飯。
但是話說回來啦，剛剛還在的那一大群人究竟到哪兒去了？除了觀光團之外，我知道很多白人也是步行上山的啊。但是，在這裡等計程車的就只有我們……。而且，這地方明明是觀光地，為什麼卻沒有看到半輛計程車呢？除了觀光團的巴士，幾乎沒有其他車子經過……
（這個謎，稍後揭曉答案。）
這時候，長得像伍迪・艾倫的一個法國男人出現了！
跟你們一起吃飯，可以嗎？
他一坐下來，不知道為什麼，就很唐突地講起了自己的生平事蹟。他的反應和敘事節奏很詭異，聽著聽著，我覺得越來越疲勞了。此外，他還談到日本某個知名的宗教團體，一直誇讚那個團體有多好。
滔滔不絕
為什麼在這樣的地方還會遇到？
他甚至開始大聲地唸起經來。
南無～
嗅～
這十分鐘我還真是不知道怎麼辦才好。
這傢伙竟然表示佩服
在這不可思議的氣氛中，噢，終於發現野雞車！
等等～
你們要去哪裡啊？
我一跑過去……
誰允許你說話的啊！你這個混蛋！
竟然莫名其妙地被一個白人老頭兒痛罵。
我壓根兒沒想到會遇到這種狀況，一時愣在當場，結果野雞車就迅速開走了。
啊——。好不容易等到的機會，這下子又錯失了，我們又得繼續忍受那位伍迪了……。
伍迪越說越起勁，就在我開始覺得生命受到威脅的時候，終於，出現了一輛計程車！不過計程車司機獅子大開口，完全沒有講價的餘地。但是我們已經在這裡等了五個小時了，多貴都不管了啦！
滔滔不絕
要八十埃鎊！
我們一跟伍迪先生告辭，他就很生氣地走掉了。啊——，終於解脫了……
實在是好漫長啊。經過這番折騰，等會兒我要在達哈布好好享受度假氣氛。
哼！我正講到興頭上耶！
但是剛剛是怎麼回事啊！那蠻橫的白人老頭。
途中我一想起那個人，就氣得牙癢癢的……

達哈布

耶——！一下子來到了樂園！這裡實在是吸引人的度假聖地，不是嗎。商家色彩繽紛又可愛。潛水、浮潛的相關商品琳琅滿目，既便宜、種類又豐富。來來往往的人們看起來都很時髦，沒有一個人是穿埃及傳統服裝的。這裡沒有拉客的人，東西都標有售價，所以不需要討價還價！也不用給人小費！比想像中要來得輕鬆，這裡可是達哈布啊！我決定，剩下的假期都要在這裡度過。

決定參加藍洞（Blue Hole）的浮潛團！

水深六十公尺的坑洞（好可怕）

十埃鎊（三百日圓）

雀躍萬分的EKI
我又要敗給寒冷了
這個海洋與空氣的交界區實在冷得教人受不了

因為冷得我不禁想吐，所以，之後我只好跑回岸上，乖乖坐著。既然沒有事情可做，只好來觀察觀察白人的身體了。不看還好，一仔細看，這群人怎麼那麼像甲蟲的幼蟲啊！這種景觀根本就是「**視覺暴力**」嘛！要怎麼吃、要怎麼懶散，才有辦法變成這種體型啊？不看還沒事，看了我越發覺得噁心、反胃，就這樣度過了一段煎熬的時光。

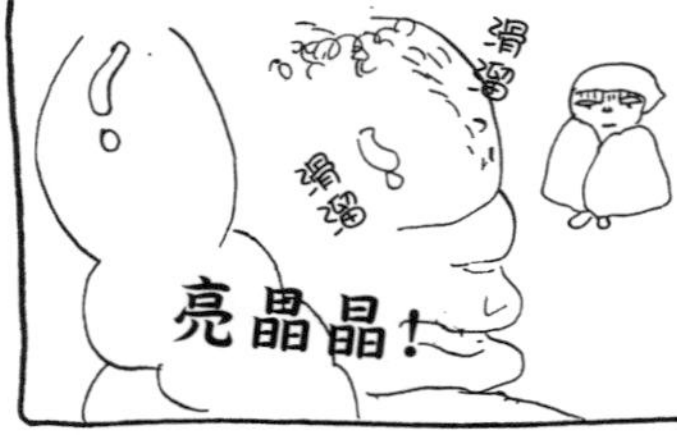
滑溜
滑溜
亮晶晶！

說到在時髦的餐廳用餐……

我點的熱可可裡頭加了許多葡萄乾，我心想：「原來這裡的熱可可是這種喝法啊。」然後就咕嚕咕嚕地將它給喝了下去，不過喝起來實在是太苦啦，後來我仔細瞧了瞧最後一顆葡萄乾，沒想到——那竟然是一隻大蒼蠅……

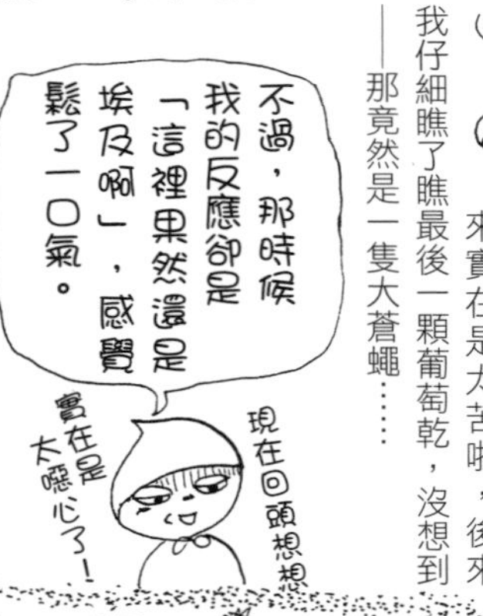
不過，那時候我的反應卻是「這裡果然還是埃及啊」，感覺鬆了一口氣。
現在回頭想想
實在是太噁心了！

剛開始我還覺得達哈布充滿魅力，但是沒多久，馬上就厭膩了這裡懶散的感覺還有頹廢的白人。我還是把剩下的假期用來看古蹟吧。這下行程可緊湊了。想想埃及的民族服裝，還真令人懷念啊，於是我們決定回到開羅……

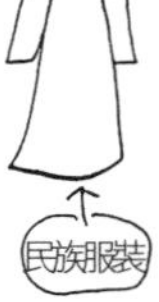
民族服裝

震撼！

來到達哈布之後我才聽說，原來達哈布所出的許多廉價旅遊團當中，有一個竟然是「登摩西山」！這個套裝行程，不但有巴士接送，到了目的地之後還會放你自由行動，所以只要三十埃鎊（合約九百日圓）！那些嬉皮白人就是為了這個才來達哈布的。但是，我們卻在聖卡提利那投宿坑人的飯店，從蘇伊士（Suez）到達哈布又花了為數可觀的交通費……。花錢了事也就算了，但令人更不甘心的是，中間浪費了不少寶貴的時間。我真是淨幹蠢事啊！

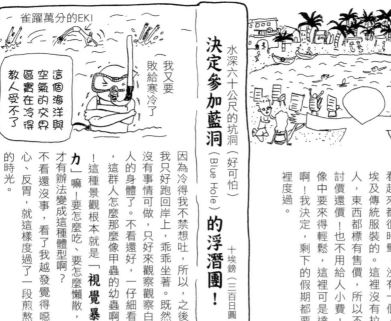

地獄般的開羅行：迷你巴士中唯我獨尊的臭老頭

我們從達哈布搭夜間巴士前往開羅。我本以為可以在車上睡覺，既可省下旅館錢，早上一起來又能馬上開始觀光，效率再好不過了。但我忘了這裡是埃及，結果還是出乎意料。

第一件沒料到的事就是，迷你巴士（其實根本只是箱型車）的乘客擠得像沙丁魚似的，幾乎沒辦法呼吸了。這倒還好。最倒霉的是，駕駛的老頭不知道在不高興什麼，態度很粗魯隨便。他跟乘客們發飆，不斷地吼來吼去。

他不高興也就算了，這麼寒冷的夜晚，為什麼要把車窗全部打開啊？像冰刀的寒風一直灌進來耶！寒風刺骨得可能奪走人命，那程度已經不是摩西山比得上的了。我本能地叫道：「冷死啦！快把窗戶關起來！」司機回頭惡狠狠地瞪了我一眼（嚇……對不起……），但還是把窗子關上了。

呼——。這下子終於稍微暖和些了。但是十分鐘之後，司機不知道碎碎唸個什麼勁兒，又把窗戶給打開了。幹嘛啦！饒了我吧！後來一旁親切的埃及人跟我解釋道：「為了避免打瞌睡，所以司機才要把窗戶打開。」是為了這種理由喔！什麼啊？為了避免自己打瞌睡？我真搞不懂這是什麼邏輯。不過這也只是日本人的想法，這個國家的人可以接受的話我也沒辦法，只好說：「是、是。」入境隨俗。啊……但車上沒有半個人睡著，大家雙唇發紫、不停地顫抖，乘客們只能繼續地忍耐下去。我究竟是為了什麼搭夜巴啊。對司機來說，風是朝後吹，或許他覺得涼快啦，但乘客這邊可是正面迎戰寒風耶。

嗚……真的好冷喔。我好像都給大家看我軟弱、吃不了苦的表現，但是車內真的是冷得像冰窖一樣。我就這樣強忍著寒冷、睡意、擁擠，在這般的苦行試煉中，突然間司機大喊一聲。其中一個客人回應了他。難不成這次是藉由大聲講話來趕走瞌睡蟲？我正想著：「你想怎麼樣都隨便你啦。」這時，這兩人不知怎麼的吵起架來了。接著，車子突然停下來，那位乘客和司機都來到了車外。他們竟然開始互毆！其他男人馬上介入調解。究竟發生什麼事啊？

親切的埃及人又跟我說明了：「因為司機剛剛說：『本來今天我打算休息，不想工作的，但最後還是撐著來上班，不過現在我已經達到忍耐的極限了，我想回家了。』所以那個乘客吼道：『你說那什麼話啊！你不工作的話，那我們該怎麼辦！你給我乖乖繼續開車，把我們送到開羅去！』結果兩邊就這樣吵起來了。現在大家在勸司機繼續開車。」就是這麼回事。「不想工作了，要走人」，這理由還真是簡單明瞭啊。誰有辦法反駁這麼清楚的理由呢。我甚至被這句話給感動了，嚮往著哪一天或許可以用這句話看看。雖然直到現在我都還沒有這種勇氣及機會……

就在我私下覺得嘆服的時候，其他乘客們為了打破僵局，又是罵、又是勸的，最後終於說服了任性的司機，請他將車子開到休息站。到達休息站之後，一個看樣子是做主導的乘客到處打電話，為大家找來了代替的司機。實在是謝天謝地。而原先那位司機和那輛車子，不知道在什麼時候已消失得無蹤無影了……。了不起！實在是太了不起了。看著這難得的一幕，我連寒冷都忘了。

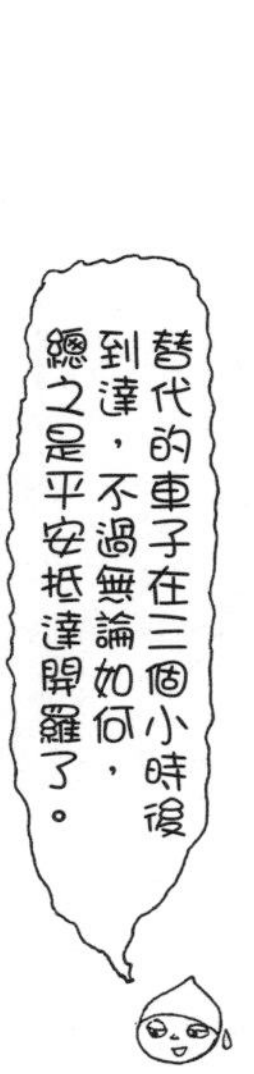
替代的車子在三個小時後
到達，不過無論如何，
總之是平安抵達開羅了。

亞歷山卓

這個城市閃閃發亮，也是一點兒也不像埃及。

奎貝碉堡（Fort Qaitbey）

整體給人陽剛堅固的感覺，就像是男人中的男人。但一從正面觀看，還真是可愛！裡頭還有海洋博物館和軍事博物館。

展示像國中校慶班際競賽

地下墓室

超幸福

充滿水氣且頗有氣氛的地底世界

耶！來到地下墓室，好高興！不過這地方雖充滿魅力，但因溼度高，空氣黏答答的，感覺快呼吸不過來了。

地中海
安福希（Anfushi）的墓群
孔索加法（Kom al-Shuqafa）的地下墓室

彭培神柱（pohnpei）

聽說這裡過去曾有塞拉匹斯的神殿。但是現在已經成為廢墟，這些古蹟正娓娓道出這裡的荒涼。

圓形劇場（羅馬時代）好迷你啊～

希臘—羅馬博物館（Graeco-Roman Museum）

博物館的玄關很豪華，但進入裡頭一看，卻樸素得像市民中心。但越往裡面走，看到越多值得一看的東西，讓我鬆了口氣。話說回來，那些寶物不過就那樣擺著，沒什麼規劃。

電車

啊，這真是個好城市。坐上電車之後，我的內心升起平穩又溫暖的感覺。雖然這裡是大都市，但所遇到的人們卻不像觀光地區的人那樣客套，而是有一種質樸的感覺。照理說這裡外國人應該不少，但是大家似乎仍然覺得外國人很稀奇，爺爺奶奶們、學生們，大夥兒都笑瞇瞇地主動跟我們攀談。後來我們為了要看零星散落的墓群而下車，走了一段路之後，發現剛才跟我們聊過天的學生中的兩個女孩子，一路躲躲藏藏地尾隨在後面。我跟她們招招手，兩人就像小狗一樣飛奔而來，滿臉害羞地說：「可以跟著你們一起參觀嗎？」於是我們四個人就一塊兒繞了位於卡米勒（Kamil）的沙特比（Shatby）和穆斯塔法（Mustafa）墓群。除了漂亮之外，那些墳墓其實沒有什麼特色，反而是女學生們興奮雀躍的姿態，成為我美麗而難得的回憶……

從亞歷山卓窺知埃及的物價

之前花一・五埃鎊（合約四十五日圓）買的水，在這裡只要五十分（piastre，十五日圓）。點心、零食的售價也只要三分之一。我之前還以為自己很會殺價呢，原來被坑了不少錢。

我們用餐的餐廳價位也很便宜！大部分餐點都是一・五埃鎊，更令人高興的是，餐廳人員很親切，說著：「這個也給你們吃。」然後菜餚就一道接一道端上來，整張桌子都快被盤子佔滿了，而且不管怎樣他們都只願意收一・五埃鎊。就只有這地方的人這麼照顧我們啊。

聖・阿爾－哈加爾

（亦即塔尼斯Tanis）

到達的同時，一個滿面笑容的男人馬上就靠了過來。

完全自作主張

他講話速度很快，還會跟人裝熟，實在是精力旺盛！我看旅遊書上的介紹，明明說這裡是一個「完全沈浸在孤寂中的古蹟」啊。

但是，這個人剛開始的時候還做了不少解說，活蹦亂跳的，肢體動作不少。我一一仔細欣賞每樣東西，不斷地沈浸在感動當中。他不知道是不是被我的慢動作給影響了，原本的快節奏漸漸被打亂，顯得越來越沒有精神。我贏了。

不過，他還算是一個盡忠職守的人。我問他：「荷魯斯神殿在哪裡？」等等，雖然他嘴巴上說：「還要看喔？」神情很失望的樣子，不過還是會乖乖地帶我們前去。在他之前，我們不知道遇過多少人大言不慚地扯謊說：「根本沒有那種地方。」所以啦，就這點來說，我覺得他是個誠實的人。

我們快要逛完的時候，他也漸漸恢復了元氣。看來他還滿高興工作終於可以告一段落。

最後，他使盡所有的力氣，帶我們免費參觀博物館。在我給他省下的錢外加五埃鎊之後，他馬上又渾身是勁啦。

這個神殿幾乎已經是廢墟了，但是，看到雕像和方尖碑四處散落在這片廣大的土地上，真有股說不出的寂寥，充滿了韻味……

這個雕像特別觸動我心

附註

這個地區的巴士司機們說我們是客人，因此沒有跟我們收取半毛錢。

蘇瑟奈斯一世（Psusennes II）的墓群好像社區公寓似的，感覺好悲涼喔。

這兩座雕像常被拿來介紹，上頭的顏色及傷痕、無機質的感覺，引發了我「恐怖」、「不安」及「哀傷」這三大負面情緒。我花了很長的時間，緊緊盯著它們……

巴斯達（古名：布巴實提〔Bubastis〕）

從聖・阿爾－哈加爾回到開羅的路上，我們經過了這個城市，這是過去希羅多德大力讚美的壯麗的貝斯特神殿的所在地。

雖然裡頭明文禁止觀光客入內參觀，但聽說守門的人大多睜一隻眼、閉一隻眼。我心想，都難得來到這裡了，不如闖闖看，不行再說。一靠近神殿，很幸運的，沒有人在看守，於是我們就擅自入內了。……呃，這裡與其說是古蹟，其實只留下一丁點地基，看起來不過是普通的土塊。即時我使上了全部的想像力，也無法興起「盛衰榮敗」的感嘆。如果不是看到四處散落的瓶瓶罐罐跟雕像的話，就算人家說這是一般公寓打掉後形成的空地，我這個外行人也會信以為真。

這些想法正在腦中打轉的當兒，突然間，一個少年不知道尖聲吼著什麼，朝這裡飛奔而來。真的不能參觀嗎？我拿出往常的應對方式，友善地跟少年打了招呼，但是他冷冷地動了一下下巴，指示我們跟著他走。真是狂妄的小子。

跟著他一進入建築物內，就看到四個大叔——兩個警察跟兩個穿著埃及民族服裝的人。少年像立下功勞似的，指著我們不知道說了些什麼，大人們便圍成一圈，開始商量。

「大部分的東西我都看了，就乖乖地道歉吧。」我心裡正這麼盤算，一個警察畏畏縮縮地開口了：「這裡一個人要付十埃鎊的入場費，你們願意付嗎？」我想所謂的入場費應該是騙人的，不過十埃鎊是一般行情，而且我們進了不能進入的地方，有錯在先，所以我說：「好，我們付錢。」這下子四個人的臉馬上亮了起來。看來他們實在很高興有這個意外收入，眉開眼笑得毫不掩飾。對個性這麼單純的人，我還挺有好感的。

「那麼我們就開始觀光吧。」一個眼線畫得很清楚、眼珠子滴溜溜轉的警察以及另一個穿埃及服裝的大叔開始做嚮導。不知道「眼線」是不是因為想讓我們覺得給的費用是值得的，為我們做了許多說明。

「這裡是拉美西斯二世的墳墓。」他說道。欸，不是吧？

接下來，他指著倒在地上的雕像，也說是「拉美西斯二世」。看到一塊四方形大石頭，則說是「拉美西斯二世的床」。

……。（無言以對）看來他大概以為只要搬出「拉美西斯二世」的名號就不會錯了，這導覽還真是亂來啊。對於這個地方，我想他應該是一無所知。

埃及服大叔感覺是這裡的員工，當「眼線」隨便胡謅時，他有時會露出不以為然的表情，但或許是考慮到不能讓警官出醜，他一直閉著嘴不說話。不過，偶爾他也因為要忍住笑，而故意咳得很大聲。

這種情況真是好玩，我也故意裝出佩服的表情，「眼線」說什麼我都做出很大的反應。於是「眼線」心滿意足地不斷往前走去，地上所有的遺物，經他介紹，都跟拉美西斯有關。

後來我想逗逗他，便說道：「這裡不是佩皮一世（Pepi Ⅰ）的神殿嗎？」他馬上緊張了起來，詢問一旁的埃及服大叔，然後訂正道：「沒錯，我不小心搞錯了。的確是佩皮的神殿。」接下來的參觀過程中，他就在拉美西斯二世的遺物之外，又加進了佩皮一世的東西了。

接著，他帶我們參觀小博物館，試圖解說裡頭的展示品。

這個是荷魯斯！
書記像

這個是艾西斯
貝斯神……

我看，這位仁兄大概是想把他所知道的神名全給用上去吧。不過在這樣的過程中，其實我可以充分感受到他企圖讓賓客盡興的熱情。

　接著他問道：「還有沒有什麼想看的東西呢？」於是我回答道：「想看埋葬貓的地方。」然後他跟埃及服大叔商量了一會兒，就往前走去。

　這時，突然間「眼線」開始叫了起來：「**喵——喵——**」一邊做出貓洗臉的動作，然後在一塊坑坑疤疤的地方停了下來。他指著那裡叫：「喵。」看到一個大人做出這麼可愛的姿態，我們也大表驚喜，「眼線」看我們這麼高興，更加起勁了。這回他開始挑戰「編故事」能耐。

　他這樣說：「拉美西斯二世從他所佔領的國家掠奪而來的東西當中，其中一樣就是美麗的貓。他特別寵愛那隻貓，到哪裡都帶著牠。」他真的是很努力，不過，突然之間他大叫道：「但是，四公尺**的地方**——」

怎麼啦？你聲音都變了。

「蛇、有蛇，咳！」你不要緊吧？

「蛇、蛇蛇，有蛇，**啊**————」他眼線的妝竟然暈開了。終於，他也受不了自己的天花亂墜了，笑得連眼線的妝都開始脫落了。其實，從剛才開始，他就因為抖肩的次數越來越多，早就出現危險的徵兆……

　就這樣，這個人大笑了起來，停都停不下來。

「嘻——哈哈哈，呵呵呵，唔，哈哈——」

　見他大笑的同時表情卻又痛苦萬分，我們也忍不住笑了出來。我們才是一直在忍耐呢。埃及服大叔見狀，終於也放心地笑開了。我一邊笑，一邊想像著，或許希羅多德當初就是這樣聽古埃及的導遊們天花亂墜吧。接著呢，「眼線」似乎以為我們之所以會笑是因為「外國人習慣看到別人笑就跟著笑」，於是他繼續一本正經地進行解說——雖然眼線的妝仍持續脫落。

　最後，我們回到了最初開始的那棟建築物。我給了他們二十埃鎊，他們四個人齊聲驚叫：「哇喔！」然後不斷地盯著鈔票看，先是把鈔票彈一彈，又是點頭、又是互相握手的，一直處於興奮狀態，而他們也絲毫不掩飾自己的喜悅之情。（「眼線」擺出完成重要工作的自信態度，表現得又比其他人從容些。）高興之餘，這四個人甚至拿出茶及點心招待我們。很高興他們這麼的開心。

　當我們說要告辭時，這回，所有人又帶我們去參觀了另一個神殿，而且一路護送我們到巴士站，這才結束了他們的導遊任務。

開羅

塵沙飛揚、喧囂騷動的都市。這裡是前往其他景點的轉接站，不知是不是因為這個緣故，每次回到這個地方，我都有一種回到故鄉的感覺。呃，不過我在此是短期停留，這種說法還挺放肆的……

拉美西斯中央車站附近

搭小巴士的巴士站這裡，總是上演著激烈的拉客戰，其程度之激烈，總讓人看了不禁要想：「為什麼要拚成那個樣子啊？」不過，也因為被他們的活力所感染，我覺得變得有精神多了。

有時候司機好不容易抓到客人了，也已經讓他們上了巴士，但不到一會兒，心性不定的客人馬上又往條件更好的巴士移動。所以，司機一點兒都不能掉以輕心。這可是個驚險的工作呢。

另外，我還被這裡努力工作、強壯可靠的少年所深深吸引。少年一邊大聲地廣播車子即將前往的目的地，一邊招徠乘客。車子開始行駛之後，他還繼續唱歌、跳舞，活蹦亂跳的，沒有一刻是安靜的。

堡壘附近

堡壘是埃及史上最酷的傢伙撒拉丁（Saladin）建造的要塞。在這兒周邊有很多禮拜

這個動作
實在是
太危險了。

死人城

〔這裡原本是墳場（特別是在馬穆魯克〔mamluk〕王朝時代），所以有這個稱號。〕

或許是因為我們傍晚才到達，因此看到這個街道名，實在覺得好恐怖。（雖然有人在路上走著，店家也還在營業……）我心驚膽顫地走了一段路後，突然間，兩個高二左右的男孩子跑過來，捏了我屁股一下就逃走了。過了一會兒，在我快忘記這事的時候，剛才的傢伙又跑回來摸我屁股然後落跑。而且連看起來像國中生的男孩也跑來攻擊我。真糟糕，我的荷爾蒙又讓年輕人無法自制了！我開始害怕自己性感美臀的魅力，趕緊從這裡落荒而逃！

韓哈利里
死人城
堡壘

韓哈利里（舊貨市場）

〔從販售日常生活用品到賣土產的店，連綿不下百間的大型中東商店街。〕

我對購物沒有什麼興趣，但心想，既然來了，就「隨便看看」吧，於是就過去瞧一瞧，沒想到竟然迷上了。

我先是為了品味一流的服飾及文具專賣店，整顆心沸騰了起來。明明人潮擁擠，但很不可思議的是，竟然一點兒也不會令人煩躁。光是走走逛逛，就足以令人興奮不已了。雖說先前決定不要買什麼土產，但不知道從什麼時候開始，我已經熱中講價了。很多東西換算成日幣不過二、三十圓而已，結果我花了好幾個小時走來走去，跟商家一決勝負。沒想到購買沒有定價的東西，竟會這麼令人興奮，我的手都出汗了……。

香水瓶
約一埃鎊

玻璃容器和盤子看起來很貴，但其實都好便宜，反倒是撲克牌和月曆等紙製品很貴，真是不可思議。

堂，另外此起彼落的喇叭聲、大音響的音樂等，響聲像洪水肆虐，根本聽不到人們說話的聲音。我的交感神經系統緊張了起來，頭腦一片混亂。

塔里爾廣場（At-Tahrir）《開羅新街道的中心》

我呢 是做這行的

從這個廣場延伸出去的街道，就如傳聞所說的，野雞車招客的人、看起來三教九流的人很快就跑來搭訕。但是他們招徠客人的手法實在不怎麼高明。

一個男人對我說：「我在魯夫特韓瑟航空公司上班。我沒有日本朋友，可以交個朋友嗎？」

他拿出一張卡說是員工證，其實看了就會發現那是集哩程數的卡片哪！

老開羅【科普特教色彩濃厚的地區】

因為很多旅行的人跟我大力推薦這個地方，所以我就過去看看了。EKI一看到聖喬治教會等建築，就感動不已地說道：「怎麼會這麼美啊！」一眼神都變得像少女漫畫裡頭的娃娃那種了，而且不知道為什麼，他的眼眶甚至泛著淚光哩。這個人實在是……。在我看來，這裡長得很像普通的倉庫。腳臭味瀰漫簡直快讓人昏倒的教堂、稍嫌花俏的猶太教會、沒有什麼展示品的科普特博物館，對我這個沒啥知識的人來說，那些東西看起來不過就是破銅爛鐵罷了，但是我看白人遊客倒是非常認真地觀賞著，有時候甚至會發出讚嘆聲……。對他們來說，那些東西看起來可是珍貴的寶物？「無知」還真是會讓人生了無趣味啊。

整體說來，我實在無法理解大家為什麼盛讚這個地方。這裡有地下通道、歐風的碎石小路以及小巷弄等等，感覺是像個小迷宮啦，難道就是這種氣氛受人歡迎嗎？

尼羅河
拉美西斯中央車站
埃及博物館（考古學博物館）
塔里爾廣場
伊斯蘭博物館
福斯塔特遺跡
老開羅

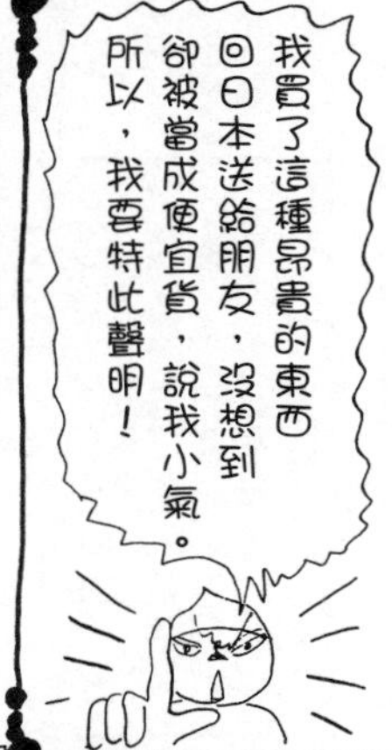
我買了這種昂貴的東西回日本送給朋友，沒想到卻被當成便宜貨，說我小氣。所以，我要特此聲明！

福斯塔特（Fustat）

十二世紀十字軍進攻之前，當時的統治者法蒂瑪王朝（Fatimid Dynasty）燒掉的軍事都市。因為統治者認為，與其這個地方被敵人奪走，還不如毀壞它。

通過廢墟之後，發現這裡是垃圾場，趁著遭毒害之前趕緊逃之夭夭！

伊斯蘭博物館

……
嗯～
期待落空了～～

在開羅「觀光」，如果是抱持像我這樣的心態，或許會相當失望吧。但是，如果不帶特定目的地隨意逛逛，應該會很愉快才是！

～時間不夠用啊！～

曾聽過這樣極端的說法：「開羅博物館裡什麼都有！看了那裡就不需要去看古蹟了！」目睹博物館內寶物收藏的密度，我終於了解為什麼會有人那樣說了。
我一整天不吃不喝，卯足了全力瀏覽博物館，但要在一天內看完所有東西，還是沒辦法……

～木乃伊～

這人偶，與其說是屍體，還不如說像木雕。
一點兒都不會讓人覺得可怕或是噁心。我一想到過去就是這些迷你的「木塊」建造阿布辛比神殿、精力旺盛地工作，實在覺得很不可思議……。他們那個時候應該也沒有想像到自己的身體日後會這樣被人盯著瞧吧。開始覺得有些抱歉……

總結

就這樣，我笨拙的旅行終於告一段落。這一趟旅行，我的表現像是用力過度、但卻揮棒落空一樣。旅行之前，我把行程安排得太瑣碎、太精確了，就是因為這樣，一發生什麼事，不得不臨時變更計畫時，我馬上就陷入大恐慌！「從容」這個詞跟我還真是無緣哪。

我們的行程完完全全是熱門的「埃及入門行程」，走的路大致上跟其他遊客差不多，所以一路上有好幾次都跟之前碰過的人再度相遇。但聽起來大家的旅行相當的順利嘛，不僅從來沒有被軍隊給攔下、租借到了牢實的腳踏車，也依照導覽手冊上的時間搭到快艇（導覽手冊上印的快艇發船時間，除了我們搭船那天的，都是正確的。我們真不受老天眷顧啊），總之沒有浪費什麼時間。大家真是既聰明又幹練，令我好羨慕啊。

當然，也有很多人不是走這種正規路線的。有的人只想要去綠洲看看，還有人表示：「我是來看現代的埃及的，所以絕對不去看古蹟。」然後，就在開羅的旅館逗留兩個月。此外還有人正經八百地宣稱：「我是來找尋真正的自我的。」聞言，我還真不知道該做什麼反應呢……

在路克索，令人難忘的男人
在西岸賣票的地方
發現有一個日本人被兩個白人架著。
那個樣子就像是搞笑藝人
一照面，
請問這地方是哪裡啊？
咦？你這話是啥意思？
呃，我完全搞不清楚狀況啊～
每天早上，都硬被叫醒，匆匆忙忙地被人帶到各種地方……
而且啊又聽不懂他們在說啥……
就這樣，他突然開始大發牢騷。而且，他那張臉也是一副為發牢騷而生的模樣。
就在他發牢騷的當兒，那兩個白人已經在忙著跟計程車交涉了。
我告訴他這裡是路克索，之後，
路克索是什麼？
好玩嗎？
……這個人太有意思了。我想我會喜歡他。
據他所言，其他兩個人是他在開羅偶然認識的，後來三個人就一起行動。但是另外兩個人實在是太有行動力了，他既跟不上他們的步調，又沒有勇氣拒絕，結果就這樣互相拖磨到現在。
兩個白人回來之後，
交涉失敗！
來，走路去吧
走路去？
要用走的？我想應該會很辛苦……
拜拜！
真可憐
接著，兩個小時後，我又在帝后谷遇到他們。
朝氣蓬勃
氣虛
我們已經去過哈塞普蘇跟帝王谷了～
那裡我們可是花一整天逛的耶……
白人精力旺盛
而且，就在我們還在參觀一個墳墓的時候，他們三個人（應該是說兩個人）已經快速地看完這一帶所有的墳墓。
再見
拖地而行
啊，我真想知道他後來怎麼樣了。不只是他接下來的旅行，還有他之後的生活，甚至是他的一生，我對他的一切都很感興趣——
哎，他是不會知道我有這個念頭的。

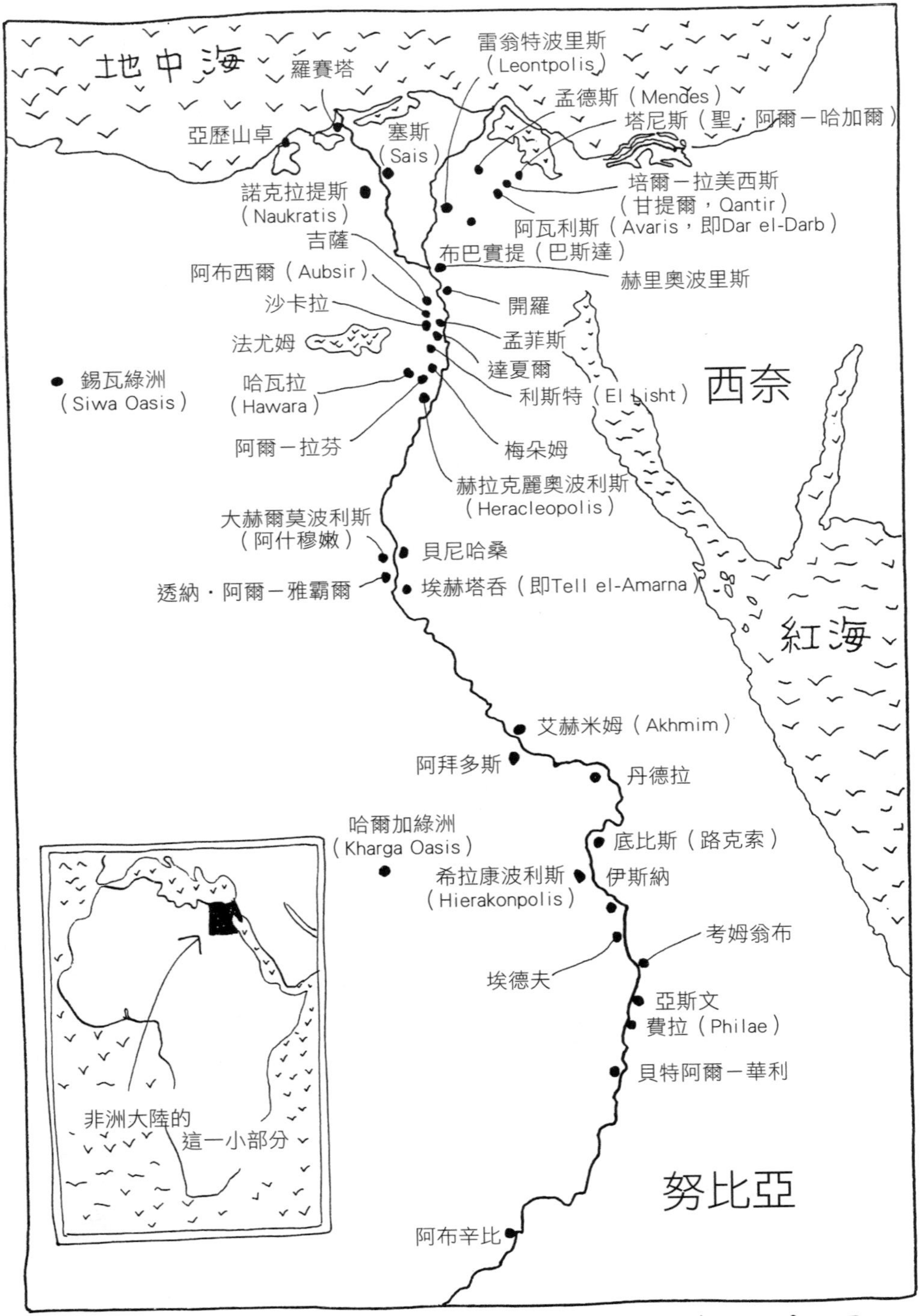
地中海
羅賽塔
雷翁特波里斯
(Leontpolis)
孟德斯(Mendes)
塔尼斯(聖・阿爾一哈加爾)
亞歷山卓
塞斯
(Sais)
培爾一拉美西斯
(甘提爾,Qantir)
諾克拉提斯
(Naukratis)
阿瓦利斯(Avaris,即Dar el-Darb)
吉薩
布巴實提(巴斯達)
阿布西爾(Aubsir)
赫里奧波里斯
沙卡拉
開羅
孟菲斯
法尤姆
達夏爾
錫瓦綠洲
(Siwa Oasis)
哈瓦拉
(Hawara)
利斯特(El Lisht)
西奈
阿爾一拉芬
梅朵姆
赫拉克麗奧波利斯
(Heracleopolis)
大赫爾莫波利斯
(阿什穆嫩)
貝尼哈桑
透納・阿爾一雅霸爾
埃赫塔吞(即Tell el-Amarna)
紅海
艾赫米姆(Akhmim)
阿拜多斯
丹德拉
哈爾加綠洲
(Kharga Oasis)
底比斯(路克索)
希拉康波利斯
(Hierakonpolis)
伊斯納
考姆翁布
埃德夫
亞斯文
費拉(Philae)
貝特阿爾一華利
非洲大陸的
這一小部分
努比亞
阿布辛比

埃及全圖

PHARAOH &HISTORY

法老王一百四十人全員大集合

從出土的物品及建築等，可以稍微窺見法老的真實面貌。在這個章節中，我將以各大學者的研究為基底，按時代順序，回溯法老們的故事。

【附註】接下來的文章中，有些地方會使用明確的斷定語氣，但大部分會用「或許」、「好像」、「聽說」之類口吻，因為確實的證據其實很少。

曼內托與埃及王朝劃分

曼內托將古埃及歷代的國王分成三十個王朝。（後來的史學家又再加上一個，所以，現在是將古埃及劃分成三十一個王朝。）

他的分法好像是根據「血統」，不過當中也有許多的例外，所以，其實根本無法知道他的考量，也不曉得他是遵循什麼樣的規則去劃分的。

右邊的年代表，則是近年的學者們根據三十一個王朝所發生的重大變革，而進行的區分。

初期王朝時期
B.C.3150～2686

古王國時期
B.C.2686～2181

第一中期
B.C.2181～2040

中王國時代
B.C.2040～1782

第二中期
B.C.1782～1570

新王國時代
B.C.1570～1069

第三中期
B.C.1069～747

王朝時代後期
B.C.747～332

托勒密王朝時期
（包含馬其頓王朝）
B.C.332～30

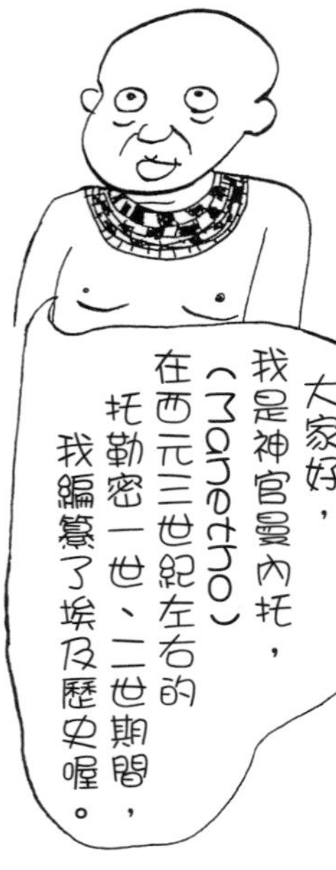
大家好，我是神官曼內托（Manetho），在西元三世紀左右的托勒密一世、二世期間，我編纂了埃及歷史喔。

學者們根據曼內托的王名表，以及記錄在埃及古建築及莎草紙上的王名表，再參考天文學，才大致劃分出古埃及的朝代。

雖然古文獻裡頭關於法老王的記載，部分記載有日期，但是，由於每一位新國王繼位之後，日期就又從頭開始計算，所以根本派不上用場。

但是，多虧曼內托用希臘文寫下了長達三十卷的《埃及史》（Aegyptiaca）大作呢。不過，西元四世紀的時候，羅馬人把基督教建築以外的建物全給搗毀了，因此曼內托的原作已經佚失。那麼，為什麼原書都失傳了，後來的人還能夠知道它裡頭寫了些什麼呢？那是因為，曼內托的書被周邊各國的歷史學家們大量引用，後世的人將那些引用給拼湊起來，就知道了原書的內容囉。

王名表的殘片

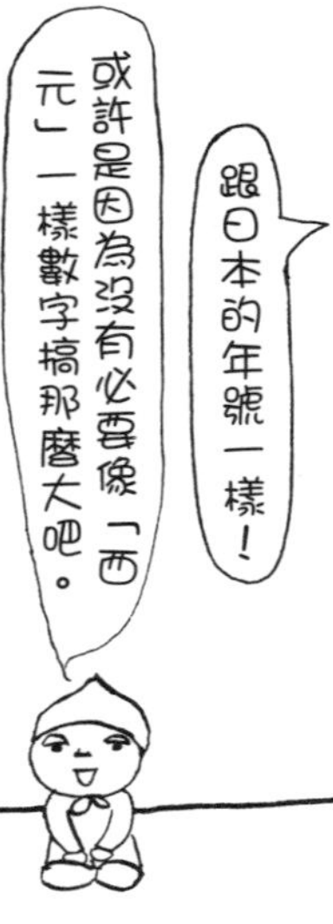
跟日本的年號一樣！
或許是因為沒有必要像「西元」一樣數字搞那麼大吧。

初期王朝時期

紀念統一的化妝板
國王名字
鯰魚
赫特
荷魯斯
這種植物一根據說就代表一千個俘虜……
① 納爾邁（Narmer）
值得紀念的早期埃及法老王
第一王朝（B.C. 3150～2890）
啪啦啪啦
順帶一提，在埃及文中納爾邁是「發狂的鯰魚」的意思
好奇怪啊。
咳！
啪啪
竄逃的敵人
《反面》
恭喜統一全國！

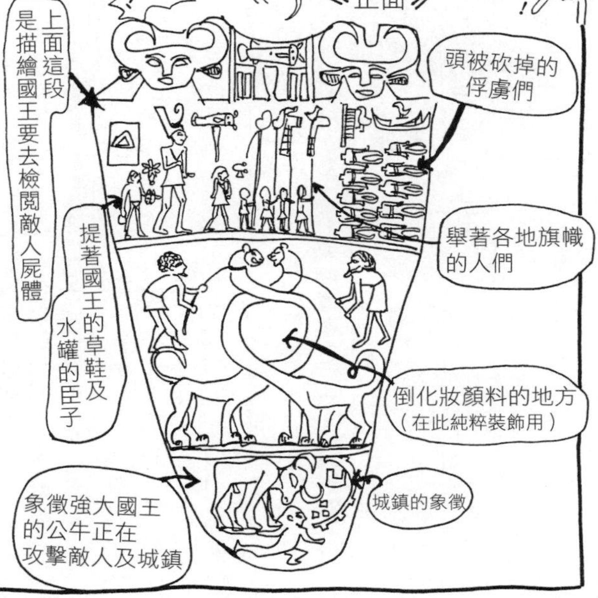
《正面》
上面這段是描繪國王要去檢閱敵人屍體
提著國王的草鞋及水罐的臣子
頭被砍掉的俘虜們
舉著各地旗幟的人們
倒化妝顏料的地方（在此純粹裝飾用）
象徵強大國王的公牛正在攻擊敵人及城鎮
城鎮的象徵

在此之前，埃及原本分成南、北兩大勢力，經過納爾邁統一，成為一個獨立的國家。在這個化妝板的正面及反面上，納爾邁各戴了代表南、北兩方的皇冠，這正是說明他統一埃及的證據。
而「埃及是由兩個國家統一而成的」這個觀念，也一直深植在人們的心中。

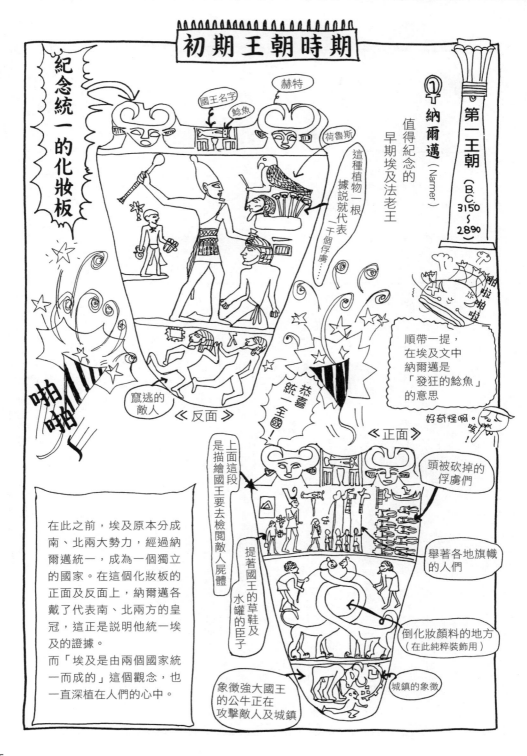

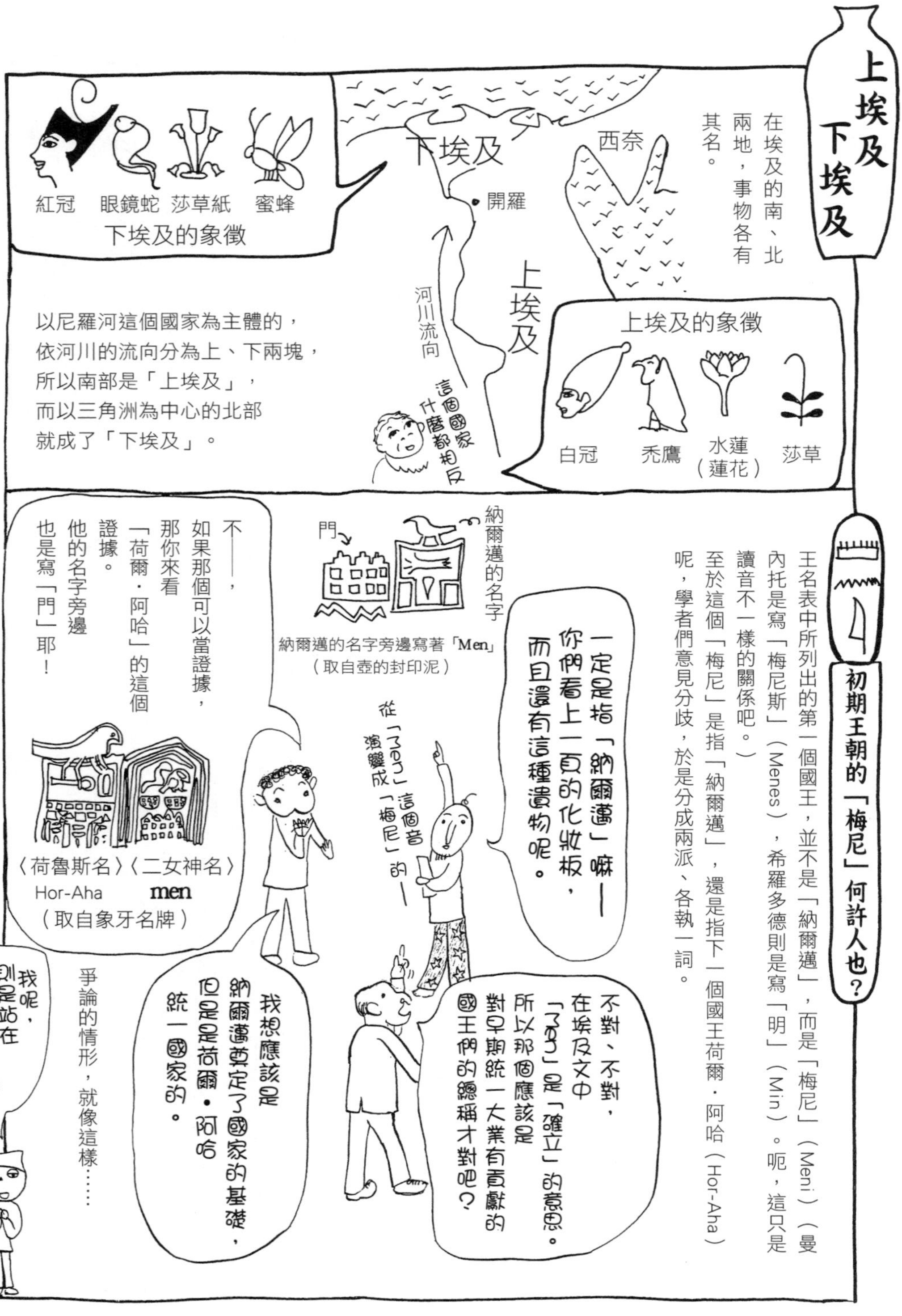
上埃及下埃及
在埃及的南、北兩地，事物各有其名。
下埃及
西奈
開羅
上埃及
河川流向
紅冠
眼鏡蛇
莎草紙
蜜蜂
下埃及的象徵
以尼羅河這個國家為主體的，依河川的流向分為上、下兩塊，所以南部是「上埃及」，而以三角洲為中心的北部就成了「下埃及」。
這個國家什麼都相反
上埃及的象徵
白冠
禿鷹
水蓮（蓮花）
莎草
初期王朝的「梅尼」何許人也？
王名表中所列出的第一個國王，並不是「納爾邁」，而是「梅尼」（Meni）（曼內托是寫「梅尼斯」（Menes），希羅多德則是寫「明」（Min）。呃，這只是讀音不一樣的關係吧。）
至於這個「梅尼」是指「納爾邁」，還是指下一個國王荷爾・阿哈（Hor-Aha）呢，學者們意見分歧，於是分成兩派、各執一詞。
納爾邁的名字
門
納爾邁的名字旁邊寫著「Men」
（取自壺的封印泥）
一定是指「納爾邁」嘛——你們看上一頁的化妝板，而且還有這種遺物呢。
從「Men」這個音演變成「梅尼」的——
不——，如果那個可以當證據，那你來看「荷爾・阿哈」的這個證據。他的名字旁邊也是寫「門」耶！
〈荷魯斯名〉〈二女神名〉
Hor-Aha men
（取自象牙名牌）
不對、不對，在埃及文中「men」是「確立」的意思。所以那個應該是對早期統一大業有貢獻的國王們的總稱才對吧？
我想應該是納爾邁奠定了國家的基礎，但是是荷爾・阿哈統一國家的。
爭論的情形，就像這樣……
我呢，則是站在納爾邁派這邊。

據曼內托表示，納爾邁在孟菲斯建造城塞，改變了河川的流向，建立首都之後，

孟菲斯

被稱為「白圍牆之城」，是當時的首都

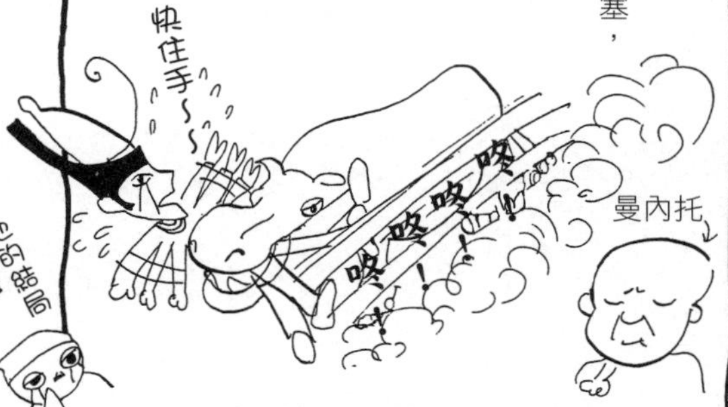
快住手~
咚咚咚咚！
曼內托

就這樣被河馬給攫走，從此下落不明。

他的結局怎麼那麼悲慘啊……
不過感覺也很蠢……

順帶一提，在納爾邁統一埃及之前，上埃及聽說是由一個叫做「蠍王」的國王所統治的，而且有其遺物出土。至於這個國王，有人說就是納爾邁，也有人說是早期統一埃及的國王「梅尼」。

總之，在他之後

②荷爾·阿哈

繼位了

下一個法老則是

③哲爾（Djer）

人們從這個國王的墳墓挖出戴滿珠寶的木乃伊的手。

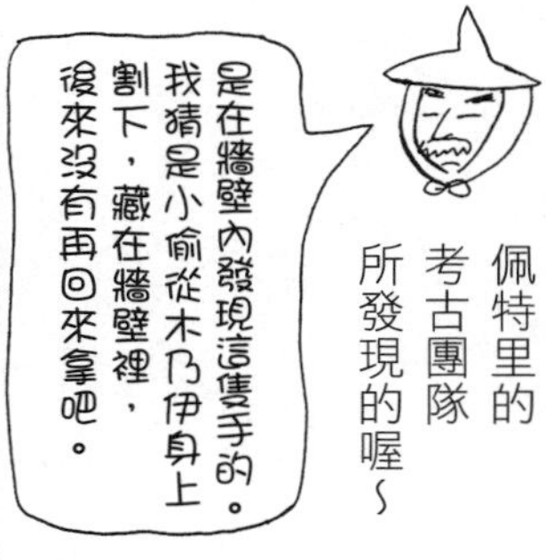
佩特里的考古團隊所發現的喔~
是在牆壁內發現這隻手的。我猜是小偷從木乃伊身上割下，藏在牆壁裡，後來沒有再回來拿吧。

說到名字

一個國王有五個呢！

在本書開頭關於「埃及神話」的那章節，我說過，古埃及人一個人有很多名字，連國王的名字也是越來越多，到了稍晚的時代（中王國時期），演變成一個國王公開使用「五種」名字。

① 荷魯斯名

② 二女神名

艾德喬（Edjo，下埃及神）
奈荷貝特（Nekhbet，上埃及神）

③ 黃金荷魯斯名

④ 上、下埃及名（即位名）

④和⑤都使用橢圓圖形（cartouche）

⑤ 拉的兒子之名（誕生名）

黑土與紅土

埃及的國民稱自己的國家為「kemet」。「kemet」是「黑色的土地」的意思，代表「肥沃的土壤」。黑色是「豐饒」的顏色；與黑色相對的顏色是紅色，代表「沙漠」，稱為「desheret」。

就是因為每年發生河川氾濫現象的這個不可思議的國家叫做「kemet」，後來這個字就衍生出「不可思議的現象」的意思。

chemistry（化學）這個詞，就是從這兒來的。（摘錄自『エジプト美術の謎』鈴木まどか著）

原來「化學」這個詞，就是源自於埃及啊！

本大王的顏色是紅色！
嘿嘿！
賽特

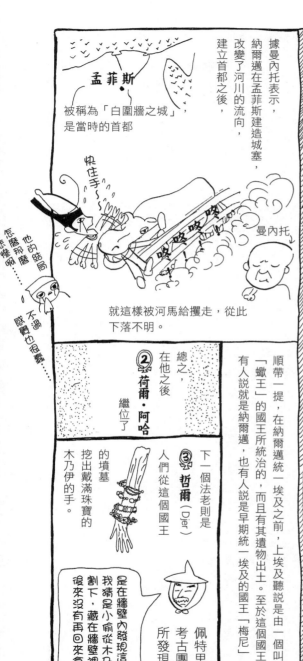

接下來，繼位的人是以下這些：

④ 杰特（Djet）在埃及文中，「杰特」是指「蛇」

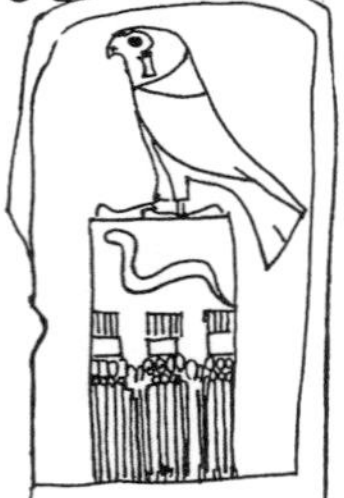

他的墳墓入口前過去曾有這個石碑（現收藏於羅浮宮）

※據推測，這個時期的曆法已經是一年三百六十五天了。

嗯嗯！

⑤ 登（Den）

埃及首位遠征東方的國王。從他開始使用「上、下埃及名」這個新名字。他也是最先建造有階梯的陵墓的人。

梅莉特涅特王妃（Meretneith）

權力強大的掌權者，她的墳墓也很豪華。據推測，她應該是登王的母親，負責攝政。

噢～

⑥ 阿涅德吉布（Anendjib）

和前代的國王相比，他的陵寢變小了。

哇哩咧！

究竟發生啥事？

⑦ 瑟莫涅特（Semerkhet）

前任國王阿涅德吉布的遺物上，刻了這一位國王的名字，從這一點來看，或許瑟莫涅特是篡位者。曼內托也說：「他的時代發生了許多不可思議的事，一個極為不幸之事襲捲了整個埃及。」而且，有些王名表上頭並沒有列出這個國王，沙卡拉一地也沒有他那個時代的墳墓……

⑧ 卡（Qa'a）

第一王朝到此結束。

墓

這些人年代那麼久遠，卻還能夠發現他們的墳墓，實在是很了不起。（不過納爾邁的墓地在哪兒還無法斷定。）

這個時代的墳墓先是在阿拜多斯被人發現，接下來，在沙卡拉也挖掘出墳墓來。

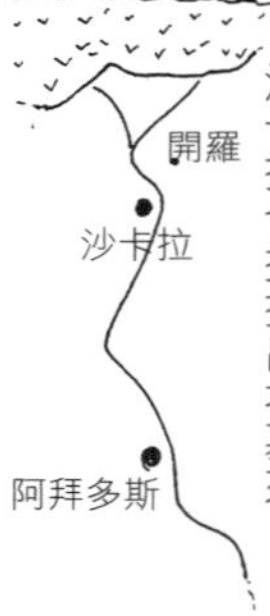
開羅
沙卡拉
阿拜多斯

在這兩個地方，都挖掘出刻有國王名字的遺物。曾經對這個時期的墓群進行勘查的埃默里（見下頁）指出，位於沙卡拉的墳墓遠比阿拜多斯的要來得大，由此可以推斷，沙卡拉的墳墓是存放國王遺體的真正陵墓，至於阿拜多斯的墳墓，則是空墓（empty tomb）。

一個法老王會擁有好幾個墳墓

但是，後來的人再仔細地調查、計算囊括圍牆等物的墳墓面積之後發現，阿拜多斯的墳墓其實更大。現在，反倒是「阿拜多斯才是國王真正的陵墓，沙卡拉的墳墓則是用來埋葬服侍國王的家臣們的」這派說法佔了上風。（之所以會有人這麼主張，也是因為

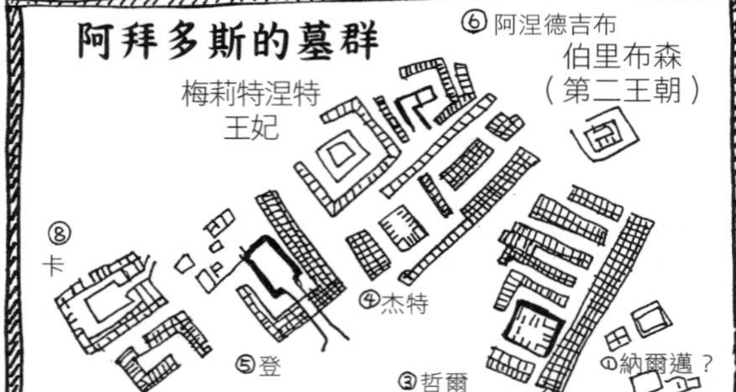
阿拜多斯的墓群
⑥阿涅德吉布
伯里布森（第二王朝）
梅莉特涅特王妃
⑧卡
④杰特
⑤登
③哲爾
①納爾邁？
⑦瑟莫涅特
②荷爾・阿哈

一切都是從誤會開始，跟戀愛好像啊！
哲爾
肯提
肯提先生他
原本從遠古開始一直統率阿拜多斯，後來漸漸地被歐西里斯同化。
破爛
阿努比斯
來吧！
攝取「冥府之神」的性質吧！
取走我的長相吧！

沙卡拉的墳墓挖掘出不少刻有家臣名字的遺物）。而且，阿拜多斯的墳墓中，有國王單獨的墓碑，但是在沙卡拉卻沒有這類發現。

不過，在沙卡拉所挖掘出來被認為是家臣的墳墓當中，有些也裝飾著象徵國王的「牛角」。此外，也有不少其他疑點是「家臣說」無法解釋的。

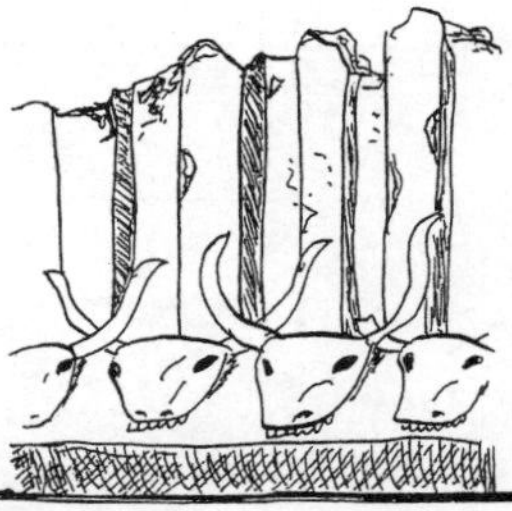

阿拜多斯

這塊土地以信奉歐西里斯神聞名，是特別受歡迎的朝聖地。（也有很多祭祀用的土器在此出土。）或許這也跟「歐西里斯被賽特大卸八塊之後，他的頭在阿拜多斯找到」這個神話有關。

特別是哲爾王的墳墓還被人當成是歐西里斯本人的墳墓。也有人推測，是不是因為早期的朝聖者把這個國王的名字讀成「肯提阿曼悌神」（ ）（而他又被視為歐西里斯神）的「肯提」，因而開啟了這樣的誤會呢……

可怕的習俗——殉葬

這個時期還留下了「國王駕崩，家臣得跟著殉葬」這樣的習俗，

還好這個習俗後來漸漸廢止了，但是想起來還是……。順帶一提，哲爾王的墳墓周圍，竟然有多達三百餘座的家臣墳墓環繞著……。最後的「卡」王則是有二十六座。（沙卡拉那邊的墳墓也可以看到殉葬的情形。）

好殘暴
顫抖
顫抖

考古學者埃默里（Emery）（1903～1971）

他的主要貢獻是在沙卡拉的考古挖掘工作。第一王朝的梯形平頂墓群、阿匹斯牛的母牛墓、埋葬有超過一百五十萬具鷺鳥木乃伊的迷宮般的地下墓地、狒狒木乃伊的迴廊，以及內克塔內布一世（Nektanebos Ⅰ）的神殿，乃至於位於阿爾曼特（第二十八頁）的布希斯牛的地下墓地等等，都是埃默里發現的。他在尋找伊姆霍特普（見下頁）的陵墓的中途過世。

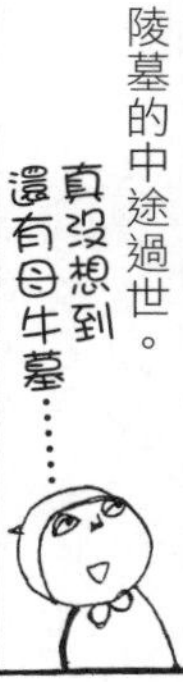
真沒想到還有母牛墓……

第二王朝

(B.C.2890～2686)

列出王名的有……

① 霍特普塞海姆威（Hetepsekhemwy）
② 拉內布（Raneb）
③ 尼內特吉（Ninetjer）
④ 溫內格（Wneg）
⑤ 塞涅德（Senedj）
⑥ 伯里布森（Peribsen）
⑦ 卡塞海姆威（Khasekhemwy）

在最後的兩個國王伯里布森和卡塞海姆威的時代，埃及似乎發生了什麼事件。
伯里布森原本有個名字叫「塞海姆布」（Sekhemib）。

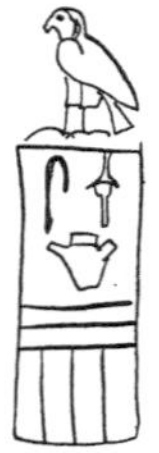

塞海姆布

名字上方的荷魯斯神變成了賽特

伯里布森

伯里布森成為唯一有「賽特名」的國王。
下一位國王卡塞海姆威也曾改過名字。

原本的守護神只有荷魯斯

◎卡塞海姆（Khasekhem）

↓

上面立了賽特＆荷魯斯

◎名字變成卡塞海姆威

這或許可以解釋為：原本對立的荷魯斯派和賽特派之後融合了。
※也有學者認為，**卡塞海姆**是不同的人。他們表示，或許是從這個時代才產生賽特跟荷魯斯對抗的神話的……

古王國時期

第三王朝

B.C. 2686～2613

最初的國王

①**薩那赫特**（Sanakhte，卡塞海姆威之子）

接著，是薩那赫特的弟弟

②**左塞爾**（Djoser）

因建造史上第一個金字塔而聞名的法老！（位於沙卡拉）

宰相**伊姆霍特普**（Imhotep）

後世的人將他神格化，把伊姆霍特普跟希臘神話之中的醫學之神，阿斯庫勒比爾斯（Aesculapius）視為同一個人。

除了擁有「宰相」這個頭銜，他還是神官、書記，也是天文學、數學、物理等領域的學者，另外還擔任總掌建築的人等等。他擁有多方面的才能，相當活躍。也有學者推測說他是美索不達米亞人，或是亞斯文的克奴姆的祭司，但他的真正出身至今仍是個謎。

之前是長凳型的墳墓

通稱
梯形平頂墳

在阿拉伯文中，長凳（bench）就叫梯形平頂（Mastaba）

最初，左塞爾的墳墓也是傳統的梯形平頂墳，但是後來歷經了幾次翻修、重建，伊姆霍特普突然提出嶄新構想，建議建築往上層疊的階梯式墳墓，於是就改變形狀了。

《左塞爾王的軼事》

在亞斯文的撒黑爾島（Sahel）上流傳著以下的故事。

連續七年的時間，尼羅河都沒有氾濫，眼看著埃及就要陷入飢荒了。這個時候，

左塞爾王前往亞斯文的克奴姆神殿供奉祭品，祈禱尼羅河氾濫。克奴姆答應了國王的懇求，拯救了埃及。克奴姆，謝謝。克奴姆，萬歲。

不過呢，這個故事是托勒密王朝時代所記載的，據推測也有可能是為了加強克奴姆的權威而打的「廣告」，事情是不是真是如此，我們無從得知。

?

「左塞爾」這個名字，在古埃及相當晚期的第十八王朝以後，成為國王的通稱（似乎是後代有名的國王）。而在第三王朝的時候，他的遺物都以荷魯斯名「奈杰里赫特」（Netjerykhet）表示。

金字塔綜合體

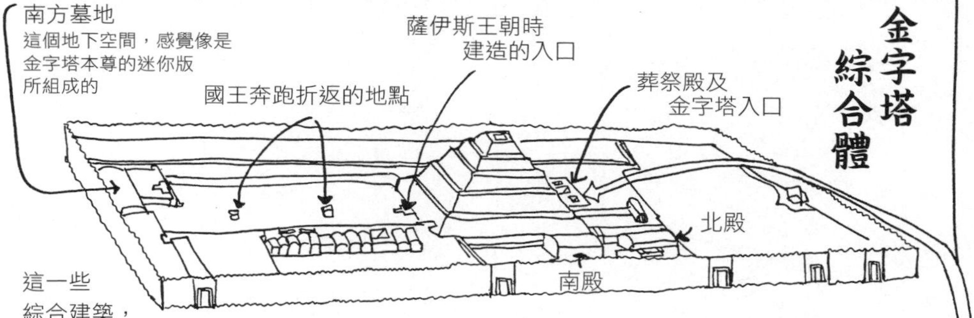
南方墓地
這個地下空間，感覺像是金字塔本尊的迷你版所組成的
國王奔跑折返的地點
薩伊斯王朝時建造的入口
葬祭殿及金字塔入口
北殿
南殿

這一些綜合建築，據說是仿造皇宮建造的。

就像這樣，除了金字塔之外，還有各式各樣的附屬設施。據說，這個地方也曾經舉行過國王的重生儀式——塞德祭。在中庭這裡，還發現到環狀痕跡，可能是古早時候國王奔跑所遺留下來的。

塞德祭

國王「自吹自擂」的祭典

國王為了要顯示自己「還很年輕」，藉由奔跑來炫耀體力的活動。

剛開始塞德祭是繼位第三十年時所舉辦的祭典，但是到後來，舉辦的次數越來越頻繁了。

張開大腿的畫呢，就是表示奔跑的樣子喔！

有人說，在左塞爾之前的朝代，法老只要稍微顯得衰老，就會被殺死、取而代之，所以「保持年輕」對他們來說很重要。

有左塞爾的「卡」（靈魂）雕像喔！（現為複製品）

因為破損，臉變成現在這樣，可怕得「剛剛好」（？）

金字塔的地下通道和地椿等，因為改建再改建，變得越來越複雜。到了兩千年後的第二十六王朝（稱為薩伊斯王朝，見第二六三頁），人們為了一窺金字塔的究竟，又建造了新的通路，企圖連接舊有的通道，結果導致通道最後變得亂七八糟……。而且，薩伊斯王朝的人不知道是不是因為要整頓金字塔內部，竟然把木乃伊移到通道上（發現三十具木乃伊！），做了不少這類野蠻行徑，實在是叫考古學家也哭泣啊。

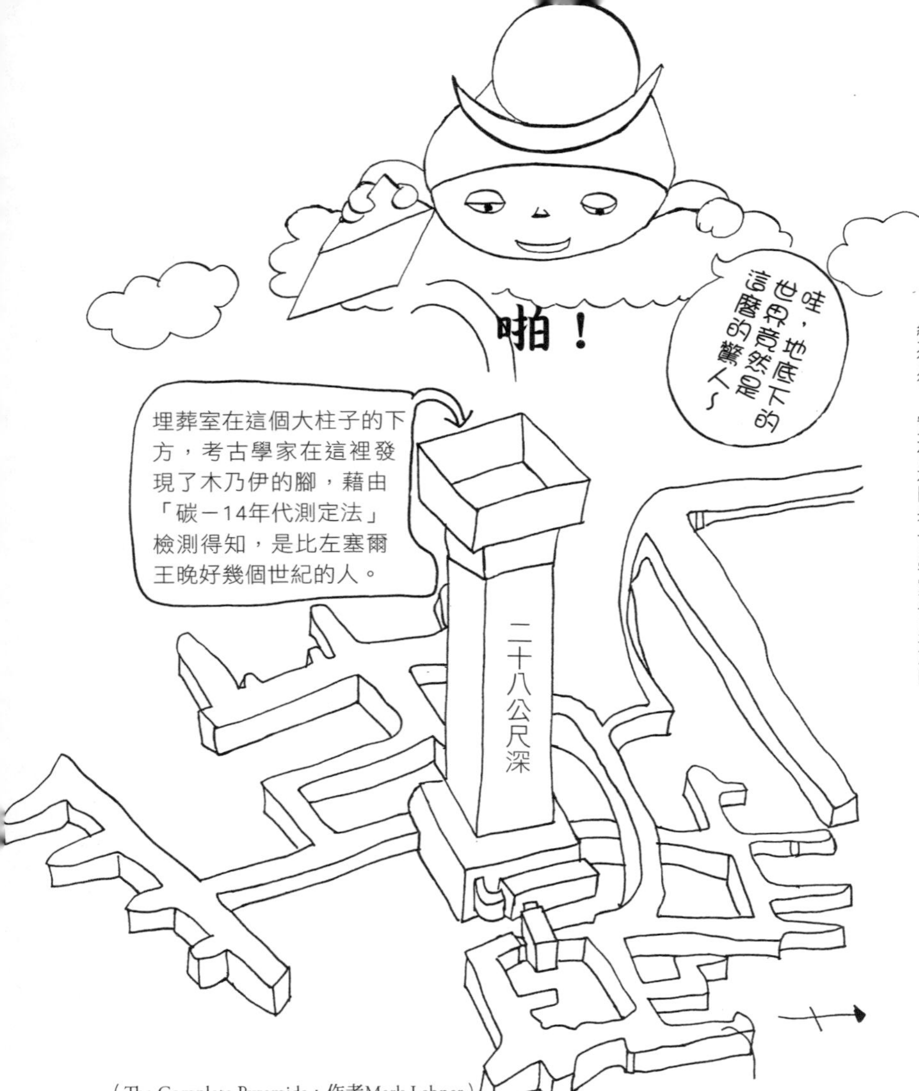

哇，地底下的世界竟然是這麼的驚人～
啪！
埋葬室在這個大柱子的下方，考古學家在這裡發現了木乃伊的腳，藉由「碳－14年代測定法」檢測得知，是比左塞爾王晚好幾個世紀的人。
二十八公尺深

（The Complete Pyramids，作者Mark Lehner）

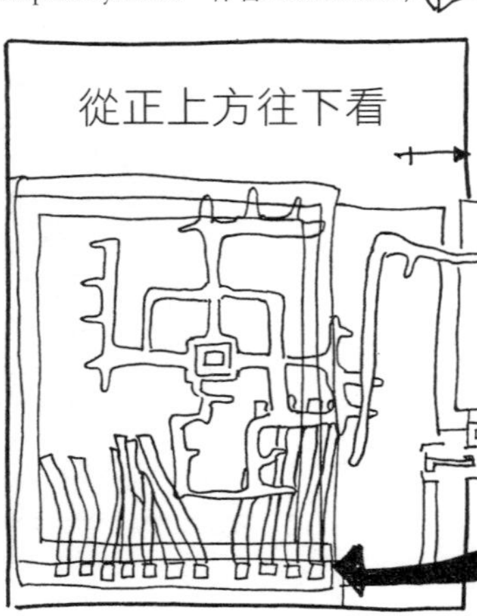

貼有藍色磁磚的房間
從正上方往下看
葬祭殿

這裡的十一個細長垂直地椿（中途開始轉變成走廊）當中，有幾個是王子、公主們的墳墓。其他的四個垂直地椿，則是藏放了古代的器皿及容器。（也有納爾邁王的東西，）數量高達四萬件！
甚至，其中一個垂直地椿裡頭，還發現比左塞爾王更古早時代的女性的腰骨。

從這時代開始就收藏骨董啦？

這些收藏品，不知道是左塞爾王的，還是建造金字塔的時候，翻挖出了更古早時代的東西，之後重新埋回去的？

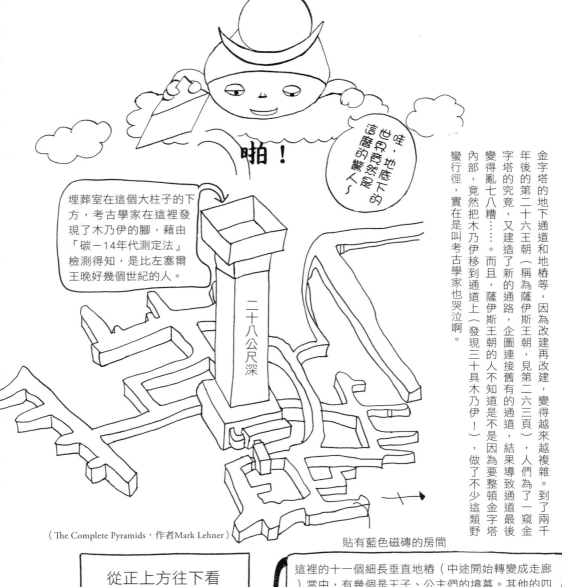

③塞漢赫特（Sekhemkhet）

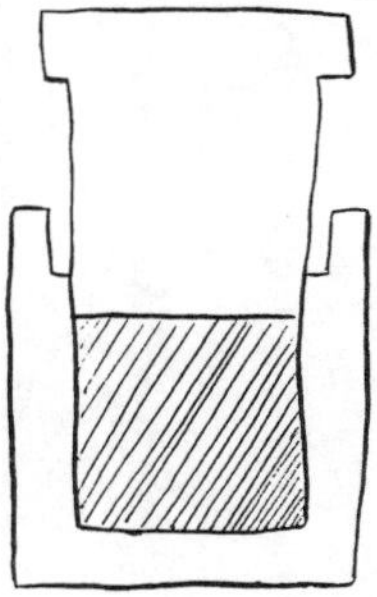

1951年、在沙卡拉這個地方，埃及學者札卡里阿・戈南（Zakaria Goneim）發現了這個國王未完成的金字塔。在其金字塔被發現之前，這個塞漢赫特在埃及研究上完全不為人知。

（因為在塞漢赫特的金字塔被發現之前，他一直被當成是第一王朝的瑟莫涅特）。

他的玄室在墳墓被封起來之後，完全看不到小偷潛入盜墓的痕跡，棺材在封印之後，也不曾被人打開。所以呢，他的金字塔被發現的時候，被當成「圖坦卡門第二」般大肆報導。為了慎重起見，在眾人的見證下開棺了，但是沒想到裡頭竟然空無一物，戈南博士非常的失望。（雖然還有黃金手環等裝飾品、壺、小型容器等出土……）

戈南博士在之後於運河中溺死

不過，像這樣連空墓都會封印起來的情況，使得金字塔之謎越發深不可解……。在這個金字塔綜合體的南邊的墳墓當中，則是發現了一個裝有兩歲幼兒木乃伊的棺材。

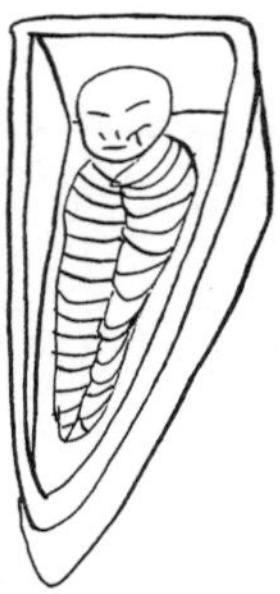

④卡巴（Khaba）

在沙卡拉北方七公里左右的札威亞特・阿爾－阿里揚（Zawiyet el' Aryan），發現了跟上述金字塔及地下構造相似的未完成階梯金字塔。不過這個金字塔連石棺都沒有，根本沒有證據可以證明它是卡巴王的墳墓。雖然在附近的梯型平頂墳中找到的容器，上頭刻有卡巴的名字……。

⑤胡尼（Huni）

雖然傳說他就是建造位於梅朵姆、被人稱為「崩潰」（Collapsed）的金字塔的國王，不過完全沒有證據證明這是事實！感覺好像是因為只有他沒有留下巨大的金字塔，所以後來的人才穿鑿附會，不知道實情究竟是如何……

「金字塔」的詞源

古埃及語叫做mer

這個字大概是從一種麵粉做的點心來的，這種麵點在希臘文中叫做「Pyramis」，據說形狀跟金字塔很像。順帶一提，「方尖碑」的詞源，是來自希臘文中的「串燒」一詞。不知道是因為希臘人腦袋裡只想著吃食，還是說，替偉大的建築取這樣可笑的名字對希臘人來說可以貶低埃及文化？（Jacques Lacarriere的說法。是L'Egypte au pays d'Herodote一書中的新評論。）其他的推測有：「金字塔」詞源還有希臘文的「火」，以及古埃及文中代表墳墓的「培爾・姆・伊特」等等。

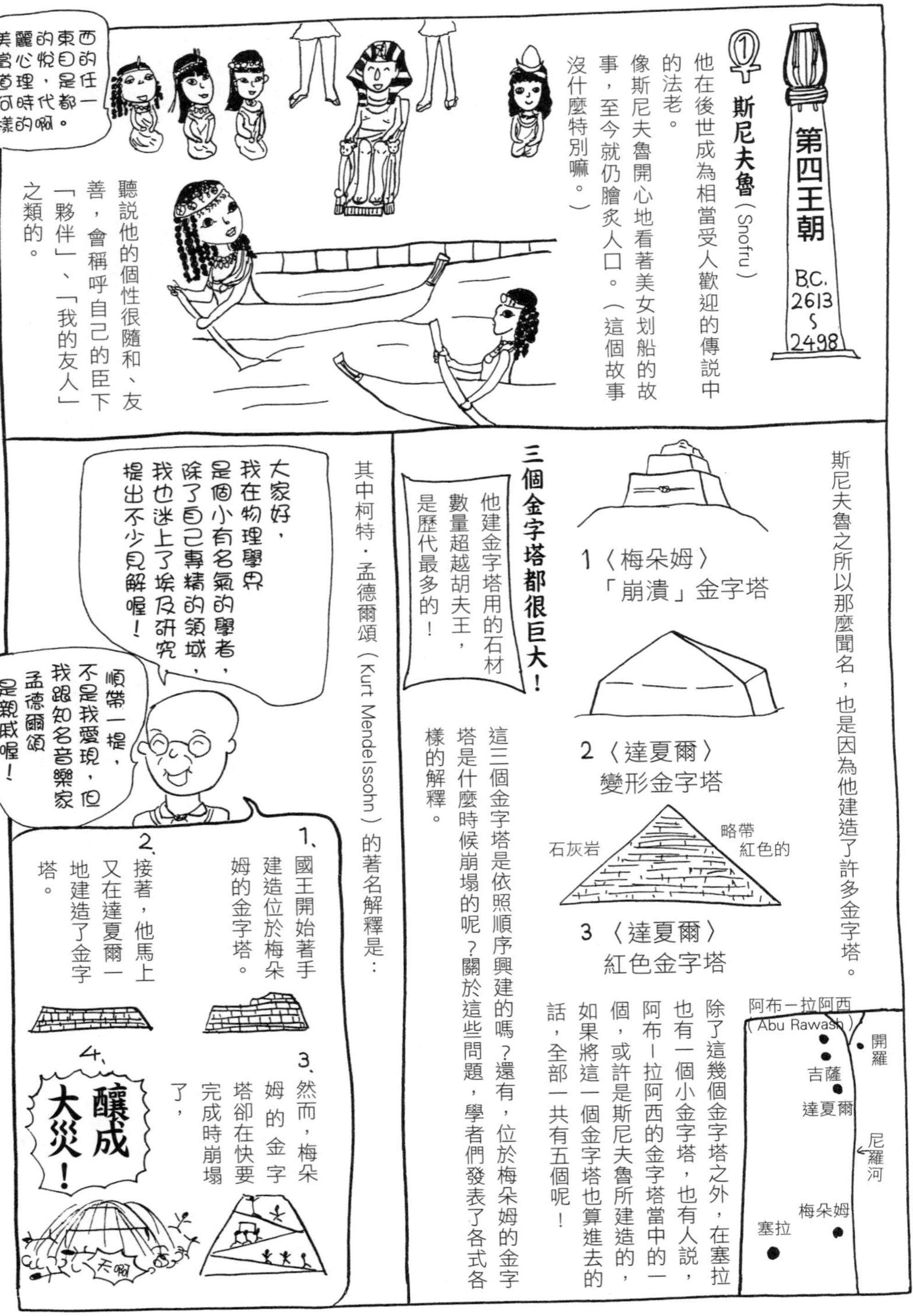
第四王朝
B.C. 2613 ～ 2498
① ♀ 斯尼夫魯（Snofru）
他在後世成為相當受人歡迎的傳說中的法老。
像斯尼夫魯開心地看著美女划船的故事，至今就仍膾炙人口。（這個故事沒什麼特別嘛。）
美麗的東西賞心悅目的道理，是任何時代都一樣的啊。
聽說他的個性很隨和、友善，會稱呼自己的臣下「夥伴」、「我的友人」之類的。
斯尼夫魯之所以那麼聞名，也是因為他建造了許多金字塔。
1〈梅朵姆〉「崩潰」金字塔
2〈達夏爾〉變形金字塔
石灰岩
略帶紅色的
3〈達夏爾〉紅色金字塔
阿布－拉阿西（Abu Rawash）
開羅
吉薩
達夏爾
尼羅河
梅朵姆
塞拉
除了這幾個金字塔之外，在塞拉也有一個小金字塔，也有人說，阿布－拉阿西的金字塔當中的一個，或許是斯尼夫魯所建造的，如果將這一個金字塔也算進去的話，全部一共有五個呢！
三個金字塔都很巨大！
他建金字塔用的石材數量超越胡夫王，是歷代最多的！
這三個金字塔是依照順序興建的嗎？還有，位於梅朵姆的金字塔是什麼時候崩塌的呢？關於這些問題，學者們發表了各式各樣的解釋。
其中柯特・孟德爾頌（Kurt Mendelssohn）的著名解釋是：
大家好，我在物理學界是個小有名氣的學者，除了自己專精的領域，我也迷上了埃及研究提出不少見解喔！
順帶一提，不是我發現，但我跟知名音樂家孟德爾頌是親戚喔！
1、國王開始著手建造位於梅朵姆的金字塔。
2、接著，他馬上又在達夏爾一地建造了金字塔。
3、然而，梅朵姆的金字塔卻在快要完成時崩塌了，
4、釀成大災！
天啊

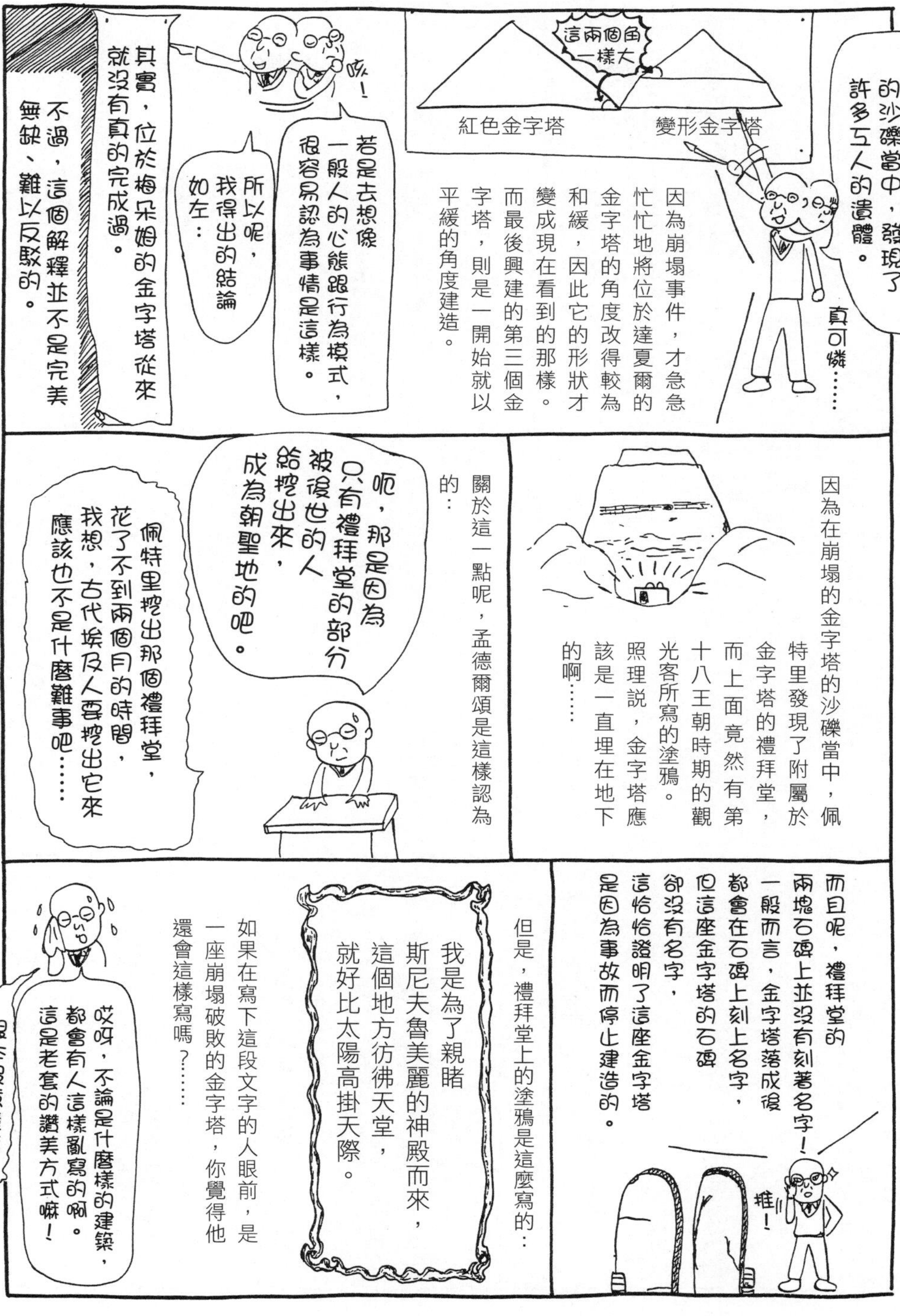

在崩塌的金字塔的沙礫當中，發現了許多工人的遺體。
真可憐……
這兩個角一樣大
紅色金字塔
變形金字塔
因為崩塌事件，才急急忙忙地將位於達夏爾的金字塔的角度改得較為和緩，因此它的形狀才變成現在看到的那樣。而最後興建的第三個金字塔，則是一開始就以平緩的角度建造。
若是去想像一般人的心態跟行為模式，很容易認為事情是這樣。
咳！
所以呢，我得出的結論如左：
其實，位於梅朵姆的金字塔從來就沒有真的完成過。
不過，這個解釋並不是完美無缺、難以反駁的。
因為在崩塌的金字塔的沙礫當中，佩特里發現了附屬於金字塔的禮拜堂，而上面竟然有第十八王朝時期的觀光客所寫的塗鴉。
照理說，金字塔應該是一直埋在地下的啊……
關於這一點呢，孟德爾頌是這樣認為的：
呃，那是因為只有禮拜堂的部分被後世的人給挖出來，成為朝聖地的吧。
佩特里挖出那個禮拜堂，花了不到兩個月的時間，我想，古代埃及人要挖出它來應該也不是什麼難事吧……
而且呢，禮拜堂的兩塊石碑上並沒有刻著名字！一般而言，金字塔落成後都會在石碑上刻上名字，但這座金字塔的石碑卻沒有名字，這恰恰證明了這座金字塔是因為事故而停止建造的。
推！
但是，禮拜堂上的塗鴉是這麼寫的：
我是為了親睹斯尼夫魯美麗的神殿而來，這個地方彷彿天堂，就好比太陽高掛天際。
如果在寫下這段文字的人眼前，是一座崩塌破敗的金字塔，你覺得他還會這樣寫嗎？……
哎呀，不論是什麼樣的建築，都會有人這樣亂寫的啊。這是老套的讚美方式嘛！
根本沒意義嘛～

但是，佩特里卻認為，金字塔之所以會崩塌，乃是肇因於後世盜石人的所為。
實際進行調查的時候，我們也發現到石頭越來越少。
真是夠了！
你看看胡夫的金字塔，它也沒有因為被偷個幾塊石頭就崩塌啊。而且，沙礫下的外裝石還亮晶晶的哩！若真要偷石頭的話，從下面拿還比從上面拿快，為什麼那些偷盜的人就不碰下面的石頭呢？
這話倒也沒錯
然而……
現在，人們已經將沙礫下的部分漸漸給挖掘出來了，但是那裡也不像孟德爾頌所說的，埋了建造金字塔的工人的遺體。反倒是發現了一些第二十二王朝之後的遺體。（侵入墳）就連金字塔的裡頭，也發現了一些中途侵入、埋葬的遺體。
這種沙礫也可以拿來蓋墳墓喔？
從這些調查結果來看，大多數的學者都認為，這個金字塔曾經完成過，但是在之後的第十八王朝至第二十二王朝之間，曾經崩塌。另外，對於「侵入墳」的解釋，還有以下的說法：
「這個金字塔原本就是在未完成的情況下結束工程的。那些沙礫並不是金字塔崩塌所遺留下來的，而是蓋金字塔所使用的斜坡坍塌而造成的。所以，金字塔的形狀跟建造當初是一樣的。（雖說近年來金字塔上面的部分因侵蝕而剝落的情況越來越嚴重……）」。
◎關於變形金字塔的角度，也有各式各樣的考證。
由於國王突然駕崩，為了早點完成金字塔，所以改變角度。
一個叫做柏查爾德（Borchardt）的人提出這論點，原本贊同這種說法的學者很多，但是，
就算角度改變，工人的勞動量也不會因而減輕啊……
而且，石頭用量也只能夠節省百分之九罷了……
出現了許多反對的聲音。
其他如：
「這個變形的設計，是代表埃及『上、下合為一國』的概念。（所以，入口有兩個，房間也有兩間。）」
這種意見也是存在的喔。

那麼人們又為什麼會說，建造這些金字塔的國王就是斯尼夫魯呢？
證據我整理如下：

首先從「崩潰」金字塔講起。

其一，是剛才提過的觀光客的塗鴉。唉，當然你也可以說，那不過是表示「後代的人認為建造者是斯尼夫魯」。

但是……

斯尼夫魯的臣下及王子的墳墓也在附近。

鶼鰈情深

從墳墓中出土的知名塑像
拉霍特普王子（Rahotep）
及其妻奈菲爾特（Nefert）

怎麼不像王子啊，看起來比較像鬥牛士卡洛斯哩！

卡洛斯是誰啊……

接下來要說到紅色金字塔

在這一座金字塔的外裝石上面，有紅色顏料寫著斯尼夫魯的名字。

再加上，他那個時代的臣子的梯型平頂墳也在那一帶。

而且，在金字塔的附近，人們發現了碑文，其內容是第六王朝的佩皮一世*所下的敕令。碑文是這樣寫的：「斯尼夫魯王的兩座金字塔的神官，可免繳稅金。」

……所以說，時至斯尼夫魯死後三百年的時代，人們已經將變形金字塔及紅色金字塔視為斯尼夫魯的了。

唉，所有證據都只能算是間接的。

*關於佩皮一世請參閱第一六一頁。

接著，來談談變形金字塔。

① 人們在金字塔的房間內以及外裝石上，都發現了紅色顏料所寫的斯尼夫魯的名字。

② 在金字塔河岸神殿的內部，發現一些痕跡顯示這裡曾經立過雕像，而四周的壁畫所繪的女人們，是朝著雕像的方向供奉農作物的。這些女人們的頭上，頂著斯尼夫魯的領地名稱。

③ 在金字塔的周邊，人們也發現了刻有斯尼夫魯名字的石碑。

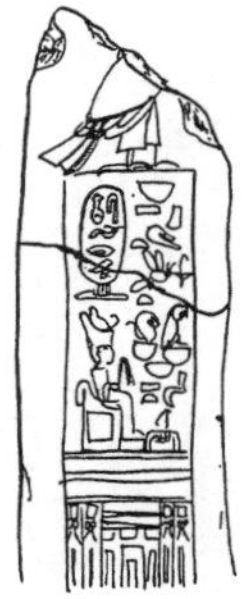

稍微插話一下。從斯尼夫魯統治的時代開始，埃及似乎就已經開始使用勳章飾了。

其他形狀的國王勳章飾

從古代開始，就被用來表示荷魯斯名，其造型是從皇宮形狀而來。

不過，斯尼夫魯是不是真的建造了那麼多的金字塔，至今仍是個謎……

這個人終於登場了——

② 胡夫（Khufu）

咚。
呼～

一提到埃及有名的國王，大家一定會想到圖坦卡門、拉美西斯二世、克麗奧佩脫拉，還有胡夫！對於建造大金字塔的人物，我們會深感興趣也是理所當然的。市面上關於金字塔的書多不勝數，我想大家對於胡夫應該也很了解，不過，在此還是請容我稍作說明。

極為知名的胡夫王雕像只有手掌大小

全長 7.5cm
再次重申，是我發現的！
佩特里

胡夫王的雕像雖然只有這一尊，但是從西奈到努比亞★都可見其名。

確實有此人

他的臉好搞笑喔，感覺像漫畫人物一樣……

順帶一提，就連胡夫的侄兒、宰相荷姆翁（Hemiunu）都留下這麼有男子氣概（？）的大尊雕像呢。

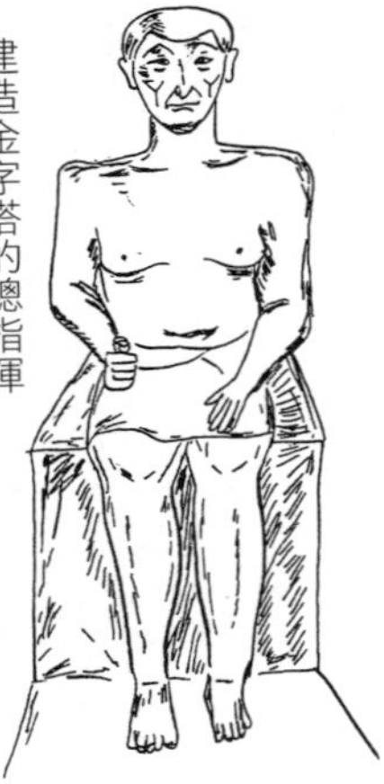
建造金字塔的總指揮

我可是大大地讚美了胡夫一番喔！因為他「年輕的時候雖然違抗神旨，但是到了晚年，卻成為虔誠的國王，還寫下《聖書》」呢。
曼內托
「年輕時違抗神旨」又是什麼意思呢……
所謂《聖書》是什麼啊？真好奇……
把胡夫說成暴君的禍首就是這個傢伙！
聽說啊，胡夫把所有的神殿都給封閉起來，將祭品禁閉在裡頭，而且，為了自己的私慾，殘暴地強迫治下的人民勞動，是個不折不扣的暴君。為我做嚮導的人就是這麼告訴我的啊！
喜歡抬槓的希羅多德
呵！呵！呵！

★努比亞：從埃及南部到蘇丹北部的區域。

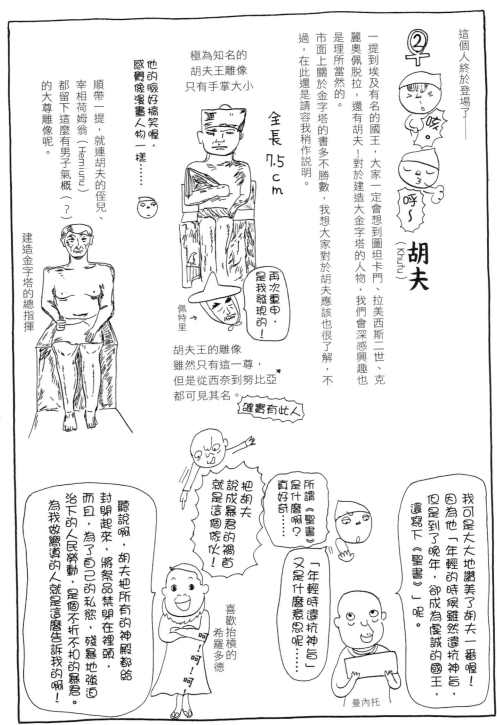

大金字塔

位於吉薩的三大金字塔，其四個面都正確地朝著東、西、南、北四個方向。特別是胡夫的金字塔，竟然精密到最大誤差小於一度。在西元十三世紀發生大地震之前，這個表面由石灰岩所覆蓋、滑溜溜亮晶晶的金字塔，在太陽光的映照之下，想來應該是非常地耀眼奪目吧。

大地震發生之後，金字塔外裝石鬆脫剝落，引起了人們的注意。結果，之後不僅金字塔本體遭到掠奪，就連清真寺及橋樑也被拿來使用，現在已經成了「一絲不掛」的金字塔了。

希羅多德這些古早的大旅遊家在其著述中曾經寫到，金字塔的表面上寫著一些文字。可以知道金字塔上應該是有後人的塗鴉，不過，是不是建造時就有文字在上面，這就不得而知了。

紅色金字塔？

一位叫做安德烈・波香（Andre Pochan）的學者，觀察了散落在金字塔周邊的外裝石之後，提出了「金字塔被上了紅色顏料」這樣的看法。

雖然後來為了解答，做過化學分析，但是學者們還是分成兩派，其中一派認為「金字塔的確是上了紅色顏料」；另一派則主張「不過是因為太陽光線等因素，才稍微變色」，雙方吵吵嚷嚷、相持不下，最後沒有得出什麼結論，無疾而終。

金字塔工人的村落

1990年、哈瓦斯（Zahi Hawass）及馬克・雷納（Mark Lehner）這兩位博士發現了金字塔工人們居住處的遺跡。那個地方也有一塊墳墓區，分析當中的遺骨之後發現，大部分是小孩子的骨頭。大人的遺骨當中，男、女各占一半，由此可見，工人們是以家族為單位生活著的。

另外，在某些遺骨中，發現了骨折治療等手術的痕跡，可以推測工人們的生活是獲得保障的。

這裡也有啤酒工廠，以及麵包工廠，人們也配給到肉類（從遺跡中殘存的食物得知）。

再怎麼說，果然還是粗活啊！

金字塔工人的脖子等處的骨頭歪曲變形，像荊棘般突出。

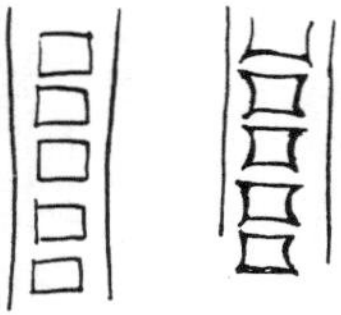

在此生活的人們還使用漂亮的土器，看起來待遇不錯。

順帶一提，工人的平均壽命是三十五到四十五歲，這個村落大致存在了六百年左右。

現在還有其他證據陸續出土，它們都逐漸打破希羅多德所主張的「金字塔是奴隸所建造的」這個說法。

學者在這村落發現了土器，在此之前，學者們一直認為只有富有的人才能使用這麼好的土器。

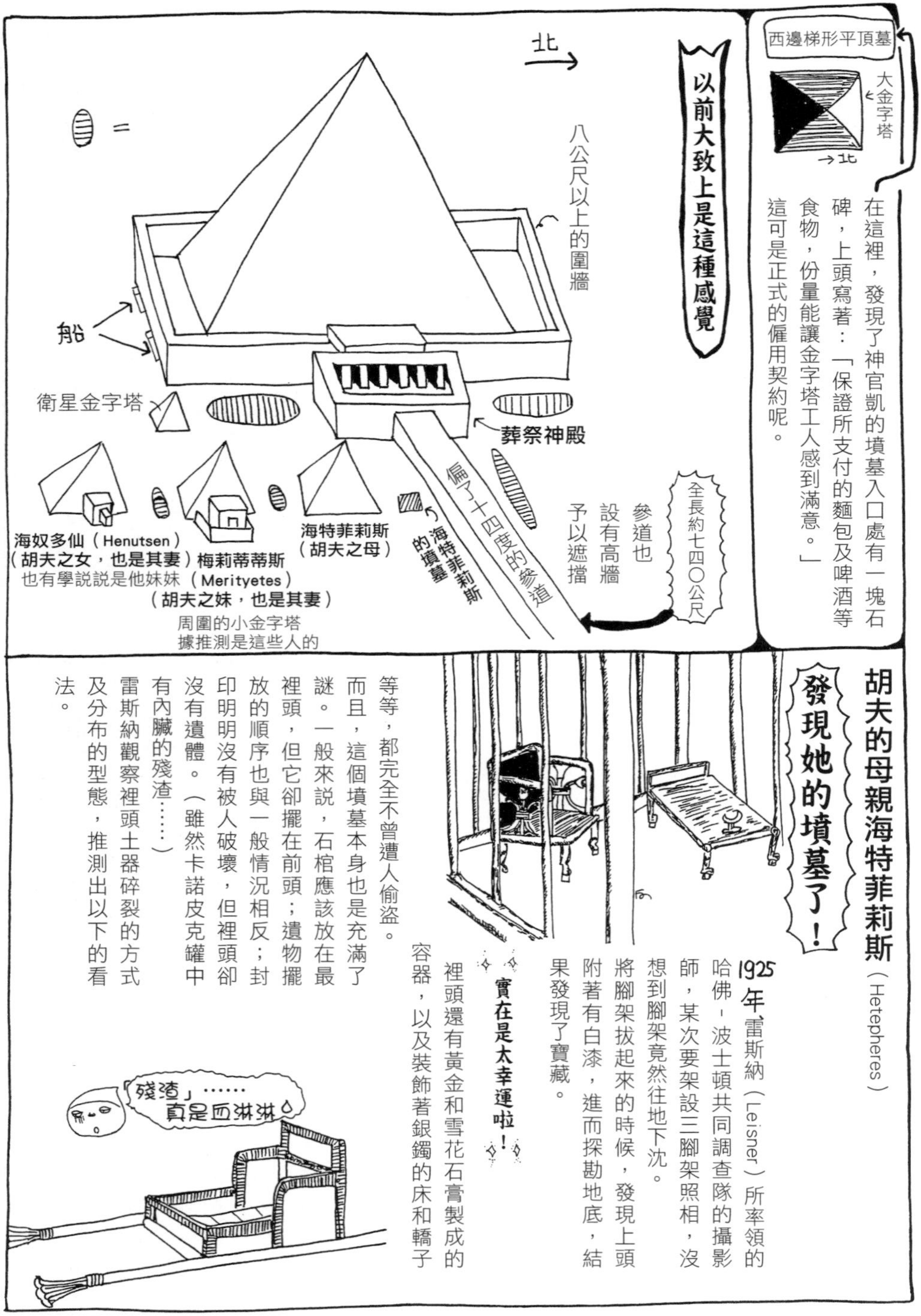
西邊梯形平頂墓
大金字塔
北
在這裡，發現了神官凱的墳墓入口處有一塊石碑，上頭寫著：「保證所支付的麵包及啤酒等食物，份量能讓金字塔工人感到滿意。」
這可是正式的僱用契約呢。
以前大致上是這種感覺
北
八公尺以上的圍牆
船
衛星金字塔
葬祭神殿
全長約七四〇公尺
參道也設有高牆予以遮擋
偏了十四度的參道
海特菲莉斯的墳墓
海特菲莉斯（胡夫之母）
海奴多仙（Henutsen）（胡夫之女，也是其妻）也有學說說是他妹妹
梅莉蒂蒂斯（Merityetes）（胡夫之妹，也是其妻）
周圍的小金字塔據推測是這些人的
胡夫的母親海特菲莉斯（Hetepheres）
發現她的墳墓了！
1925年雷斯納（Leisner）所率領的哈佛-波士頓共同調查隊的攝影師，某次要架設三腳架照相，沒想到腳架竟然往地下沈。
將腳架拔起來的時候，發現上頭附著有白漆，進而探勘地底，結果發現了寶藏。
實在是太幸運啦！
裡頭還有黃金和雪花石膏製成的容器，以及裝飾著銀鐲的床和轎子等等，都完全不曾遭人偷盜。
而且，這個墳墓本身也是充滿了謎。一般來說，石棺應該放在最裡頭，但它卻擺在前頭；遺物擺放的順序也與一般情況相反；封印明明沒有被人破壞，但裡頭卻沒有遺體。（雖然卡諾皮克罐中有內臟的殘渣……）
雷斯納觀察裡頭土器碎裂的方式及分布的型態，推測出以下的看法。
「殘渣」……真是血淋淋

「海特菲莉斯原本是葬在她的丈夫斯尼夫魯的金字塔旁邊，但是那裡遭到了偷盜。
胡夫得知這個消息之後，為了不讓損害繼續擴大，於是便命令家臣在自己的金字塔附近重新埋葬母親。

紅色金字塔

但是呢，女王的遺體卻不見了。

……
空無一物

注 在達夏爾這個地方，並沒有找到海特菲莉斯的墳墓。

家臣們因為害怕受到責罰，就把遺物埋葬在吉薩。胡夫聽到遷墓完成的報告，非常高興地說，

哈哈，謝謝各位，這下我晚上終於能睡得酣甜了。
太好了！來辦盛大祭典慶祝吧！

由於家臣們不敢說出實情，其狀態就這樣維持至今。」

這故事說的是：胡夫思母而家臣則體念胡夫

我覺得雷斯納應該是一個善良的人呢。

連船隻都發現了！

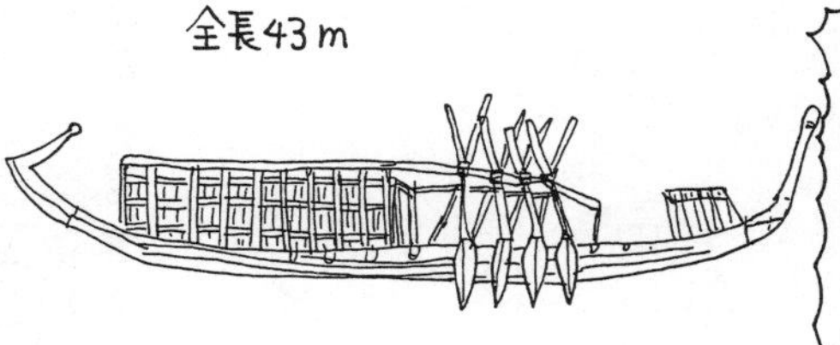
全長43m

金字塔的四周有許多的洞穴，這是用來收放船隻的。但是，一直到西元一九五四年，後世之人才終於發現了真正的船隻。
所發現的六百五十一個零件，單獨由一位叫做尤塞夫★的人花了二十年以上的時間，終於組裝完成。
但實際上這船過去是否曾使用過？還是為「拉每天坐船旅行」這神話而建造的呢？沒有人知道答案。
之後，經由電磁波雷達探測，還在另一個船坑中發現了大型船隻。（by早稻田探險隊）

▲大金字塔使用的石灰岩石約二三〇～二七〇萬個▼

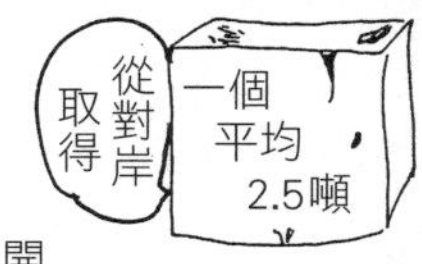
一個平均2.5噸
從對岸取得

兩百七十萬個是多少啊？說了個數字也沒辦法讓人想像出份量。聽說換算成紐約帝國大廈的話，可以蓋個三十棟呢！

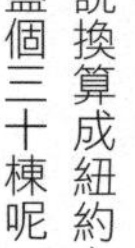
啊～？？？

插個題外話，聽說拿破崙擅長幾何學，所以他看到吉薩的三個大金字塔時，就馬上將它們給畫下來，並且開始思考。他計算出：三個金字塔的石材量，做成高三公尺、厚一公尺的牆壁的話，可以將法國整個圍起來。他的計算經後世驗證，並沒有太大的誤差，無怪乎他被稱為「計算與夢想之能手」。

這裡應該不是指那個意思啊……
呵呵

★Ahmed Youssef Mostafa，埃及古船專家。

金字塔的內部

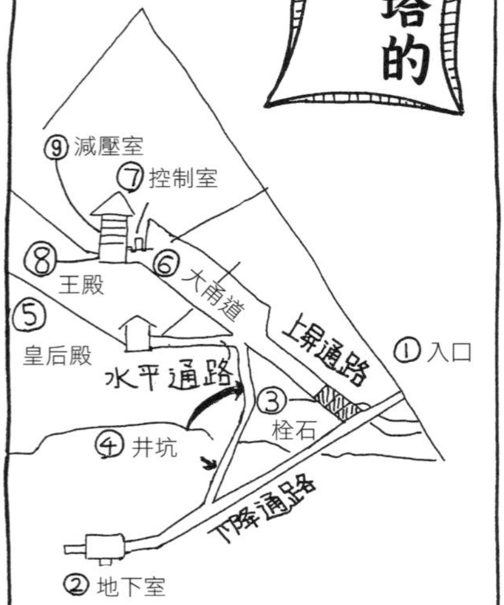

⑨減壓室
⑦控制室
⑧王殿
⑥大甬道
⑤皇后殿
上昇通路
①入口
水平通路
③栓石
④井坑
下降通路
②地下室

①入口

原本的入口

觀光客進出的入口是西元九世紀前半卡里夫阿爾馬蒙下令開鑿的洞口。

★卡里夫：伊斯蘭帝國政治及宗教上的最高統治者。

阿爾馬蒙

阿爾馬蒙（al-Mamun）是聲名遠播、評價極佳的賢者。他建造了大學、圖書館、天文台等設施，致力於保護文學、科學，傾注其所有的熱情，希望讓國民接觸、了解學問。他自己本身也翻譯托勒密時代（西元二世紀的學者）跟天文學有關的論文，做為學者亦極負盛名。

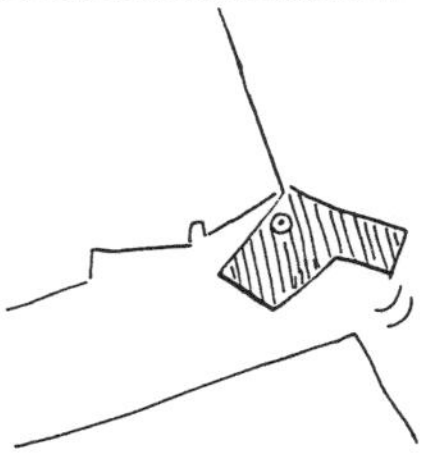

斯脱拉波（Strabon，約西元前二十四年來到埃及）在書上寫道：「大金字塔裡有『可以搬移的石頭』，大家就是從那裡進出金字塔的。」

不過，他曾在先前的著作中提到：「從入口進去之後，裡頭的通道彎彎曲曲的、呈螺旋狀。」但是，實際上金字塔裡頭沒有這樣的通道！他真的進去過金字塔裡頭嗎？還是說，金字塔有別的入口？但是，如果真有那樣的入口、而且成為觀光景點的話，又何必要封起來呢？還是說斯脱拉波搞錯了？

②地下室

離地面三十公尺

這個房間位於距離大金字塔頂點正下方四公尺的地方。

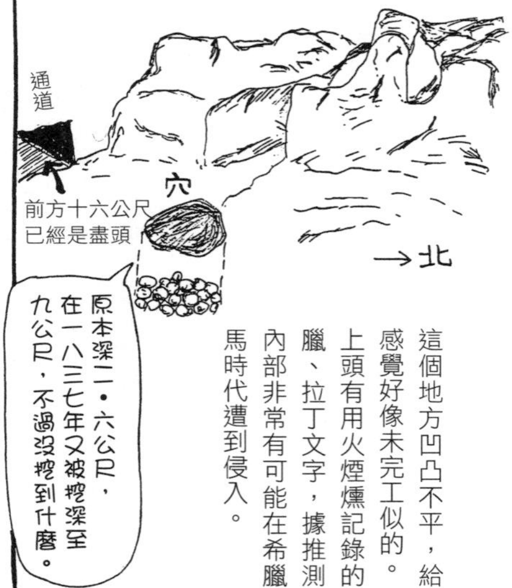

通道
穴
前方十六公尺已經是盡頭
→北
原本深二一・六公尺，在一八三七年又被挖深至九公尺，不過沒挖到什麼。

這個地方凹凸不平，給人感覺好像未完工似的。上頭有用火煙燻記錄的希臘、拉丁文字，據推測，內部非常有可能在希臘羅馬時代遭到侵入。

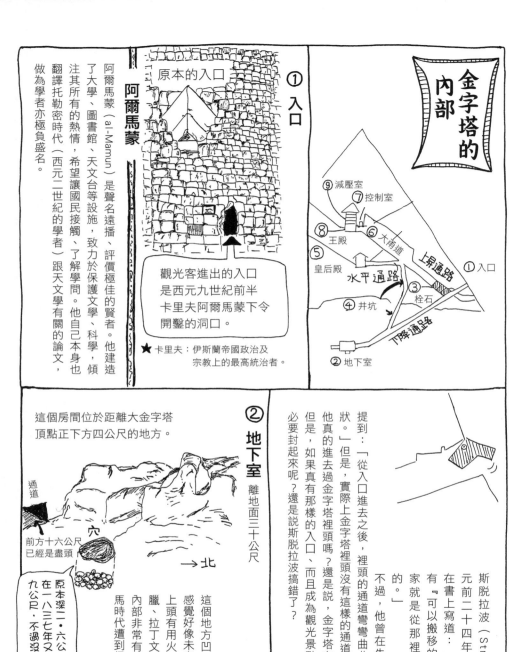

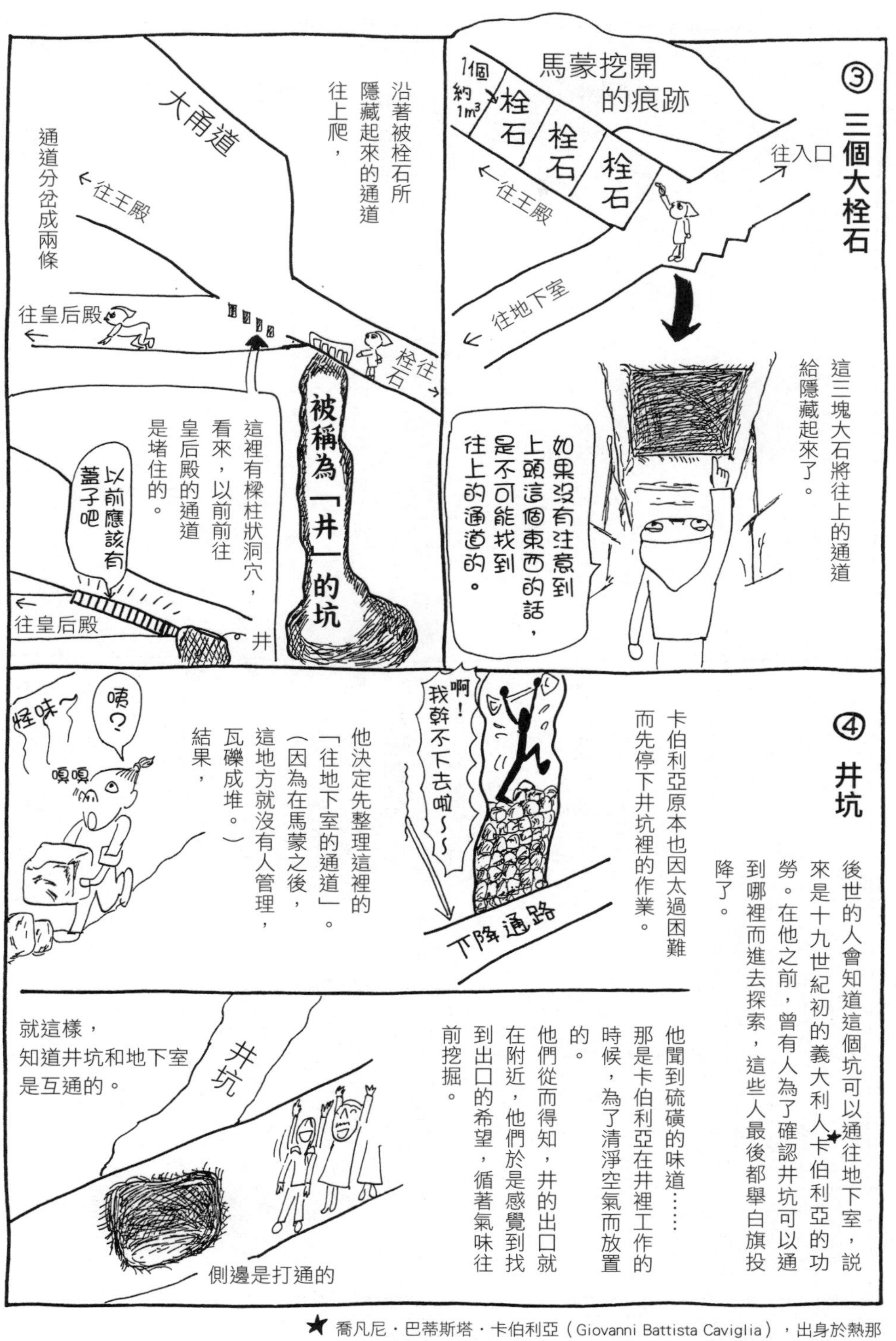
③ 三個大栓石
馬蒙挖開的痕跡
1個約1m³
栓石
栓石
栓石
往入口
往王殿
往地下室
這三塊大石將往上的通道給隱藏起來了。
如果沒有注意到上頭這個東西的話，是不可能找到往上的通道的。
沿著被栓石所隱藏起來的通道往上爬，
大甬道
通道分岔成兩條
往王殿
往皇后殿
往栓石
被稱為「井」的坑
這裡有楔柱狀洞穴，看來，以前前往皇后殿的通道是堵住的。
以前應該有蓋子吧
往皇后殿
井
④ 井坑
後世的人會知道這個坑可以通往地下室，說來是十九世紀初的義大利人★卡伯利亞的功勞。在他之前，曾有人為了確認井坑可以通到哪裡而進去探索，這些人最後都舉白旗投降了。
卡伯利亞原本也因太過困難而先停下井坑裡的作業。
啊！我幹不下去啦～～
下降通路
他決定先整理這裡的「往地下室的通道」。（因為在馬蒙之後，這地方就沒有人管理，瓦礫成堆。）結果，
咦？
怪味～
嗅嗅
他聞到硫磺的味道……那是卡伯利亞在井裡工作的時候，為了清淨空氣而放置的。他們從而得知，井的出口就在附近，他們於是感覺到找到出口的希望，循著氣味往前挖掘。
井坑
就這樣，知道井坑和地下室是互通的。
側邊是打通的

★ 喬凡尼・巴蒂斯塔・卡伯利亞（Giovanni Battista Caviglia），出身於熱那亞（Genoa）。原本是船員，後來挖出獅身人面像，成為活躍的探險家。

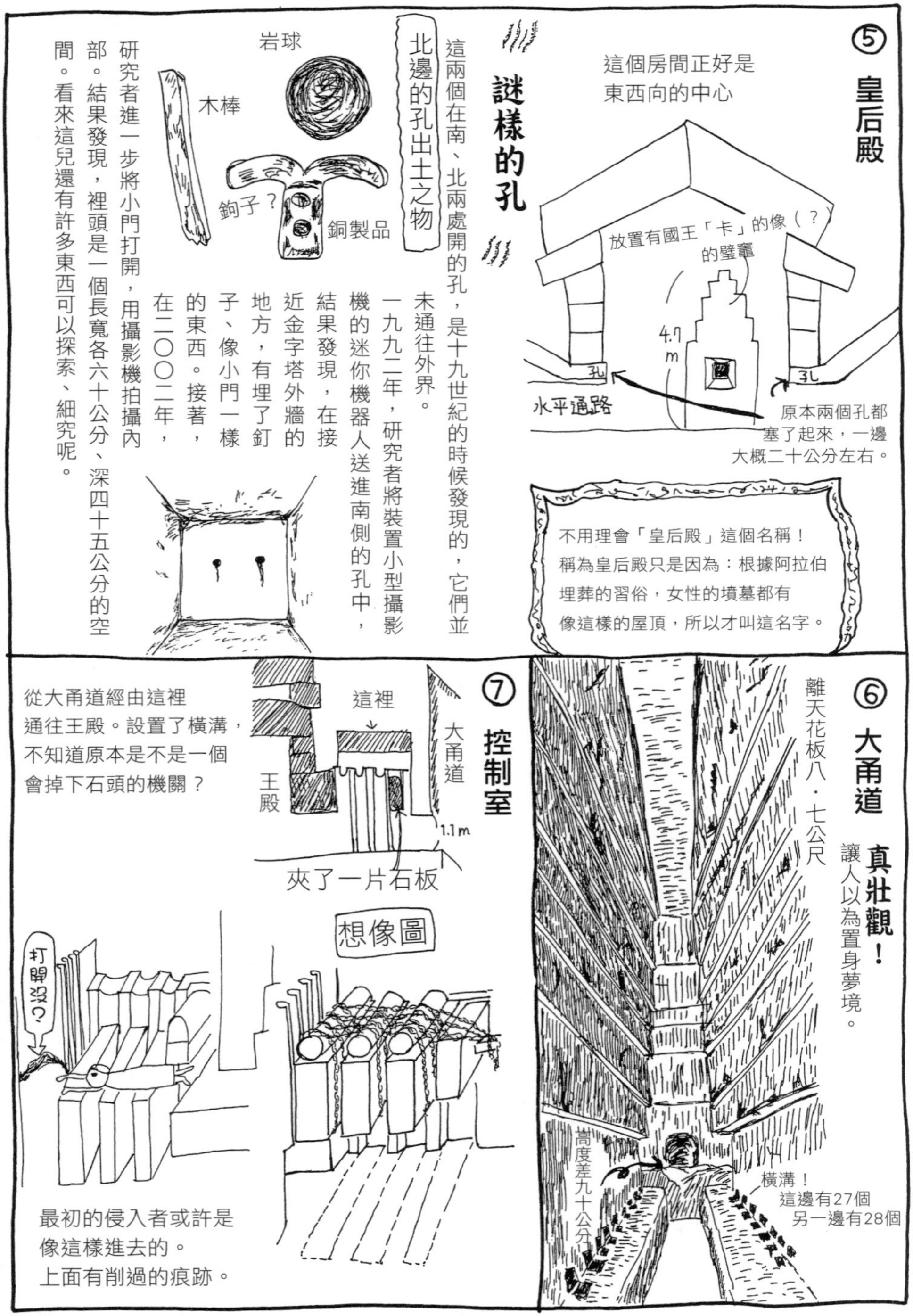
⑤
皇后殿
這個房間正好是
東西向的中心
放置有國王「卡」的像（？）的壁龕
4.7m
孔
孔
水平通路
原本兩個孔都塞了起來，一邊大概二十公分左右。
不用理會「皇后殿」這個名稱！
稱為皇后殿只是因為：根據阿拉伯
埋葬的習俗，女性的墳墓都有
像這樣的屋頂，所以才叫這名字。
謎樣的孔
這兩個在南、北兩處開的孔，是十九世紀的時候發現的，它們並未通往外界。
一九九二年，研究者將裝置小型攝影機的迷你機器人送進南側的孔中，結果發現，在接近金字塔外牆的地方，有埋了釘子、像小門一樣的東西。接著，在二〇〇二年，研究者進一步將小門打開，用攝影機拍攝內部。結果發現，裡頭是一個長寬各六十公分、深四十五公分的空間。看來這兒還有許多東西可以探索、細究呢。
北邊的孔出土之物
岩球
木棒
鉤子？
銅製品
⑥
大甬道
離天花板八・七公尺
真壯觀！
讓人以為置身夢境。
高度差九十公分
橫溝！
這邊有27個
另一邊有28個
⑦
控制室
從大甬道經由這裡
通往王殿。設置了橫溝，
不知道原本是不是一個
會掉下石頭的機關？
這裡
大甬道
王殿
1.1m
夾了一片石板
想像圖
打開沒？
最初的侵入者或許是
像這樣進去的。
上面有削過的痕跡。

⑧ 王殿

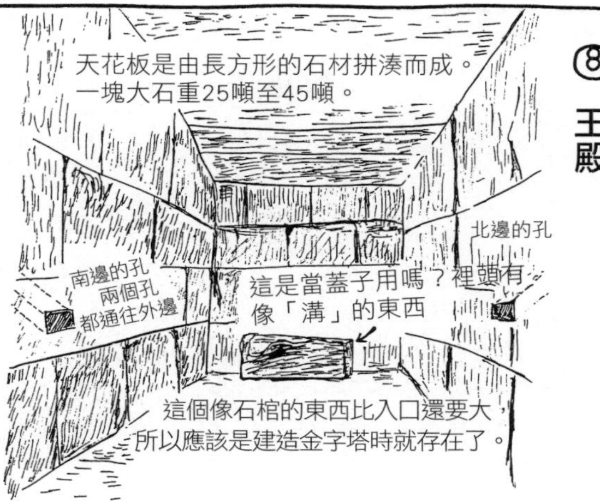
天花板是由長方形的石材拼湊而成。
一塊大石重25噸至45噸。
北邊的孔
南邊的孔
兩個孔
都通往外邊
這是當蓋子用嗎？裡頭有
像「溝」的東西
這個像石棺的東西比入口還要大，
所以應該是建造金字塔時就存在了。

在皇后殿也發現了像這樣的孔。有人說那是用來換氣的，但也有人反駁說孔必須開水平方向空氣才容易流通，所以「換氣說」遭到了許多質疑。孔是由這樣有溝的石頭層層堆疊所形成的，並不是後來才開鑿的，很了不起吧！

在南邊的孔靠近金字塔外側的地方，發現了鐵板。據發現鐵板的人描述，板子是插在石頭與石頭間的縫隙中的。這個時代，就只有隕石的鐵，精煉過的鐵則要到更後面的時代才登場，所以也有人說：「這塊鐵搞不好是阿拉伯人放的呢，會不會？」事實如何就不得而知了。

鐵（隕石的鐵）本身也經常在古王國時期的物品中被發現。孟卡拉的河岸神殿中也發現過。

有人會為了一塊鐵而吵翻天，但是對於像我這樣無知的人來說，完全無法理解這麼做的價值及意義。
Why?

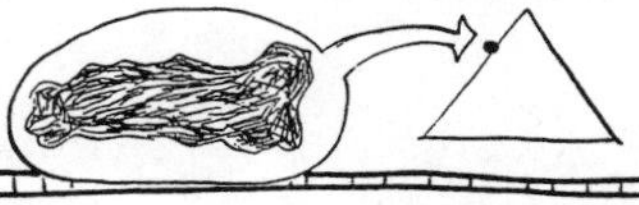
在這裡發現的

再度介紹拿破崙的知名小典故

為了效法他所尊敬的亞歷山大大帝，拿破崙在王殿睡了一晚。隔天早上他出來的時候，臉色實在太過蒼白了，於是下屬們擔心地探問原因，他卻死都不肯吐露當晚的情形：「我絕對不告訴你們！就算我說了，也絕對不會有人相信的。」晚年他被流放到厄爾巴島（Elba）之後，不知道是不是因為太過寂寞，有一回他幾乎要說出那天晚上的事了，但後來又搖頭說：「不，不行，說出來沒什麼用，也沒人會相信的。」結果，他就把這個祕密帶到墳墓裡去了。

金字塔戰役（Battle of the Pyramids）前，拿破崙為了鼓舞部下，發表了這段極其知名的演說……

士兵們，四千年的歲月正注視著諸位啊！

啊，好浪漫……
陶醉
這個名言真是叫人聽了心都要融化啦～～

⑨減壓室

另外又叫做「重力擴散室」等。就如同其名，這個五層的空間，是為了減輕壓在王殿上的重力所建造的，但是是不是真的有減壓的效果，就不得而知了。而且，「為什麼重力加壓力道更甚的皇后殿上方卻沒有減壓室？這不是很奇怪嗎？」（©吉村作治提出）基於這個理由，「減壓室」這個的名稱也遭到質疑。

上面的四個房間是英國人哈華特．魏斯（Haward Vice，見下頁）所發現的。他把棒子插進先前已經被發現的「德賓遜的房間」（Davison's room）的天花板縫隙中，由於棒子可以插得很深，所以他確信上面還有房間，於是就用炸藥炸出了通道。

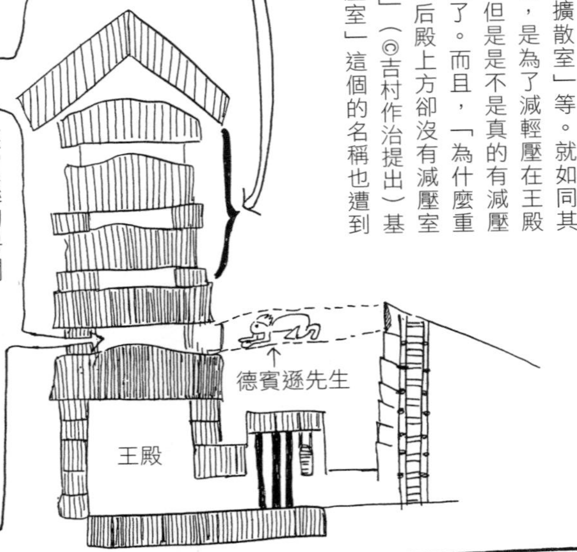

德賓遜的房間

這個房間是西元一七六五年由英國人德賓遜所發現的。他在王殿的房間內大聲喊叫，之後感覺到回聲震動，因此猜測：「搞不好上頭有房間？」於是仔細地調查，之後就找到了大甬道上方的洞穴，從那裡架了多達七個梯子往上爬，發現了這個房間。

終於發現胡夫的名字

在最上面的房間中，哈華特．魏斯發現了寫有「胡夫」名諱的勳章飾（另外還發現了「治世十七年」、「克奴姆胡夫」等文字）。在這個發現之前，雖然希羅多德的著作以及傳說等等，都曾經提到「這一個金字塔是胡夫王的」，但是卻沒有確切的證據可以證明這個說法。

在金字塔建造完成之後，哈華特．魏斯可以說是第一個進入這個房間的人。所以，在這個地方找到了胡夫的名字，可以說是獲得了重要的證據可以證明胡夫跟這個金字塔有關。

但是，這些文字看起來像是採石場的石匠所刻劃的記號，感覺好像是隨便寫寫的，而且上頭的紅色顏料時至今日都還有人在使用，無法判別其年代，因此也有人懷疑：「該不會是哈華特．魏斯急於求功所造假的東西吧？」

原本，埃及考古局是不理會這些問題的，但是之後終於著手研究這個有問題的胡夫勳章飾，把上面的石頭削了一部分下來。

遭質疑的勳章飾

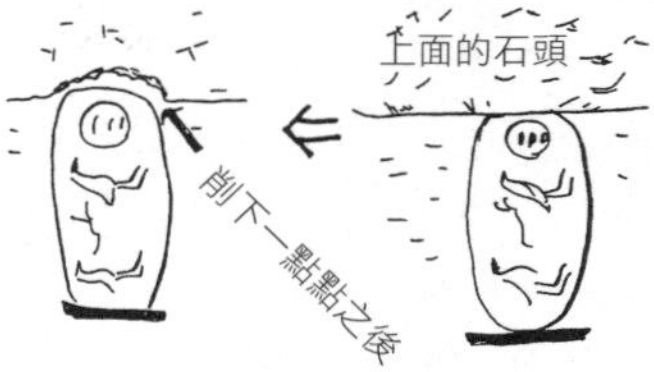
上面的石頭
稍微掩蓋住
削下一點點之後

接著，在削過的表面底下，陸續浮出清楚的勳章飾。因此，就證明了這東西絕對不是魏斯後來才畫上去的。（摘自『痛快！ピラミッド学』，吉村作治著）

在聽說這個消息之前，我也一直心存懷疑。因為從書上得知的魏斯的作風，讓人覺得他不是個好人，沒辦法對他有什麼好感。

可是給人壞印象不代表這個人一定做壞事，那是兩碼子事啊。
你說得對……

（Haward Vice）

挖掘探險家：哈華特・魏斯

一八三六年前來埃及旅行，從此迷上了這個地方。除了胡夫之外，他還有其他重要的發現。像是王殿的孔通往外邊、以及發現鐵，都是他的功勞，他也找到了大金字塔的外框石，還發現了衛星金字塔的入口。此外，他還果斷地決定使用火藥。雖然是他死後才遭人懷疑，不過遭受此等對待還真是可憐。

關於金字塔的用途，有各式各樣說法

1「**王墓**」說

原本以為現在來看這是老掉牙的說法，但其實這是地位穩固的正統學說。

2「**天文台**」說

最初，金字塔並沒有上頭的三角錐，形狀是像底下這樣子的。在收集了足夠的天體相關知識之後，才又加蓋了上面的部分，當做國王的墳墓。

金字塔本身是
一個巨大望遠鏡

從大甬道觀察天際

3「**河川氾濫時，可當防波堤**」說

這是高津道昭在其著作中提出的說法……
『ピラミッドはなぜつくられたか』（新潮社）
尼羅河

4「**太陽時鐘**」說

5「**智慧的寶庫**」說

這個說法是從阿拉伯的傳說來的……

「埃及的法老王夢見世界末日即將到來，他怕洪水就要來臨了，為了收藏所有的寶藏以及知識，於是就建造了金字塔。金字塔裡頭藏有天體及地球的地圖、不會生鏽的武器，以及可以塑形的玻璃。」

另外，從歐洲來的中世紀旅人還堅信金字塔是「約瑟夫（Joseph）的穀倉」呢。

聽說阿爾馬蒙正是因為對這些知識有興趣，才打開金字塔的喔！

舊約聖經中約瑟夫的故事

希伯來人約瑟夫擁有解夢的能力，他分析了法老的夢，預測近期將會有飢荒發生，於是勸國王先儲備一些東西。預言後來實現了，他因而得到很高的地位。

喬邁爾在介紹商博良的篇章登場過。

……此外還有

6 「大金字塔表示地球的各種數值」之說

拿破崙遠征隊的成員之一喬邁爾測量了金字塔，而且，除了底邊長度（一百四十四公尺），他還實際登上金字塔測量其高度。他用所測出的數值算出角度及邊心距離（註：多邊形中心到邊的垂直距離），看到算出的結果後，他大為興奮。

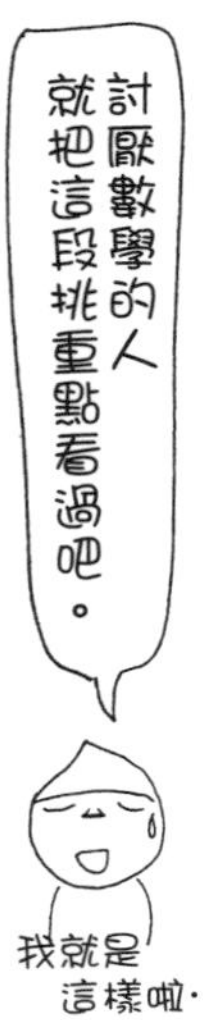
討厭數學的人
就把這段挑重點看過吧。
我就是這樣啦……

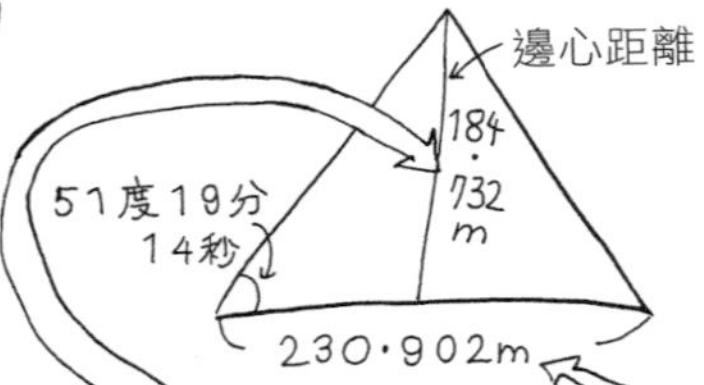
邊心距離
184.732m
51度19分14秒
230.902m

這長度是一緯度的四八〇分之一
除了「古代埃及人已經知道地球的大小」之外，我想沒有其他的解釋了。這可是重大發現呢！
這長度是一緯度的六〇〇分之一
但是，金字塔的四個邊為什麼這麼準確地對著東、西、南、北四個方位呢？

大致上，在地理學和幾何學等領域有重大發現的希臘大學者，都是去過埃及才開竅的。不管是歐幾里德或是柏拉圖，還是畢達哥拉斯（Pythagoras）……

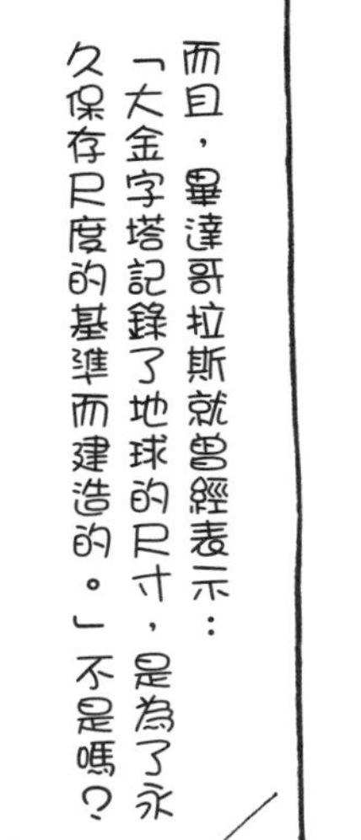
而且，畢達哥拉斯就曾經表示：「大金字塔記錄了地球的尺寸，是為了永久保存尺度的基準而建造的。」不是嗎？

的確，那個時候的埃及可算是學術的聖地，世界各地許多學者都曾經慕名前來。古代埃及的學術水準在全世界引領群雄，這點絕對是毋庸置疑的。

有學者認為，最早推算出地球圓周長度的厄拉托斯德尼茲（Eratosthenes），其功績不過是把古埃及測量學的知識照本宣科罷了。

甚至，還有一位名為約翰・泰勒（John Taylor）的數學家，把哈華特・魏斯測得的金字塔數值再加以仔細推敲。結果他發現，將大金字塔四邊合計長度除以高，會得出三・一四四這個接近π的數字。

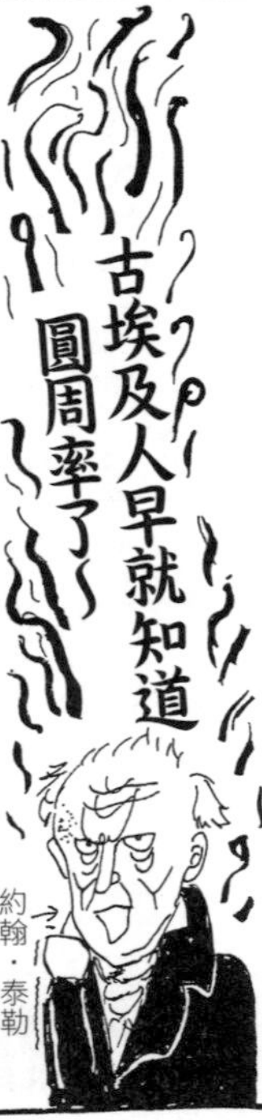
古埃及人早就知道圓周率了～
約翰・泰勒

就這樣，他把金字塔四邊的長度及高的關係換算成圓周以及半徑。

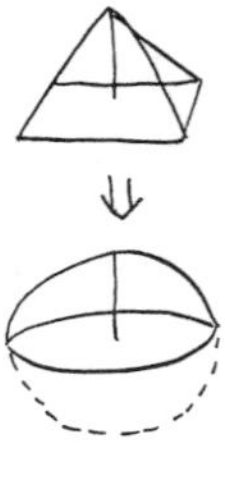

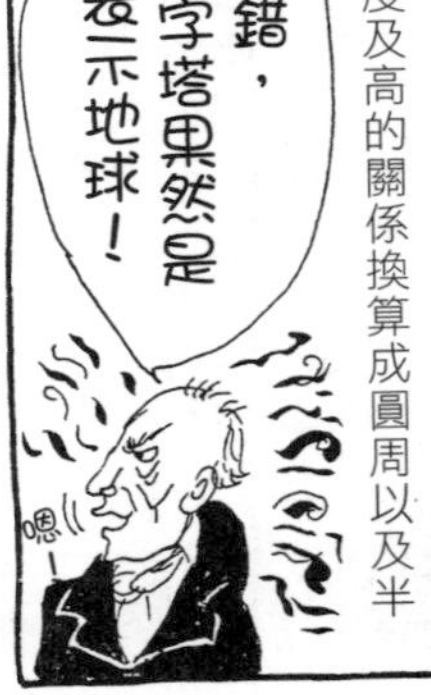
沒錯，金字塔果然是表示地球！
嗯…

之後其他人測量金字塔得出的數值和喬邁爾不同，因此他的學說就不再被當一回事了。

此外，熱愛數字的約翰・泰勒甚至還把各種長度單位拿來跟金字塔對照。他發現，用英國的英吋換算的話，金字塔底邊長度總和跟「三百六十六」的一百倍相近。

366!?
這可不是偶然喔！

更有甚者，這個時候，英國天文學家哈歇爾（Hasher）提出：「英吋應該是和地球大小最成比例的單位。英國測量部所算出的地球直徑大小，以英吋表示的話，剛剛好是五億五十萬英吋，這不正是一個很完美的數字嗎？」接著，哈歇爾又這麼提議道：「如果把英國的英吋加長千分之一，（地球直徑）尾數的五十萬（英吋）就可以捨掉了，變成剛好是五億英吋呢。為了讓英國的英吋成為跟地球大小成完美比例的單位，我們何不把英吋再加長千分之一呢？」

而且，牛頓以前也做過這種假設……

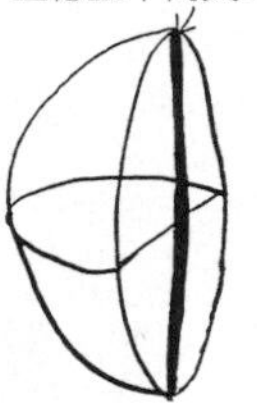
地球半徑是
五億五十萬英吋

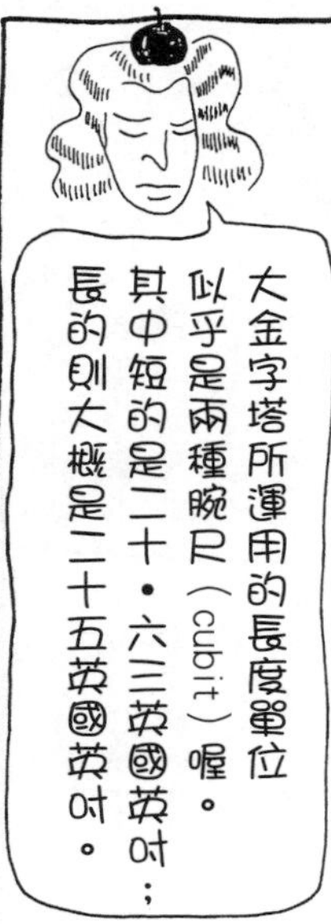
大金字塔所運用的長度單位似乎是兩種腕尺（cubit）喔。其中短的是二十・六三英國英吋；長的則大概是二十五英國英吋。

就是
說啊

牛頓是拿約翰・格雷夫斯（John Grivs）這個人的金字塔計測值，以及以色列研究「單位」的機構之研究成果，而推測出這些結論的。

由於這些人的研究和泰勒自身的研究成果符合，讓泰勒更有自信了。

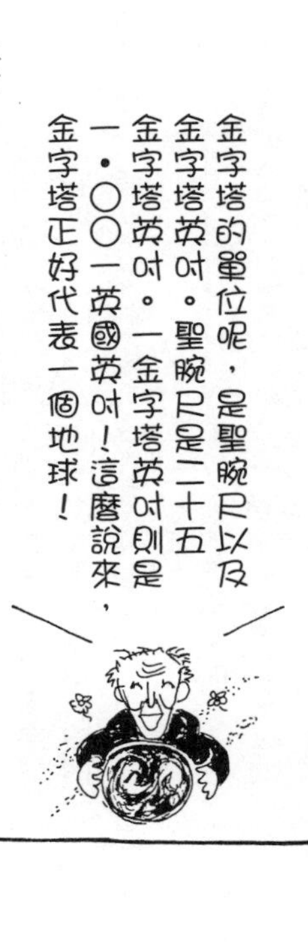
金字塔的單位呢，是聖腕尺以及金字塔英吋。聖腕尺是二十五金字塔英吋。一・〇〇一英國英吋＝一金字塔英吋！這麼說來，金字塔正好代表一個地球！

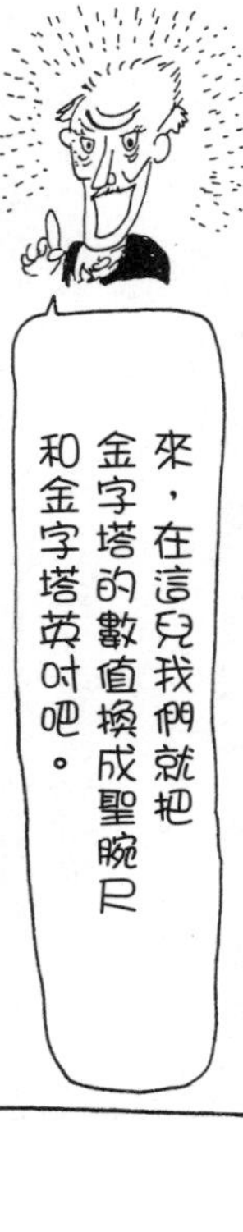
來，在這兒我們就把金字塔的數值換成聖腕尺和金字塔英吋吧。

首先，四個底邊總和
大約為36600
金字塔英吋
剛好！
一個邊換算成聖腕尺的話大約是366
漂亮！

簡直是「三六六的完美演出」！為導出「三六六」這個數字的聖腕尺和金字塔英吋喝采吧！

萬歲！

說到「腕尺」這個單位

這是埃及及美索不達米亞地區常見的單位，確切數值因時代及地區而有所不同。由出土的量尺得知，實際上埃及主要也是以二〇・六三英吋（約〇・五二四公尺）當一腕尺使用。

接下來，泰勒又量了許許多多的東西。譬如說王殿的棺材。在英國，人們會用「夸特」（quarter）這個單位來計算穀物的量，一夸特正好是金字塔王殿棺材的「四分之一」，名符其實的quarter。怎麼樣，驚訝吧？

從這件事也可以知道，大金字塔的重量以及尺寸的體系，是為了傳給後世而設計的。而這些尺度的體系又特別在英國文化中留存了下來。雖然在悠久的歷史中，英國英吋短少了千分之一……

接下來，泰勒下了熱血基督教徒式的結論……

「建造金字塔的這些人們哪，是身懷幾何學、天文學等無盡知識的專家。能夠做到這個程度的，就只有『得到神啟的人』了！」

……繼承泰勒的這個想法的，則是一位在學界平步青雲的精英份子，叫做皮爾吉・史密斯（Charles Piazzi Smyth）

在當時，他是蘇格蘭王所任命的天文台台長暨愛丁堡大學教授。他深受約翰・泰勒的學說感召，為了證明泰勒的學說之正確性，決定自己實際進行測量，因而前往埃及。接著……

喔耶！跟預期的數值幾乎一樣！而且我還發現，把金字塔的高乘以十億倍，正好是太陽與地球的距離呢！

我可是自掏腰包呢

皮爾吉・史密斯進一步將推論擴大，表示：大金字塔不僅表示了地球的數值，甚至表示了天體的運行！

在這之後，又有人說「大金字塔表現了《聖經》的預言」，這使得史密斯更加喜出望外。

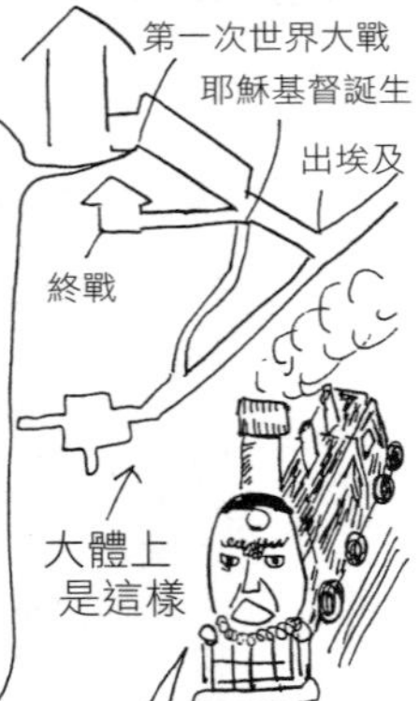
第一次世界大戰
耶穌基督誕生
出埃及
終戰
大體上是這樣
將「一金字塔英吋」當做「一年」來看的話金字塔內每個房間的交接點以及通道的起點和交叉點等，世界上都剛好有重大事件發生。
不知道是不是計算出來的結果不符合的緣故，到這裡他突然把一金字塔英吋改成一個月。

這個概念又孕育出新的門派學說，關於日期及所發生的事件，也有各種各樣的解釋。

這時候我還是個年輕小夥子……
鏘鏘！

可是呢，除了大金字塔之外，皮爾吉・史密斯憎恨其他的埃及建築。他經常說：「埃及是崇拜動物及偶像的怪誕文化。古埃及人的品味那麼差，憑他們，是不可能建造出像金字塔那麼偉大的建築的！」此外，他甚至這樣下結論：「大金字塔是我們英國人的祖先所建造的（所以，我們才會使用接近金字塔英吋的單位）。」

史密斯原本就抱持著「盎格魯薩克遜才是以色列所失散的旁系子孫」這樣的觀點。看來，他把過剩的菁英意識反映在對大金字塔的看法上了。

獅身人面像根本是怪物！
喔耶！
除了大金字塔，其他的金字塔全都是未開化的埃及人所做的複製品！

為什麼這些人可以毫無愧色、大剌剌地說自己是最優秀的呢……
有夠厚臉皮……

不過（第六十二頁曾提到過）這個在學術上很有良心的佩特里測量了大金字塔，所得出的數值和史密斯的結果差距甚大。因此，說「三六六如何又如何」的學說就完全站不住腳了。

佩特里
太酷了！
可惡~
我才不認同呢！！
佩特里所測得的數值時至今日仍然被公認為正式的尺寸。

不過，在這裡要為史密斯說幾句話。測量金字塔是個大工程，即使運用現代的技術，也是一件頗具難度的差事。甚至，之後還有人爭論說「表面沒有石頭」、「最角落要從哪裡算起」等等……

史密斯那個時代石頭比現代更散亂呢

雖然皮爾吉・史密斯的說法後來瓦解了，但企圖將金字塔跟數字扯上關係的數字狂卻絡繹不絕。

金字塔跟其他數字

王殿的前室之長度（史密斯等人測得），換算成金字塔英吋，乘以三・一四可得到三六五・二四二這數值。

金字塔英吋乘以一千億，正好是地球在軌道上移動一天的距離。

地球

哎呀。

◎ 金字塔底邊的對角線之總和，表示地球的歲差運動的年數。

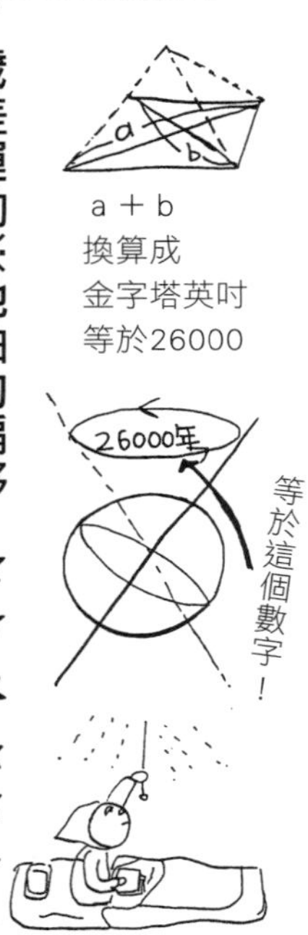
a
b
a＋b
換算成
金字塔英吋
等於26000
26000年
等於這個數字！

歲差運動※地軸的偏移

地球的運轉跟陀螺很像，除了自轉、公轉，還有「歲差運動」——其軸心會畫圓圈地轉動，轉動一周要花兩萬六千年。由於歲差運動，星座看起來在幾千年的時間中移動。（一百年大致移動一個滿月）所以要看到同一個星座回到原地，要花兩萬六千年。

囉哩叭唆？

其他「數字配對」還有像是「金字塔的總重量是地球的一千兆分之一」、「金字塔的高是陸地的平均海拔高度」、「王殿的溫度是地球的平均氣溫」等等，總而言之，這類說法多到數不清。這個世界還真是……。大致上，提出那些說法的人都是找一些看起來很漂亮的數字，不管是選什麼（比如說身邊常見的事物），隨便乘、隨便除，都可以得到看起來跟地球有關的數字。

都是大人了，還那麼認真地探究這種事，人類還真是充滿謎團的生物啊。

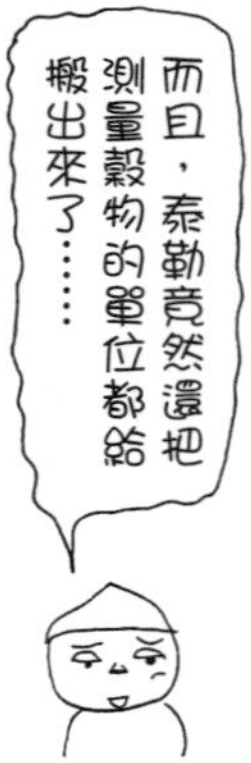
而且，泰勒竟然還把測量穀物的單位都給搬出來了……

至於現今的學者，令人意外的是，他們大多有志一同地斷言：「金字塔就是法老王的陵寢。」不知道這是不是對這種數字遊戲的反彈？還有人提到金字塔具有神祕力量等等有的沒的……。比起學說，我對說這些話的人還比較有興趣呢。

希望韮澤先生多上電視……

金字塔魔力——
這個形狀有神力喔！
可提升精神！
食物還不會臭掉
太厲害了～
畫到一半的畫也自動完成
刮刀也用得較久

π的出現，是因為人們使用「計測輪」這種工具的關係。直徑一公尺的計測輪轉一圈，正好是1πm的長度。據說，若由旋轉數決定長度的話，就自然會得出π這個數字……

計測輪
最適合用來測量長的距離！

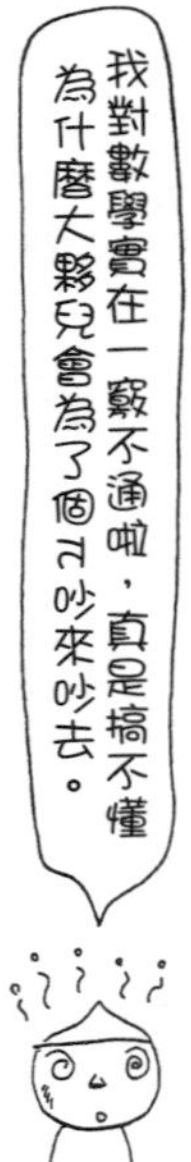
我對數學實在一竅不通啦，真是搞不懂為什麼大夥兒會為了個π吵來吵去。

順帶一提，年代比金字塔建造完成還要晚一千年的數學著作（通稱《萊因德紙草書》，Rhind Papyrus）中，有一道求圓面積的問題，這道題的解答是：將圓的直徑減去九分之一後，得出的數字再平方。這是一個很不錯的線索喔。

而且從喬邁爾開始，又發現「金字塔的四個邊正對著東、西、南、北」這個令人驚嘆的事實。這也是用以下這個有名的方法發現的。首先，在水平的土地上建造圓弧形的牆壁。

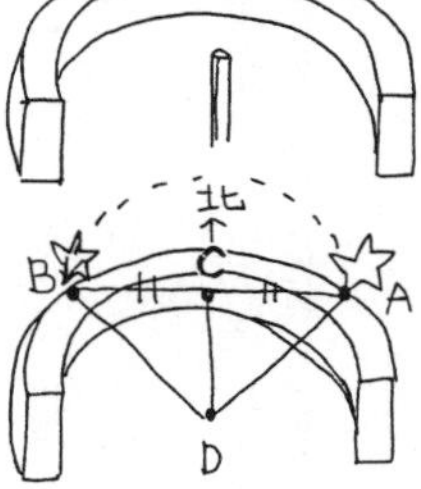
北
B
C
A
D

夜晚時，選定一個星座，等候該星座出現在東方的天空，待星座移動到牆壁上方，在牆壁上做個記號。星座位移、西沈時，再度在牆壁上做記號。這麼一來，A與B的中心點代表正北方，直線C和D則形成南北線。

7 獵戶座信仰之說
——最近（一九九〇年代）的學說

土木工程師羅伯特・鮑威爾（Robert Bauval）提出的學說。他注意到，三大金字塔當中的孟卡拉金字塔實在是太小了，而且不在胡夫金字塔及卡夫拉金字塔的對角線上。

孟卡拉的
非常～小巧
學者們認為：「到了孟卡拉的時代，埃及國力已經衰微，所以只能建這種小的金字塔……」

Orion mystery，羅伯特・鮑威爾、阿德里安・吉爾伯特（Adrian Gilbert）著。

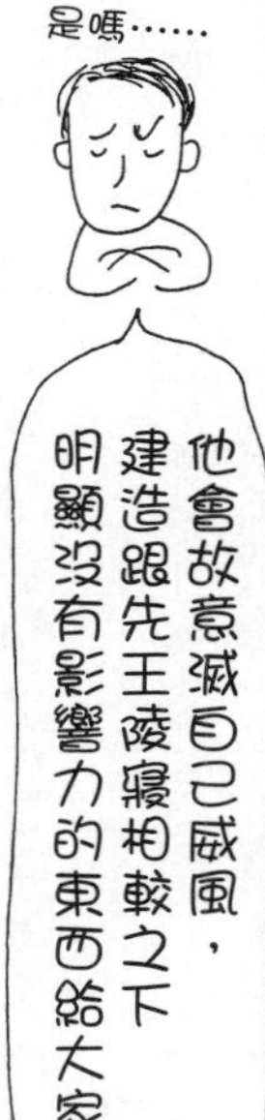
是嗎……
他會故意滅自己威風，建造跟先王陵寢相較之下明顯沒有影響力的東西給大家看？

接下來，他發現吉薩的三個金字塔的配置，正好跟獵戶座腰帶的三顆星排列狀態一致。

大小也跟亮度對應！

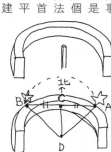

不只如此，他還找到了對應著其他星座的金字塔呢！

金牛座（達夏爾）
變形金字塔是對應畢宿一
紅色金字塔是對應畢宿五
阿布西爾（Abusir）的金字塔群是獵戶座的頭
尼夫卡王（阿爾－阿里揚）
吉薩的三個
雷吉德夫王（阿布－拉阿西）

更巧的是，王殿南側的孔與獵戶座的焦點相吻合，其他的孔也如圖所示般相對應！

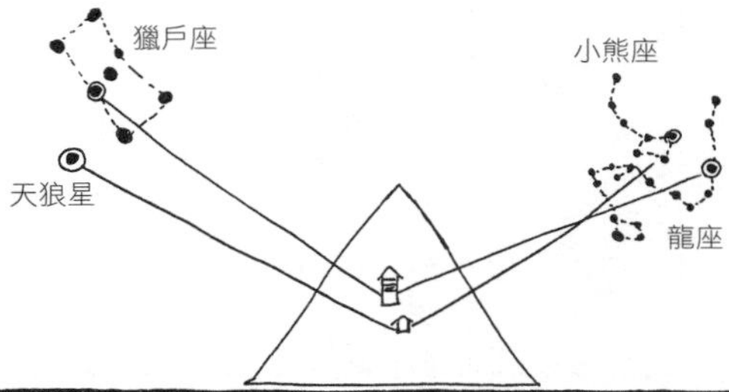
獵戶座
小熊座
天狼星
龍座

☆ 關於「金字塔銘文」請看第159頁

而且，金字塔銘文☆（Pyramid Text）裡頭，記載著許許多多咒語，這些咒語顯示出人們對於星座的信仰。比如，歐西里斯神就被視為獵戶座，金字塔經文中可以看到「死去的王將成為獵戶座」或是「成為獵戶座的居民」等句子。以往，金字塔是被人們視為太陽的象徵，但是，從這些例子看來，金字塔難道不是星座信仰的恩典嗎？

桑曼（Senmut）墳墓的壁畫（第十八王朝）

天狼座（古名索提斯〔Sothis〕）

古埃及的人們，每年都會觀察天狼星，以預測尼羅河的氾濫。（天狼星被視為艾西斯女神）

這個應該是獵戶座的三顆星古名「薩夫」（Saiph）

薩夫＝**獵戶座**

歐西里斯＝**死去的王**

太陽信仰

據說金字塔象徵「從雲間照射下來的太陽光線」，或是「表示與太陽禮讚之都赫里奧波里斯之間的密切相關」，總之，就是跟人們對太陽的信仰有關。

至於金字塔與星座信仰……早在鮑威爾提出這個學說之前，就已經有很多學者根據「金字塔入口在北方」這一點，指出金字塔與星座信仰是有關係的了。（因為北方閃耀著周極星。）另外，從金字塔的葬祭殿設在東邊看來，可推測出太陽信仰的赫里奧波里斯神官團的力量逐漸增強。

從一點點線索就能解讀出這麼多東西，
我還真是佩服學者們的殫心竭慮……

至於埋葬法老王的儀式，實際上是不是也在金字塔舉行呢？

從皇后殿北側的孔可以看到小熊座，這個星座看起來就像是喪葬儀式中最重要的「開口儀式★」所使用的手斧」。而且，從這個洞人們還找到↓，這不也是舉行葬禮時會用到的道具嗎？

接著，羅伯特・鮑威爾下了以下的結論：「金字塔是根據星座信仰建造的，用以在地表表示死去的國王將要前往的獵戶座和其周邊星宿。這是從斯尼夫魯（Sneferu）時代開始擘畫的、統一的大計。」

這樣就可以解釋「為什麼各個金字塔都沒有明確記載所有人」、以及「為什麼孟卡拉無顧忌地建造小金字塔」了，不是嗎！

的確啦……

★開口儀式：為木乃伊進行開口的儀式。經過這個儀式，死者就能在死後的審判中申辯了。

摘自Ancient Mysteries一書，作者Peter James及Nick Thorpe

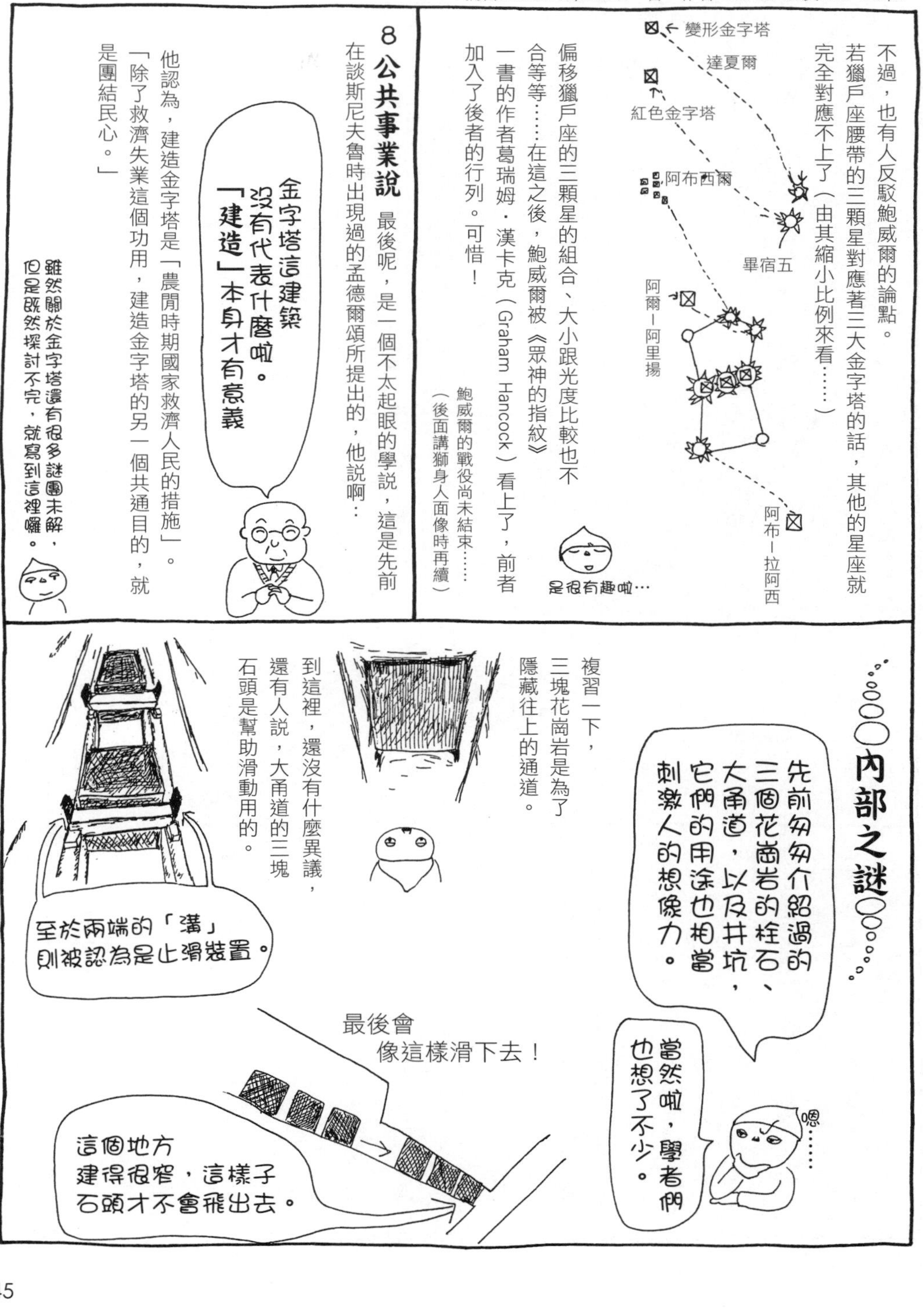
不過，也有人反駁鮑威爾的論點。
若獵戶座腰帶的三顆星對應著三大金字塔的話，其他的星座就完全對應不上了（由其縮小比例來看……）
變形金字塔
達夏爾
紅色金字塔
阿布西爾
畢宿五
阿爾－阿里揚
阿布－拉阿西
偏移獵戶座的三顆星的組合、大小跟光度比較也不合等等……在這之後，鮑威爾被《眾神的指紋》一書的作者葛瑞姆・漢卡克（Graham Hancock）看上了，前者加入了後者的行列。可惜！
鮑威爾的戰役尚未結束……
（後面講獅身人面像時再續）
是很有趣啦…
8 公共事業說
最後呢，是一個不太起眼的學說，這是先前在談斯尼夫魯時出現過的孟德爾頌所提出的，他說啊：
金字塔這建築沒有代表什麼啦。「建造」本身才有意義
他認為，建造金字塔是「農閒時期國家救濟人民的措施」。
「除了救濟失業這個功用，建造金字塔的另一個共通目的，就是團結民心。」
雖然關於金字塔還有很多謎團未解，但是既然探討不完，就寫到這裡囉。
內部之謎
先前匆匆介紹過的三個花崗岩的栓石、大甬道，以及井坑，它們的用途也相當刺激人的想像力。
當然啦，學者們也想了不少。
嗯……
複習一下，三塊花崗岩是為了隱藏往上的通道。
到這裡，還沒有什麼異議，還有人說，大甬道的三塊石頭是幫助滑動用的。
至於兩端的「溝」則被認為是止滑裝置。
最後會像這樣滑下去！
這個地方建得很窄，這樣子石頭才不會飛出去。

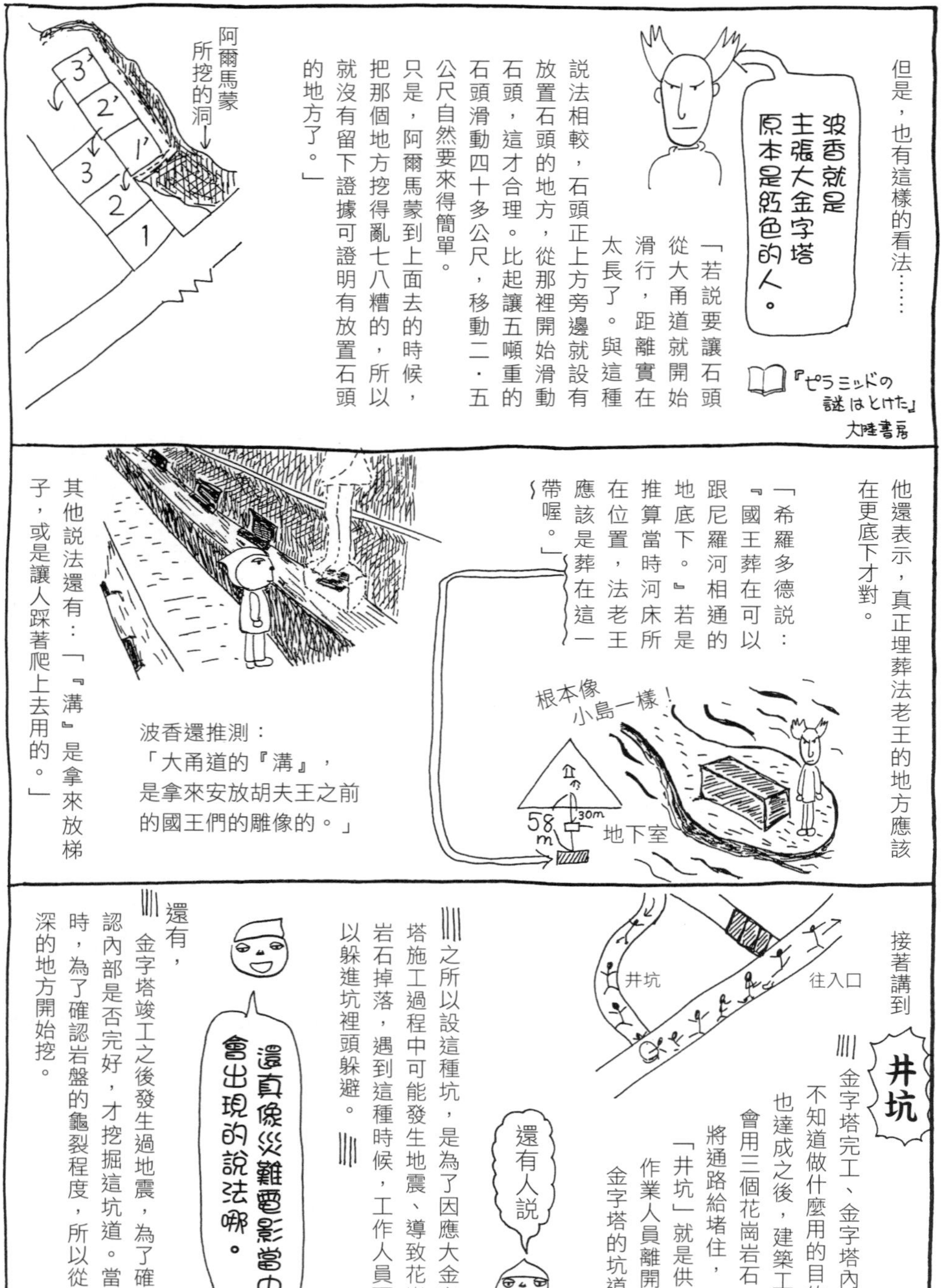
但是，也有這樣的看法……
波香就是主張大金字塔原本是紅色的人。
「若說要讓石頭從大甬道就開始滑行，距離實在太長了。與這種說法相較，石頭正上方旁邊就設有放置石頭的地方，從那裡開始滑動石頭，這才合理。比起讓五噸重的石頭滑動四十多公尺，移動二·五公尺自然要來得簡單。只是，阿爾馬蒙到上面去的時候，把那個地方挖得亂七八糟的，所以就沒有留下證據可證明有放置石頭的地方了。」
『ピラミッドの謎はとけた』
大陸書房
阿爾馬蒙所挖的洞
3'
2'
1'
3
2
1
他還表示，真正埋葬法老王的地方應該在更底下才對。
「希羅多德說：『國王葬在可以跟尼羅河相通的地底下。』若是推算當時河床所在位置，法老王應該是葬在這一帶喔。」
根本像小島一樣！
30m
58m
地下室
波香還推測：
「大甬道的『溝』，是拿來安放胡夫王之前的國王們的雕像的。」
其他說法還有：「『溝』是拿來放梯子，或是讓人踩著爬上去用的。」
接著講到
井坑
金字塔完工、金字塔內部不知道做什麼用的目的也達成之後，建築工人會用三個花崗岩石將通路給堵住，「井坑」就是供作業人員離開金字塔的坑道。
井坑
往入口
還有人說
之所以設這種坑，是為了因應大金字塔施工過程中可能發生地震、導致花崗岩石掉落，遇到這種時候，工作人員可以躲進坑裡頭躲避。
還真像災難電影當中會出現的說法哪。
還有，
金字塔竣工之後發生過地震，為了確認內部是否完好，才挖掘這坑道。當時，為了確認岩盤的龜裂程度，所以從深的地方開始挖。

不過，過去似乎的確曾發生過地震，因為「王殿」內可以看到龜裂的現象，裂痕上甚至還有用石膏填補過的痕跡呢。

－接下來－

大金字塔是否曾經遭人盜墓?!

古時候的著述家（像是希羅多德以及斯脫拉波等），都未曾提及三個花崗岩石栓、以及石栓上面的通道、王殿等事情，這些，全部都是阿爾馬蒙探險之後才公諸於世人眼前的。

至於發現當時的情況，根據阿拉伯作家的形容，譬如說像是：「發現了鑲有紅寶石的石像」、「發現了木乃伊」以及「由於裡頭什麼都沒有，阿爾馬蒙為了不要讓部下們失望，因此悄悄地在現場放了寶藏」……等等，說法林林總總，但是其真實性有幾分，就很難說了。

到了現在，有很多人認為，阿爾馬蒙進入金字塔的時候，「王殿」其實跟現在一樣，原本就是空蕩蕩的，沒有什麼東西。

關於阿爾馬蒙的軍團是怎樣找到通路的，傳聞如下：

由於阿爾馬蒙的軍團一直找不到入口，只好強挖坑洞往前進。中途，他們聽到了「重物落下的聲音」，於是就循著傳出聲音的方向開挖，結果就找到了下降通道。

成了！

接著，他們看到那個通道上散落著七彩的石頭，

這些是因為這些人挖掘時的震動而落下來的?!

他們往上一看，發現了奇怪的花崗岩石栓，

這個是!?

由於他們無法將石栓給打碎，所以就挖掉了四周的石灰岩，跳過三個栓石，最後終於發現通往王殿的上升通道。

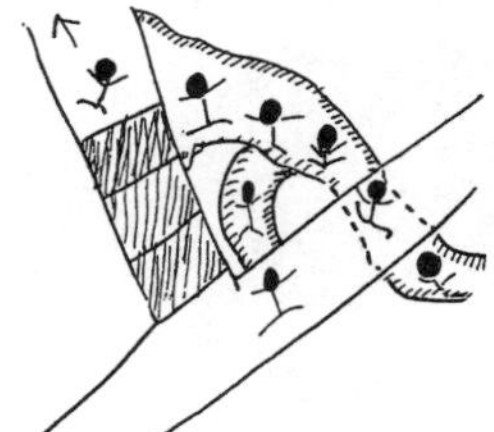

（……聽起來未免太湊巧了點吧。還是說，阿爾馬蒙不過是將盜挖過的坑道挖得更大罷了？也是有人這樣解釋的啦。（登場多次的波香也是這麼說的。））

關於盜挖，學者們的意見相當分歧，幾種主要主張如下：

在阿爾馬蒙之前的盜挖

沒有關係。

因循

被搗亂的就只有「地下室」

三個栓石的上方也遭到了破壞

金字塔完成之後，熟悉金字塔內部構造的神官所犯下的罪行。

第六王朝完全荒廢的時期遭人盜墓的。

另外，還有一大堆其他的意見……

最近的發現！一九八〇年以後

在通往皇后殿的水平通道上，法國的研究人員用鑽頭鑽了洞，結果有沙子跑了出來！另外，根據早稻田隊的電磁波調查，顯示這一條通道的旁邊還有空間。

吉村作治注意到金字塔的入口偏東，因此推測，西邊應該有相同的東西。

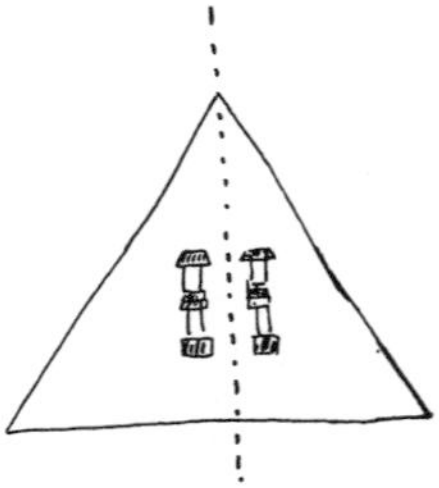

胡夫王考證

為什麼希羅多德會說胡夫王是暴君呢？酒井傳六留意到胡夫叫做「克奴姆胡夫」，這個名字是承接克奴姆神而來的。

「克奴姆胡夫」這個名字總是跟胡夫的名字並列，出現在砂石場或者是金字塔石匠所做的記號當中。

「在胡夫主政的時代，推崇太陽神『拉』信仰的赫里奧波里斯神官團的勢力非常的強大。然而，為了跟時代趨勢相對抗，胡夫卻突然使用克奴姆名。」

神官團為此頗感惱怒，就把派去建設金字塔的專門技術人員給帶走。因此，在金字塔建蓋到中途的時候，出於不得已，胡夫只能僱用二流的技術人員。關於這一點，可從佩特里的話得到印證。

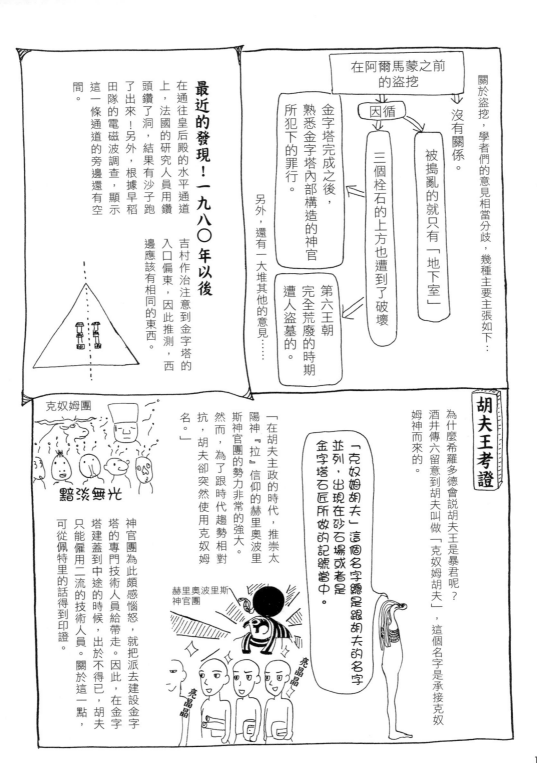

「在金字塔建設階段，『王殿』之前及之後的工程水準完全不同。

王殿下方的部分，不論是測量、堆石、維持水平的程度等，都可以看得出來技術水準相當卓越，但是王殿的地板卻不是水平的、隔間還歪歪扭扭、就連石材的接合也不是很規則。可見工程品質中途突然降低。」

之後不知道是不是胡夫妥協了，他孩子的名字都有加上「拉」，取名「迪德夫拉」（Djedefre，亦即Redjedef）、「卡夫拉」（Khafra）等等，表面上看來是跟神官團和解了。但是，神官團還是一直無法諒解胡夫，「胡夫＝討厭的傢伙」這樣的記憶就這樣維持了好幾千年的時間。

或許帶希羅多德參觀的神官也是赫里奧波里斯的神官，所以才會說盡胡夫的壞話吧。

之後，希羅多德在其著作中寫道：

埃及人民實在太憎恨胡夫了，
光叫他的王名都覺得討厭，
所以他的金字塔
在當時還被稱為「比利提斯」
——這是飼養牲畜的人的名字。

其實，「飼養牲畜的人」也就是「牧羊人」，只不過是在悠長的歲月中名稱被簡化了，不是嗎？

克奴姆胡夫的金字塔

⇩

克奴姆的金字塔

⇩

羊的金字塔

⇩

比利提斯
（牧羊人之名）

（『エジプト学夜話』青土社）

這也跟曼內托的講法相吻合呢！
大家覺得呢！

不過，就像酒井傳六先生所說的，赫里奧波里斯神官團雖然貶抑胡夫的名字，但是在別的地方，譬如說孟菲斯，卻有被視為是頌揚胡夫、就像尊崇艾西斯神或獅身人面那樣的碑板出土。據推測，那些出土之物是王朝時代後期的東西，也有人（例如埃及古代文物最高委員會主席扎希·哈瓦斯博士〔Dr. Zahi Hawass〕）認為，第一二八頁的小胡夫像就是王朝時代後期製作的。

吉村作治先生也發現，胡夫的名字旁邊附有小獅身人面像。（他認為是中王國時期所製作的。）

所以說，胡夫的評價，依地方、時代和宗教的差異，一變再變。

有哪個人不是這樣的啊……
到現在，卡夫拉的名字仍然被當成跳蚤呢……
隨便你們啦！
愛怎麼說就怎麼說！
哼～

③ 迪德夫拉（Djedefre）

胡夫、卡夫拉、孟卡拉一家三口的金字塔，和樂融融地統一集中於吉薩，而不知道為什麼，這個人卻把金字塔建在阿布－拉阿西（吉薩北邊八公里處）。

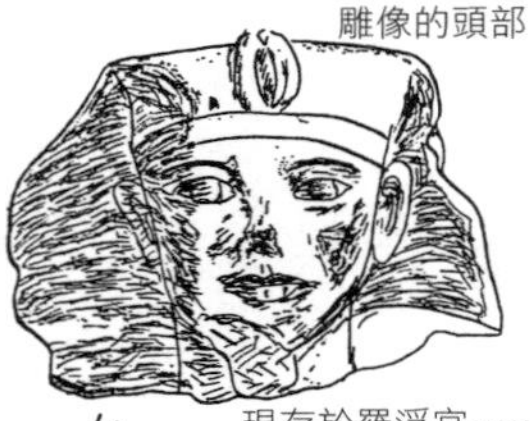
在阿布－拉阿西所發現的雕像的頭部
現存於羅浮宮……

為何就只有你不合群咧？

原本應該是由他的哥哥卡瓦布（Kawab）繼承王位的，但由於卡瓦布過世，因此就由他補位。這個時候，迪德夫拉就和卡瓦布的未亡人、擁有王位繼承權的妹妹（姐姐？）海特菲莉斯二世（Hetepheres 二）結婚。

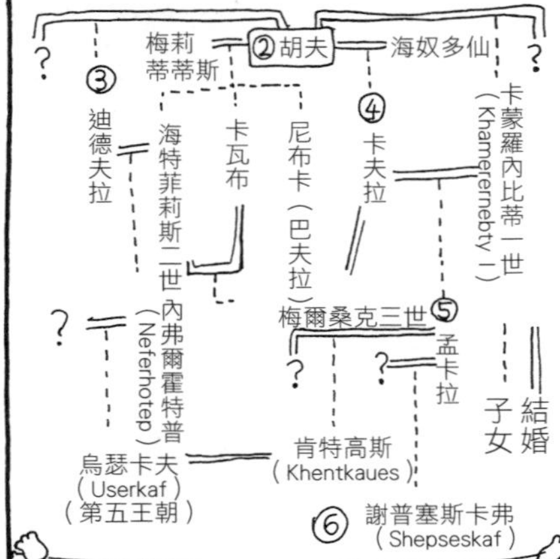
②胡夫
梅莉蒂蒂斯
海奴多仙
?
?
③迪德夫拉
海特菲莉斯二世
卡瓦布
尼布卡（巴夫拉）
④卡夫拉
卡蒙羅內比蒂一世（Khamerernebty 一）
結婚
子女
內弗爾霍特普（Neferhotep）
梅爾桑克三世
⑤孟卡拉
?
?
?
肯特高斯（Khentkaues）
烏瑟卡夫（Userkaf）（第五王朝）
⑥謝普塞斯卡弗（Shepseskaf）

女人可不是陪嫁的！

在古埃及，長女擁有王位的繼承權。若是想要成為法老，就必須跟公主結婚。當然就是近親聯姻囉。

因為迪德夫拉只統治埃及短短八年，位於阿布－拉阿西的金字塔也就只有基座的部分，是未完成品。而不知道為什麼，這個金字塔的地下部分竟是回歸第三王朝的構造。

而且，之後確定的五個王名之中，這個國王第一個取了「拉的兒子名」。阿布－拉阿西這個地方，是位於拉的朝聖地赫里奧波里斯正西方，中間夾著尼羅河。收藏從胡夫金字塔旁邊出土的船的，也是這個國王。（船坑蓋石上頭用紅色顏料寫著他的名字。）若這一艘船也是神話中的「太陽之船」的話，這個國王還真是三句不離「拉」啊！

這些作為是源自於迪德夫拉本身的信仰呢？還是赫里奧波里斯神官團施壓所致呢？至今仍然不明……

他謎一般的作為刺激了許多學者的想像力，引發種種猜想，有人說：

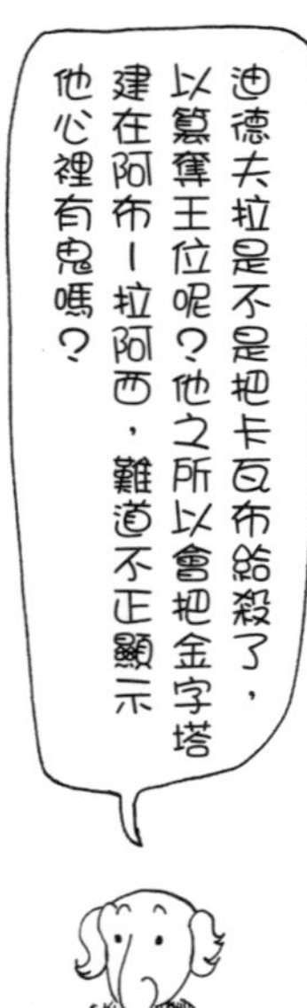
迪德夫拉是不是把卡瓦布給殺了，以篡奪王位呢？他之所以會把金字塔建在阿布－拉阿西，難道不正顯示他心裡有鬼嗎？

他的兄長卡瓦布的女兒梅爾桑克三世（Meresankh 三，後來跟卡夫拉結婚）的墳墓上，也刻有兄弟相爭的神話呢。

卡瓦布

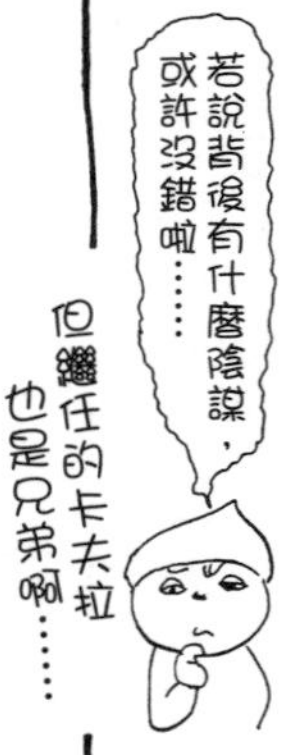
若說背後有什麼陰謀，或許沒錯啦……
但繼任的卡夫拉也是兄弟啊……

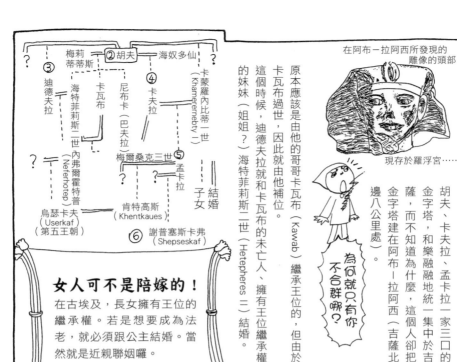

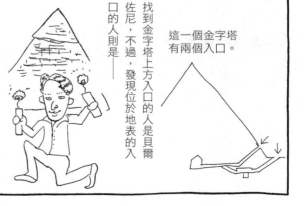

也有人認為，迪德夫拉自阿布－拉阿西出土的二十座雕像之所以會遭人搗毀、殘破不全，也是因為他被人憎恨的緣故。不過在晚近的研究當中，出現了「雕像是羅馬時代遭人破壞的」這樣的看法。而且，與他相隔兩代的國王孟卡拉，後來似乎也有意為他修繕金字塔。

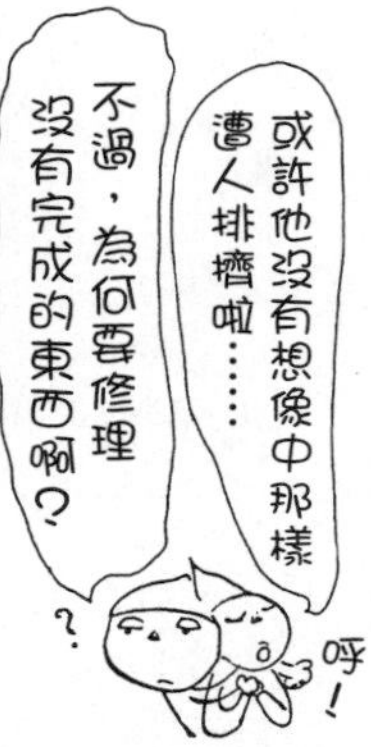
或許他沒有想像中那樣遭人排擠啦……
不過，為何要修理沒有完成的東西啊？
呼！

未留紀錄的國王，尼布卡

（亦被稱為「巴夫拉」Bauefre）

在札威亞特・阿爾－阿里揚一地，也有類似迪德夫拉的金字塔那樣的未完成金字塔，在那個金字塔裡頭，發現了「迪德夫拉」以及「尼布卡」的名字。有論者以為，尼布卡是介於迪德夫拉和卡夫拉之間、或是卡夫拉和孟卡拉之間，統治期間極為短暫的國王。

④ 卡夫拉（Khafra）

「第二金字塔」

吉薩的金字塔當中，看起來最大的就屬卡夫拉金字塔了（雖然它比胡夫的金字塔來得小，不過由於建於地勢較高的地方，所以看起來比較大）。不過，雖然卡夫拉以建造者身分而聞名，但其實金字塔的內部並沒有發現屬於他的物品。

不過，跟這個金字塔相接的河岸神殿中，發現了九座卡夫拉的雕像。

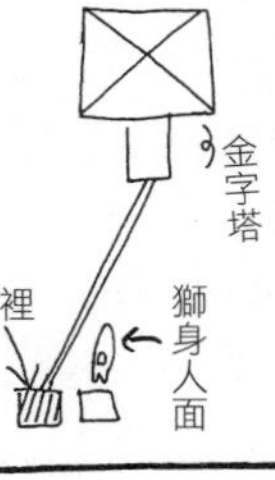
金字塔
獅身人面
這裡

是我找到的喔
by馬里埃特

也有很多人說獅身人面像的臉長得很像卡夫拉。

這一個金字塔有兩個入口。

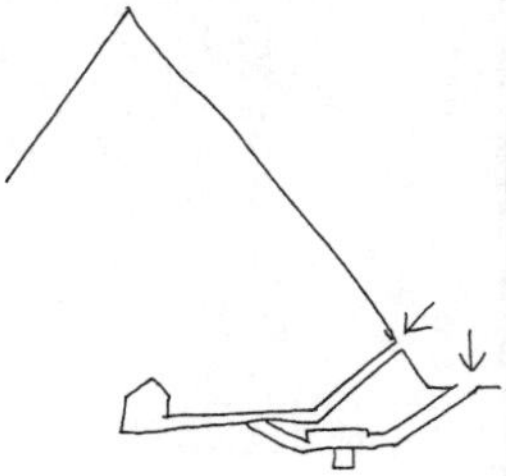

找到金字塔上方入口的人是貝爾佐尼，不過，發現位於地表的入口的人則是——

哈華特・**火藥**・魏斯（見一三七頁）

——卡夫拉之前的國王迪德夫拉使用了「拉的兒子名」，但卡夫拉並沒有這樣做。許多學者猜疑，迪德夫拉的統治之所以為時那麼短暫，是不是因為卡夫拉篡位的關係？還是卡夫拉暗殺了迪德夫拉呢……

★薩拉丁：擊退十字軍、奪回耶路撒冷的大英雄。也因為對敵人寬大而享有盛名。

⑤ 孟卡拉

是三大金字塔中最小的，但仍以三大金字塔王之一而聞名。這金字塔不論高度、底邊長度都只有大金字塔的一半，大小是大金字塔八分之一。不知何故，它的外裝石有兩種顏色，呈明顯對比。

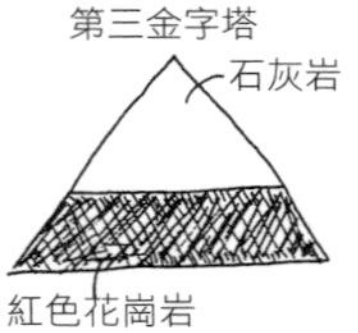
第三金字塔
石灰岩
紅色花崗岩

打開這個金字塔入口的人是哈華特·魏斯（他還打通了一旁的衛星金字塔的入口）。首先，魏斯朝著據說是十二世紀之人薩拉丁★（Saladin）的兒子所鑿開的裂縫不停地丟火藥進去，進行爆破工程。但是，除了損傷金字塔之外，並沒有什麼收穫。

魏斯炸的坑
入口

結果呢，入口最終還是重新仔細勘察之後才找到的。魏斯發現有一個地方鬆動，於是把那裡的石頭移開，之後便找到了入口。

魏斯這個人還真是繞了個大圈子！
浪費我六個月！
哼！
我也常這樣。
沒立場講別人……

有了這一次的教訓，之後，用火藥爆破、挖掘的方式就漸漸廢止了。

魏斯在金字塔的玄室中發現了美麗的石棺。那當中也有木製的人型棺以及木乃伊。在後來的研究中，確認了木製棺是喜愛進行探索及修復的第二十六王朝薩伊斯王朝的遺物；木乃伊則是五世紀科普特時代的東西。但是魏斯所引以自豪的石棺，卻在運往英國的途中、在西班牙海域因為船難而「石沈大海」。

刻有孟卡拉的名字
木製棺
吼！真的有啦～

孟卡拉金字塔的旁邊，有三座內部設有禮拜堂的衛星金字塔，人們推斷那些金字塔應該是各個王妃的墳墓。中間的金字塔裡頭，甚至還發現了女性的遺體。這個衛星金字塔的鋪路石上面，也發現了孟卡拉的名字。

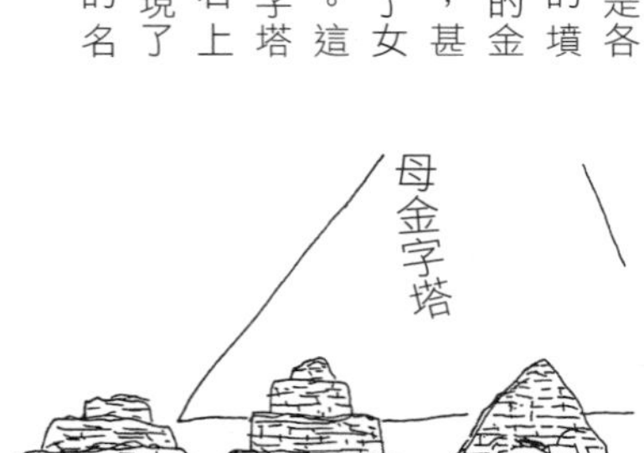
母金字塔

總之都是我的功勞！

在葬祭殿裡頭，還找到了五座「三體像」。

這是當中的一座

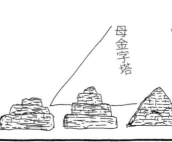

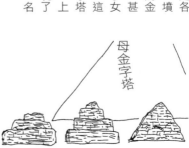

希羅多德提供的
孟卡拉王小故事
孟卡拉跟冷酷無情又殘暴的胡夫王以及卡夫拉不一樣喔，他在位的期間施行了許多德政，造福人民。不過，在他身上卻接二連三地發生悲劇。首先，是他所最鍾愛的女兒之死。
孟卡拉實在是太愛他的女兒了，結果侵犯了她。
據說啊，他的女兒就因為這樣而自殺身亡了。
等等！
嗚！
導遊有帶我去看他女兒的墳墓喔。
你看，這幾座塑像是不是都沒有手臂？這些是跟在孟卡拉的女兒身邊服侍的侍女的雕像。
孟卡拉的妻子因為侍女們把女兒交到孟卡拉手上，於是將她們的手剁下來，這些雕像就是證據。
口沫
橫飛
導遊說的根本是鬼扯。那些侍女雕像之所以沒有手臂，是因為風化日久，最後就掉下來了啊！
哼！
地上就有手臂啊！
希羅多德雖然看穿導遊誇大其詞，但他一邊說他們所言是胡說八道，卻還是在書上這樣介紹。
而我也比照辦理……
失去女兒之後，孟卡拉變得萬分憔悴，偏偏在這個時候又有更大的打擊！
宣讀神諭！你還剩下六年的壽命！
啥?!
孟卡拉王嚇了一大跳。
為什麼——？
我那麼尊敬神，而且勤政愛民。我父親他們幹了那麼多的壞事，都還活那麼久，不是嗎——
但你那樣是不行的。之前的神諭曾說：「埃及將有一百五十年的悲慘時期」，兩位先王忠實遵照神諭。
但是，你的德政為埃及人民帶來了幸福，這反而是違背了命運。
沒錯、沒錯
就是這樣——。
怎麼會有這種事！
由於神的旨意實在是太不可理喻了，自此，孟卡拉玩物喪志，夜夜笙歌，盡情地玩樂，徹夜不眠。就這樣，他把夜晚也當白晝來用，試圖把六年當十二年度過。

故事說到這裡，希羅多德突然將話鋒一轉，將話題轉到一個名為「羅朵匹斯」的人身上。結果呢，孟卡拉之後的下場怎麼樣，就不了了之了。

哎，或許真如神諭所言，只繼續活了六年吧……

〓接著談羅朵匹斯（Rodopis）〓

不知道是什麼緣故，希羅多德前往埃及之後的前後五、六百年之間，有謠傳指出孟卡拉的金字塔是這位名為羅朵匹斯的女性所建造的。

什麼，羅朵匹斯是誰啊？

羅朵匹斯是以寓言故事聞名的伊索（Aesop）打從奴隸時代就認識的友人。在奴隸解放之後，羅朵匹斯成為名妓，積累了一筆龐大的財富。傳言羅朵匹斯是一位絕世美女，總之，是幾百年來為人所津津樂道的大明星，包括斯脫拉波以及老普林尼，都曾經提到第三金字塔和羅朵匹斯的傳說。希羅多德雖然認為：「不論這個女人是多麼富有的妓女，也不可能富有到能夠建造金字塔。」結果，還是花了很大的篇幅介紹她。

羅朵匹斯，真令人在意……

⑥ 謝普塞斯卡弗（Shepseskaf）

又一個形跡有如謎樣的法老。

謝普塞斯卡弗在遠離吉薩的南沙卡拉建造墳墓。而且，不是建造金字塔，而是建梯形平頂墓……

這個建築稱為 mastaba el-Faraun（意思是「國王的長凳」）。

他的名字當中，也沒有從迪德夫拉時代開始使用的「拉」字。

從種種端倪看來，有人推測，謝普塞斯卡弗是為了反抗權力太過強大的赫里奧波里斯神官團。他執政的時間只有短短四年，背後似乎也隱含了很多政治角力。

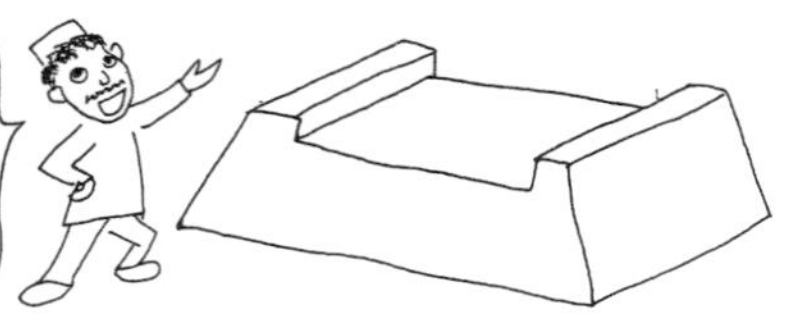
是我調查跟挖掘的喔……

但是，馬里埃特一直把這個墳墓當成烏尼斯王（Wenis，第五王朝末）的東西！

☆由碑文內容得知，謝普塞斯卡弗完成了其父親孟卡拉金字塔的葬祭殿。

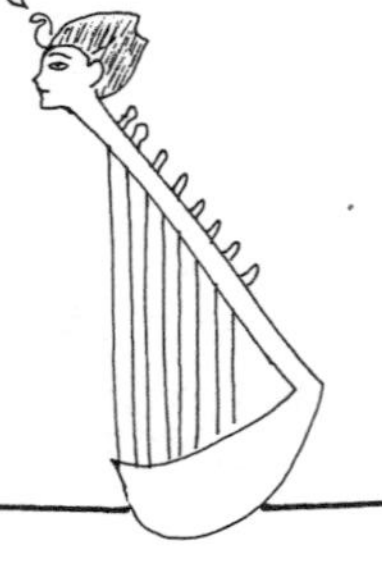
謝普塞斯卡弗被認為是埃及史上最富裕的第四王朝最後的國王。

第五王朝
B.C. 2498 ~ 2345
① 烏瑟卡夫
這個時代，埃及發生了劇變，已經沒有能力建造前朝那樣堂皇巨大的金字塔了，而且墓地也回到沙卡拉。
這樣也算是金字塔呢
很蕭瑟~
就緊臨著階梯金字塔……
★柏林所持有的《威斯卡莎草紙》（Papyrus Westcar）中，對第五王朝的開始，
有著以下的敘述……
★柏林博物館
哎喲！真是無聊死啦！快講些有趣的事給我聽~~
啪噠啪噠
因為胡夫嚷著說很無聊，王子們不得不舉辦比賽，講趣事娛樂他。
其中一個王子所說的「無所不知的超強魔法師朱帝（Djedi，不管他是不是真的具有法力，總之，這傢伙是個貪吃鬼）」，特別引起胡夫的興趣。因此，那個貪吃的魔法師之後就被帶進了宮廷。
胡夫馬上跟他問起很久以前就想知道的事情。
你告訴我，「多多的祕密聖地的數字」是什麼——
嘟嘟囔囔
結果魔法師說：
我不能告訴你。這個祕密呢，收藏在赫里奧波里斯的記錄房間裡的打火石櫃中。能打開櫃子的，就只有以『拉』神為父、赫里奧波里斯女神官所生的三個孩子——烏瑟卡夫、薩胡拉（Sahure）、內弗爾卡拉（Neferirkare）。
聽到這個答案，胡夫當然不高興。
哼！
什麼嘛。一點也不好玩，這個傢伙究竟以為自己是誰啊！
朱帝不忘加個但書。
啊，但是請您放心。您一家三代之後都會成為國王的……
而這個故事，就在「三個小孩誕生、得到眾神們的祝福」告一段落。
咦——！多多的祕密聖地的數字是啥？
在王族交替之時，經常會編造類似這樣的故事。（像是政變等等。）
這是為了將家族繼承王位的資格正當化……
不過，烏瑟卡夫是迪德夫拉的孫子，也算是胡夫王的血脈啦。

那為何要故意把自己
說成沒有血緣關係呢？

在這個故事中，拉、赫里奧波里斯前面有提過。但是，為什麼三兄弟是拉及「神官」所生的呢？

啊，對了！重點在神官！
若法老是神官的兒子，
神官團的力量
自然會更加強大。
與其強調血統，
國王選擇了皈依宗教
（因為神官團的壓力？）
也是為金字塔
被趕到邊陲的迪德夫拉復仇嗎？

烏瑟卡夫甚至建了名為「阿布古拉布」（Abu Gorab）的太陽神殿。

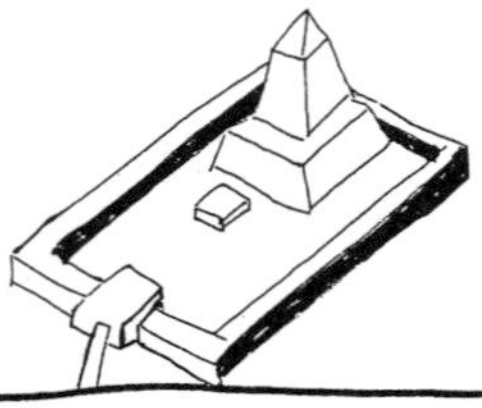

簡直清一色太陽神拉！

拉的天下
拉氣勢鼎盛！

而以往建於金字塔東邊的葬祭殿，也改成建在南邊。

是為了擁抱更多的陽光嗎？

謎樣的王妃肯特高斯（Khentkawes）

孟卡拉的女兒、烏瑟卡夫的妻子，也是接下來的兩任國王（薩胡拉、內弗爾卡拉）的母親（被認為是《威斯卡莎草紙》中所提到的、生下三位國王的女神官）。

不知道是什麼原因，肯特高斯王妃的墳墓並不是建在她丈夫烏瑟卡夫王的金字塔附近，而是位於吉薩的卡夫拉及孟卡拉金字塔中間的前方。

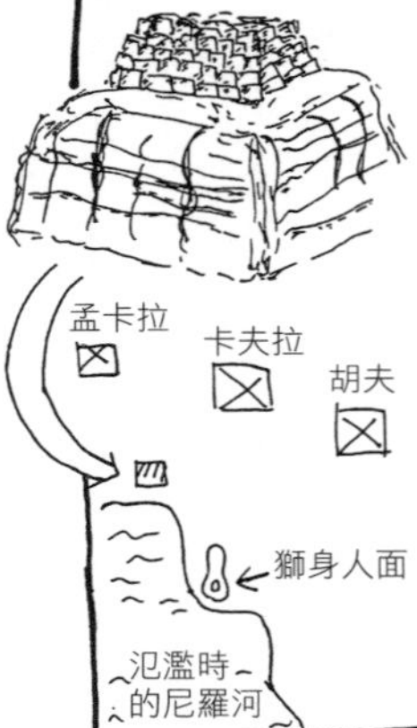
孟卡拉
卡夫拉
胡夫
獅身人面
氾濫時的尼羅河

肯特高斯的墳墓門上，有頭戴聖蛇（Uraeus，眼鏡蛇，常見於古埃及神像及帝王的頭飾上）以及留鬍子、代表王權象徵的肖像，由此可以窺見，她應該擁有王妃身分以上的權力。

至於她的墳墓的形狀，不知道是金字塔的未完成版、還是梯形平頂墓，不過不管怎麼說，就是很大啦。而且，由於是

為了在尼羅河氾濫時搬運物資所建，也有人認為是「象徵封鎖吉薩諸王的大門」（馬克．雷納的見解）。另外也有人持相反意見，認為「形式上她雖是與烏瑟卡夫結婚，但實際上其靈魂是守護胡夫一家」，金字塔建於吉薩，其實是故意忽視丈夫存在。

就由我來
壓制住胡夫一族！

跟現代媳婦應葬在哪的問題相似嗎？

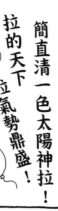

② **薩胡拉**（Sahure）

③ **內弗爾卡拉**（Neferirkare）

第四王朝的雷吉德夫拉開始使用「拉的兒子名」，但之後曾經廢止一段時間，到這位國王又再度開始使用。

④ **謝普塞斯卡拉**（Shepseskare）

⑤ **拉尼弗雷夫**（Raneferef）

⑥ **紐塞拉**（Niuserre）

⑦ **門卡霍爾**（Menkarhor）

⑧ **杰德卡拉・伊索吉**（Djedkare Izezi）

我是在沙卡拉喔

從薩胡拉開始，金字塔就移到阿布西爾了。
（謝普塞斯卡拉及門卡霍爾的金字塔至今尚未發現。）

根據記載，有六位國王建造了太陽神殿，但實際只有找到兩位的。

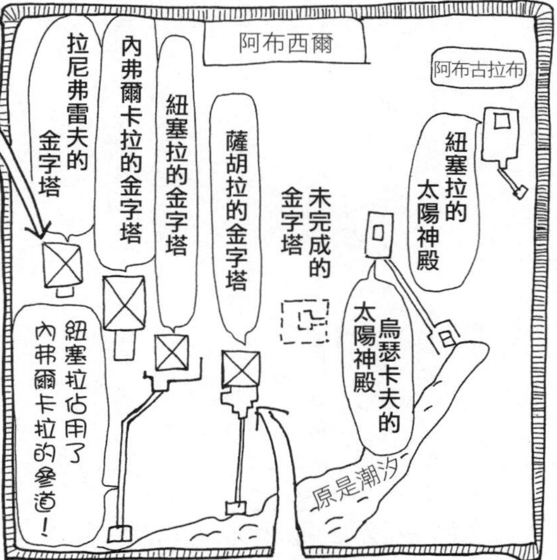

阿布西爾
阿布古拉布
紐塞拉的太陽神殿
未完成的金字塔
烏瑟卡夫的太陽神殿
薩胡拉的金字塔
紐塞拉的金字塔
內弗爾卡拉的金字塔
拉尼弗雷夫的金字塔
紐塞拉佔用了內弗爾卡拉的參道！
原是潮汐

過去有很長的一段時間，人們一直無法判定這一個金字塔是屬於哪一位國王的。二十世紀初的時候，在這一帶地區，發現了杰德卡拉・伊索吉時代的會計文書、建築物管理等跟國家運作有關、涉及行政實務的莎草紙。這些莎草紙當中，記載著這一個原本所有者不明的金字塔之附屬設施「為拉尼弗雷夫所有」，而實際進行挖掘之後，確實也找到了刻有「拉尼弗雷夫」名諱的石灰岩塊，因此得以確認金字塔的主人是誰。而且之後，又在金字塔裡頭發現了新的莎草紙。根據這個莎草紙的記載，後人或許可以更加了解當時埃及的社會情況。

這真是個發現引出新發現、眾多事證環環相扣的好例子呢。

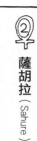

文化！

這個時代寫下的

「普達哈霍特普的訓誡」

在此 稍微介紹 給大家！

普達哈霍特普（Ptahhotep）是杰德卡拉·伊索吉的宰相。《普達哈霍特普的訓誡》（The Instruction of Ptahhotep）是他行將退休之時，把自己在宮廷中應對進退的經驗傳授給自己兒子的醒世文學。

★品質精良的會話比祖母綠還要稀有，不過就連侍女都有可能語出驚人。

★一定會有人設圈套引誘你參與爭吵，若對方口出穢言，你就保持沈默，以顯示你的優越。這樣一來，在那些了解你的人們之中，你的聲名將更為遠播。

★即使那些比你身分卑微的人引發了爭端，你也不要攻擊他們。不要理會那些擾亂你內心的閒言閒語；不要嘲笑這些人的心態。欺侮、攻擊弱小之人並不是好事，他們愛怎麼講就隨他們去。這樣一來，最後自然會有法律制裁這些人。

★不要打小報告或是出言毀謗以致你的上司們反目成仇。

★遇到過去身分卑下、但現今飛黃騰達的人們，不要因為他們的過去而輕視之。

★你的工作時數必須高於維持生計所需，不要做浪費時間的事。

★如果有人向你請託，拜託你幫他們些什麼，要好好傾聽他們的需求。你沒有必要一一實現他們的願望；他們所希冀的，與其說是「實現心願」，還不如說是「希望有人傾聽他們訴說」。光是你好好傾聽他們的願望，他們就能從而得到安慰。

★如果有人想要跟你維持長久而友善的關係，你就不可以親近那戶人家的女人。

★留心你的慾望。「貪婪」是不治之症。

★只有在你確定該事物是你所明白、了解的，才可表達你自己的看法。

★當女兒還是孩子的時候，不要跟她睡在一起。

他說的這些話，有點像是將自身想法硬灌輸給別人，不過訓誡的內涵倒是不會讓人覺得那是遠隔四千年時空的東西。令我不禁深深覺得人類本質真是千古不變呢。

嗯
原來從古代以來蘿莉塔情結就是禁忌啊。

⑨ 烏尼斯（Wenis）

從這個國王開始，金字塔內就刻下了滿滿的文字。（為了方便起見，底下一律稱為「金字塔銘文」）

這是突然興起的風潮。不知道是不是因為神官所執行的葬禮儀式太過草率，讓國王覺得不怎麼可靠，還是為了防範小偷偷盜，總之，國王似乎是想要藉由咒語的力量來保護自己的遺體以及靈魂。

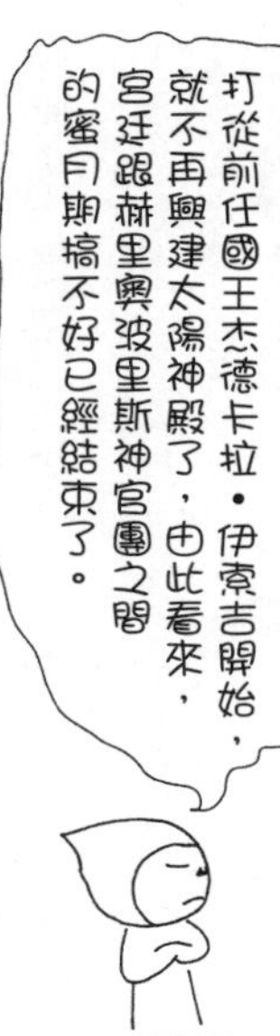
打從前任國王杰德卡拉•伊索吉開始，就不再興建太陽神殿了，由此看來，宮廷跟赫里奧波里斯神官團之間的蜜月期搞不好已經結束了。

世人得知金字塔銘文的存在，要追溯到西元一八八一年。是一群阿拉伯人在追捕一隻狐狸（另一說指是山狗）的時候發現的。那隻狐狸逃進了一個廢墟，阿拉伯人跟了進去，一瞧，裡頭竟然是寫滿了象形文字的埋葬用房間。因此這個發現可以說是動物的功勞。

竄逃！

這回所發現的遺跡為佩皮一世（Pepy I）所有，不過，以此為契機，學者開始進行一連串的調查，接連找到寫有碑文的金字塔。

——可參考第四十九頁有關馬里埃特的部分——

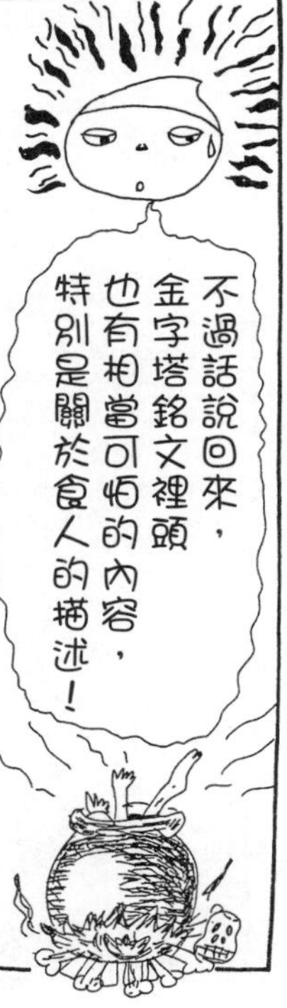
不過話說回來，金字塔銘文裡頭也有相當可怕的內容，特別是關於食人的描述！

譬如說，

「他們眾人，見識到這個烏尼斯充滿力量地顯現在面前；以一個**食**父而生存、把母親**當糧食**的神的姿態。」

「他（烏尼斯），貪婪地吃人、吞食眾神，得以生存。」

「他（烏尼斯），把（眾神的）背脊骨給打碎，挖出了眾神的心臟。」

另外還有像是

「大的做他的早餐食用；中的則是做為他的晚餐；小的拿來當他的宵夜；老人及老太婆拿來做國王的焚香……」

等等……。

摘自『古代オリエント集』

咿～～這裡特別地逼真～～

雖然也有人在分析這些內容之後認為：「金字塔銘文中的這些說法當然只是譬喻，當中所說的『食』，是表示想要將眾神的力量吸收為己有的願望。」不過，在更古早的時代，埃及還真的有把衰老的國王吃掉的習俗，因此也有人推測這些咒語是延續古老的習俗而來的。

金字塔銘文的咒語一共有七百五十幾種（烏尼斯的則大約兩百多一點）。不過，並不是每一個國王都是刻相同的咒語，各個國王似乎是從眾多的咒語當中，挑用自己所偏愛的。（其中還有一些句子人氣指數很高、常被使用哩。）由於每一個咒語都是獨立的，所以經文整體而言並沒有一貫性。而且，不知道是不是由於現代人的觀點跟古早時候不一樣了，經文的內容看起來感覺充滿了矛盾。（比如銘文會說到，國王死後會成為天上的星星，但又說他們會成為地下的王……）

所以有人認為，這種經文是埃及統一的當時，將全國各地祭典中使用的咒語集結而成的雜集。

搞不好法老銘刻咒語，跟日本葬禮請和尚念經一樣，其實根本不瞭咒語的意思。
會挑用什麼咒語
或許取決於節奏、音節……

因為怕動物及人類造型的文字會傷害實體的法老遺體，所以，銘文會故意將文字刻得殘缺不全。

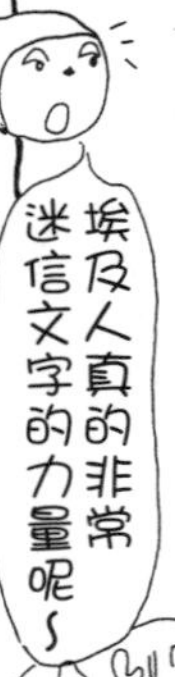

埃及人真的非常迷信文字的力量呢～

光想像就很討厭！
顫抖
顫抖

位於沙卡拉的烏尼斯的金字塔，有長達一公里的參道。參道的壁畫上有「瘦弱的人們」、「準備石材的模樣」、「戰鬥的模樣」等浮雕喔。

參道
現今仍很壯觀
神情哀戚的浮雕
究竟是啥狀況啊，這個？

第六王朝

B.C. 2345～2181

① 特提（Teti）

這個法老取了謝特普托威（Seheteptawy）這個荷魯斯名，這個名字的意思是「為兩國帶來和平之人」。有人這麼解讀這件事：當時發生了某個大事件，撼動了埃及，而特提平定了這個事件。不過並沒有確切的證據可證實這種說法。特提這名字也受到後世國王喜愛，經常被使用。

根據曼內托的說法，

特提是被他的護衛殺掉的

卡傑姆尼也是特提的家臣

宰相麥若魯卡（Mereruka）

相當有權力的家臣，特提甚至將女兒下嫁給他！在沙卡拉的貴族墳墓中，也屬他的最大。

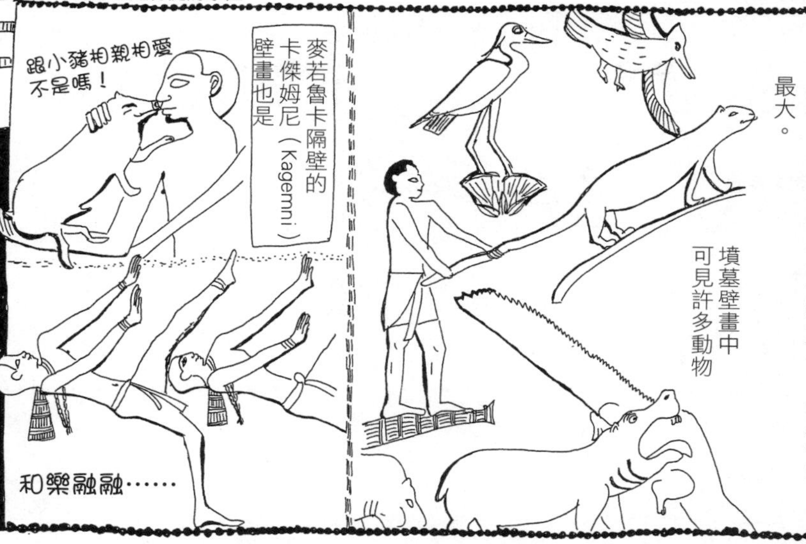
墳墓壁畫中可見許多動物
麥若魯卡隔壁的卡傑姆尼（Kagemni）壁畫也是
跟小豬相親相愛不是嗎！
和樂融融……

② 烏瑟卡拉（Userkara）

只知道這位國王大約在位短短一年，其餘事蹟一概不明。

③ 佩皮一世（Pepy I）

青銅像

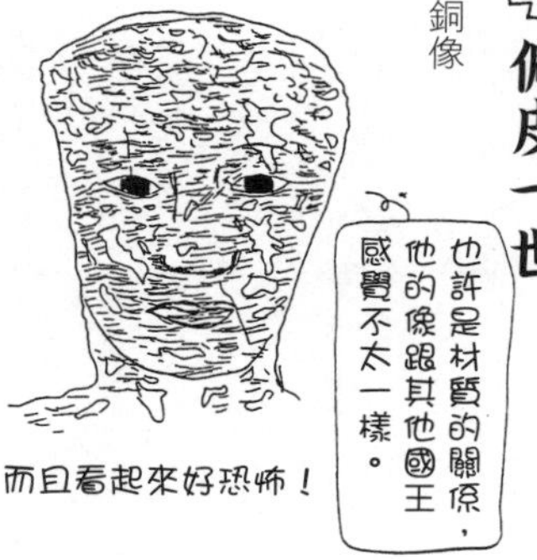
也許是材質的關係，他的像跟其他國王感覺不太一樣。
而且看起來好恐怖！

到了這個時代，埃及官員以及地方豪族的勢力越來越強大興盛，就連國王也開始不得不看這些人的臉色做事。

佩皮一世娶了一位名為柯依的地方豪族的女兒，他們兩個人所生的兒子，後來都成為法老（分別為麥倫拉一世及佩皮二世）。這簡直是破天荒頭一遭的事，在以往的習俗中沒有前例。

佩皮一世之後差點被他其中一位妻子給暗殺，幸好暗殺一事在計畫階段就事跡敗露，他處罰了妻子，逃過了這一劫。

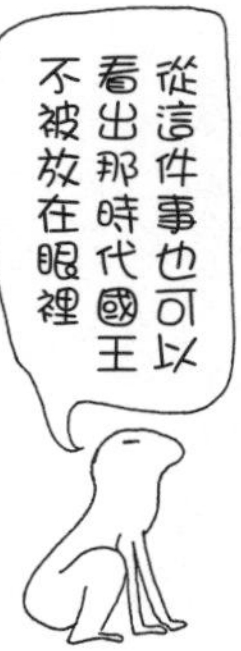
從這件事也可以看出那時代國王不被放在眼裡

孟菲斯

這個極其知名的地名，據說是從佩皮一世的金字塔的名字名字當中的*「Men-nefer-pepy」而來的。「Men-nefer」這個部分，新王國時期的人是把它當地名使用，之後因為語言跟希臘語融合，而變成了「孟菲斯」。

④ 麥倫拉一世（Merenre I）

他的金字塔裡頭發現了木乃伊。如果那一具木乃伊真的是他本人的，那麼就是現存最古老的埃及國王遺體，不過目前尚無法斷定。

* Men-nefer-Pepy意思是「擁有佩皮權威的善人」。

⑤ 佩皮二世（Pepy 二）

他是埃及史上執政最久的國王，在位長達九十四年。（也有人說是六十四年……）

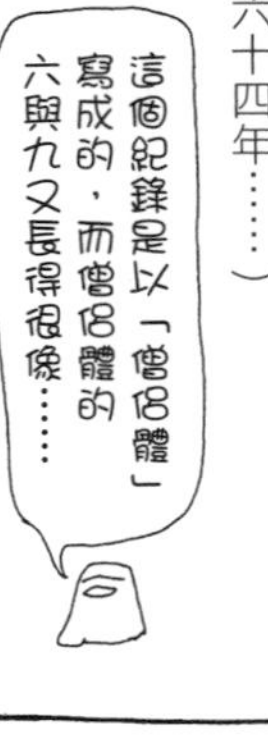

這個紀錄是以「僧侶體」寫成的，而僧侶體的六與九又長得很像……

權力使人腐化。一個人大權在握這麼久，自然導致了周遭人事「腐敗」。這時代的貴族們貪婪無厭地累積自家財富，而因為財力豐厚，權力跟著擴大，致使政權加速滅亡。

佩皮二世小小年紀就當上了國王。那時他才八歲，聽說當他聽到家臣呈報捕到了侏儒時，因為等不及要看而大吵大鬧。這種芝麻蒜皮的小事也被刻在家臣的墳墓上流傳下來。

我要看侏儒！
啪！
啪！
侏儒！

⑥ 麥倫拉二世（Merenre 二）

這個人統治時間也很短，沒有留下什麼資料。在他之後的是

⑦ 尼托克里斯女王（Nitocris）

到此第六王朝落幕。《都靈王名表》（Turin Royal Canon）以及曼內托的《埃及史》當中，都記載有尼托克里斯的名字。

曼內托寫道：

「尼托克里斯比她那個時代的任何男性都來得勇敢，比所有其他女性都要美麗。她擁有雪白的肌膚以及粉紅色的臉頰。」講得一副他好像真的見過尼托克里斯似的。而且他的口吻還流露出老頭兒的色相咧。至於愛開黃腔的希羅多德，也是一如往常地扯些八卦。他寫下了從神官那裡聽來的尼托克里斯的軼事。

尼托克里斯擔任法老的哥哥遭人暗殺。

尼托克里斯繼位成為女王後，建造了一個地下室，將暗殺哥哥的人齊聚一堂，舉辦了盛大的宴會。就在大家酒酣耳熱之際，她從預先建造好的大管子裡放出河川的水，將與會的所有人給淹死，

她自己也死在那裡。

◆◆◆◆◆◆◆◆◆◆◆

姑且不論這個故事是真是假，由此可以推斷，她應該是麥倫拉二世的妻子。

第六王朝的法老們將金字塔建於南沙卡拉（附有金字塔銘文）

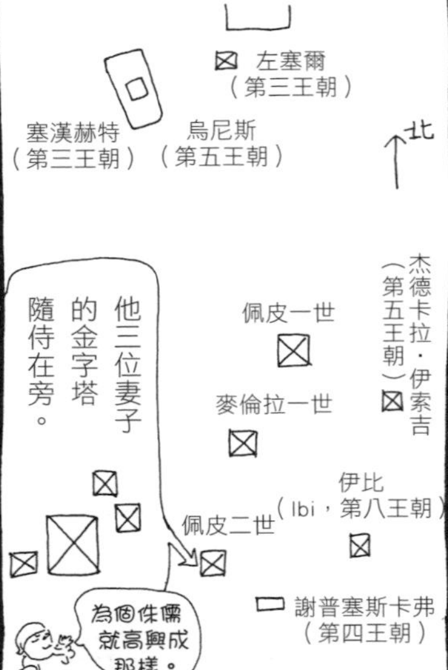

左塞爾（第三王朝）
塞漢赫特（第三王朝）
烏尼斯（第五王朝）
北
杰德卡拉・伊索吉（第五王朝）
佩皮一世
麥倫拉一世
伊比（Ibi，第八王朝）
佩皮二世
謝普塞斯卡弗（第四王朝）
他三位妻子的金字塔隨侍在旁。
為個侏儒就高興成那樣。

第一中期

衰敗不振的埃及 昔日榮光已不復見

這個朝代已經出現了衰敗的徵兆，偏偏佩皮二世又那麼長壽，埃及就這樣越來越腐敗……結果，到下一個朝代，地方豪族便爭相自立為王。

第七王朝
（B.C. 2181～2160）

據曼內托的說法：

七十天當中有七十個國王即位

「七十」這個數字是表示「很長」、「很多」的意思，所以不需要拘泥於數字本身。總之，可以知道這個時期埃及的情勢非常混亂。

這個朝代沒有建築物出土。

第八王朝
（B.C. 2181～2160）

這個王朝主要以孟菲斯為活動的中心。目前已經知道名字的國王有：

① **烏亞吉卡拉**（Wadjkare）
② **伊比**（Ibi）——在南沙卡拉建金字塔
③ **內弗爾高爾**（Neferkahor）
④ **內弗爾卡拉**（Neferkare 二）

……等等，一共十七個國王。

這個時代，無政府的狀態依舊持續著，大大改變了受惠於豐饒土地、原本安居樂業的人們的生活。後世甚至發現當時有莎草紙寫滿抱怨國家腐敗的文字，顯示人民的生活頗受混亂的政局衝擊。

伊普艾爾的訓誡
（Ipuwer）

啊，視線所及，皆是雞鳴狗盜之輩……。奴僕們看到什麼、就搶什麼。

啊，（省略）沒有人在耕種土地。大家都這麼說：「我哪管得了這國家會變成怎麼樣？」

啊，窮人們搖身一變，成為坐擁龐大資產的有錢人。原本這些人可是連一雙涼鞋都做不起哩，現在，他們倒是富有得很。

啊，人們的內心狂暴混亂。惡性流行病蔓延全國，到處可見鮮血淋漓的景象。絕對不會有人嫌死人不夠多。

啊，那麼多的屍體被拋卻在河川裡。

啊，河川流淌著鮮血。（省略）大家一見屍體就退避三舍，因為沒有水可喝而苦於飢渴。

啊，不管是老人還是年輕人，都嚷嚷著：「好想死啊。」年紀還小的孩子們則問：「為什麼要把我生下來呢？」

看吧！長久以來不曾發生的事情如今再次重演了，國王已經遭到人民罷黜了。

看吧！（省略）藏收於金字塔裡頭的寶物，已經遭人掠奪一空。

（摘自『古代オリエント集』杉勇、屋形禎亮訳）

摘錄一部分敘述，讓大家看看那時的景況有多麼令人不忍卒睹

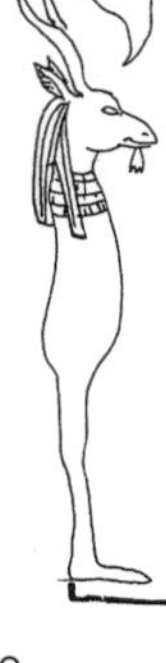

第七、八王朝崩潰之後，繼起的是接下來這兩個王朝。

第九、十王朝

首都是赫拉克麗奧波利斯（Heracleopolis）

B.C. 2160～2040

第十一王朝

以底比斯為中心

B.C. 2134～1991

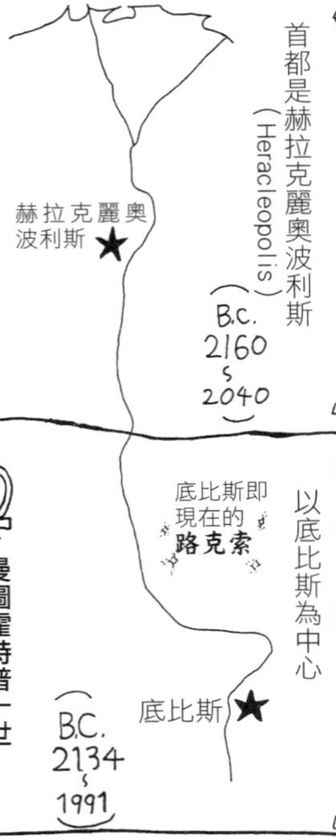

①科提一世（Kheti I）
②科提三世（Kheti III）
③梅里卡拉（Merikare）
④卡涅菲爾拉（Kaneferre）
等等

感情好

①曼圖霍特普一世（Montuhotep I）
②安特夫一世（Inyotef I）
③安特夫二世（Inyotef II）
④安特夫三世（Inyotef III）

這兩個王朝一方面各自鞏固南北的地盤，一邊持續競爭，企圖統一全國。

★曼內托劃分王朝的年號時，也是像這樣，將同一個時代的統治者分成不同的集團。

從這個時候開始，貴族們把原本只有國王在使用的金字塔銘文，也寫在自己的棺材上，一時之間蔚為流行……。這種寫在貴族棺材上的經文，被稱為「**棺木文**」（Coffin Texts）。

又是「警世文學」！

《給梅里卡拉的訓誡》

《給梅里卡拉的訓誡》（Teaching for Merikare）是第十王朝科提三世對兒子梅里卡拉講述的世間道理。

滿足於你現在所擁有的。
我所達成的事業
就是維持和平，
光是這樣便已足夠。
所有的瑰寶都在下埃及，
別再奢求其他。
不要出兵攻打上埃及。
此外，不可毀壞別人家的墳墓及紀念碑，
不可以偷東西給自己的墳墓使用！

不過，他的兒子梅里卡拉根本不把他的話當一回事。不但對於自己的兒子偷盜他人墳墓得意洋洋，還跟第十一王朝起衝突。

結果，第十一王朝的安特夫三世之繼任者曼圖霍特普二世（Montuhotep II）統一了全國，為南北爭戰畫下句點。

中王國時期

5 曼圖霍特普二世（Montuhotep II）

再度將埃及統一的曼圖霍特普二世，在底比斯西岸的達爾－巴赫里建造葬祭殿。而他利用斷崖營造效果，也是一大創新。

想像圖

關於上面的金字塔有

和 饅頭狀 等等假設。

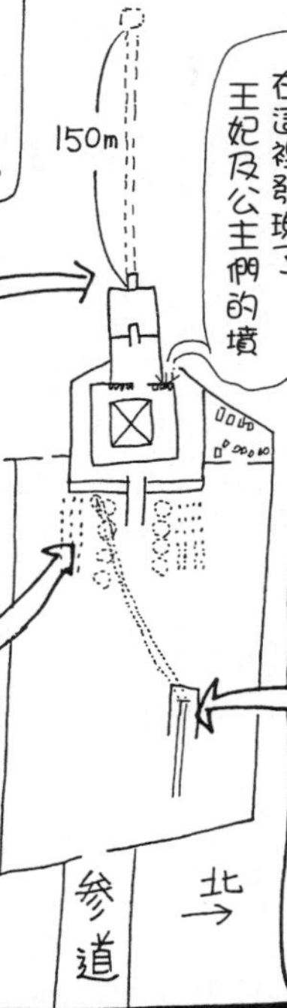

150m
在這裡發現了王妃及公主們的墳
參道
北

岩窟裡頭似乎曾經有過國王的雕像。因此營造了「從山中升起的曼圖霍特普」之效果……（The Complete Pyramid, Mark Lehner）

酷斃了！
咕咕！

地底下埋了十二座國王雕像，而且所有雕像的頭都斷了。

唉，聽說頭部是最脆弱的部分，所以常常掉下來……

✹這個葬祭殿附近，發現了一個埋有六十個士兵遺體的巨大墳墓，據推測，這些人應該是戰死的。

參與塞德祭姿態的塑像

巴布・阿爾－霍桑（Bab el-Hosan）（意即「騎士的大門」）好浪漫的名字，這是通地下室的入口。霍華德・卡特的馬就是在此絆倒，而發現入口的，所以就取了這名字。一般認為這個地下空間是空墓（Cenotaph）。

莫神（Mentu）

「曼圖霍特普」這個名字的意思是「莫神感到滿意」。這一族是源自距離底比斯二十公里左右、一個叫做阿爾蒙特（Armant）的地方，莫神是那個地方的主神，也是「戰爭之神」。

曼圖霍特普二世改過三次繼位名，他的改名也標誌出了這一段時期埃及的歷史。

『賦予兩塊土地心臟之人』

⇓

『上埃及的主人』

⇓

『統一兩塊土地的人』

之後，大王拉美西斯二世所建造的※「拉美西斯神廟」裡，就有畫作描繪神官抬著曼圖霍特普二世，由此可見，即便到了後世，他仍相當受到崇敬。

※ 拉美西斯神廟中，還描繪了梅尼（埃及史上第一位國王），以及雅赫摩斯一世（Ahmose I，第十八王朝）。

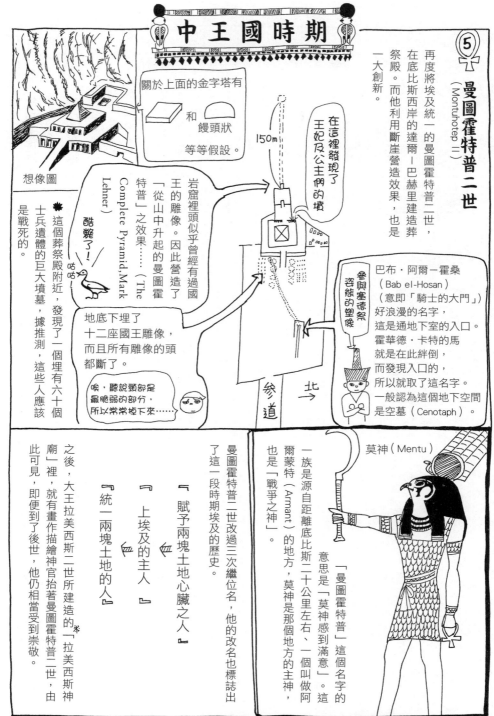

呀！
咚！
呵呵呵

⑥ **曼圖霍特普三世**

在位時間極短。

⑦ **曼圖霍特普四世**

這個國王的名字並沒有記載於〈王名表〉上，但後來所挖掘出土的容器以及石碑等物品，證實了這位法老確有其人。

石碑上是

率領萬人軍隊的宰相阿蒙涅姆赫特籌備國王墳墓的石棺。

這樣寫。

咸認這個宰相就是下一屆國王阿蒙涅姆赫特一世。（應該是藉由叛變取得王位的。）

阿蒙涅姆赫特是「阿曼神前的使者」的意思。莫神的天下僅僅曇花一現，接下來展開了漫長的阿曼神時代。

第十二王朝

B.C. 1991～1782

① **阿蒙涅姆赫特一世**

或許是因為他自己是藉由叛變取得王位的，所以常常疑神疑鬼，擔心著「不知道哪一天我的部下也會像我當初一樣叛變啊」。所以，他的內心一刻不得安寧，總是戒慎恐懼、保持警醒。

啊……

首先，他為了將自己取得王位一事正當化，編造了以下的故事。

納法提的預言

大意如下：

在第四王朝偉大的王斯尼夫魯王的治世中，有一位名叫納法提（Neferty）的預言家說了下面這一段話。

「這個國家接下來會陷入亂世。不論身分還是地位，一切都會有很大的轉變。但是，埃及南部會有一位名為『阿美尼』的血統純正之人誕生，這個人會統一上、下埃及，為我國帶來和平。」

你們看，六百年前就已預言我會繼位呢。
對吧。

阿蒙涅姆赫特一世將首都從第十一王朝的底比斯，遷到遠離底比斯的「伊芝塔威」（Itjtawy）。一般認為，他之所以會遷都，是因為害怕曼圖霍特普血統的人叛亂。

※伊芝塔威（意思是「統治兩個都市的人」）據說位於孟菲斯南方、阿爾－利斯特（el-Lisht）附近，但確切位置在哪兒還不知道。

指名他兒子為共同統治者。

阿蒙涅姆赫特一世雖然做了種種的努力，但結果就像他長久以來所擔心的，仍舊逃不過因叛亂而被殺害的命運。

不知道阿蒙涅姆赫特一世是不是想要「重現埃及古王國時期的繁盛榮華」，他建設了好一段時間已經無人建設的金字塔。

不過這傢伙還真是厚臉皮哪！

他從胡夫王和卡夫拉王的金字塔神殿以及參道偷取石塊，做為建造自己金字塔的材料。雖說他這麼做另一方面也是為了想得到偉大先王們強大力量的護持……

怎麼樣嘛！

我取用先王的物品，他們自然會成為人們談論的話題啊，這也不是壞事嘛！

若是用現代的價值觀來看，他的行為根本是不要臉啊。

但是呢，他這樣苦心積慮建造的金字塔，到了後來，石材也是遭人竊走了。

不管是他之後遭逢叛變而被殺害，還是金字塔石材遭竊，難得有人像他這麼應驗現世報的。

寂寥～
看來跟沙石堆沒兩樣

位於阿爾－利斯特

玄室因為浸水無法進入。

接下來要談森烏塞特一世（Senwosret 一）統治的時期中完成的**《阿蒙涅姆赫特一世的訓誡》**這部作品。

這部作品的大致內容是說，死去的阿蒙涅姆赫特一世出現在他兒子面前，反覆訴說著自己是如何被屬下暗殺、不可以輕易相信他人。

要小心你的臣子！就算他們不尊敬你、不把你放在眼裡也沒有關係！總之不要獨自一人接近這些人！

不要相信你的兄弟！朋友這類人，也幫不上你什麼忙，沒必要交朋友！

有哪個國王做到完全照顧人民所需的？我已經做到讓大家不餓肚子了，已經算統治得不錯啦。

但是，那些我所照顧過的人卻朝著我吐口水。

總而言之啊——不用做好事、也不要做壞事。你要建好你的堡壘、重建堅固的建築，跟人交往時要小心！

唉～～……好悲哀啊，真是太悲哀了……

阿蒙涅姆赫特一世是不是平常就常講這些話啊？還是他兒子在父親過世之後，變得不相信人，所以想法就變成這樣了？

摘自『古代オリエント集』

② 森烏塞特一世

父親阿蒙涅姆赫特一世遭暗殺時，森烏塞特一世正在遠征的途中。聽到訃聞之後，他立即趕回埃及，鎮壓了叛變。

他在父親位於阿爾-利斯特的金字塔南方，建造了日曬煉瓦金字塔。

看起來只像小山丘

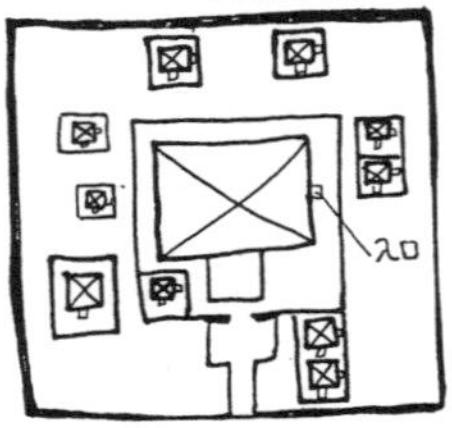
旁邊圍繞著九座王妃的小金字塔。
入口

玄室因為遭到地下水侵浸。不論是古代還是近代，連學者都沒有進去過。

另外，在赫里奧波里斯一地，他建造拉・阿圖姆神殿，甚至還建造了一對方尖碑以紀念塞德祭！

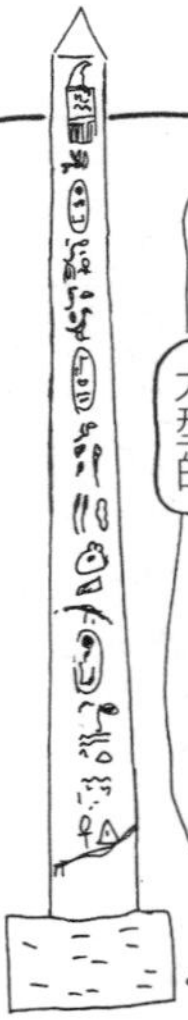
至今立著的大型的方尖碑中最古老的！
只剩一根。
神殿已不復存在

卡納克神殿的野外博物館裡，還有他建造的涼亭。

中央有座台子，是用來安放聖船形狀的神轎的。

五百年後的阿蒙霍特普三世把這個亭子的石頭拿去當金字塔門的材料，不過現在，現代考古學家團隊已經將涼亭修復了。

又是文學

西努希物語（Tale of Sinuhe）

從第一中期到這個時代，是文學的盛產期。

在習字學校，這些故事被拿來當做教科書。

故事情節大致如下：

阿蒙涅姆赫特一世遭到暗殺之後，宮廷中漫延著悲戚的氣氛。

這當中，大臣西努希

西努希

偶然之間聽到了森烏塞特一世的兄弟們的談話，這些人密謀篡奪王位。

西努希聞言感到相當恐懼，不知何故，奪門逃出宮廷。

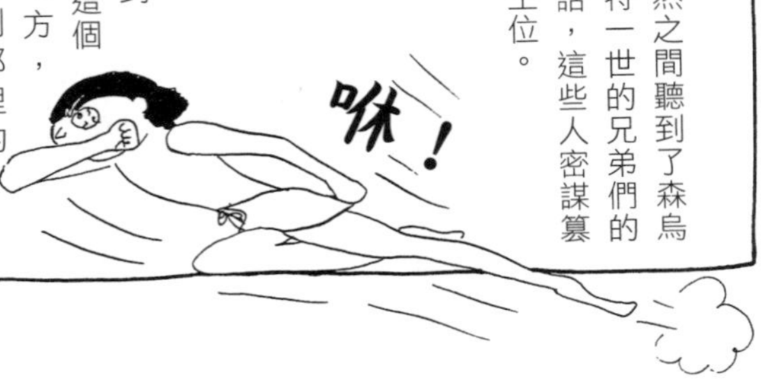
咻！

在那之後，西努希來到了貝都因（Bedouin）這個地方，受到那裡的族長的賞識，因而平步青雲、飛黃騰達，不但得到了財富、獲得了良好名聲，生活也相當安定。但是，到老年的時候，他突然興起思鄉情懷，而且西努希一直沒有拋卻埃及及宗教信仰，這時的他也開始擔憂自己的遺體無法安眠於埃及的土地中。

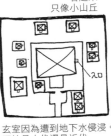

於是，

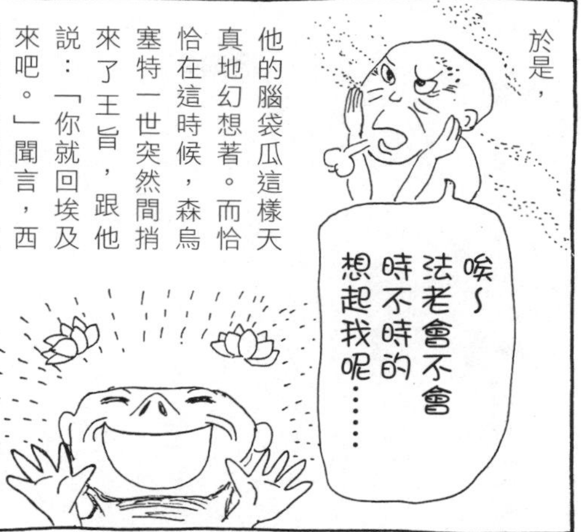
唉～法老會不會時不時的想起我呢……

他的腦袋瓜這樣天真地幻想著。而恰恰在這時候，森烏塞特一世突然間捎來了王旨，跟他說：「你就回埃及來吧。」聞言，西努希喜出望外，立刻回國。結果他最後就在埃及安享晚年……

不管做什麼事都盡如己意。真是幸運兒！
……這個故事就這樣啦。實在讓人不太服氣。

西努希因為害怕遭到禍事波及，什麼事都沒有做，就懦弱地逃走了，這種表現實在太差勁了。這樣的人居然會被設定為主角，真是令人驚訝。不過更不可思議的是——

森烏塞特一世的寬宏大量

說到底這也是一部讚頌國王的作品？★

咻！
對西努希這種牆頭草家臣，我是很寬容的喔。

可是，對西努希這樣的人都可以寬容原諒，反而讓人覺得這個國王是個虛無主義者呢。是不是因為一開始就對人不抱什麼期待，之後自然就不會感到憤怒了？我看森烏塞特一世還真是確實遵奉《阿蒙涅姆赫特一世的訓誡》生活哪。

③ 阿蒙涅姆赫特二世

先王森烏塞特一世在晚年時，點名要他當共同統治者，之後他就順勢繼承王位……

他沒有在阿爾－利斯特這地方建造金字塔，而是在位於達夏爾的變形金字塔的東側建蓋了一個不甚起眼的金字塔。（一般稱為「白色金字塔」。）這個金字塔周圍發掘出公主們的墳墓，其中兩個公主（伊塔〔Ita〕與克奴米特〔Khnumet〕）的墳竟然未曾遭到盜墓！所以遺體和裝飾物同時被發現。

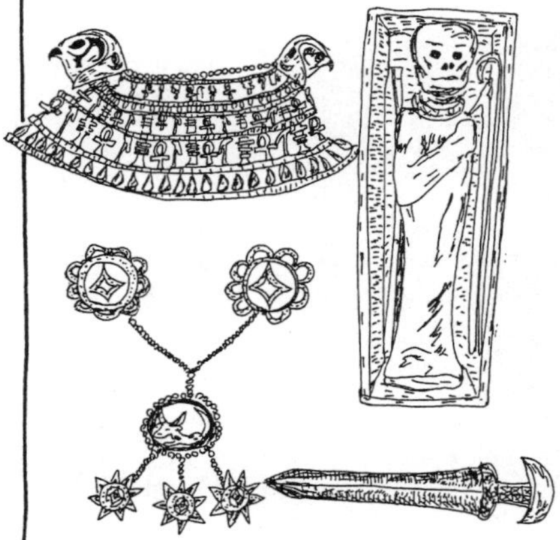

★ 雖然這一個故事隱含有讚揚國王的意味，不過聽說其主旨其實是在表示「埃及人認為，沒有什麼事能夠取代『死』這件事在埃及這國家中的重要性。」

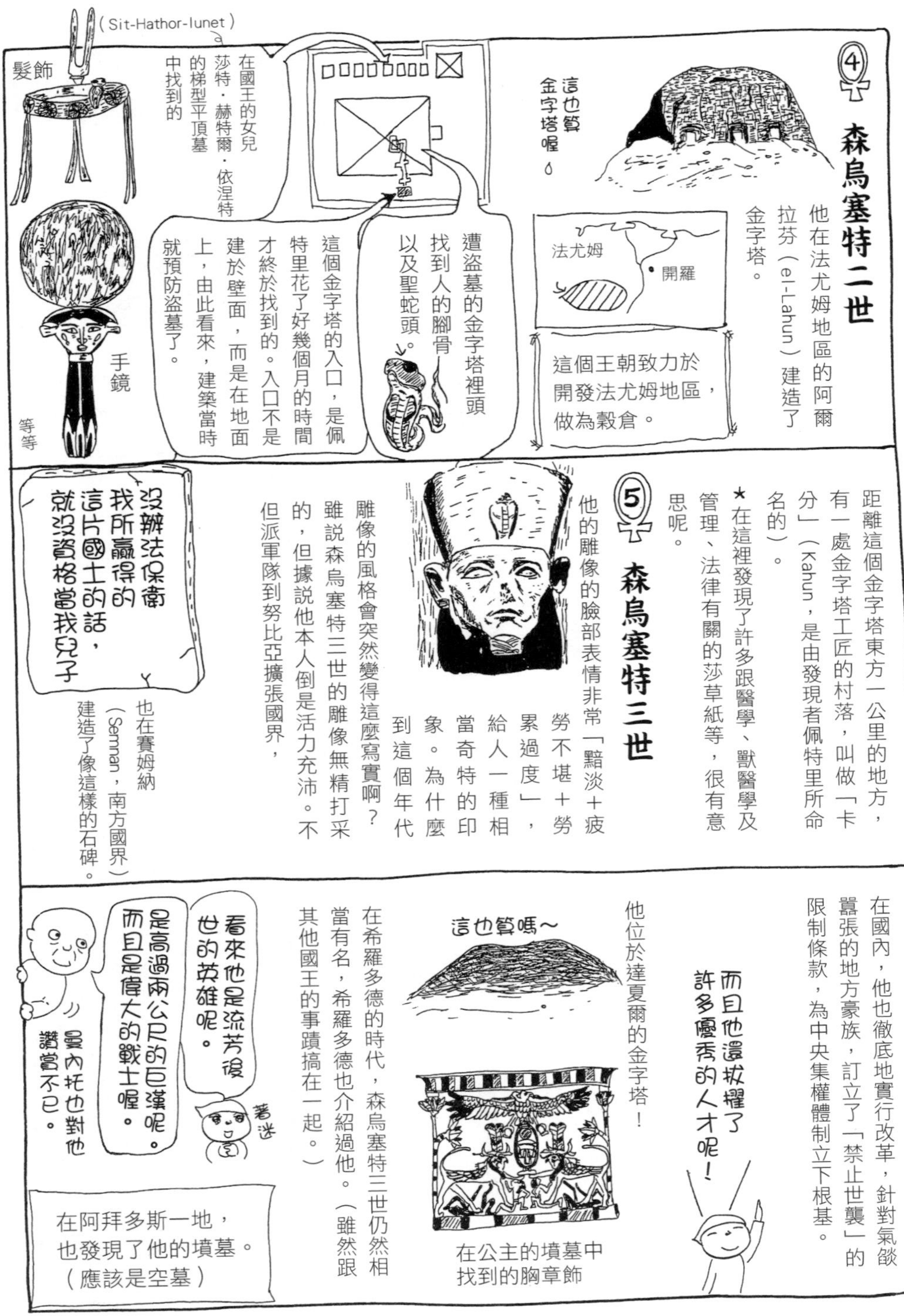
④ 森烏塞特二世
他在法尤姆地區的阿爾拉芬（el-Lahun）建造了金字塔。
這也算金字塔喔。
法尤姆
開羅
這個王朝致力於開發法尤姆地區，做為穀倉。
遭盜墓的金字塔裡頭找到人的腳骨以及聖蛇頭。
這個金字塔的入口，是佩特里花了好幾個月的時間才終於找到的。入口不是建於壁面，而是在地面上，由此看來，建築當時就預防盜墓了。
在國王的女兒莎特·赫特爾·依涅特的梯型平頂墓中找到的
(Sit-Hathor-Iunet)
髮飾
手鏡
等等
距離這個金字塔東方一公里的地方，有一處金字塔工匠的村落，叫做「卡分」（Kahun，是由發現者佩特里所命名的）。
★在這裡發現了許多跟醫學、獸醫學及管理、法律有關的莎草紙等，很有意思呢。
⑤ 森烏塞特三世
他的雕像的臉部表情非常「黯淡＋疲勞不堪＋勞累過度」，給人一種相當奇特的印象。為什麼到這個年代
雕像的風格會突然變得這麼寫實啊？雖說森烏塞特三世的雕像無精打采的，但據說他本人倒是活力充沛。不但派軍隊到努比亞擴張國界，
也在賽姆納（Semnan，南方國界）建造了像這樣的石碑。
沒辦法保衛我所贏得的這片國土的話，就沒資格當我兒子
在國內，他也徹底地實行改革，針對氣燄囂張的地方豪族，訂立了「禁止世襲」的限制條款，為中央集權體制立下根基。
而且他還拔擢了許多優秀的人才呢！
他位於達夏爾的金字塔！
這也算嗎～
在公主的墳墓中找到的胸章飾
在希羅多德的時代，森烏塞特三世仍然相當有名，希羅多德也介紹過他。（雖然跟其他國王的事蹟搞在一起。）
看來他是流芳後世的英雄呢。
著迷
是高過兩公尺的巨漢呢。而且是偉大的戰士喔。
曼內托也對他讚賞不已。
在阿拜多斯一地，也發現了他的墳墓。（應該是空墓）

⑥ 阿蒙涅姆赫特三世（Amenemhet 三）

其雕像沿襲其父親的寫實風。

怎說，好熟悉的臉！
根本像鄰家的老伯嘛！

多虧前幾任國王的奮鬥，到了這時代，埃及又恢復往日的繁盛。他可以說是最坐享其成的人了。從他一口氣興建兩座金字塔看來，財力應該相當寬裕。

（達夏爾的）黑色金字塔

這不是拿來當國王自己的墳墓，而似乎是拿來安放王妃等一共六人的皇族。

是在瓦礫中發現的

金字塔最上頭的石頭

（法尤姆的）哈瓦拉的金字塔

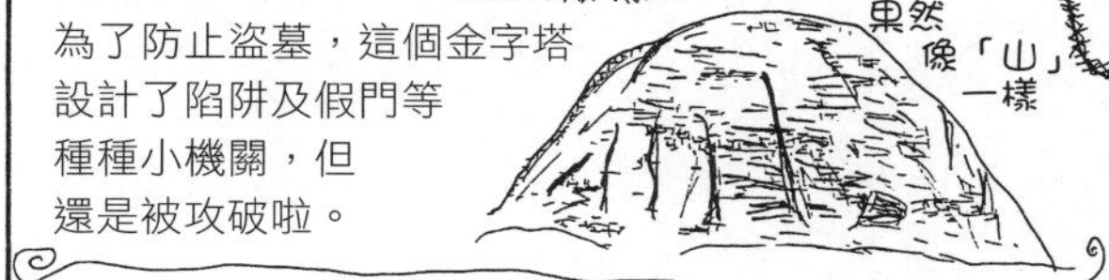
果然像「山」一樣

為了防止盜墓，這個金字塔設計了陷阱及假門等種種小機關，但還是被攻破啦。

佩特里

玄室裡頭有國王及公主的棺材。

由於玄室浸水，要挖掘還得一邊潛水呢，真是辛苦的作業。

哈瓦拉的金字塔的葬祭殿，一般認為就是曾經讓希羅多德、老普林尼以及斯脱拉波驚嘆不已的迷宮（Labyrinth）。

以下是希羅多德的敘述

迷宮裡有六對、也就是十二棟房子面對面排列；它們全部都被同一座牆給包圍。

內部有三千個房間，它們有精心設計的各式各樣機關，這些房間有半數是位於地底下。

地面上的房子，從庭園通到房間、從房間通到柱廊，再從柱廊通其他房間，總之非常複雜。

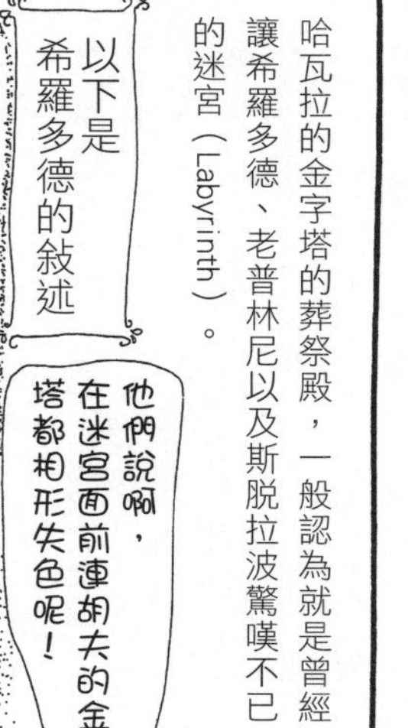
他們說啊，在迷宮面前連胡夫的金字塔都相形失色呢！
哇喔～

由於地下室有國王及鱷魚的棺材，所以不開放民眾參觀。

這個迷宮的盡頭有個刻著巨像的金字塔，只能夠從地下進入。

這個迷宮位於名為摩里斯湖（Lake Moeris）的人造湖的沿岸；湖的中央冒出兩座金字塔。

諸如此類……。這樣的描繪多麼令人興奮哪——好羨慕希羅多德喔，可以親眼目睹這個迷宮。

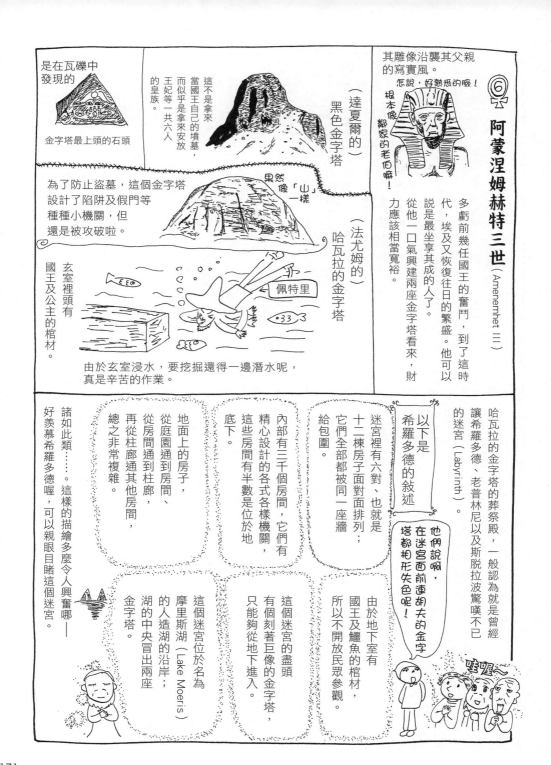

順帶一提

長久以來，人們一直無法斷定迷宮位於何處，而累普濟烏斯（第六〇頁）從希羅多德描述的「人造湖摩里斯湖」及「尊敬鱷魚的土地」推測迷宮所在，於一八四三年提出主張，認為「這裡符合了所有條件」。之後，佩特里為了重現迷宮舊時的風光，發揮他縝密的長才，持續挖掘。但最後僅僅從沙堆中挖出巨像和圓柱。

但是這趟挖掘也讓他了解了一件大事。據佩特里估計，迷宮「有三個大神殿合起來那麼大」呢。

這裡還有一個叫卡龍湖（Qaroun）的大湖，雖然它不是人造湖。
濕地是鱷魚的棲息地，所以這裡的守護神是索貝克神。

不知道是不是他這座司芬克斯（sphinx）太觸動人心了，後代的國王（像是希克索斯王朝的阿波比、拉美西斯二世、麥倫普塔赫、普蘇森尼斯一世等）也重複使用它，在上面刻上自己的名字。最後是在塔尼斯找到的。

真有那麼好?

⑦ 阿蒙涅姆赫特四世（Amenemhet IV）
⑧ 索貝克諾弗魯女王（Sobeknefrure）

關於阿蒙涅姆赫特四世的事蹟，沒有什麼記載。不知道是不是因為他沒有子嗣，他過世之後，由王妃索貝克諾弗魯正式繼承王位。

距離達夏爾南方五公里、名為馬茲葛納（Mazghuna）的地方，有兩座未完成的金字塔，雖然沒有確實的物證，但金字塔是這個年代的建法，所以人們推測是這兩人的。

而或許是因為沒有後嗣，第十二王朝到這此結束。

這個王朝是藉叛變起家的，竟也維持了兩百年，還挺了不起的。
嗯嗯
不需要你多嘴！

書記是人們嚮往的職業

這個時代，在培養書記的學校裡，學生要學計算穀物數量、計算金字塔及梯形平頂墳的傾斜面等問題。（《萊因德紙草書》的記載，亦見一四二頁）

「書記」這個職業是負責重要的國家行政事務，有許多古詩描述了這個職業的菁英意識和好處。像是「去擔任書記吧。若是當上了書記，你柔嫩光滑的手腳就能夠一直保持柔軟。你會有好衣服可穿，甚至有機會升到高位，令大臣們都跟你打招呼。」、「除了書記一職，其他工作都很辛苦、悲慘。」、「書記為所有職業之首」、「墳墓及建築物最後終有崩毀的一天，但是，只要所寫的東西很卓越，書記的名字就會被人們口耳相傳下去。」諸如此類……

喔，還有，有個書記甚至在莎草紙中，指名嘲笑他一個字寫得難看計算能力又差的同事呢。

哪個時代都一樣嘛～
人性就是人性啊……

第二中期

第十三王朝

（B.C. 1782～1650）

雖是政局多變化的中間時期，不過和其他王朝相較算是比較穩定的王朝。從王名表可見這群國王。

索貝克神人氣大漲

① **烏加艾夫**（Wegaf）

② **阿曼尼・安迪夫**（Antef）

③ **荷爾**（Hor）

④ **索貝克霍特普二世**（Sobekhotep II）

⑤ **肯傑爾**（Khendjer）

@ 有金字塔在沙卡拉

⑥ **索貝克霍特普三世**（Sobekhotep III）

⑦ **納法霍特普一世**（Neferhotep I）

⑧ **索貝克霍特普四世**（Sobekhotep IV）

⑨ **艾**（Merneferre Ai）

⑩ **納法霍特普二世**（Neferhotep II）

他在（位於達夏爾的）阿蒙涅姆赫特三世的金字塔周邊建造墳墓。這個時代曾經修復阿蒙涅姆赫特三世的金字塔，由此判斷，兩人可能有血緣關係。

以國王的墳墓來說很丟臉耶。
墳墓出土的荷爾的**木雕**
唉……
畫畫技巧不好那一座雕像其實長得很像明星尼可拉斯・凱吉……

第十四王朝

這個王朝短暫地在東德爾塔（Delta）建立政權，和第十三王朝末期重疊。

① **奈赫西**（Nehesy）等等

埃及史上首度遭到侵略！

這可是埃及史上最大的災難啊。

↖「希克索斯（Hyksos）佔領時代」──實際的情況似乎沒有像曼內托說的那麼嚴重啦，不過是從亞洲移民過來的各個種族慢慢滲透進埃及的樣子。希克索斯的世界經常有小小的競爭，所以他們非常擅長戰鬥。至於埃及人呢，因為長久以來有形勢絕佳的天然要塞、沙漠保護其領土，因此平時他們根本沒有什麼危機意識。希克索斯很看輕埃及人，覺得這個民族跟軟腳蝦沒啥兩樣，加上當時適逢埃及王室陷入四分五裂，他們自然而然就趁虛而入了。

希克索斯是「異國的統治者」之意。

希克索斯帶給埃及的東西

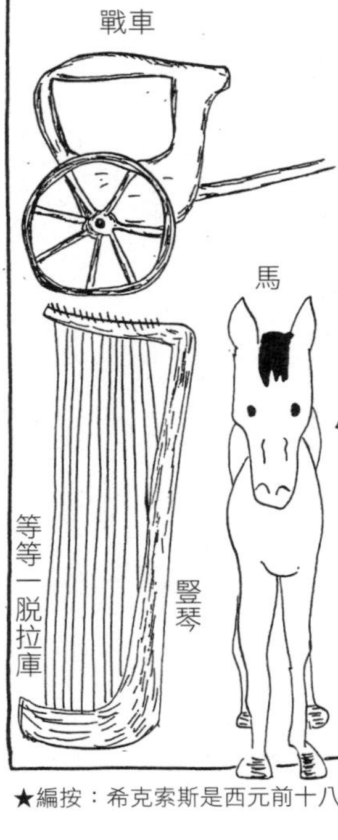

戰車
馬
豎琴
等等一脫拉庫

★編按：希克索斯是西元前十八世紀居住在埃及北部的一支民族。

曼內托說希克索斯分成兩派。

第十五王朝・大希克索斯

首都亞華里斯（Avaris）

B.C. 1663～1555

大希克索斯稱霸下埃及。

① 沙里提斯
② 謝西
③ 亞喀貝赫魯
④ 其安
⑤ 阿波比一世
⑥ 卡姆地

西元一九八九年，經考古挖掘發現，這個王朝曾經跟克里特島（Krete）進行貿易往來。在位於亞華里斯、慘遭破壞的宮殿遺跡當中，找到了邁錫尼（Mycenae）風格的牛圖騰，而克里特島的克諾索斯宮殿（Knossos Place），也發現了其安（Kian）的壺等物品。

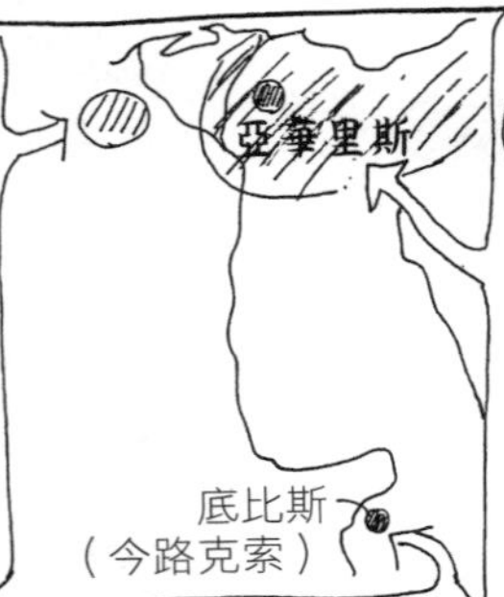
亞華里斯
底比斯（今路克索）

第十六王朝

B.C. 1663～1555

小希克索斯

① 阿納多赫爾
② 雅可布阿姆

孤零零地撐起這王朝。

第十七王朝

首都底比斯

B.C. 1663～1570

埃及人統治的王朝。

雖然埃及人不堪下埃及被希克索斯統治，但仍忍著待在上埃及。

① 索貝克艾姆賽夫二世（Sobekemsaf II）
② 安蒂夫七世（Antef VII）
③ 塞納克特恩拉・塔一世（Taa I）
④ 塞克南雷・塔二世（Taa II）
⑤ 卡梅斯（Kamosis）

由於埃及人繼續統治上埃及，結果後來仍然跟希克索斯爆發全面性的戰爭。

希克索斯與上埃及戰爭的導火線，是第五代希克索斯王阿波比一世寫給塞克南雷・塔的一封信。這封信的內容是：

底比斯的河馬叫聲真是吵死人了，吵得人睡不著耶。你就不能想想辦法嗎——
阿波比

實際上底比斯離亞華里斯有八百公里遠呢，亞華里斯聽得到底比斯的河馬叫聲才有鬼。阿波比的話根本是在嘲弄埃及人的宗教觀。

在埃及人的心目中，河馬是代表象徵豐饒、孕育的女神塔雷特（Tauret），深受人們愛戴。沒想到希克索斯人居然拿河馬做文章！也難怪最後兩方會打起來了。

河馬！
他們竟然侮辱我們跟河馬！
把河馬當啥！

但是，塞克南雷・塔二世吃了敗仗，埃及軍隊還是撤退了。

不甘之情一目了然、表情非常可怕的塔二世的木乃伊。

聽說他就以這種狀態苟延殘喘了一陣子。（他的木乃伊在開羅博物館！）

不過，希克索斯卻崇拜賽特神（Set），似乎是賽特神跟起源於敍利亞、巴基斯坦的巴爾神（Baal）形象相近（同樣是火爆浪子）的關係。

之後，塞克南雷・塔二世的兒子卡梅斯進攻希克索斯的首都，打了勝仗，但是在途中他卻因為身體狀況欠佳而撤退，沒有多久，就過世了。

（tablette Carnarvon）

通稱「卡爾納馮碑板」
圖坦卡門二人組
我發現的碑板上詳細敘述了當時狀況喔！

埃及王室一族悲切的願望，終於在卡梅斯的弟弟雅赫摩斯一世的手上達成了。雅赫摩斯治理埃及二十五年，當中他耗費了一半的時間，終於消滅了希克索斯。

他甚至進而遠征和希克索斯交好的南努比亞，讓他們安份下來，眼界也朝亞洲擴展。接著，埃及人終於將長久以來分崩離析的國土再度統一。

努比亞的人們
靜～
大聲斥喝

太好囉　太好囉　太好囉
太好囉　太好囉　太好囉

新王國時期

繁華＆知名人士一卡車

第十八王朝

B.C. 1570～1293

① 雅赫摩斯一世

辛苦地將埃及統一起來，

雅赫摩斯在阿拜多斯建有小金字塔。

② 阿蒙霍特普一世

輕輕鬆鬆地承繼了。

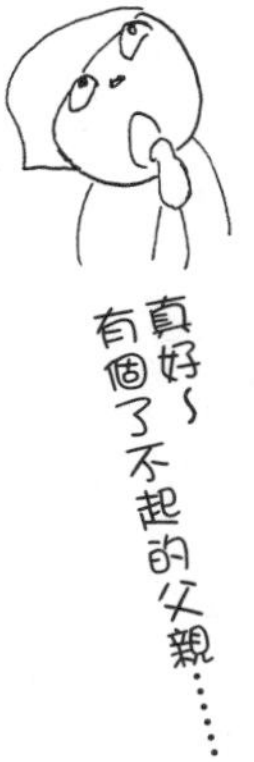
真好～有個了不起的父親……

◎阿蒙霍特普一世的墳墓

這個時代的四百年之後，拉美西斯九世命令下屬開始調查王墓。當時的人向國王報告說，阿蒙霍特普一世的墳墓「完好且無異狀」。這個報告（通稱為《艾博特莎草紙》〔Abbot Papyrus〕）中，記錄著阿蒙霍特普一世的墳墓位於「距離帕・阿卡的阿海一百二十腕尺（六十三公尺）、阿蒙霍特普神殿之北、阿蒙霍特普之庭院」。

好像暗號耶
興奮

「帕・阿卡」像地名，又或許是某物的稱呼。

「阿海」據說有「高處」、「聳立」之意呢！

63公尺是代表

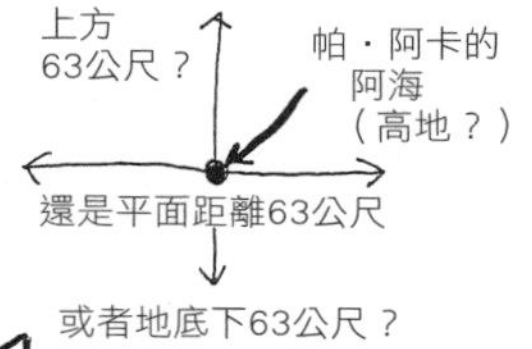
上方63公尺？
帕・阿卡的阿海（高地？）
還是平面距離63公尺
或者地底下63公尺？

關於這個王墓所在地有兩個可能的地方，列舉在後面。

1「朵拉・阿布—阿爾納迦」說

（Dra Abu al-Naja）

路克索西岸
帝王谷
達爾—巴赫里

自古以來，阿蒙霍特普一世家族就都在這個地區建造其墳墓，後人確實也在這一帶找到許多他們的遺物。

被推斷為阿蒙霍特普一世墳墓的墓地，是霍華德・卡特以及卡爾納馮這個二人組所發現的。

不會錯的！

這個墳墓有不少的碎片出土，碎片上頭刻著一些人的名字。（阿蒙霍特普一世〔九個〕、母后雅赫摩斯・奈菲塔莉〔Ahmose Nefretiry，八個〕、父親雅赫摩斯〔三個〕，另外有一個刻著希克索斯王阿波比一世〔Apepi 二〕及其女兒海雷特〔Herit〕公主的名字。）

而在這個墳墓下方的耕地某個角落，則建蓋了一處葬祭殿，是用來祭祀阿蒙霍特普一世及他的母親雅赫摩斯・奈菲塔莉的。

而且，根據霍華德・卡特當時的資料，當地還有由岩石所堆成的地標。

這兩點就符合《艾博特莎草紙》所提到的「阿海」及「阿蒙霍特普神殿」兩個條件。

2「帝王谷」說

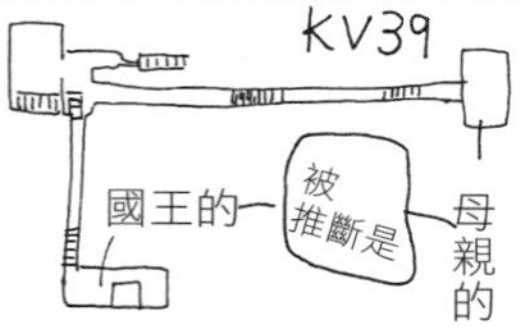

KV39
國王的—
被推斷是
母親的

在帝王谷這裡，所有者已知的墳墓當中，年代最為久遠的國王要屬圖特摩斯一世了，所以，他被視為埃及史上第一個埋葬於帝王谷的國王。但是，建造帝王谷墳墓的工匠村卻是供奉阿蒙霍特普一世跟他的母親為守護神。如果考慮到這一點，阿蒙霍特普一世想當然耳是第一位進入帝王谷的國王。因此，研究者認為，這個舊型的墳墓KV39很有可能是阿蒙霍特普一世的陵寢。在這個墳墓當中，還找到刻有圖特摩斯一世、圖特摩斯二世以及阿蒙霍特普二世名字的遺物。

也有人認為，位於這墳墓附近的工人小屋就是「阿海」。

（以上參考The Complete Valley of the Kings，作者Richard H. Wilkinson、Nicholas Reeves，以及『エジプトの考古学』一書，近藤二郎著）

希克索斯血統？

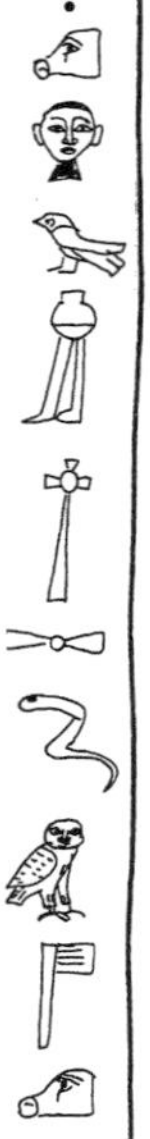

霍華德・卡特一行人所找到的墳墓裡頭，有刻著阿波比一世以及他的女兒海雷特名字的碎片出土，根據這一點來判斷，海雷特應該是嫁進底比斯王朝。

雖然一般都認為阿蒙霍特普一世的母親是雅赫摩斯・奈菲塔莉（她當然是埃及人），不過也有一些人認為阿蒙霍特普一世繼承了海雷特的血液。

這個王朝的地位是奠定在「憎恨希克索斯」一事上的，倘若阿蒙霍特普一世真的是海雷特所生，那搞不好可以算是個大八卦呢，就跟「希特勒有一半猶太血統」一樣。

不過話說回來，阿蒙霍特普一世所建造的建築，到後來下場卻很淒慘。

他以雪花膏石（Alabaster）建造、用來祭拜阿曼神的祠堂，被阿蒙霍特普三世挖去當金字塔門的礎石；他建於達爾－巴赫里的赫特女神禮拜堂，也在哈塞普蘇女王建設葬祭殿的時候遭到搗毀。

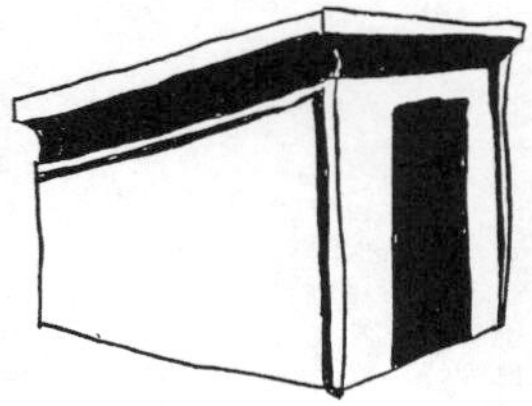

現已修復，安置於位於卡納克的野外博物館……

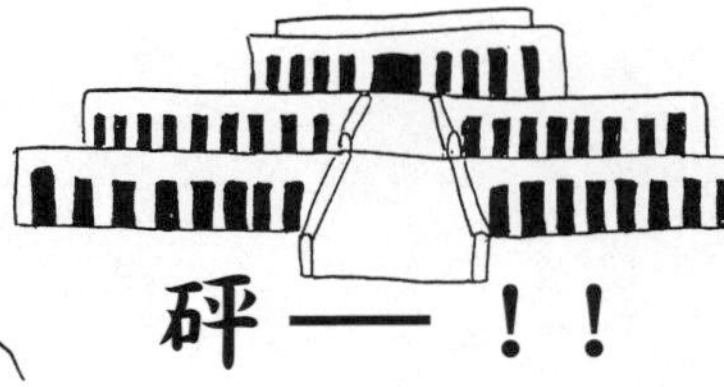
砰——！！

這些子孫未免太惡劣了吧？

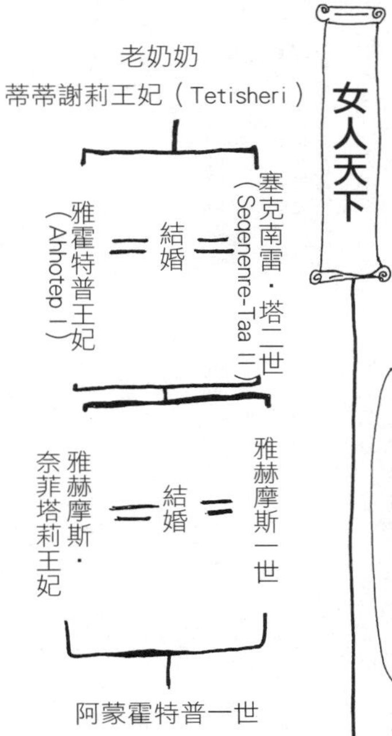
女人天下
老奶奶
蒂蒂謝莉王妃（Tetisheri）
塞克南雷・塔二世（Seqenenre-Taa 二）
＝結婚＝
雅霍特普王妃（Ahhotep 一）
雅赫摩斯一世
＝結婚＝
雅赫摩斯・奈菲塔莉王妃
阿蒙霍特普一世

這個王族中的女人家特別的活躍。

在對抗希克索斯的戰爭中，雅霍特普王妃還是軍隊的指揮者呢，扮演提高戰士士氣的角色。

從她的棺材當中，找到了美麗的斧頭以及嘉獎英勇事蹟的「黃金蒼蠅」勳章。（不確定上述物品是不是為她所有，不過，裡頭的木乃伊倒是馬上就被『處理』掉了！）

蒼蠅……

而雅霍特普王妃的女兒雅赫摩斯・奈菲塔莉，也曾經輔佐年幼的阿蒙霍特普一世執政，對於埃及政局有很大的影響力。

一般來說，王妃們擁有「阿曼神的第二預言者」之頭銜，而雅赫摩斯・奈菲塔莉的地位卻是更為崇高，擁有「阿曼神的妻子」之稱呢。

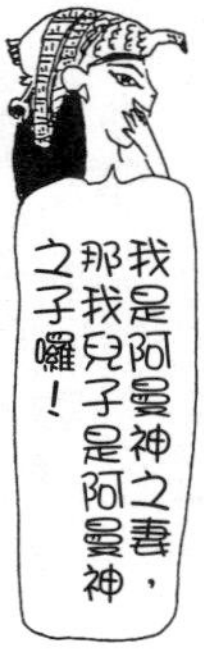
我是阿曼神之妻，那我兒子是阿曼神之子囉！

馬里埃特
是我部下找到的

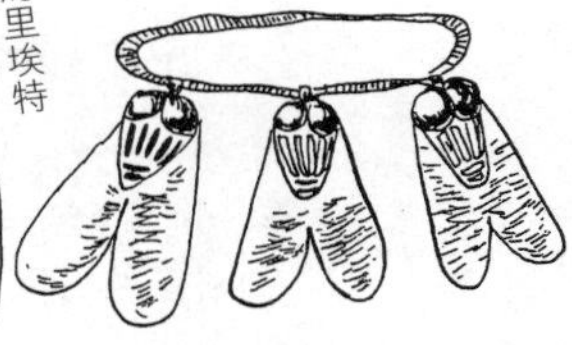

蒼蠅不屈不撓的習性，似乎很受埃及人歡迎。

「阿蒙霍特普」這個名字，意思是「阿曼神感到滿足」，顯示此時阿曼神的地位比中王國時期要來得更為崇高，之後更是勢如破竹地吸收了其他的神明，成為埃及國神。

拉神也被吸收成為阿曼・拉神，越來越進化囉。

③ 圖特摩斯一世

他在阿拜多斯的石碑上，很自豪地刻下「我將埃及的領土擴張到最大」等字眼。而且，他在遠征所及地區也立了戰勝的紀念碑，誇耀自己的功績！

經歷過希克索斯的佔領之後，蛻變成為「主動出擊的埃及」。一般認為，圖特摩斯一世的孫子（也就是圖特摩斯三世）將埃及的領土擴張到最大。不過也有很多研究者主張：「圖特摩斯一世才是將埃及領土擴張最多的國王。」

墓

圖特摩斯一世命令底下的建築師伊涅尼（Ineni）在隱密的山谷間建造他的墳墓。「我獨自一個人監督了國王位於巖窟的墓地的開挖。沒有人看到這件事，也沒有人跟我問起……」伊涅尼在記載其自傳的碑文中這樣說道。通稱「帝王谷」的這個地方，可以眺望到如金字塔一般的高山「阿爾庫倫」，是隱蔽陵寢的最佳場所（剛開始的確是如此啦）。對於這一點，想來伊涅尼也是自信滿滿吧。

阿爾庫倫
阿拉伯語意思是「角」！

由於當時國王的陵寢經常遭人掠奪，因此連國王也不得不把自己的墓地蓋在隱密的所在了。對於這樣的情況，霍華德．卡特說了這麼一段評語：「……我可以很肯定國王在下定決心（將其墓地蓋在隱密之處）之前，一定已經猶豫好一段時間了。首先，他就得跟自己的自尊心對抗、搏鬥哪。畢竟「炫耀」是所有埃及君王根深柢固的嗜好啊。而且埃及的君王不管是在什麼地方都會發揮這個特性，尤其是在自己的墳墓上，更是極盡其誇耀之能事。」（摘自「The path to Tutankhmun」一書）

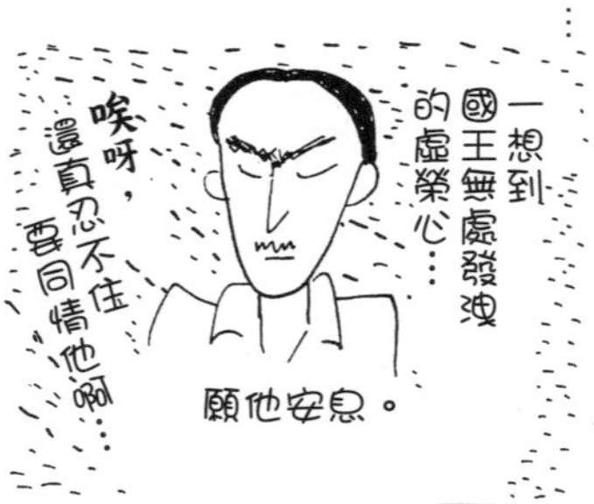
一想到國王無處發洩的虛榮心……
唉呀，還真忍不住要同情他啊……
願他安息。

圖特摩斯一世的棺材在接下來的兩個墳墓中出土。

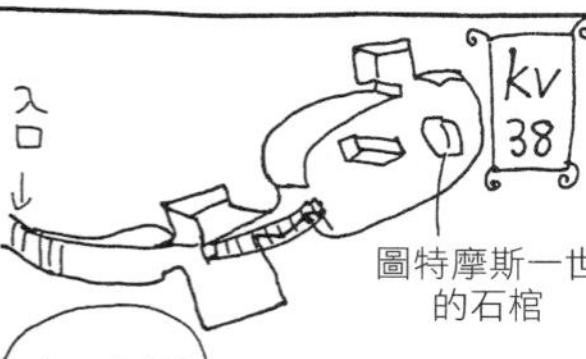
KV38
入口
圖特摩斯一世的石棺

憑直覺挖中的幸運男子維克多．羅列。（見左欄）

我可是挖了出不少大人物喔。

維克多．羅列

繼馬里埃特及馬斯佩羅之後，維克多．羅列（Victor Loret）接任了埃及考古局局長一職。他的屬下這麼形容他：「羅列一個人就可以抵二十個討厭的傢伙。」聽說他「很難搞、超難伺候」，頗不得人緣。而且他從事挖掘但不做記錄，這樣的行為也招來許多責難。

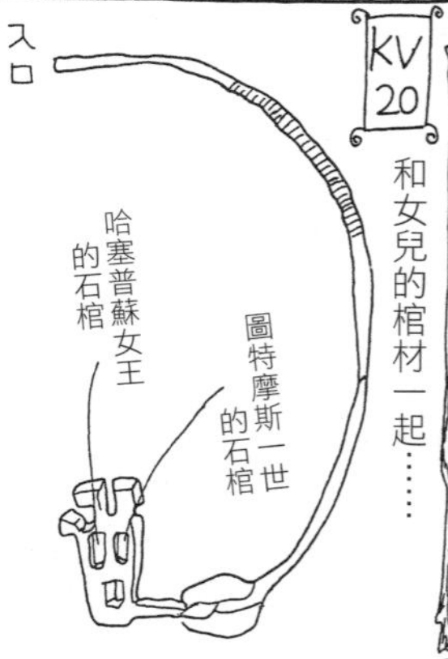
KV20
和女兒的棺材一起……
入口
哈塞普蘇女王的石棺
圖特摩斯一世的石棺
卡特曾清過的墳墓

竟然有兩個墳墓……。這到底是怎麼回事呢？哪個才是伊涅尼引以為豪的墳墓？

卡特的看法

伊涅尼建造的墳墓是KV38。因為哈塞普蘇女王想跟父親阿蒙霍特普一世葬在同一個墳墓，所以就把父親的遺體從KV38移到自己的墳墓KV20。

那時候卡特認為KV38是帝王谷中最古老的墳墓。

大約五十年後的一九七四年，

約翰・羅曼的見解（John Romer）

從KV38的樣式來看，它應該是在KV20之後建造的。所以我認為，伊涅尼建的應該是KV20。哈塞普蘇應該是擴建父親的墳墓後，再放入自己的棺材的。

但是，圖特摩斯三世不想成全哈塞普蘇女王跟偉大的祖父葬在一起的企圖，於是就建造了KV38，爾後將圖特摩斯一世從哈塞普蘇的地盤移走。

我就是要讓哈塞普蘇的希望破滅！

喂，等等，不要放我一個人喔！

我想情況應該就是這個樣子吧……

這兩人的爭執容後再述……

一七六頁的KV39也可能是圖特摩斯一世之墓

就這樣，不管是哪一種說法，反正圖特摩斯一世的遺體就是曾經被搬來搬去、到現在仍舊搞不清楚在哪裡啦。

※還有說法指皇家墓城（Royal Cache，詳見第一八六頁）其中一個木乃伊是圖特摩斯一世呢。

啥是KV？

KV是帝王谷的縮寫。十九世紀前半，英國人威爾金遜（Wilkinson）在進行確認「帝王谷」所埋葬之人的作業時，標下了這樣的號碼，就這樣被沿用至今。現在當地還留有當初他用油漆寫下的數字。

巨大的卡納克・阿曼神殿的擴建，也是從圖特摩斯一世開始的。他將中王國時期所建設的東西，搞得更加豪華、更具規模。

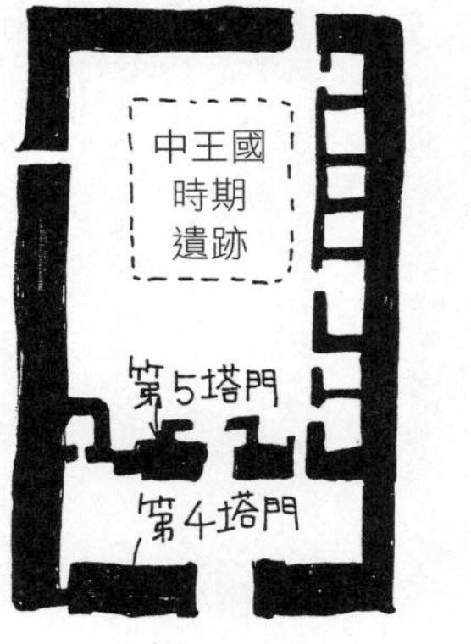
中王國時期遺跡
第5塔門
第4塔門
方尖碑

後世以圖特摩斯一世建蓋之物為中心，再行增建、越蓋越多。

④ 圖特摩斯二世

他在位期間很短，也沒有留下什麼引人注目的紀錄，由此判斷，他可能是一個體弱多病的國王。

看來很早逝

我曾遠征敘利亞和努比亞～
發抖

這個碑文留在哈塞普蘇葬祭殿。——他的墳墓還無法確定在哪。

女強人哈塞普蘇女王

我會這麼不起眼
都是她害的！

建造圖特摩斯一世墳墓的建築師伊涅尼，留下了一些碑文，文中炫耀道：「國王很器重我」以及「國王如何如何讚揚我」、「我得到了如此這般的獎賞」。

不過，他這些自鳴得意、妄自尊大的隻字片語中，恰恰也提到了當時所發生的事，因而意外地成為珍貴的史料。人生還真是奇妙呢，你不會知道什麼東西會在何時何地派上用場。

伊涅尼敍述道：「在圖特摩斯三世統治埃及的期間，其實站在政治大舞台上的，是他的嬸嬸哈塞普蘇。」

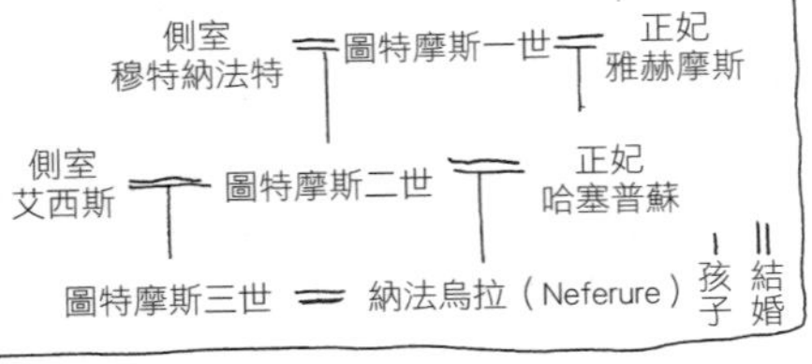
側室
穆特納法特
圖特摩斯一世
正妃
雅赫摩斯
側室
艾西斯
圖特摩斯二世
正妃
哈塞普蘇
圖特摩斯三世
納法烏拉（Neferure）
＝結婚
｜孩子

這個王室的女性清一色是女強人，在這樣的環境下長大成人的哈塞普蘇，想來也是自尊心很強的人吧。所以她才會不滿足於區區的攝政者地位，最終爬到法老的位子，君臨天下。

——雖然表面上是立圖特摩斯三世為王、使用他的年號……

「圖特摩斯三世還年幼嘛，
所以只好由我來主政囉。」
哈塞普蘇還是得維持個形式吧？

哈塞普蘇女王非常怨恨希克索斯

很多人談到哈塞普蘇女王的執政時表示，正因為她是女性，所以才會進行和平外交。但是，實際的紀錄則顯示，這個時代的軍事遠征多達四次到六次，在早期，就連女王都曾經親自出征。不過哈塞普蘇本人似乎不太喜歡遠征，所以在圖特摩斯三世長大成人之後，軍事方面的事務就交由他負責了。

然而，秘密地進行軍事遠征行動的哈塞普蘇女王，卻明明白白地表現出她對於希克索斯的憎惡。

她曾經憤怒地說希克索斯時代是「神被忽視的時代」，而且高高在上地端出施恩的姿態，一再覆述自己修復遭到希克索斯破壞的建築物的功績。

但是也有一些人認為，她對希克索斯所展現的憎恨，搞不好只是政治花招罷了。也就是說，她是企圖在民眾心中將希克索斯塑造成「大家共通的敵人」，讓人民認為「以前的時代景況真是太差了。跟過去相較之下，現在的社會實在是和平又美好啊。而這種種，可都是哈塞普蘇大人的功勞呢」，藉此，將人民對於政權的不滿與怨氣給連根拔除。

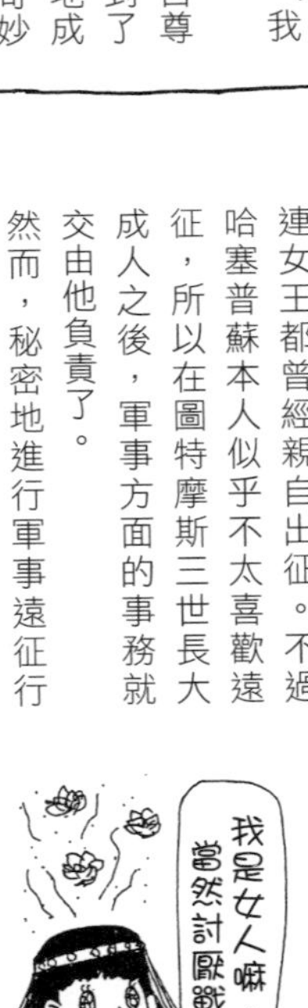
我是女人嘛，
當然討厭戰爭！

特別是為了消除
「為什麼是你當法老啊？」
這種雜音哪。
呵呵呵
我真是
好手腕呢！

說到哈塞普蘇女王，去過埃及的人論誰都造訪過這個吧——**葬祭殿！**

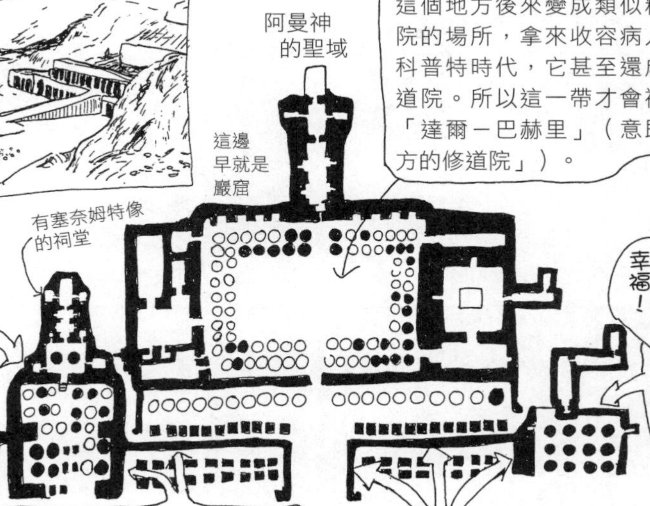

阿曼神的聖域
這邊早就是巖窟
有塞奈姆特像的祠堂
這個地方後來變成類似精神病院的場所，拿來收容病人，在科普特時代，它甚至還成為修道院。所以這一帶才會被叫做「達爾－巴赫里」（意即「北方的修道院」）。

赫特神殿

阿努比斯禮拜堂
我被選為主神，真是幸福！

朋特國之遠征圖

為了貿易交流，哈塞普蘇女王曾經親自訪問朋特國（Punt）。朋特是供應埃及藥材以及稀有動物的重要國家＊。

（這壁畫也強化了「女王進行和平外交」的印象。）

朋特這名字還真是可愛

朋特的女王
不知是誇大她的肥胖，還是說她有病？
不可思議的體態

繪有哈塞普蘇誕生傳說的壁畫

哈塞普蘇女王為了將她繼承王位一事正當化，創作了以下故事！

「哈塞普蘇的母親雅赫摩斯與化身為圖特摩斯一世的阿曼神結合，因而懷孕。阿曼神對雅赫摩斯預告：『你將會孕育出偉大的女王哈塞普蘇。我跟其他神明將會永遠守護著她。』而其他神明也對雅赫摩斯表示祝福……」

浮雕及楔形文字通篇都是在講這樣的內容。

塞奈姆特（Senenmut）

擔任葬祭殿建築工事總指揮的，是相當獲得女王信賴的塞奈姆特。

他在政壇的資歷，是起於「照顧哈塞普蘇的女兒納法烏拉」這件事，後來他得到了女王的寵愛與信任，因而受到重用。塞奈姆特接連受命負責好幾項重要的工作，長此以往，也就漸漸成為女王的左右手。

那葬祭殿很了不起吧。連我都著迷。哎，雖然我是從隔壁的曼圖霍特普二世的葬祭殿得到靈感的啦。女王的葬祭殿剛好跟卡納克神殿夾著尼羅河成一直線，這全是經過計算的喔！

從塞奈姆特實際活躍於各個領域看來，他應該是個相當有才幹的人吧。

＊埃及最晚應該是在第五王朝以後跟朋特有貿易往來的。朋特似乎位於東非的某個地方，但確切地點不知。

★ 庫爾納村（Qurna）：葬祭殿附近。貴族的墳墓集中於此地。

塞奈姆特和納法烏拉的雕像笑容滿面的，感覺有點憨，真不錯！
塞奈姆特
四角像
納法烏拉

獲得賞識、逐漸握有權勢的塞奈姆特，之後的作為就越來越囂張、大膽了。他不僅僅在哈塞普蘇女王的葬祭殿裡頭刻了自己的雕像（雖然不是很顯眼啦），甚至還在葬祭殿的正下方建造了自己的墳墓。

他在庫爾納村★早已建好自己的墳墓，這算是第二個墳。

他的墳墓中有據說最古老的正確天文圖等，看得出他的氣勢。但是圖沒有完成。

不過哪，之後塞奈姆特的名字卻突然地從紀錄上消失了。許多研究者認為，原本他跟哈塞普蘇女王談戀愛、所以有女王給他撐腰，但隨著女王統治告終，塞奈姆特的權勢也因而結束。

自以為是又厚臉皮，難怪到後來我受不了啊。

而因為女兒納法烏拉早逝而孤單無依的哈塞普蘇，也在塞奈姆特失勢的六年後，在圖特摩斯三世統治的二十二年期間最後階段從記載中消失。

來談談已登場多次的墳墓KV20。

雖然這個墳墓和葬祭殿中間隔著懸崖，不過由於離葬祭殿很近，有人提出以下看法——

哈塞普蘇女王原本是希望KV20跟自己的葬祭殿相通的。但是因為施工中途碰到了岩盤，不得已只好改變計畫，最後通道就變成如圖所示的那樣……

（The Rediscovery of Ancient Egypt，作者Peter A. Clayton）

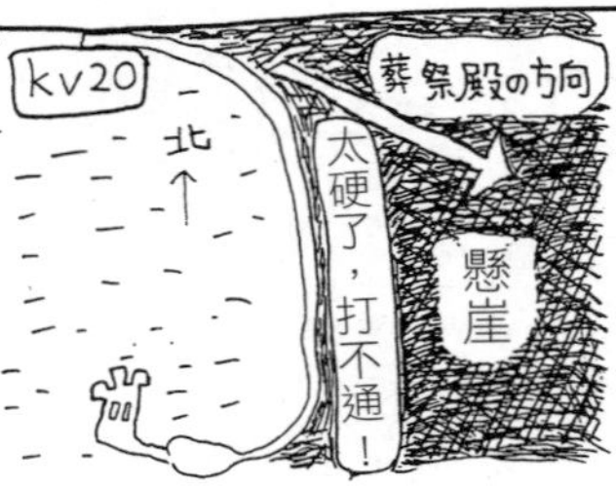
KV20
北
葬祭殿の方向
懸崖
太硬了，打不通！

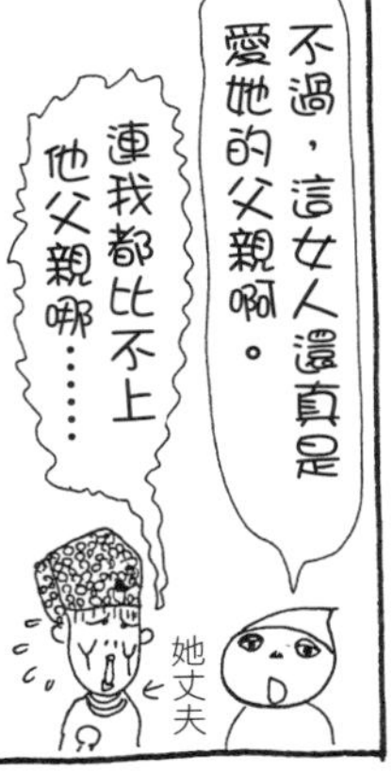
不過，這女人還真是愛她的父親啊。
連我都比不上他父親哪……
她丈夫

不過她還是圖特摩斯二世的妻子時，安分地建了斷崖墓（35頁）

其木乃伊不明。

有可能是……

遭貝爾佐尼像玩娃娃似的把頭髮拔掉的KV21的木乃伊

其他像是卡特所發現的KV60的木乃伊，也是候選人。

而在哈塞普蘇去世之後，圖特摩斯三世對她展開以埃及人來說最恐怖的報復——「抹滅名字」。她的肖像被人挖走，雕像也遭到了破壞。

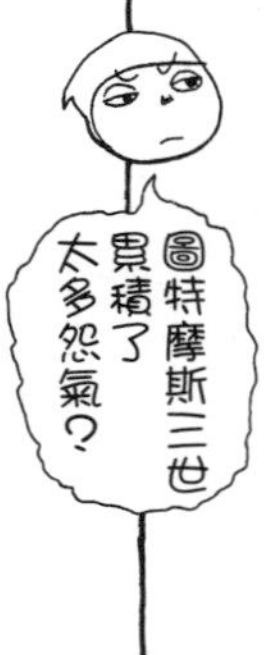
圖特摩斯三世累積了太多怨氣？

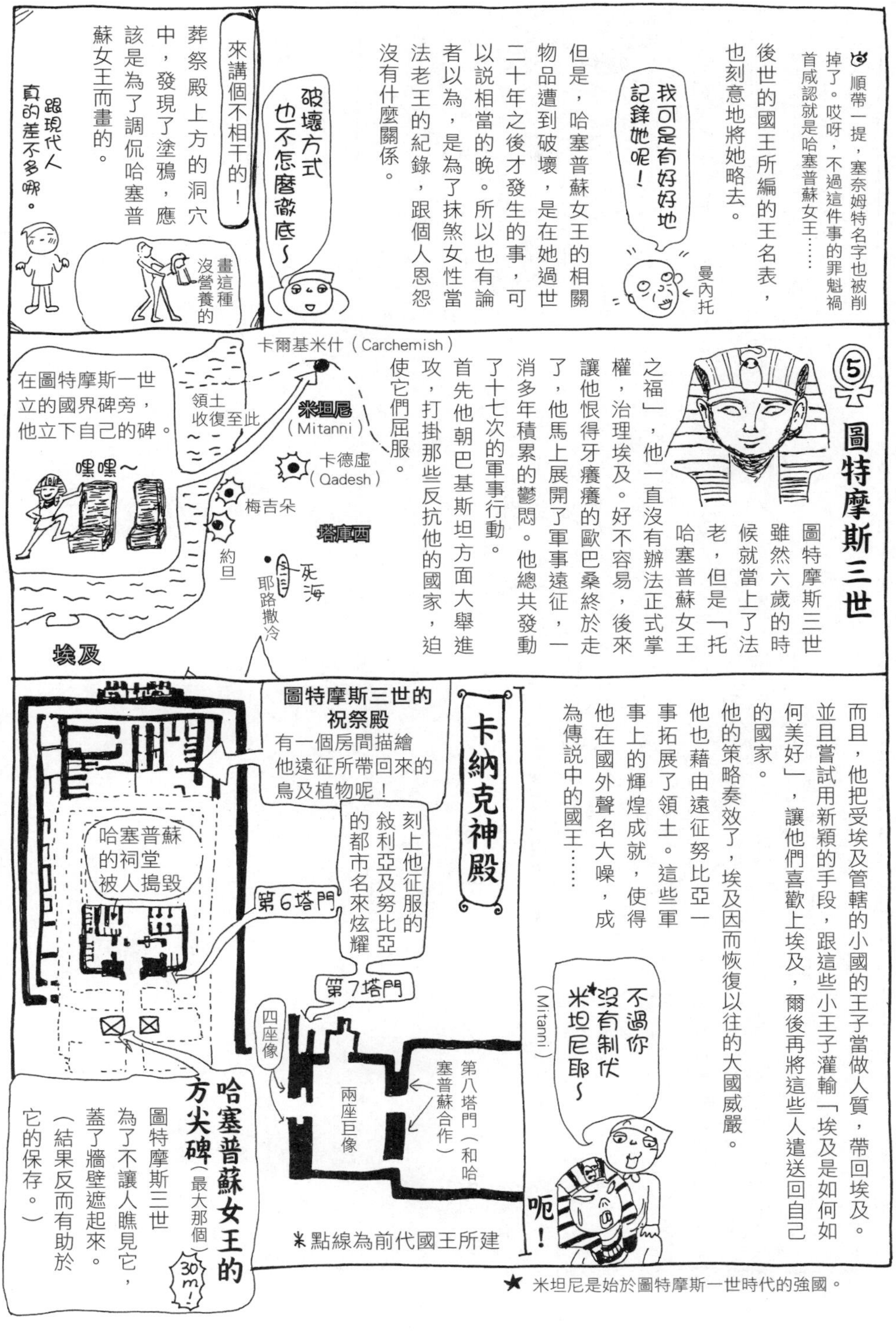
👁 順帶一提，塞奈姆特名字也被削掉了。哎呀，不過這件事的罪魁禍首咸認就是哈塞普蘇女王……
後世的國王所編的王名表，也刻意地將她略去。
我可是有好好地記錄她呢！
曼內托
但是，哈塞普蘇女王的相關物品遭到破壞，是在她過世二十年之後才發生的事，可以說相當的晚。所以也有論者以為，是為了抹煞女性當法老王的紀錄，跟個人恩怨沒有什麼關係。
破壞方式也不怎麼徹底～
來講個不相干的！
葬祭殿上方的洞穴中，發現了塗鴉，應該是為了調侃哈塞普蘇女王而畫的。
畫這種沒營養的
跟現代人真的差不多哪。
⑤ 圖特摩斯三世
圖特摩斯三世雖然六歲的時候就當上了法老，但是「托哈塞普蘇女王之福」，他一直沒有辦法正式掌權，治理埃及。好不容易，後來讓他恨得牙癢癢的歐巴桑終於走了，他馬上展開了軍事遠征，一消多年積累的鬱悶。他總共發動了十七次的軍事行動。首先他朝巴基斯坦方面大舉進攻，打掛那些反抗他的國家，迫使它們屈服。
卡爾基米什（Carchemish）
米坦尼（Mitanni）
領土收復至此
卡德虛（Qadesh）
梅吉朵
塔庫西
約旦
耶路撒冷
死海
埃及
在圖特摩斯一世立的國界碑旁，他立下自己的碑。
嘿嘿～
而且，他把受埃及管轄的小國的王子當做人質，帶回埃及。並且嘗試用新穎的手段，跟這些小王子灌輸「埃及是如何如何美好」，讓他們喜歡上埃及，爾後再將這些人遣送回自己的國家。
他的策略奏效了，埃及因而恢復以往的大國威嚴。他也藉由遠征努比亞一事拓展了領土。這些軍事上的輝煌成就，使得他在國外聲名大噪，成為傳說中的國王……
不過你沒有制伏米坦尼耶～★
（Mitanni）
呃！
卡納克神殿
圖特摩斯三世的祝祭殿
有一個房間描繪他遠征所帶回來的鳥及植物呢！
刻上他征服的敘利亞及努比亞的都市名來炫耀
哈塞普蘇的祠堂被人搗毀
第6塔門
第7塔門
四座像
第八塔門（和哈塞普蘇合作）
兩座巨像
哈塞普蘇女王的方尖碑（最大那個）
30m！
圖特摩斯三世為了不讓人瞧見它，蓋了牆壁遮起來。（結果反而有助於它的保存。）
＊點線為前代國王所建

★ 米坦尼是始於圖特摩斯一世時代的強國。

在達爾－巴赫里的哈塞普蘇女王以及曼圖霍特普二世的葬祭殿之間，圖特摩斯三世建造了一座神殿，但是在後來的時代（據推測應是在埃及第二十王朝左右），發生了地盤陷落，神殿因此崩塌毀壞，現在則完全是一片廢墟。哈塞普蘇女王的葬祭殿那麼的豪華堂皇，相較之下，圖特摩斯三世的神殿就顯得更加蕭瑟寒酸了。
女王
圖特摩斯三世的
哈塞普蘇的
曼圖的
想像図
在神殿的附近，他為赫特建造了巖窟至聖所。
這個祠堂是十九世紀初偶然發現的。埃及調查財團挖掘曼圖霍特普二世葬祭殿時，岩石崩塌，就出現了這個空間。
繽紛多彩～
挖的人一定嚇一大跳吧～
兩個古蹟現位於開羅博物館！
裡頭的赫特牛像
拚命吸奶的兒子，曼圖霍特普二世
墳墓（KV34）是羅列的隊上發現的。
離地面三十公尺的高處有個入口，那地方可是很棒的外景呢。
入口
我又建功囉
握拳
裡頭有如左的壁畫——
就只有圖特摩斯三世和他兒子阿蒙霍特普二世墳中有這種壁畫，異於其他墳墓。
看了那裡的壁畫之後，我心裡的感想是：「怎麼亂塗鴉啊！那些工匠要不是在開玩笑，就是偷懶、沒有認真工作。」但全世界卻盛讚這是「了不起的傑作」、「技藝高超」！我再度體會到自己可以說完全沒有藝術品味哪……。不過我是謙虛才這樣講的啦，其實到現在我還是滿懷疑慮哩。真的有那麼厲害？**就憑這種畫！**

正因為圖特摩斯三世的墳墓相當聞名，當然也是遭人掠奪一空。後世發現這裡時，聽說墳墓已經是一片荒蕪。八百年之後，也就是末期王朝之時，再度利用了這個墳墓，送進了兩具木乃伊。

圖特摩斯三世的木乃伊也是七零八落的，腳尖早已不見蹤影。後來的調查初期階段，人們計算他的身高時沒有將腳趾頭不見這一點列入考量，結果判斷他個頭矮小，他因而被布萊斯提德取了「埃及的拿破崙」這個綽號。

當然是吾讚揚他戰功彪炳才取這個暱稱的啊！

@**詹姆士・布萊斯提德**（James Breasted）

美國人。跟霍華德・卡特同時代。他致力於翻譯埃及境內的碑文內容。喜歡幫人家取綽號、將某A跟某B做連結，典型的左腦派人物。

法老

希臘人唸古埃及文「per-aa」時發音不標準，將它唸成「法老」（Pharaoh）了。「per-aa」是「大家庭」的意思，原本是代表「皇宮」。從圖特摩斯三世開始，埃及稱國王為法老。

☆把「人」稱做「家」，感覺還真是奇怪呢，不過日本也有類似的例子。那就是天皇的另一個稱呼——「御門」。「御門」原本是指「天皇宮殿的大門」呢。

⑥ 阿蒙霍特普二世

他以體育技能高超而聞名。對於自己的體力很有自信，還留有碑文吹噓哩。

「國王跟兩百位家臣一起划船。到後來，兩百位家臣都已經划得筋疲力竭，全都累得說不出半句話來了，就只有國王面不改色，還臉不紅、氣不喘地繼續划船。」

同樣這只碑文裡頭，緊接著敘述了他射箭的技術。從其留下的木乃伊可以知道，他真的是個頭高大、筋骨強健的運動員呢。

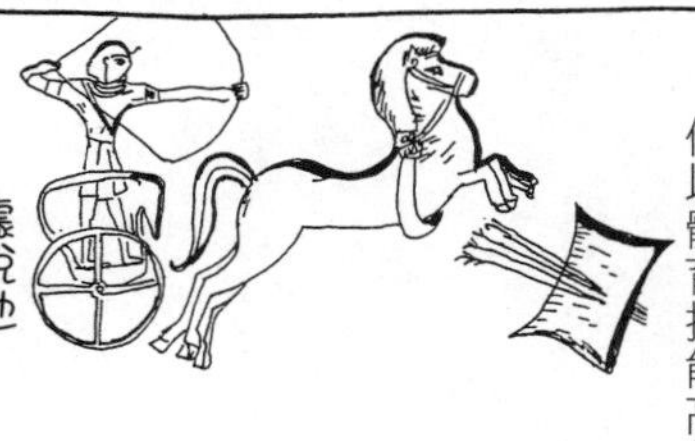
據說他非常愛馬！

圖特摩斯三世過世之際，西亞的其他國家立刻看準這個機會，起來叛亂。阿蒙霍特普二世不甘心自己被他國看扁，後來就展開了殘酷的報復行動。

阿蒙霍特普二世在征討敘利亞北部之後，殺了那裡的七個王子，把他們的屍體吊在船頭，凱旋歸國。他將其中六個人的遺體吊在底比斯的神殿，然後馬上再度出發，遠征努比亞，把剩下的那具王子的遺體吊在納卜塔✦的城牆恫嚇努比亞人。由於他這麼強勢地宣告自己的權威，他統治期間還算國泰民安。

哼！

✦納卜塔（Nabta）是努比亞的重要區域。

喔，對了。松本彌的著作『古代エジプトのファラオ』一書曾經指出，「在這個時期就已經出現之後火爆的法老與阿曼神官團對立、抗衡」的徵兆了。

阿蒙霍特普二世之前的國王們，在碑文等記載中，頌揚自己的事蹟之前，都還會先讚美道：「所有的成功都要歸功於阿曼神。」以表示自己信仰很虔誠；但是，阿蒙霍特普二世所建造的石碑，所載內容盡是自吹自擂。不知道他這麼做是不是為了要牽制漸漸取得發言權、變得越來越不聽使喚的神官團？（這個石碑在阿蒙霍特普二世死後，被拿來當建築物的礎石。）

埃及之所以會變成這麼偉大的國家，
都是因為我了不起啊！

漸漸強大、對法老權力造成威脅的阿曼神官團
誰叫他不說是阿曼神成就他的……

卡納克神殿

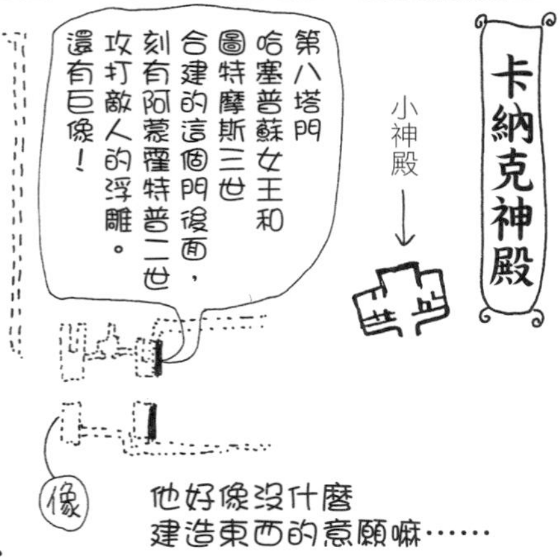

小神殿
第八塔門
哈塞普蘇女王和圖特摩斯三世合建的這個門後面，刻有阿蒙霍特普二世攻打敵人的浮雕。還有巨像！
像
他好像沒什麼建造東西的意願嘛……

墓（KV35）

維克多．羅列（再度登場啦！）所發現的這個墳墓可就驚人了。不但阿蒙霍特普二世本人的木乃伊好好地躺在棺材裡頭，甚至還發現了其他法老王的木乃伊。

這個墳墓後來成為第二十一王朝藏放木乃伊的地方。

（墳墓內的情況請參照第二四七頁）

神啊
真是感謝……

名字已為人知的木乃伊

- 阿蒙霍特普二世
- 阿蒙霍特普三世
- 麥倫普塔赫
- 拉美西斯四世
- 拉美西斯五世
- 拉美西斯六世
- 塞提二世
- 西普塔赫赫
- 圖特摩斯四世

其他名字不詳的有男木乃伊三具、女木乃伊三具。

所以啦，其他墳墓的發現哪能跟我的成果相提並論——
這可是重大的發現呢！

另一個更大的藏放木乃伊的場所是

皇家墓城（Royal Cache★）D・B 320

達爾—巴赫里的斷崖處，也有藏放法老木乃伊的場所。在羅列發現阿蒙霍特普二世墳墓的十七年前，也就是一八八一年，由自古就以「小偷世家」身分聞名的拉斯爾家族當中的一個兒子發現了這個地方。

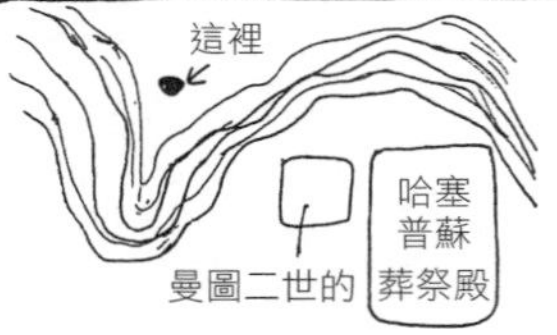

這裡
哈塞普蘇葬祭殿
曼圖二世的

★Cache是「秘密場所」之意。

這位先生散步途中聽到山羊叫
咩～
咩～
哦，那個地方有一隻笨羊掉進洞穴耶。
咩～
咩～
他跳進洞穴去救羊意外發現
這個洞穴是寶窟哪！感謝山羊啊！
又是拜動物之賜耶

為了不讓其他人發現這個寶窟，於是他沒有聲張，只偷偷地將木乃伊身上所佩戴的護身符一點一滴地拿出去變賣。不過，當時的考古局長馬斯佩羅可是像警方的緝毒犬般機敏。他從古董商的一些小舉動嗅出味道，判斷「搞不好有人發現了新的墳墓」，展開搜查。最後終於循線找到拉斯爾這一家子，逼他們招供，於是這個洞穴的存在就公諸於世了。

這個洞穴當中已知名諱的法老

- 塞克南雷・・塔二世
- 雅赫摩斯一世
- 阿蒙霍特普一世
- 圖特摩斯二世
- 塞提一世
- 拉美西斯二世
- 拉美西斯三世
- 拉美西斯九世
- 帕涅傑姆一世（Pinudem I）
- 帕涅傑姆二世（Pinudem II）

躺在這兒的可是象形文字及傳說中耳熟能詳的法老哪！
馬斯佩羅
感動到喜極而泣…

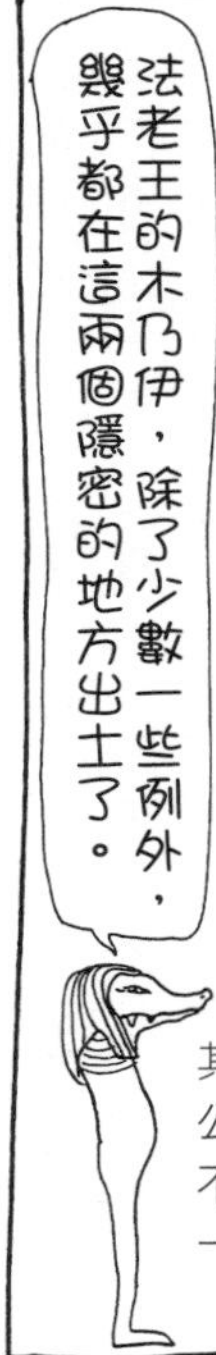
法老王的木乃伊，除了少數一些例外，幾乎都在這兩個隱密的地方出土了。

其他還有王妃、公主、王子等不確定是誰的木乃伊，一共多達四十具。

我一定要講一下，
說到拉斯爾這家子
臉皮真是厚到子彈都打不穿
他們不僅藉由變賣偷竊之物牟利，還去跟政府自首領取賞金，甚至還加入考古挖掘的行列。
笨蛋三兄弟
「三隻手」惡癖承自老祖宗～歷史悠久，可以溯及「法老的時代」，喔～～繼承的DNA也將繼續傳承喔～
我還蠻喜歡這三兄弟傻大個兒的性格捏……

⑦ 圖特摩斯四世

這個人以挖出獅身人面像而名聞遐邇。

「圖特摩斯四世還是王子的時候，某回在狩獵的中途，因為疲累，就靠在司芬克斯的陰影下打盹。睡夢中，他夢到面容扭曲、痛苦的司芬克斯走出來跟他說：『如果你把我的身體從沙堆中給挖出來，我就讓你當上法老。』」

這便是關於圖特摩斯旋即將獅身人面挖出來成為法老的傳說。他還立一個碑，詳細記載此事的始末；石碑就供奉在獅身人面像的前腳之間。有一些學者認為：「這正是表示圖特摩斯四世並不是正統的王位繼承人。」因為一般來說，國王根本不用挖出啥獅身人面像啊，靜靜等著就可以繼承王位啦。

通稱「夢之碑文」（Dream Stela）
雖然簡單但很美的名稱呢

「大司芬克斯的附近，發現了供奉圖特摩斯四世兄弟的石碑，但是上頭的名字以及肖像都被人給刮掉了，看起來好像是為了抹滅他兄弟的存在似的。這一點，更加深了圖特摩斯四世繼承王位之正當性的疑慮。」（摘自《獅身人面像的秘密》，Selim Hassan著）

姑且不論圖特摩斯四世的王位是不是靠著篡奪取得的，因為這些事件，國王轉而支持被遺忘很久的赫里奧波里斯的拉神官團。

把兄弟殺啦？
赫里奧波里斯
吉薩
過去的勢力到哪兒去啦！
阿曼神官團太囂張了！讓他們有點危機意識——
蹬蹬蹬!!
底比斯
阿曼正當道
他說自己不是托阿曼神的福，而是靠司芬克斯的幫忙才成為國王的。這話可以當真嗎？

人們認為，這個時代的司芬克斯是拉的一種變形。最初建造的立意不知道是什麼……

這個時期，在亞洲方面，西臺（Hittites）的勢力漸漸壯大了起來。因為西臺這個共通的敵人，結果埃及便與長期以來敵對的米坦尼關係逆轉，頗為交好。米坦尼的公主還因此嫁到埃及，足以證明兩國當時關係之友好。

耶～
米坦尼是美人王國

@ 他的墳墓（KV52）是卡特及西奧多·戴維斯發現的。

⑧ 阿蒙霍特普三世

他是個趁國王地位之便，盡情享樂的幸福人兒。看來就屬他的人生最快樂了。他就靠著先王辛苦積累的財富，輕鬆地過著奢華的生活。他是個大胖子，連他的木乃伊都還清楚地留下他吃飽的痕跡。還有啊，這傢伙還是個禿頭，而且大餅臉、缺了牙，所有醜男該有的條件他都不缺!!

哎呀～軍事遠征勞師動眾，有夠麻煩的。隨便混一混就好了嘛。
好，反正錢多的是，來建點什麼吧。就拜託你囉。
嘿喲
是

他是說自己曾經遠征努比亞啦，不過實在很令人懷疑。

哈普之子阿蒙霍特普
他是總建設官，是個很有才幹的男子，身懷十八般武藝，以致後來還被神格化。雖然他不是王族，不過深得國王信賴，甚至獲得恩准在眾多國王葬祭殿所在地底比斯建自己的葬祭殿。

他的名字很奇特，不過那是因為他為了跟名字相同的人做區別，所以加上自己父親的名字所致。順帶講一下，我是「喬治的女兒美雪」。

接著，不知道為什麼，他在西岸建造了王宮……通稱「馬爾卡他王宮」（Malkata Palace）。在阿拉伯文中，馬爾卡他的意思是「撿得到東西的地方」。

匡啷～
如今已是土堆

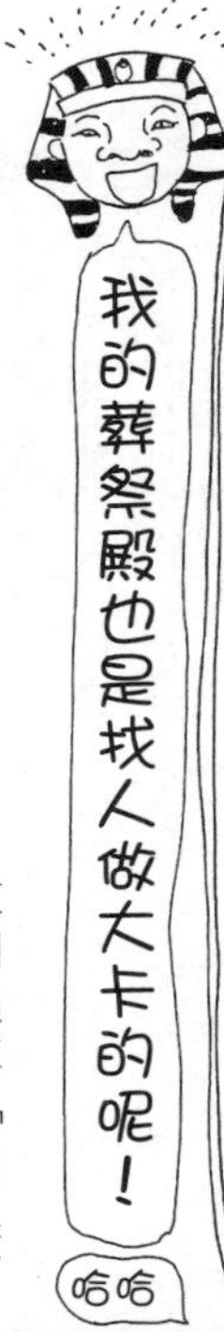
我的葬祭殿也是找人做大卡的呢！
哈哈

西岸是死者居住的城鎮

基本上，埃及人認為太陽下沈的西邊是用來建造墳墓的地方；神殿以及王宮則會蓋在東邊。

王宮用泥煉瓦，墳墓和神殿用石頭

就連建材，也透露出埃及人的價值觀。在世時的住家只是他們暫住的地方，所以破敗了也沒關係；但是墳墓是人「永遠的住所」、神殿是「神祇的家」，所以就必須用經久耐用的「石頭」來建造。因此，埃及的王宮到了現在僅僅留下地基的部分。

不過，留存至今的只有這個。

古時候就有人在這上面亂畫了

這個通稱「門農石像」的知名雕像，被放置在阿蒙霍特普三世葬祭殿的入口處。你看這個雕像及它背後那片廣大的土地，就知道這玩意兒有多大了。

門農石像（Colossi of Memnon）

紀元二十七年的時候，這裡發生了一場地震，震後北邊的雕像產生了龜裂，每天早上都發出「吱吱嘎嘎」的聲響。現在的科學已經可以解釋這種現象了，但當時來到埃及的希臘人不明所以，倒是覺得這巨像的姿態像極了他們希臘神話中廣受人們喜愛的人物門農對著母親哭泣的模樣，因此就給它取了這個名字。

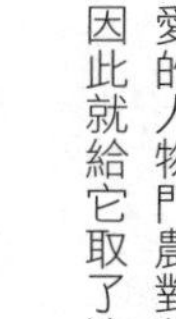
看到什麼都要跟自己國家扯上關係耶～

門農是衣索比亞的英雄人物，在前去援救友國特洛依（Troy）的時候，不幸被阿基里斯（Achilles）殺害身亡。而多虧了石像的「哭聲」，讓阿蒙霍特普三世葬祭殿成為頗受歡迎的觀光景點，但是，紀元一九九年的時候，羅馬皇帝塞維魯（Septimius Severus）卻將石像修復，從此它再也不會發出哭聲了。這傢伙還真是愛管閒事哪！

當然啦，阿曼神官團不忘來跟國王討賞。

國王啊
懇請您
為阿曼神
建造些什麼吧
好～
知道啦。
我不喜歡跟人衝突。
哈普之子啊，
就麻煩你啦，
你想辦法蓋點什麼吧。
遵命！

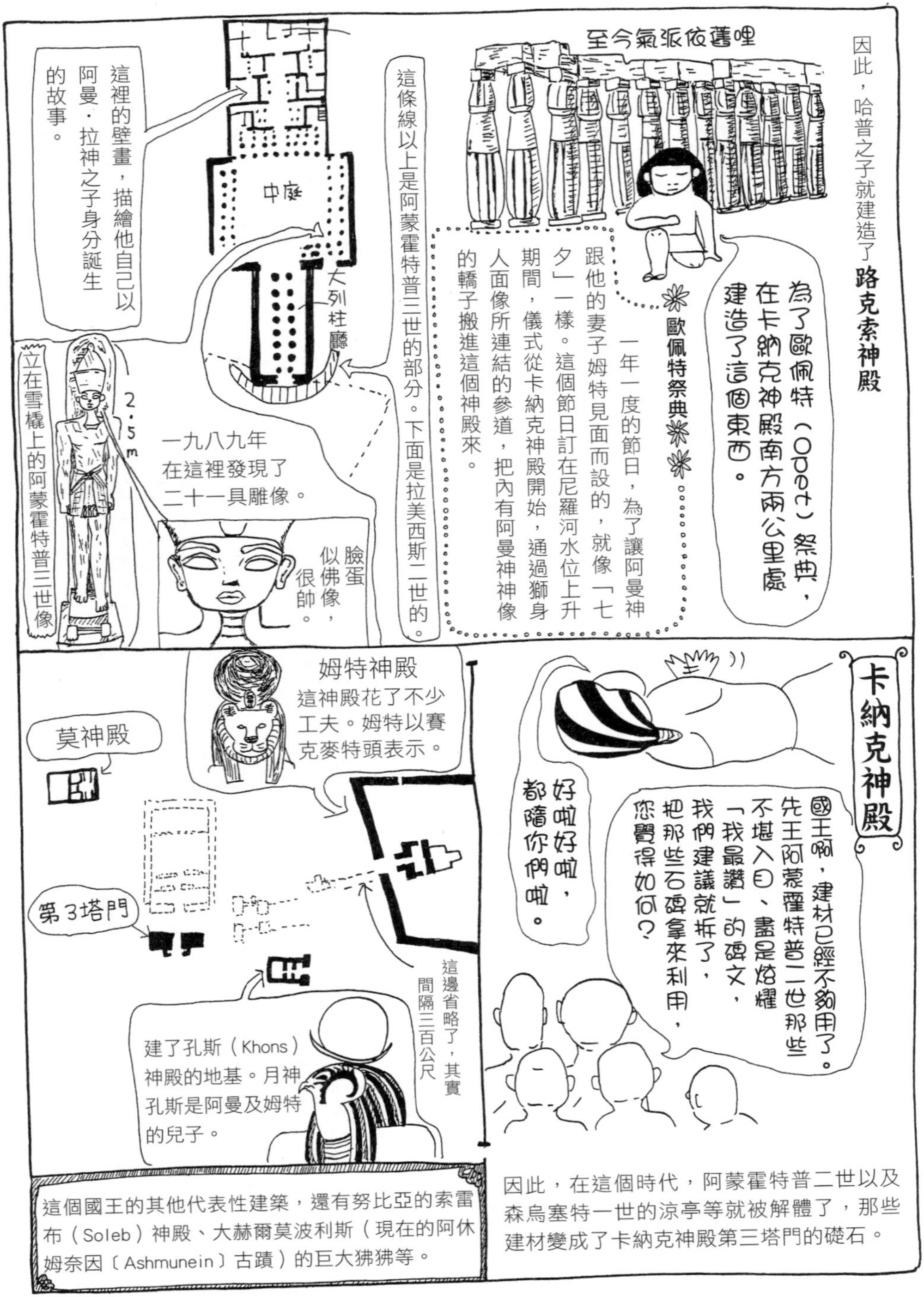
因此，哈普之子就建造了**路克索神殿**
為了歐佩特（Opet）祭典，在卡納克神殿南方兩公里處建造了這個東西。
至今氣派依舊哩
歐佩特祭典
一年一度的節日，為了讓阿曼神跟他的妻子姆特見面而設的，就像「七夕」一樣。這個節日訂在尼羅河水位上升期間，儀式從卡納克神殿開始，通過獅身人面像所連結的參道，把內有阿曼神神像的轎子搬進這個神殿來。
這條線以上是阿蒙霍特普三世的部分。下面是拉美西斯二世的。
這裡的壁畫，描繪他自己以阿曼・拉神之子身分誕生的故事。
中庭
大列柱廳
一九八九年
在這裡發現了
二十一具雕像。
臉蛋似佛像，很帥。
2.5m
立在雪橇上的阿蒙霍特普三世像
卡納克神殿
國王啊，建材已經不夠用了。先王阿蒙霍特普二世那些不堪入目、盡是炫耀「我最讚」的碑文，我們建議就拆了，把那些石碑拿來利用，您覺得如何？
好啦好啦，都隨你們啦。
姆特神殿
這神殿花了不少工夫。姆特以賽克麥特頭表示。
莫神殿
第3塔門
這邊省略了，其實間隔三百公尺
建了孔斯（Khons）神殿的地基。月神孔斯是阿曼及姆特的兒子。
因此，在這個時代，阿蒙霍特普二世以及森烏塞特一世的涼亭等就被解體了，那些建材變成了卡納克神殿第三塔門的礎石。
這個國王的其他代表性建築，還有努比亞的索雷布（Soleb）神殿、大赫爾莫波利斯（現在的阿休姆奈因〔Ashmunein〕古蹟）的巨大狒狒等。

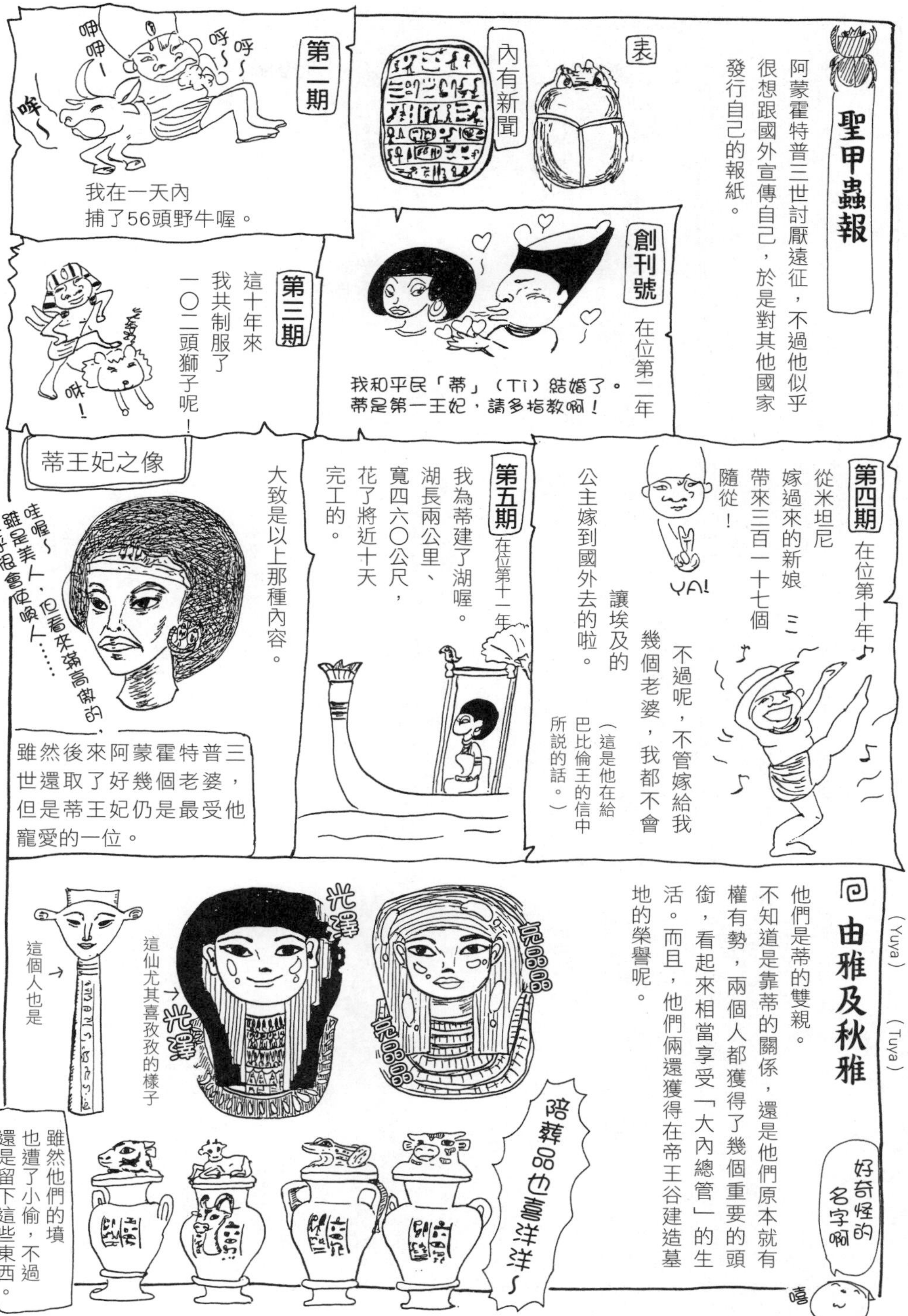
聖甲蟲報
阿蒙霍特普三世討厭遠征，不過他似乎很想跟國外宣傳自己，於是對其他國家發行自己的報紙。
表
內有新聞
第二期
呷呷！
呼~呼~
哞~
我在一天內捕了56頭野牛喔。
創刊號
在位第二年
我和平民「蒂」（Ti）結婚了。蒂是第一王妃，請多指教啊！
第三期
這十年來我共制服了一〇二頭獅子呢！
吠！
第四期
在位第十年
從米坦尼嫁過來的新娘帶來三百一十七個隨從！
YA!
不過呢，不管嫁給我幾個老婆，我都不會讓埃及的公主嫁到國外去的啦。
（這是他在給巴比倫王的信中所說的話。）
第五期
在位第十一年
我為蒂建了湖喔。湖長兩公里、寬四六〇公尺，花了將近十天完工的。
大致是以上那種內容。
蒂王妃之像
哇喔~雖是美人，但看來蠻高傲的，似乎很會使喚人……
雖然後來阿蒙霍特普三世還取了好幾個老婆，但是蒂王妃仍是最受他寵愛的一位。
由雅（Yuya）及秋雅（Tuya）
他們是蒂的雙親。不知道是靠蒂的關係，還是他們原本就有權有勢，兩個人都獲得了幾個重要的頭銜，看起來相當享受「大內總管」的生活。而且，他們倆還獲得在帝王谷建造墓地的榮譽呢。
好奇怪的名字啊
嘻
亮晶晶
亮晶晶
光澤
光澤
這仙尤其喜孜孜的樣子
這個人也是
陪葬品也喜洋洋~
雖然他們的墳也遭了小偷，不過還是留下這些東西。

不知為何，阿蒙霍特普三世的墳墓（WV22）建在帝王谷西邊，遠離先王墳墓。（拿破崙探險隊發現的。）阿蒙霍特普三世放置於阿蒙霍特普二世墓中的木乃伊，被盜墓者砸個稀巴爛，慘不忍睹。

這木乃伊蛀牙及牙周病相當嚴重，甚至有人說那正是阿蒙霍特普三世的死因。

呃，這個木乃伊的做法跟這個時代慣用的不太一樣，因此也有人質疑「是不是運送途中搞混了？」（參見二四七頁）
咦！那我✱真的長這德性？

還有啊，米坦尼的國王為了討好阿蒙霍特普三世，不斷地進貢美女及獻禮。而為了這位苦於牙病的埃及國王，米坦尼王還讓女兒帶著他們的重要神祇伊許塔爾（Ishtar）的雕像來到埃及呢。

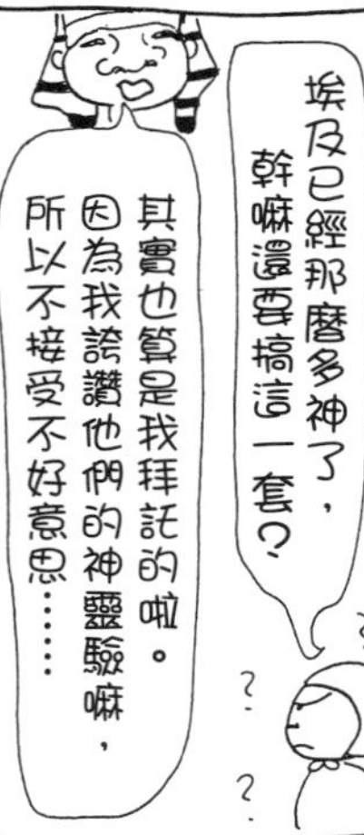
埃及已經那麼多神了，幹嘛還要搞這一套？
其實也算是我拜託的啦。因為我誇讚他們的神靈驗嘛，所以不接受不好意思……
？
？
？

而且那個神像似乎相當的重要，不是當禮物送給埃及，只是暫時借出，之後米坦尼王還不斷催促：「你用完之後要趕快還回來啊。」

好～小氣！米坦尼的國王是歐巴桑喔？
但也滿可愛的啦……
呵

這個伊許塔爾像總共被借走了兩次。

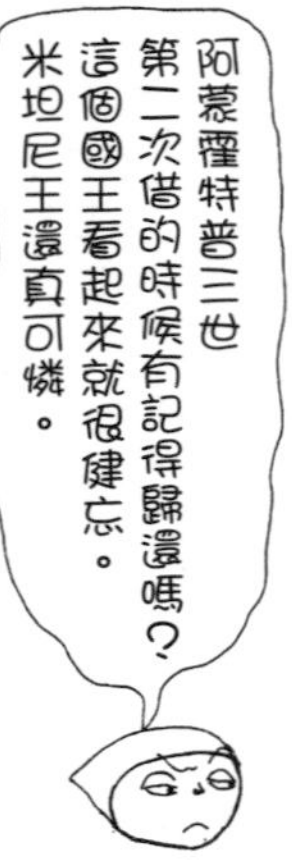
阿蒙霍特普三世第二次借的時候有記得歸還嗎？這個國王看起來就很健忘。米坦尼王還真可憐。

……哎，這是我個人的想像啦。我覺得米坦尼可憐的地方是，送給埃及這麼多美女跟寶物，理應期待埃及回饋他們哪，但是他們真正有難的時候，埃及卻沒有伸出援手。

到了下一個埃及國王埃赫那頓的時代，米坦尼就被西臺給併吞了。

我覺得米坦尼是被玩弄了，好可憐……

說到蛀牙問題，阿蒙霍特普三世也常求神問卜。在他所建造的卡納克神殿裡，他供奉了六百多座的姆特女神像。

賽克麥特臉！

★至於他為什麼求神，有許多的說法。除了蛀牙，還有「因為瘟疫及飢荒侵襲了埃及」等等。

話說回來啦，阿蒙霍特普三世做事感覺好像沒有什麼邏輯呢，教人摸不著頭緒、不知他打些什麼主意。有時候，他似乎是反抗阿曼神官團的，但有時候又跟他們和平相處……

他的兒子更青出於藍！

✱不只是阿蒙霍特普三世的容貌，這裡所描述的他的形象，也只是許多推測中的一種……

既然講到阿蒙霍特普三世的牙齒，順便來談——

埃及的醫療情況

在古埃及，醫生這個工作跟現在一樣，是正當的職業。已發現許多莎草紙記載了數百種疾病的處方箋。而從莎草紙可以知道，醫生診療時其實也會運用巫術，所以科學、不科學的成分都有，還真努力呢。

我們還有外科手術呢！
也有義肢喔！
出土物

而且，他們似乎特別擅長治療骨折。雖然他們對於內臟方面的疾病相當的頭痛……

某個莎草紙中，將疾病分成了以下幾類：

治得好的
某種程度治得了的病
束手無策的，很抱歉！
還蠻寫實的嘛

看來當時的人普遍患有牙病，且為此相當苦惱。原因除了他們嗜吃甜食之外，混在食物裡頭的沙子聽說是更重要的元兇。

那時代也有假牙哩！

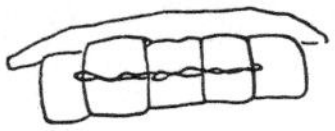

雖然不過是把自己拔掉的牙齒跟兩側的牙齒綁在一起而已……

古埃及人認為，血管負責運送尿液等人體所有水分，以及營養、精子、糞便等。不過他們沒有分動脈、靜脈。心臟掌管心靈、情感，也是儲存知識的地方。至於腦，它只運送鼻水而已。

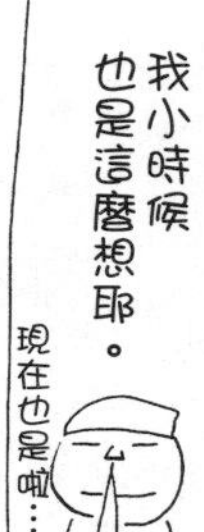

我小時候也是這麼想耶。
現在也是啦……

世界最古老的判斷懷孕的方法

「如果想要知道有沒有懷孕，女性可以試試看每天撒尿在大麥和燕麥、小麥上。若大麥長大的話，就會生男孩；若是小麥長大，就會生出女孩。大麥、小麥都沒有什麼動靜的話，就表示你沒有懷孕。」

你們看——！

我自己是覺得不準啦，但是沒想到這種方法還真的有科學根據呢。先不管什麼大麥長大生男生、小麥長大生女孩，經實驗證明，沒有懷孕的女人的尿液會妨礙大麥生長呢。

補充一事

這個時代也致力於解決禿頭的問題。早期的埃及壁畫中，禿頭之人為數眾多。但是之後，隨著時空更迭、改朝換代，除了和尚之外，每個人的畫像都畫有頭髮。究竟是從什麼時候開始，埃及人覺得禿頭是負面的形象呢？

⑨ 埃赫那頓（Akhenaten）

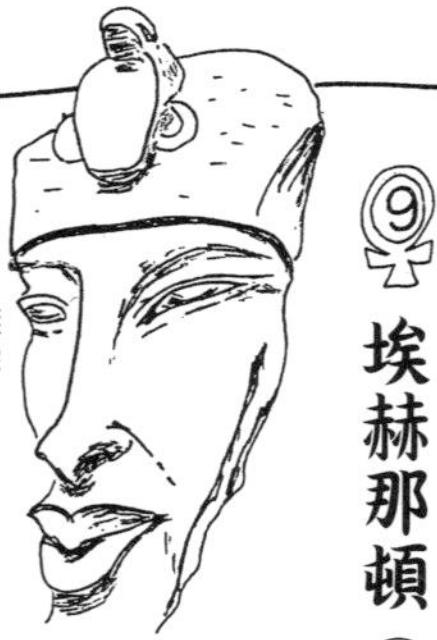
連雕像也很獨特

喜歡幫人取綽號的布萊斯提德（見一八五頁）形容這個國王是「史上第一位獨特個體」（the first individual in human）。他的確如這句話所說，是個擁有獨特人格且特立獨行的人。

原本應該是由他哥哥圖特摩斯繼承王位，但因為哥哥早逝，他就順勢遞補了。

埃赫那頓之所以有名，在於他搬出名為「阿頓」的神，舉國上下進行宗教改革。我們來看這件事的始末吧。
吞吞吐吐
來、來！大家注意啦，這是阿頓神喔。
啪啪
他可是有拉及荷魯斯、凱布利、拉・荷爾阿克堤當靠山的，所以大家不要欺負他喔。

首先，他一方面將阿曼神立為主神，一邊面在卡納克建造阿頓神（Aten）的神殿。在這個階段，阿頓神還只是太陽神明行伍中的一員而已。

阿頓神正式的名稱是：「以阿頓、休之名，於地平線上歡喜之人拉・荷爾阿克堤（Ra-Horakty）」

搖晃~
搖晃

他挺「拉・荷爾阿克堤」當主角，也有支持赫里奧波里斯神官團的意味。

這種作為啊，圖特摩斯四世當年也曾經做過。
嗯哼

而且他接二連三在地方上建造阿頓神殿。

他統治埃及五、六年後，就把「阿蒙霍特普四世」改為「埃赫那頓」，後者意思是「對阿頓神來說很好的人」。他禁止人們信仰阿曼神（阿曼・拉神），並將阿曼神的神殿封鎖。

是喔？

接著，埃赫那頓又四處尋找完全不信仰阿曼神的土地，最後決定在現在的阿馬納建立新首都。

吉薩
埃赫塔吞（Akhetaton）
底比斯
這個新首都就叫埃赫塔吞（阿頓的地平線）。怎樣？很美吧？

同一年他又宣布：

為了建設首都我要睡帳篷
不管今後發生什麼事，
我發誓永遠不會踏出聖地埃赫塔吞這個地方一步！

他在首都交界處建造大量石碑。

這些界碑上頭刻著「國王宣言」等等內容。

他統治埃及第八年時，新首都埃赫塔吞開始發揮其機能，成為很氣派的首都。而埃赫那頓也更加的我行我素。

阿頓神的正式名稱，也變成了「以阿頓之身再度降臨（回歸）的父親拉之名，於地平線上歡喜之人」，去掉了先前的荷爾阿克堤神及休神，改稱「拉變成新神阿頓重生」。此外，埃赫那頓還禁止埃及人民將荷爾阿克堤跟阿頓神搞在一塊兒。

後來，他又進一步地迫害阿曼神。他搗毀了阿曼神的神殿、雕像等，也將「Amen」這字眼給刮掉。就連他父親阿蒙霍特普的名字都不放過。不只是「Amen」這個詞兒，跟阿曼相關的東西也都被他給消滅了。

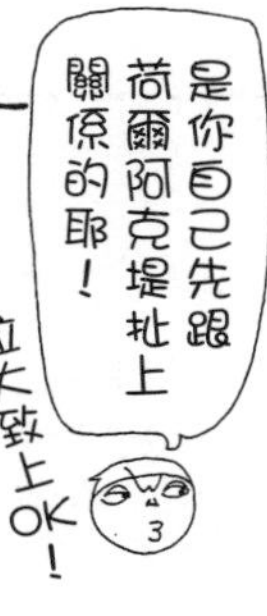
是你自己先跟荷爾阿克堤扯上關係的耶！
拉大致上OK！

包括鴨子的圖
因為鴨子是阿曼神神聖的動物
還有「母親」一詞
(mwt)
母親也代表阿曼之妻姆特的關係
族繁不及備載～
由於有這類情事，因此有學者認為埃赫那頓實行恐怖統治。

拉摩塞之墓

著名的「哭女」圖（P.26）

前所未見的超精巧浮雕！新藝術就此誕生了！

這個墳墓起初是埃赫那頓的父親那個時代建造的。剛開始時，刻著阿蒙霍特普四世的名字，也刻著阿曼神的妻子姆特女神；但是到了中途，卻改刻阿頓神的神像，似乎意味著「從這裡開始宗教改革」，由這件事可以窺見國王改革的決心。

哇～！你是誰啊？
你終於實行了啊
嗯嗯
拍肩

※拉摩塞是自阿蒙霍特普三世時代開始擔任底比斯市長及宰相的要人，似乎是哈普之子阿蒙霍特普的親戚。

阿頓神

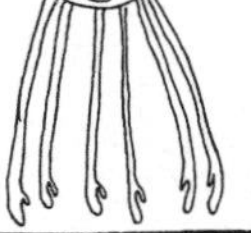
埃赫那頓所大力推廣的阿頓神究竟是什麼樣的神呢？

古時候，阿頓是「太陽的形態之一」，中王國時期祂偶爾會出現在碑文中。到了第十八王朝之後，從雅赫摩斯的治世開始，可見到阿頓的名字，從這時候就隱約可預見阿頓將以「神」的身分掀起旋風。

阿蒙霍特普二世所建造的大司芬克斯旁的神殿中，某些碑文裡頭已有描繪阿頓的圓盤。圖特摩斯四世甚至還在聖甲蟲上刻下「以阿頓神之名而得以支配西亞各國」這樣的敘述。

阿蒙霍特普三世為了人工湖而建造的船，名為「光輝的阿頓號」。

所以，埃赫那頓似乎是把自幼家族當中有點兒流行的阿頓神加油添醋、大加改造，創造出他自己獨特的神祇來。

此外，一些人認為，他會這樣展現對阿頓神的狂熱信仰，其實只是出於政治考量。

或許最初是出於政治考量，但到了後來就假戲真做了……

阿曼神官團坐大的體制就可以藉此革除了～～

埃赫那頓所提出的教義有：

1、阿頓神是絕對、唯一的神，是造物主。不可崇拜其他的神。

——「神」這個字也禁用複數型——

2、不准崇拜偶像！

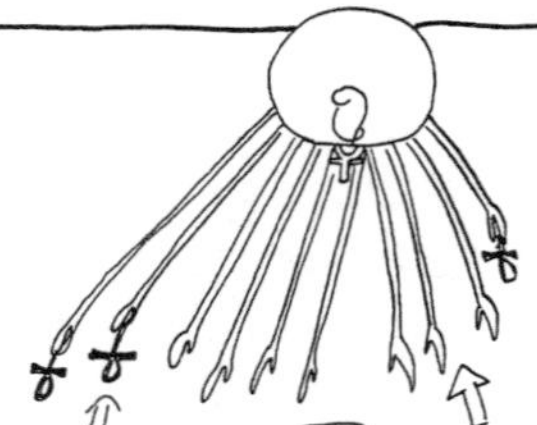
埃赫那頓經常佩戴安卡的護身符。

這個形狀只不過是象徵阿頓是太陽。不可崇拜偶像。

例外 這個太陽光的手，是為了象徵「阿頓即生命」，所以安卡（Ankh）的護身符OK！

講到安卡，順便介紹古埃及人經常佩戴的護身符！

《安卡》

生命的象徵

《烏加特(Udjat)》

驅退惡

荷魯斯的眼

《聖甲蟲》

守護心臟

《傑特柱(Djet)》

安定與持續

傑特柱

據說傑特柱是歐西里斯的背骨，象徵將穀物捆成一束，是農耕儀式中不可或缺的東西。壁畫中常可見國王立傑特柱的場景。

3、只有國王是阿頓神的「祭司」，是阿頓與人民之間的媒介。所以沒有神官等神職人員。

4、阿頓愛眾人。不只是埃及人，也愛外國人……

以「夢的解析」廣為人知的佛洛伊德認為，這個阿頓的教義感化了摩西。

因為他提倡一神教、不可崇拜偶像。而且強調愛啊！
割禮也絕對是源自埃及的，不是嗎！

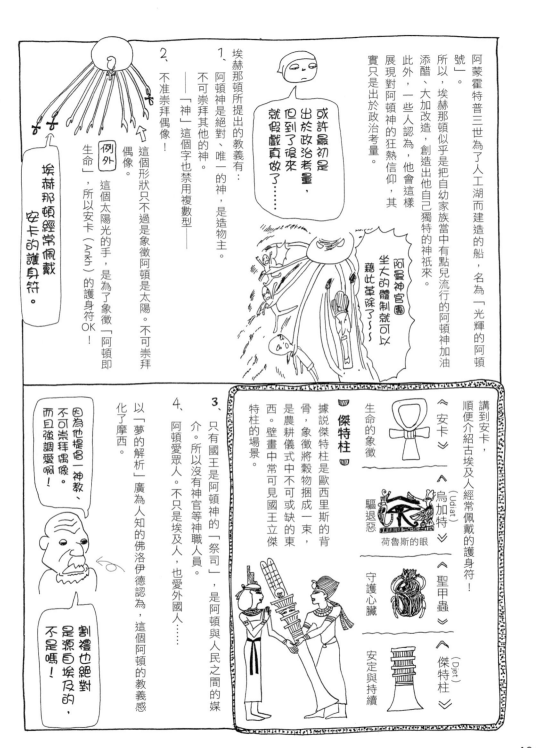

埃赫那頓所作的讚美阿頓神的詩，刻在阿馬納的宰相阿伊（下一任法老）的墳墓上，布萊斯提德（就是喜歡給人取綽號的那個人）指出，該詩的內容跟舊約聖經〈詩篇一〇四〉感覺很像。

不過，雖然埃赫那頓傾注他的全副心力推廣阿頓信仰，但是，撇開貴族不說，他的熱情似乎沒辦法傳達給市井小民。

我希望所有人，不論身分地位為何，都知道阿頓的好啊～～

埃及人民有一個特質，就是他們要怎麼樣解釋事情是隨自己高興的，總而言之呢，就是一群信仰很「隨便」的人啦。但是埃赫那頓的教義前後一致，還禁止這、不准那。而且最重要的是，民眾非常關心的「死後」的問題，阿頓教義鮮少提及。或許是因為這些原因，阿頓才抓不住埃及民眾的心，無法在民間普及。

哼，麻煩死了，無聊嘛。
討厭
有彈性才好！
不喜歡改變

管他阿曼還是阿頓，那些跟日常生活一點關係也沒有。守護著我們的這些花俏的神明還比較有用！
平易近人
塞勒凱特（Selket，蠍子）
塔雷特
貝斯（Bes）
表面上呢，我們是遵守國王的教義啦，但是在家裡我們還是拜自己的神！

阿馬納藝術

位於阿馬納宮殿八十平方公尺處的地板拼花碎片（佩特里所發現）

這個時期的藝術形式跟前代大不相同，稱為「阿馬納藝術」。其特徵是優美、自然主義、穩健等等。

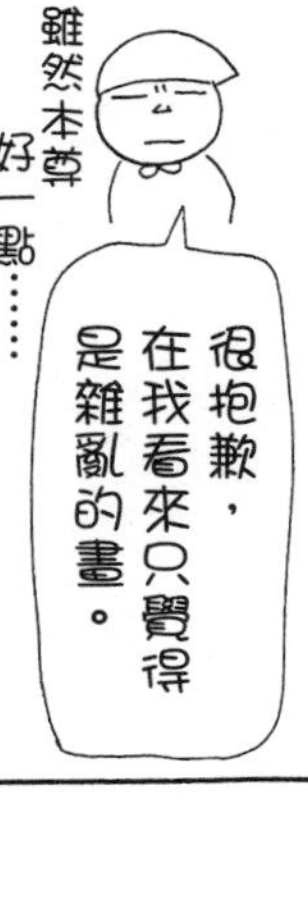
雖然本尊好一點……
很抱歉，在我看來只覺得是雜亂的畫。

在早期的時候，埃赫那頓的肖像，要不是在對其他民族施以刑罰，就是在用棍棒痛打敵人等，跟許多描繪先王的壁畫沒什麼兩樣，充滿了暴力。不過，他遷都之後，他在壁畫中的形象急遽改變——哄女兒啦、親吻妻子啦、因為女兒死去而哭泣啦，等等，充滿家族親情的日常景象。以往的壁畫在描繪家族時，除了父親會被畫成巨人外，其他家族成員都像貓一樣小。但埃赫那頓壁畫中的家人，比例是一樣的。

會不會太誇張啦，這種比例？
怎麼樣？感覺比較好了吧？

我是不懂什麼自然主義啦，不過這個像就說明了一切。看過之後就絕對不會忘記的這個——國王的雕像！
臉很長，極誇張
有時還會找到胸部像女人般豐滿的……
久違的馬里埃特
女人的肚子
這個像實在太詭異了，因此後來的人做了種種推測。
我當初啊看到埃赫那頓的雕像時，還真是覺得像「被閹割的士兵像」哩！

推測1、阿頓神是兼有男女性徵的神祇，國王身為神的祭司，所以就把自己的雕像也刻成雌雄同體。

推測2、國王實際上就是長這個德性。他可能有什麼疾病，所以身材變成這樣。

至於國王生了什麼病，據判斷，首推「佛列李歇（Fröhlich）症候群」。這種病是因為腦下垂體受損所引起的，會導致荷爾蒙分泌不正常，脂肪如女性般地積累，而且臉也會變長。但是得病後就會變成「性無能」，身為六個女兒的父親，應該不可能有這種病。

另外還有人認為他得的是「馬凡氏症候群」（Marfan syndrome）。這是一種遺傳性疾病，據說是由基因突變所引起，這個疾病的特徵是外型會變成「高瘦體型」、「四肢極長」，看來是吻合的。

推測3、既然他提倡新宗教、倡導新藝術，所以就自己打破既定觀念，將國王的特徵更突顯出來。

嗯，到底為什麼呢……
撇開他的體型不論，他的臉算很有個性的，若說這是疾病的話，那對同系列的中井貴一和嶋田久作就失禮了吧……
公主的像
所有人頭都很長，很像外星人……
公主們
這種奇妙的特徵也可以在國王的家族成員及家臣身上看到呢。
雕刻師貝克跟他妻子
是因為大家真的覺得這種樣式很美？還是大家是為了投國王所好啊？

◎阿馬納藝術連禿頭都照畫不誤……

雕刻師貝克的碑文曾提到，

所謂的雕刻家，就是要用他的技藝去表現出真理。

國王親自這樣子指示雕刻師。

聽說，埃赫那頓的座右銘是「為真理而活」，他的碑文上也常見到這個句子。

這麼說，他本人的的確確是長那樣囉！

王妃納芙蒂蒂（Nefertiti）

脖子長得真美！
從裡到外都美！

前面那位古埃及怪胎的太太，就是這一位。她這尊美極了的雕像，以及許許多多不可思議的壁畫，讓人們對她的興趣及想像遠遠凌駕埃赫那頓之上。關於這位謎樣的美女的出身，說法也是林林總總。

1、有人說她是「阿伊的女兒」

阿伊的地位非常的高，甚至繼任為下一任法老。他是埃赫那頓時代的宰相，也是國王最信賴的心腹。他的頭銜中有一個是「神之父」（God's Father）。另一位同樣擁有這個稱號的人，是阿蒙霍特普三世的妻子蒂的父親由雅（Yuya）。所以有人認為，或許「神之父」這個稱號是給法老的丈人用的。

可是呢，有些人不是法老的女人，卻也擁有這個稱號，所以上述說法不能證明什麼。

2、還有人說她是「外國人」

時至今日，這個說法已經遭到揚棄，沒人再提了。這說法是認為「她是嫁給阿蒙霍特普三世的米坦尼公主塔朵喀帕（Tadukhipa）」。

「納芙蒂蒂」這名字意思就是「美女到來」呢。
佩特里
所以，這一回是父親將他的女人讓給兒子嗎……
而且呢，米坦尼的國王是稱呼埃赫那頓為「女婿」喔。

除了米坦尼，也有人說她是出身庫雷塔（Kreta）的。埃赫那頓對其他神明絲毫不放過，但姆尼維斯牛（Mnevis）卻是例外。他還指示屬下在國界建造姆尼維斯牛的墳墓。這件事或許可以解釋為：埃赫那頓對納芙蒂蒂的出生地表示尊重。

庫雷塔以牛聞名

依我看 在塔朵喀帕之前，有名叫吉爾喀帕（Gilukhipa）的公主嫁到埃及，兩個人的名字讓人聯想到醜女。我是這樣想像的——

吉爾喀帕
塔朵喀帕

✤ 其他說法比如：她是阿蒙霍特普三世的女兒、她是女奴麻雀變鳳凰變成王妃的……等等。

全黑的姆尼維斯
被當成拉的化身而尊崇

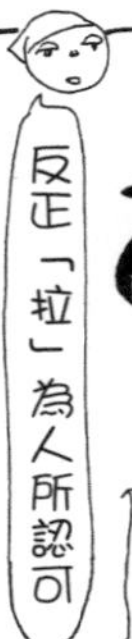

另外還有一點：在庫雷塔，女性在宗教這個領域似乎擔任重要的職務，而考古發掘出的壁畫顯示納芙蒂蒂會參與宗教儀式，就跟庫雷塔的女性一樣。（《被湮滅的法老》，Graham Phillips）

主張「納芙蒂蒂是外國人」的這派學者認為，「埃赫那頓在埃及的宗教薰陶下長大成人，但是，光憑他一個人是不會想到要進行宗教改革的。不過，如果有異國的女人影響他就另當別論了，這件事情就說得通。」不管納芙蒂蒂王妃到底是不是外國人，由她被學者認為是推動古埃及宗教改革的核心人物，可以想見初期的納芙蒂蒂的壁畫是多麼氣勢磅礡。譬如說下方這張畫。畫的竟是她抓住敵人的頭髮、用棍棒猛打的場景，將她描繪得儼如國王般英勇。其他王妃都沒有這種畫！

（在大赫爾莫波利斯找到的磚塊。）

另外，卡納克的阿頓神殿（似乎建造了好幾座）裡頭，納芙蒂蒂的名字出現的次數，也多過埃赫那頓。

就連阿頓神殿中的「葛姆・帕・阿頓」神殿（Gem-Pa-Aten），裡頭納芙蒂蒂王妃的壁畫也是多於埃赫那頓的。

這些是由塔拉塔特得知的喔！

埃赫那頓國王所建造的神殿，在他過世後立刻遭人破壞。神殿的石材被後代的國王們拿去當塔門等建築的基石。這種質輕的石材就叫做「**塔拉塔特**」（talataat），其總數竟然多達三萬五千個。現代的考古團隊運用電腦等高科技，將這些分散於各個地方、多到令人傻眼的石塊重新給組合起來，重現了古埃及時代的壁畫。

這座巨像原本被認為是埃赫那頓國王本人的，現在被認為是納芙蒂蒂的。

還有一些瑣碎的地方，像是在王墓所發現的石棺的四個角落，也刻著納芙蒂蒂王妃的像。（一般都是刻艾西斯或是四名女神盤據四周。）

納芙蒂蒂王妃還真是個千面女郎啊。

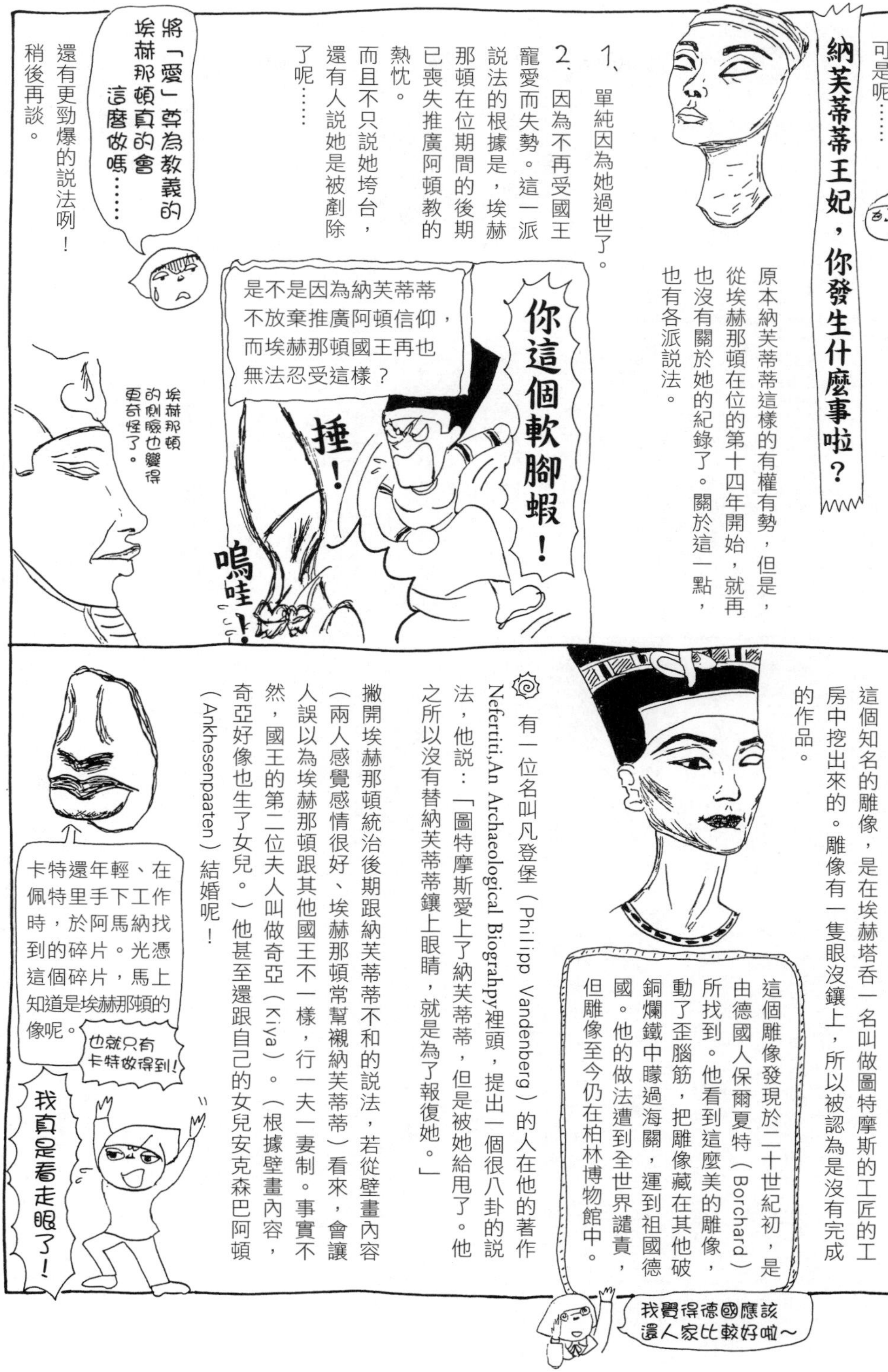
可是呢……
納芙蒂蒂王妃，你發生什麼事啦？
原本納芙蒂蒂這樣的有權有勢，但是，從埃赫那頓在位的第十四年開始，就再也沒有關於她的紀錄了。關於這一點，也有各派說法。
1、單純因為她過世了。
2、因為不再受國王寵愛而失勢。這一派說法的根據是，埃赫那頓在位期間的後期已喪失推廣阿頓教的熱忱。
而且不只說她垮台，還有人說她是被剷除了呢……
是不是因為納芙蒂蒂不放棄推廣阿頓信仰，而埃赫那頓國王再也無法忍受這樣？
你這個軟腳蝦！
捶！
嗚哇！
將「愛」尊為教義的埃赫那頓真的會這麼做嗎……
還有更勁爆的說法咧！稍後再談。
埃赫那頓的側臉也變得更奇怪了。
這個知名的雕像，是在埃赫塔吞一名叫做圖特摩斯的工匠的工房中挖出來的。雕像有一隻眼沒鑲上，所以被認為是沒有完成的作品。
這個雕像發現於二十世紀初，是由德國人保爾夏特（Borchard）所找到。他看到這麼美的雕像，動了歪腦筋，把雕像藏在其他破銅爛鐵中矇過海關，運到祖國德國。他的做法遭到全世界譴責，但雕像至今仍在柏林博物館中。
我覺得德國應該還人家比較好啦～
有一位名叫凡登堡（Philipp Vandenberg）的人在他的著作Nefertiti,An Archaeological Biograhpy裡頭，提出一個很八卦的說法，他說：「圖特摩斯愛上了納芙蒂蒂，但是被她給甩了。他之所以沒有替納芙蒂蒂鑲上眼睛，就是為了報復她。」
撇開埃赫那頓統治後期跟納芙蒂蒂不和的說法，若從壁畫內容（兩人感覺感情很好、埃赫那頓常幫襯納芙蒂蒂）看來，會讓人誤以為埃赫那頓跟其他國王不一樣，行一夫一妻制。事實不然，國王的第二位夫人叫做奇亞（Kiya）。（根據壁畫內容，奇亞好像也生了女兒。）他甚至還跟自己的女兒安克森巴阿頓（Ankhesenpaaten）結婚呢！
卡特還年輕、在佩特里手下工作時，於阿馬納找到的碎片。光憑這個碎片，馬上知道是埃赫那頓的像呢。
也就只有卡特做得到！
我真是看走眼了！

也有人對納芙蒂蒂王妃沒有什麼興趣，而是把焦點放在埃赫那頓國王的母親「蒂」身上。那個人叫做維利考夫斯基（Immanuel Velikovsky）。他仔細觀察位於阿馬納的埃赫那頓朝臣的墓地，判斷蒂跟埃赫那頓之間曾經有一腿。維利考夫斯基甚至說，這一家子的糾葛，跟希臘神話中著名的悲劇——伊底帕斯王傳說如出一轍。
←不知道「伊底帕斯傳說」的照過來！
希臘都市底比斯的國王聽到預言：「將來你會被你自己的兒子殺害。」害怕之餘，便命令部下將他兒子殺掉。這個嬰孩就是伊底帕斯。可是國王的手下沒有將伊底帕斯殺死，只是將他丟棄。
之後，伊底帕斯很幸運地被其他國家的國王撿去，成為那一國的王子。伊底帕斯長大成人後，得到神諭：「你會殺死自己的父親，並跟你的母親發生關係。」他怕預言成真，於是離家出走。結果在途中，他跟一個老人為了讓路的問題吵起架，盛怒之下他將對方給殺死了——而這個老人正是他的親生父親。
喔！
之後，在不知情的狀況下娶了母親
最後他終於得知事實，出於絕望，把自己的雙眼挖掉。
最後，他就永遠地流浪下去……就這麼悲慘。
咦！
希臘人拿埃及的「底比斯」這個地名，用在自家的神話中。
古埃及人則是叫做「瓦塞」（Waset）喔。
這本書裡頭的赫里奧波里斯或是孟菲斯等地名，都是希臘人所用的稱呼呢。
壁画A
這邊留著國王和納芙蒂蒂的名字。
女兒巴喀特阿頓→
這邊，國王的名字遭人破壞！
壁画B
據說，入口的壁畫A所描繪的場景，就是埃赫那頓國王再婚。（左邊是跟納芙蒂蒂組成的家庭；右邊是跟母親蒂組成的家庭。）還有，在壁畫B當中，埃赫那頓牽著他母親的手走向神殿，這似乎也暗示著兩個人關係非比尋常、相當親密……。（這是凡登堡的說詞。）
呀！他怎麼都用有色眼光看事情啊！我聽了都覺得害臊了。
一經維利考夫斯基詮釋，什麼事情都跟伊底帕斯情結有關了。
伊底帕斯是「腫脹的腳」的意思。你看看埃赫那頓的腳就知道了。

『世紀末の黙示録』維利考夫斯基著，高橋良典譯，自由國民社出版。

提出這種「順水推舟」的説法時，維利考夫斯基已經高齡六十了。

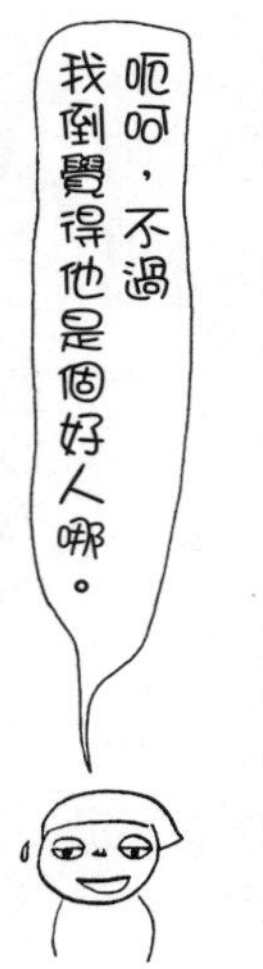

呃呵，不過我倒覺得他是個好人哪。

此外，維利考夫斯基指出，埃赫那頓還是王子的時候，並沒有出現在阿蒙霍特普三世所製作的壁畫中。關於這一點，有人認為是因為他們父子不和，不過也有不少人認為，或許是因為埃赫那頓去國外留學的關係。

難不成是以我為恥嗎？
哼！
哎呦呦
你哥圖特摩斯也沒有出現在畫中啊。別鑽牛角尖……

另有一說指這個王族為了提高公主的優越性，才故意不畫王子們。

埃赫那頓的哥哥圖特摩斯的名字，在孟菲斯這個地方有發現。圖坦卡門的墳墓中甚至還找到了他的鞭子。也有人指出，這個圖特摩斯就是「摩西」，摩西就是在這個時候出埃及的。（葛里翰・菲利浦〔Graham Phillips〕等人的觀點……）

謎樣的圖特摩斯王子

國王晚年

埃赫那頓在位十三、十四年的時候，女兒當中的好幾個已經死了，他的母親蒂也已過世，納芙蒂蒂也不在了。不知道他是不是因此沒了幹勁，政務都交給共同統治的國王斯門卡瑞（Smenkhare，第二〇五頁），似乎也不再迫害阿曼神。

埃赫那頓國王就這樣特立獨行地統治了埃及十七載，但是關於他的紀錄，卻在最後不見蹤影。而他過世的同時，他終其一生致力推廣的阿頓信仰，以及他的理想城鎮等，同樣遭人毀棄，破壞殆盡。

埃赫那頓的墳墓自然是建在埃赫塔吞。國王在界碑上刻著這樣的字句：

「如果發生我和我的家人、家臣無法安葬於埃赫塔吞的情況的話，

——那樣，比起我治世第四年所聽聞的事情還要來得糟。

——那樣，比起我治世第三年所聽聞的事情還要來得糟。

——那樣，比起我治世第一年所聽聞的事情還要來得糟。

——那樣，比起阿蒙霍特普三世及圖特摩斯四世所聽聞的事情還要來得糟。」

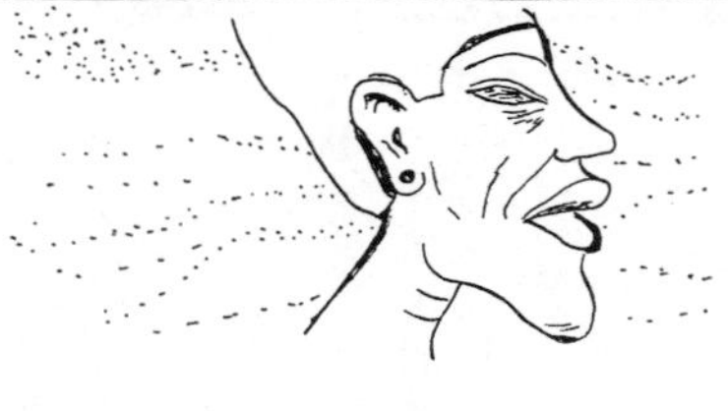

……這篇碑文讓人深切地感受到他有多麼想葬在埃赫塔吞的墳墓中。

埃赫那頓國王的希望最後有沒有實現呢？在埃赫塔吞，挖到了他母親蒂及他自己的部分陪葬品，從這件事看來，遺願應該是實現了吧。

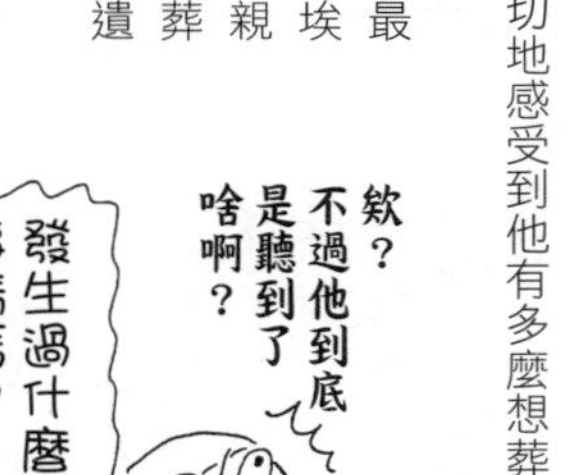

欸？不過他到底是聽到了啥啊？
發生過什麼糟糕的事情嗎？
討厭啦——！幹嘛故意賣關子啦～～

最後，來個埃赫那頓連發！

埃赫那頓的墳墓跟以往曲曲折折的墳墓不一樣，入口到玄室是成一直線的。據說這是表示「為了得到太陽阿頓的光芒之恩惠。」（★不過也有人譏嘲地說，在玄室放遺體的話，反而會遮蔽陽光哩。）

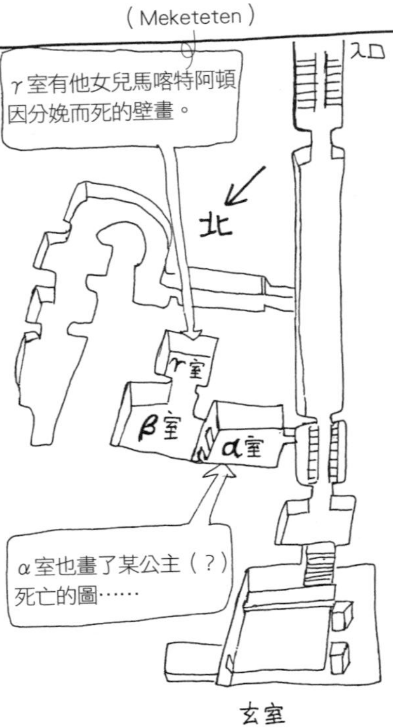

入口
北
(Meketeten)
γ室有他女兒馬喀特阿頓因分娩而死的壁畫。
γ室
β室
α室
α室也畫了某公主（？）死亡的圖……
玄室

緊接著來講下一個國王，不過，埃赫那頓他們還是會登場喔！
這下子他沒遺憾了吧！
吁

古代外交信函 阿馬納文書

阿諛諂媚、討價還價——為了確保好處無所不用其極的國王們在此現形！

是用西亞的共通語言亞喀得（Akkad）語所寫成的。

從阿蒙霍特普三世晚年開始，到埃赫那頓國王從紀錄上消失為止的二十五年間，埃及與西亞各國往來的三百五十封信現在已經出土了。這些資料可以說是了解埃及這個時代的重要資料。從信件也知道，埃赫那頓國王的確曾經跟友好的國家求援。

埃赫那頓的求救吶喊逐次變化，如左：
「我這次真的會被整死。快來救我——！」
⇐「匯錢過來——！」
⇐「我要借兵——！」
⇐「為什麼遲遲不來呢？」
⇐「至少要回信給我啊！」
到最後，他根本只是純抱怨。就像無法接受戀人變心、不願面對現實的人一樣，好悲哀啊……

真可憐～

嗚～

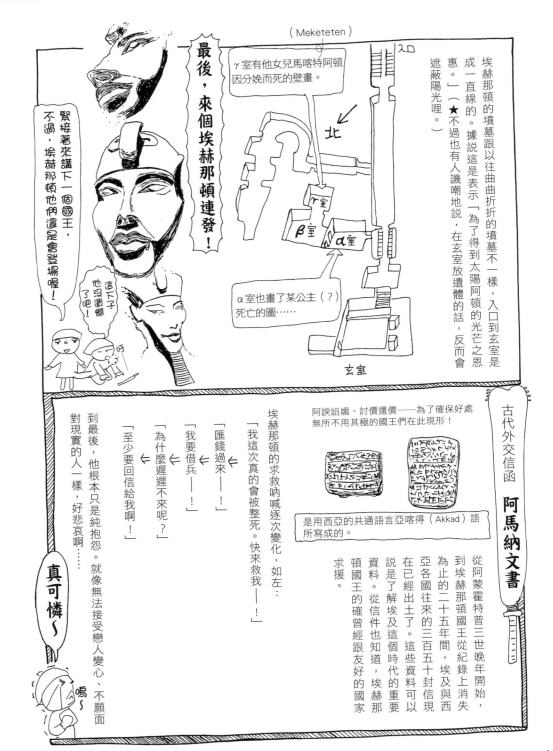

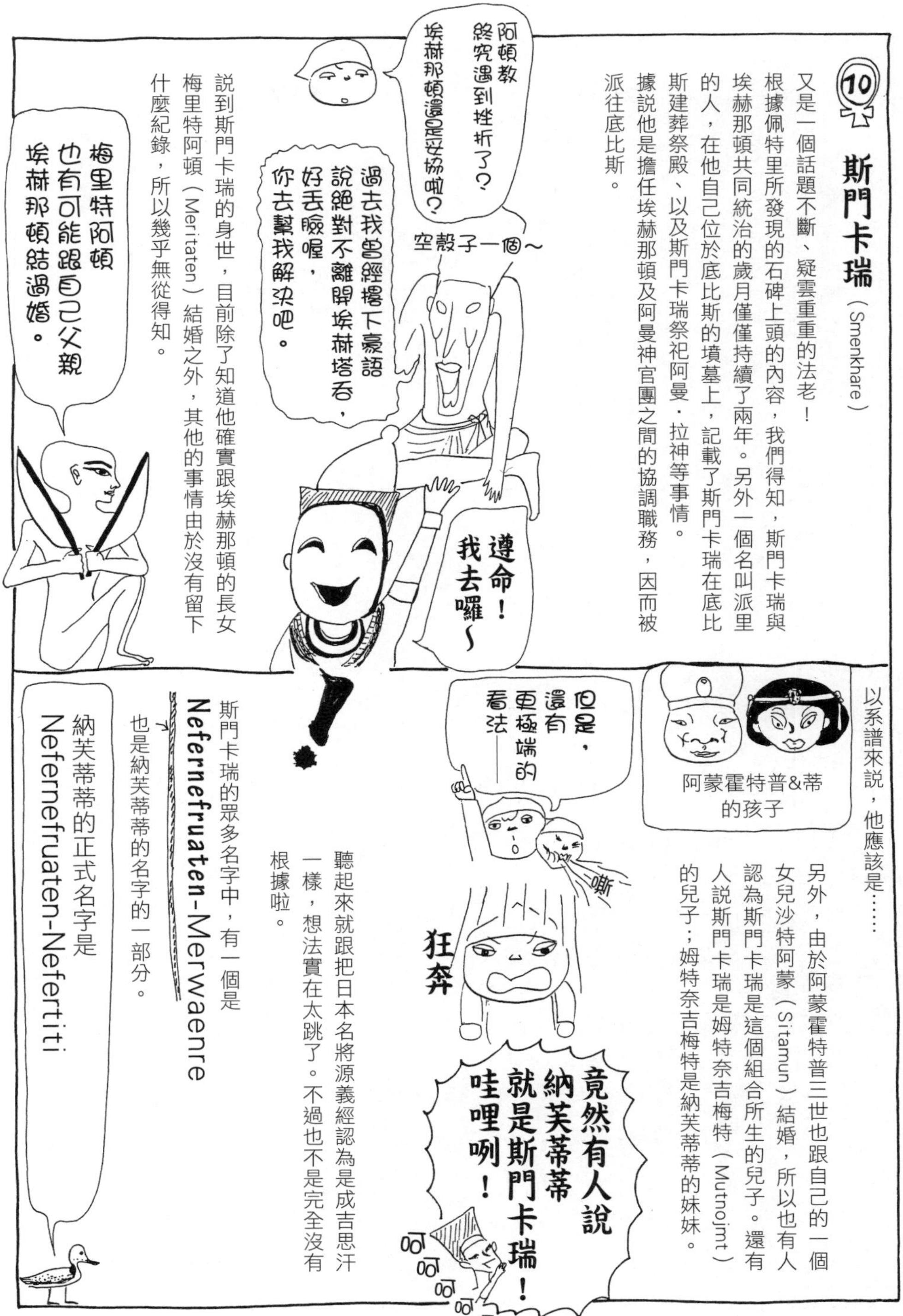
10 斯門卡瑞（Smenkhare）
又是一個話題不斷、疑雲重重的法老！
根據佩特里所發現的石碑上頭的內容，我們得知，斯門卡瑞與埃赫那頓共同統治的歲月僅僅持續了兩年。另外一個名叫派里的人，在他自己位於底比斯的墳墓上，記載了斯門卡瑞在底比斯建葬祭殿、以及斯門卡瑞祭祀阿曼．拉神等事情。據說他是擔任埃赫那頓及阿曼神官團之間的協調職務，因而被派往底比斯。
阿頓教終究遇到挫折了？埃赫那頓還是妥協啦？
空殼子一個～
過去我曾經撂下豪語說絕對不離開埃赫塔吞，好丟臉喔，你去幫我解決吧。
遵命！我去囉～
說到斯門卡瑞的身世，目前除了知道他確實跟埃赫那頓的長女梅里特阿頓（Meritaten）結婚之外，其他的事情由於沒有留下什麼紀錄，所以幾乎無從得知。
梅里特阿頓也有可能跟自己父親埃赫那頓結過婚。
以系譜來說，他應該是……
阿蒙霍特普&蒂的孩子
另外，由於阿蒙霍特普三世也跟自己的一個女兒沙特阿蒙（Sitamun）結婚，所以也有人認為斯門卡瑞是這個組合所生的兒子。還有人說斯門卡瑞是姆特奈吉梅特（Mutnojmt）的兒子；姆特奈吉梅特是納芙蒂蒂的妹妹。
但是，還有更極端的看法——
嘶
狂奔
竟然有人說納芙蒂蒂就是斯門卡瑞哇哩咧！
呵呵呵呵呵
聽起來就跟把日本名將源義經認為是成吉思汗一樣，想法實在太跳了。不過也不是完全沒有根據啦。
斯門卡瑞的眾多名字中，有一個是
Neferneferuaten-Merwaenre
也是納芙蒂蒂的名字的一部分。
納芙蒂蒂的正式名字是
Neferneferuaten-Nefertiti

而斯門卡瑞的繼位名則是

"**Ankhkheperure**"

這個名字有時候是男性的名字、有時候是女性的名字，男生、女生都有人用。

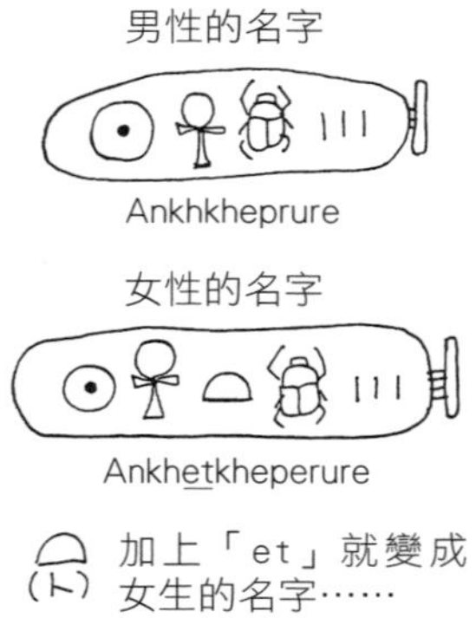
男性的名字
Ankhkheperure
女性的名字
Ankhetkheperure
（ト）加上「et」就變成女生的名字……

雅
雅子
拿日文來講，就是
這樣的感覺！

而且啊，跟納芙蒂蒂王妃有關的紀錄才剛從史冊上消失，斯門卡瑞國王就緊接著登場了。兩個人好像剛剛好交接似的。贊成這個論點的人要比想像中來得多，這些人的說法是：「納芙蒂蒂王妃都比埃赫那頓國王還要搶眼、還要出風頭了，她怎麼可能會乖乖就範呢。以她的個性來說，她會想當國王是很自然的事。」聽起來也不是沒有道理，是有這樣的可能啦……

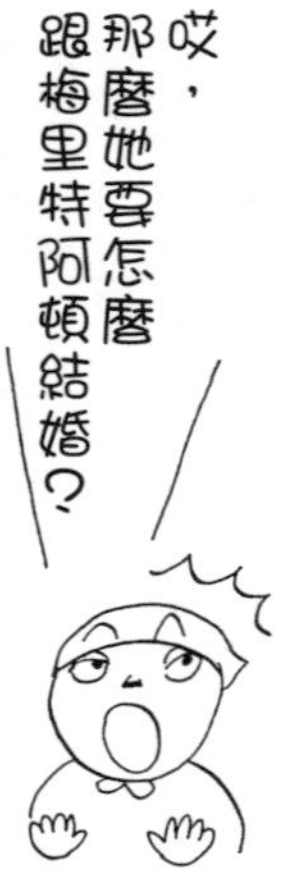
哎，那麼她要怎麼跟梅里特阿頓結婚？

所以，以這個學說來看，結婚只是障眼法囉。

此外，還有如左圖的石版畫那樣、同樣戴著王冠的兩個人狀似親密的畫作流傳下來。

如果畫的是兩個男人的話很奇怪，但如果畫的是納芙蒂蒂戴著王冠的話，一切就說得通了。

撫摸下巴的動作還真寫實啊～
呃啊啊～

噢！

然而，

這幅畫裡頭的兩個人是埃赫那頓和斯門卡瑞（男的）！

有人指出，這幅畫描繪的是男同志之愛。霍華德・卡特便是贊成這種說法的其中一人，另外還有不少人支持這個看法。

有人認為，斯門卡瑞的名字會忽男忽女，是因為埃赫那頓想把他當女的。

哎呀，實際上是紐貝利（Newbury）所提出的！
不會吧！
閃電現身

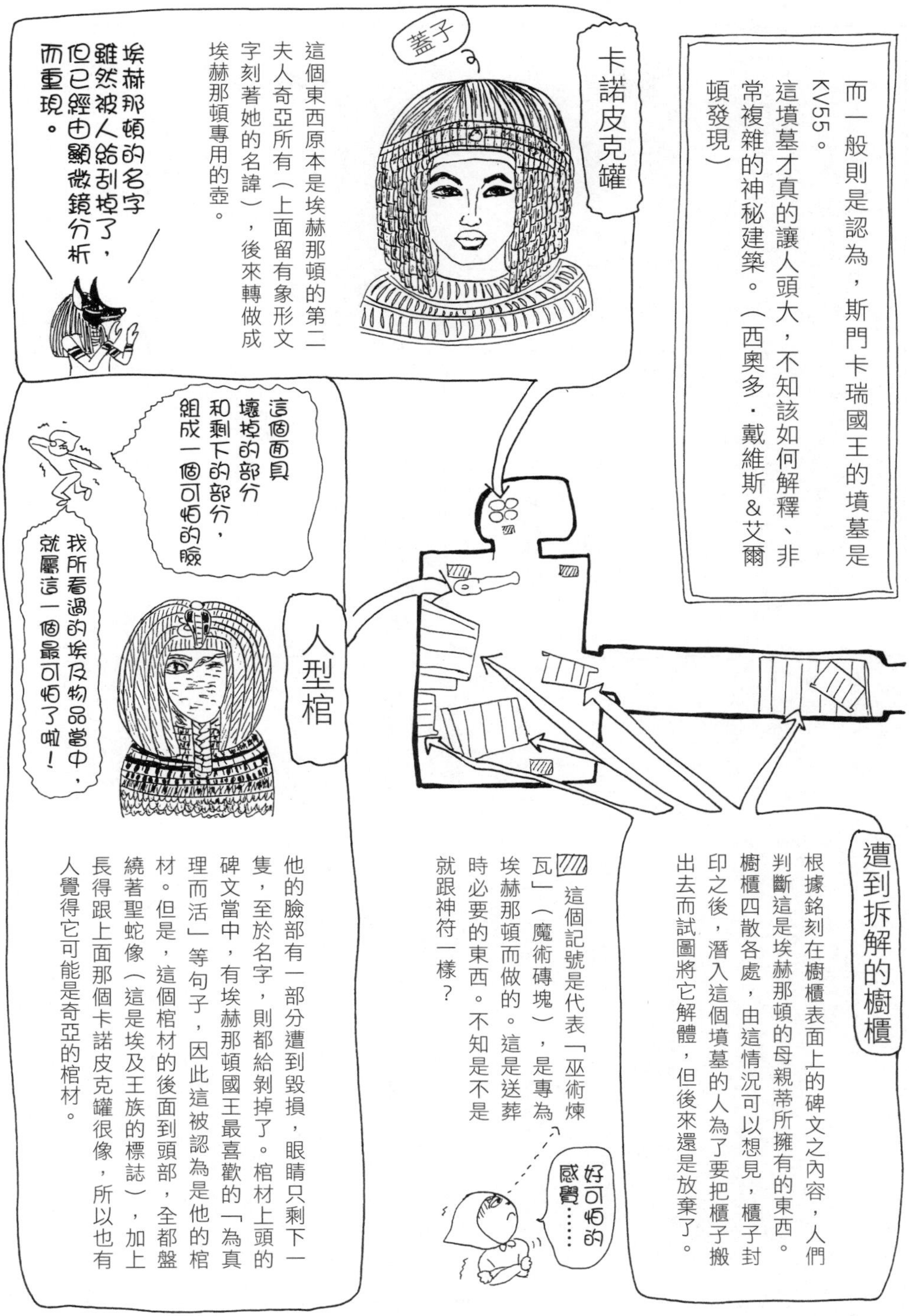
而一般則是認為，斯門卡瑞國王的墳墓是KV55。
這墳墓才真的讓人頭大，不知該如何解釋、非常複雜的神秘建築。（西奧多・戴維斯&艾爾頓發現）
卡諾皮克罐
蓋子
這個東西原本是埃赫那頓的第二夫人奇亞所有（上面留有象形文字刻著她的名諱），後來轉做成埃赫那頓專用的壺。
埃赫那頓的名字雖然被人給刮掉了，但已經由顯微鏡分析而重現。
人型棺
這個面具壞掉的部分和剩下的部分，組成一個可怕的臉
我所看過的埃及物品當中，就屬這一個最可怕了啦！
遭到拆解的櫥櫃
根據銘刻在櫥櫃表面上的碑文之內容，人們判斷這是埃赫那頓的母親蒂所擁有的東西。櫥櫃四散各處，由這情況可以想見，櫃子封印之後，潛入這個墳墓的人為了要把櫃子搬出去而試圖將它解體，但後來還是放棄了。
▨這個記號是代表「巫術煉瓦」（魔術磚塊），是專為埃赫那頓而做的。這是送葬時必要的東西。不知是不是就跟神符一樣？
好可怕的感覺……
他的臉部有一部分遭到毀損，眼睛只剩下一隻，至於名字，則都給剝掉了。棺材上頭的碑文當中，有埃赫那頓國王最喜歡的「為真理而活」等句子，因此這被認為是他的棺材。但是，這個棺材的後面到頭部，全都盤繞著聖蛇像（這是埃及王族的標誌），加上長得跟上面那個卡諾皮克罐很像，所以也有人覺得它可能是奇亞的棺材。

但是更加令人一頭霧水的，是裝在人型棺裡頭的木乃伊。裡頭的木乃伊採取的是王妃的下葬姿勢。西奧多・戴維斯根據這個姿勢以及其身旁的陪葬品判斷，公開宣稱：「我發現蒂的墳墓了！」但是後來經檢查發現，那是個男性的木乃伊——戴維斯這下子可糗大了。

那才不重要呢！
哼！

王妃的姿勢
法老的姿勢

根據鑑定，木乃伊的年齡大概二十歲左右（其實已經也二十五、六歲了）。

他的血型是A2MN。（圖坦卡門也是！）。頭骨上方平廣，是往後延伸的長頭。

安插一下

調查發現，以ABO式血型分法來分的話，埃及法老的木乃伊幾乎都是A型的。所以血型其實不代表什麼。還有，聽說埃及的人民大多是O型的。是因為這樣，所以他們天性才那麼樂天嗎……

所以說，雖然這個埋葬方式很奇怪，不過似乎將結論逐漸導向「斯門卡瑞是確實存在的男性國王」。不過也有人說了：「不，這個木乃伊是比大家想像中還要年輕的埃赫那頓。」到最後，還是沒有什麼結論。

說到埃赫那頓，他十歲就結婚了，十四歲當上父親，二十歲左右生最小的女兒，二十七、八歲過世。
卡特有意見
比其他人早熟，難道不是嗎？
主張埃赫那頓
咻地一聲
卡特看起來很腳踏實地，但其實想法滿大膽的嘛……
咕！

斯門卡瑞這個人的形象是渾沌一片，沒有人知道他真正的模樣；不過他形式上的妻子梅里特阿頓的性格，現今的人倒是略知一二。她把父親的第二夫人奇亞的名字從紀念碑上給削掉，重新刻上自己的名字，被認為是破壞奇亞肖像的臉、並毀掉肖像一隻眼的主使者。看來她似乎相當怨恨奇亞。也有人認為，奇亞的棺材以及卡諾皮克罐會被改造成埃赫那頓的物品，也跟梅里特阿頓脫不了干係。

被發現了？

關於斯門卡瑞之謎還有其他種種猜測，但就是沒有一個真的令人信服的。

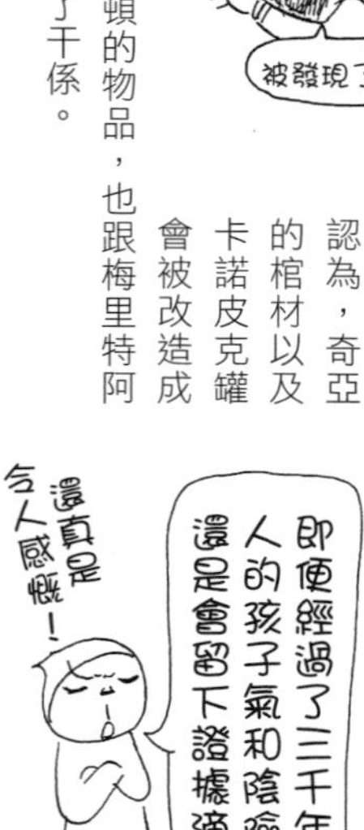

即使經過了三千年，人的孩子氣和陰險行徑還是會留下證據滴～
還真是令人感慨！

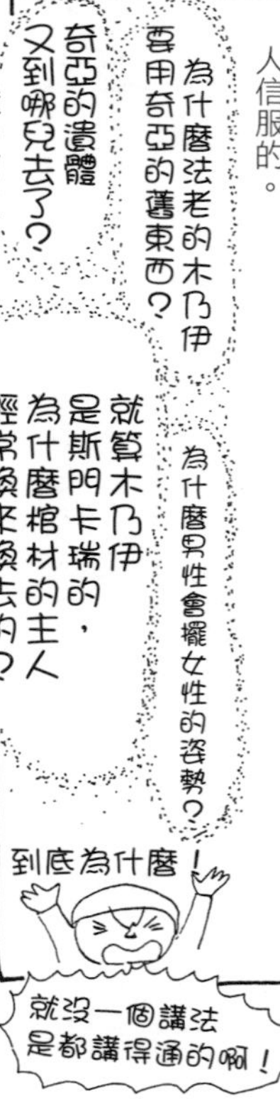

為什麼法老的木乃伊要用奇亞的舊東西？
奇亞的遺體又到哪兒去了？
為什麼男性會擺女性的姿勢？
就算木乃伊是斯門卡瑞的，為什麼棺材的主人經常換來換去的？
到底為什麼！
就沒一個講法是都講得通的啊！

順帶一提，之後的阿頓神大鎮壓運動，主要是破壞阿頓神及埃赫那頓的像。

接下來

⑪ 圖坦卡門（Tutankhamun）

終於輪到「知名度NO.1」的法老圖坦卡門！歷史上最為知名的他的墳墓裡頭，東西多到卡特花了十年的時間才整理好。

他的墳墓裡頭似乎收藏了所有他生前使用的東西。

不過，即使他的陵墓中滿是和他生前的生活緊密相關的用品，但是關於他的身世，至今仍舊成謎。因為他的墳墓裡頭就只有物品，卻沒有留下任何類似紀錄的東西。唉，建造這個墳墓原本就沒有要讓後世之人知道的意思，所以這點也是無可奈何的啦。不過，為什麼不多給一點線索呢……

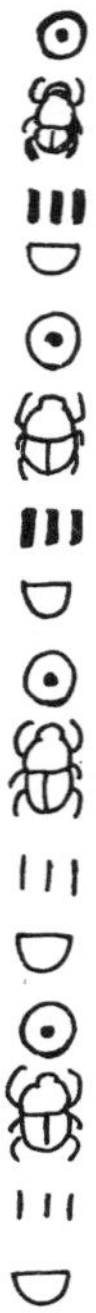

為了重整在埃赫那頓那年代變得亂七八糟的埃及，宰相阿伊（Aye）以及軍部總司令霍朗赫布全力輔佐年僅九歲的小圖坦卡門。說是輔佐，還不如說這些人攬下了所有事。

他們在埃赫那頓時代就已受重用，也遵照國王的意思信仰阿頓。但是，埃赫那頓過世之後，阿曼神再度復活了。圖坦卡門（TuT-aNKH-aMeN，意思是「阿曼神活生生的姿態」），是從最初的名字圖坦卡頓（Tut-Ankh-Aten，意思是「阿頓神活生生的姿態」）更改而來的。

埃赫塔吞已經完蛋了！
在孟菲斯重啟新政吧！
阿曼神神官歡天喜地！

據了解，圖坦卡門國王在孟菲斯這個地方有住所。在位於吉薩的獅身人面像一旁的河岸神殿後面，他也建造了涼亭，以「下埃及」為活動據點，處理國事。

圖坦卡門獻給卡納克、阿曼神殿的石碑。

朕眼見著神殿漸漸地變成了廢墟。這個神聖的所在遭人破壞、庭院雜草叢生。朕予以重建祭壇、重新賦予神殿財源、將所有貴重之物當做獻禮贈給神殿。朕用黃金以及琥珀重新鑄造眾神的神像，並且用琉璃等美麗的寶石裝飾之。

（摘自The Tomb of Tutankhamun，霍華德・卡特著）

誰的孩子？

赫爾莫波利斯（現在叫做艾爾－阿什穆嫩）所出土的碑文上，明明白白地寫著：「圖坦卡門是國王的兒子。」但是一談到圖坦卡門「是哪個國王的兒子」，大家卻是眾說紛紜、沒個定論。

第一個人選，當然要屬埃赫那頓。若是從年齡來考慮的話，埃赫那頓是最符合的。但是，他和納芙蒂蒂所生下的六個女兒的記錄保存完整，關於圖坦卡門卻沒有任何記載。難道男生真的不會被畫進壁畫嗎？

也有人認為：「這是因為圖坦卡門是地位低下的妃子所生的。」而將焦點集中在第二夫人奇亞身上。

壁畫的謎團（壁畫位於阿馬納）

埃赫那頓的墳墓（見二〇四頁）裡頭，有兩個房間內部描繪了哀悼死亡的場面。兩個房間共通的畫有「悲傷地哭泣的埃赫那頓及納芙蒂蒂」、「嘆息的女人們」、「送葬的儀式」。

兩個房間大概各埋了不同的公主。

γ室有名字留著，因此可以斷定是埃赫那頓的次女馬喀特阿頓的……

而α室則沒有標明安葬其中之人，不知道是自然磨損掉了、還是有人故意削掉的。由於該室內部的畫描繪抱著嬰兒的奶媽，因此有人推測：「這不正是在畫因難產而

死的奇亞嗎？當中的嬰兒不就是**圖坦卡門**？」

圖坦卡門誕生之後，關於奇亞的紀錄就消失了，所以時間點是一致的。

畫中有人負責搖扇子，由這點可以知道這嬰兒地位可高了！

但是，這一幅畫引發後世之人各式各樣的猜想，徒然留下許多詮釋的空間，但卻沒有辦法讓人得出什麼定論。像葛里翰・菲利浦（Graham Phillis）就根據「奶媽的名字被人削掉」這一點推斷：「那一位奶媽正是梅里特阿頓所討厭的奇亞。（以往也有地位高的女性擔任這個工作的例子。）」

他接著指出：「α室所葬的人，就是埃赫那頓的女兒之一——納法奈菲魯（Neferneferure），不是嗎？她的鎮壇道具已經在王墓附近出土了。」

可是啊，我不覺得納芙蒂蒂會去哀悼丈夫的愛人耶～

◎雖然圖坦卡門是不是前述壁畫所畫的嬰兒，將永遠是個謎，不過幾乎可以斷定的是，他是在阿馬納的王宮長大的。做事篤實的佩特里在墳墓廢墟找到了刻有圖坦卡門名字的遺物。

圖坦卡門之父候補人選是——

阿蒙霍特普三世

阿蒙霍特普三世在努比亞建造了索雷布神殿，在這個神殿中的獅子像上，刻有圖坦卡門稱呼阿蒙霍特普三世為「我的父親」的碑文。

現存於大英博物館……
反對派的人們
卡特先生

「我的父親」這個稱呼，他們常常用來稱呼祖先啊！

什麼東西都照字面解釋，是不行的啦！

另外，在圖坦卡門的墳墓裡頭，收藏了許多為兩人所有的遺物。

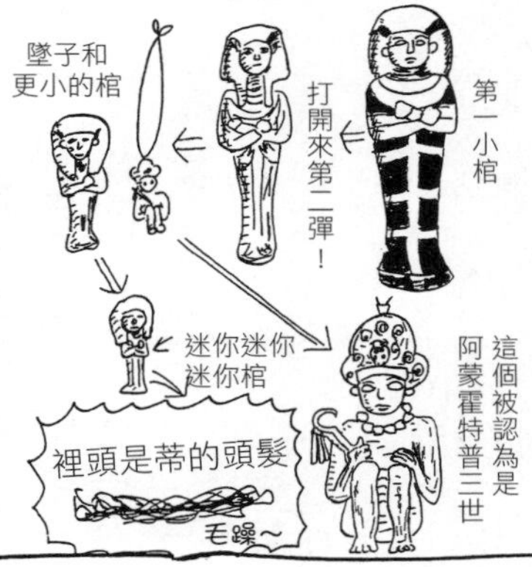
第一小棺
打開來第二彈！
墜子和更小的棺
迷你迷你迷你棺
裡頭是蒂的頭髮
毛躁～
這個被認為是阿蒙霍特普三世

這算不上是證明父子關係的證據！慎終追遠、敬奉祖父母本來就是應該的。

另外，

更何況，圖坦卡門出生時，阿蒙霍特普三世早就已經不在人世了，難道不是嗎！

這點的確是最有力的反駁。

接下來，

來談談〝共同統治的可能性〞之卷

兩個人的統治期如下。

阿蒙霍特普三世：三十七年

埃赫那頓：十七年

咸認圖坦卡門出生的時間，是在埃赫那頓統治埃及的第九年左右。倘若阿蒙霍特普三世和埃赫那頓因為共同統治，而有九年以上的時間治世重疊的話，可以說，阿蒙霍特普三世就充分具備圖坦卡門之父的候選資格。而且，有許許多多的證據顯示，阿蒙霍特普三世跟埃赫那頓確實共同統治過埃及。

譬如說，大臣梅里拉（Meryre）位於阿馬納的墳墓中，就有壁畫畫著鄰近各國的使節團一窩蜂來到埃及、向埃赫那頓獻上貢品的場景。

這樣盛大的場面通常是新王宣告繼位時才會舉行的活動，壁畫所載時間是埃赫那頓在位第十二年，到那時候才慶祝實在是太晚了。

學者西里爾・阿爾朵雷德（Cyril Aldred）說：「所以這幅畫畫的應該是：阿蒙霍特普三世過世之後，埃赫那頓為了慶祝自己獨立執政而舉辦祭典。

從這點可以推測，這兩個人一起統治了十一、二年。」

此外，在名為阿托里比斯（Attribis）的地方所發現的磚塊上頭，這一對父子的名字並列一塊兒，這也可以做為兩人共同統治的證據。

甚至還發現有圖畫將阿蒙霍特普三世畫在阿頓神下面。而且上頭阿頓神的名字，還是埃赫那頓執政九年以後使用的名字。

在亞斯文發現的
雕刻師父子蒙與貝克的浮雕
兩人在不同的國王底下吃頭路。
埃赫那頓的名字被削掉了
阿蒙霍特普三世
蒙
貝克
（現位於亞斯文的New Cataract Hotel）

西里爾・阿爾朵雷德說，第二〇二頁的維利考夫斯基指為「近親相姦」證據的壁畫A中，埃赫那頓之所以會跟蒂在一起，表示那時阿蒙霍特普三世還在世。

★若此說法為真，畫作正中央的女兒巴喀特阿頓（Baketaten）就是兩人老來得子。

可是……

這些畫畫的應該不是他們生前的事實，只是肖像而已吧？
根本是牛頭不對馬嘴
唉！

也有人這麼反駁……

——喔喔，偏離主題了。

總而言之啊，不能否認阿蒙霍特普三世也有可能是圖坦卡門的父親啦。

但是，如果阿蒙霍特普三世曾與埃赫那頓共同統治，那這個人對那麼大規模的宗教改革默不作聲，未免也太有意思了。他和蒂所生的小女兒也叫巴喀特阿頓，看來他的嫌疑真的很大。

嚼！嚼！

吼！不對啦—我說巴喀特阿頓是埃赫那頓和蒂所生的小孩啦—
維利考夫斯基
若阿蒙霍特普三世真的袖手旁觀阿頓的傳布的話，他一定也會像埃赫那頓那樣，名字被人從王名表剔除！但他名字好端端地留在王名表中啊！所以他對阿頓教一無所知就翹辮子啦！

另外還有人說，圖坦卡門是阿蒙霍特普三世和他的女兒沙特阿蒙（Sitamun）所生的兒子；甚至有人謠傳他是蒂外遇所生的私生子呢。

圖坦卡門和妻子兩人相敬如賓的場面，多見於墳墓中的箱子和櫥櫃的畫作。

圖坦卡門所組家庭的唯一成員，是長他四歲的妻子安克森阿蒙（Ankhesenamun）。據說，安克森阿蒙也曾跟自己的父親埃赫那頓結婚，生下一個女兒。

這樣啊……
他們夫妻倆感覺感情甚篤呢……
令人稱羨~

圖坦卡門改名的同時，安克森阿蒙也改名了。（之前叫做安克森阿頓〔Ankhesenaten〕。）不過，對於自己父親那樣傾注熱情推廣的阿頓信仰，他們似乎也不是輕易就放棄了。從挖掘出來的遺物，可以感受到王室中依舊偷偷地信仰著阿頓。

留下圖坦卡頓名字的華麗黃金王座
阿頓神依然安在
這裡寫著圖坦卡頓

圖坦卡門的木乃伊戴著有串珠的帽子，帽子上頭也有阿頓的名字。

卡特
東西做好之後才刻上「阿頓」？這麼說來，鎮壓阿頓信仰並不如想像中激烈囉？
卡諾皮克罐櫃子的放法以及方位等，也都沒有照順序呢。

阿頓信仰傳布之前的古禮，在這個墳墓中似乎不被當一回事，感覺滿隨便的。

安克森阿蒙曾為圖坦卡門懷過兩個孩子，不過兩個都流產了。

兩個小孩有兩層棺及面具（面具只有其中一個人有），鄭重地放在圖坦卡門的墳墓中。

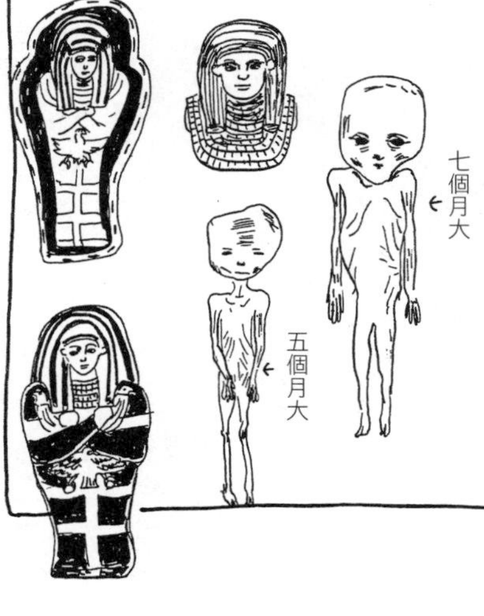
七個月大
五個月大

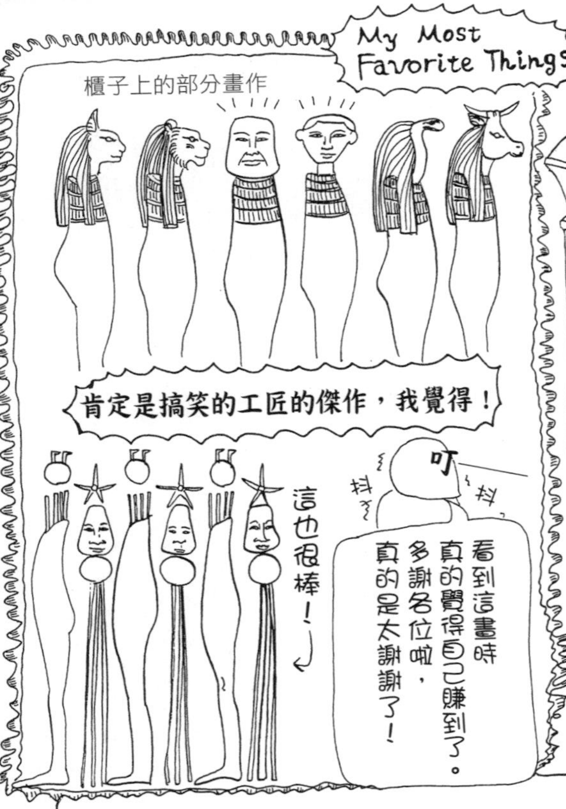
My Most Favorite Things
櫃子上的部分畫作
肯定是搞笑的工匠的傑作，我覺得！
這也很棒！
叮
抖
抖
看到這畫時真的覺得自己賺到了。多謝各位啦，真的是太謝謝了！

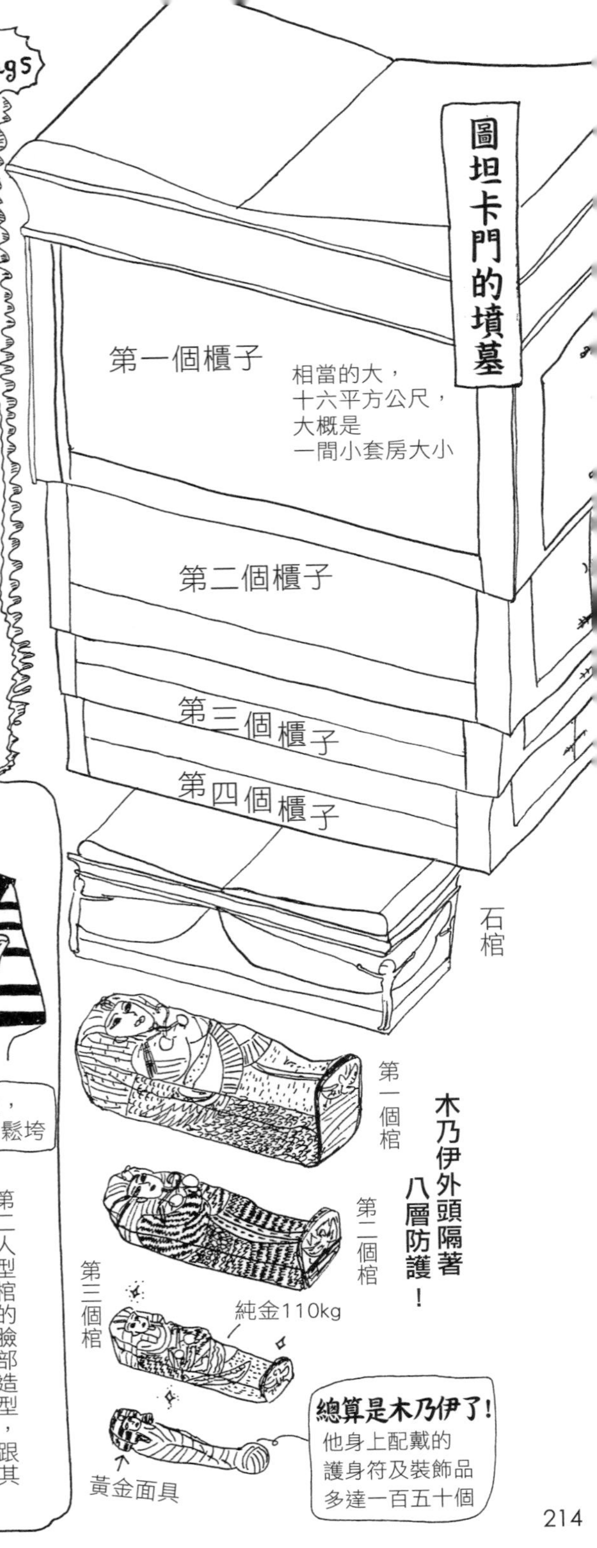
圖坦卡門的墳墓
第一個櫃子
相當的大，
十六平方公尺，
大概是
一間小套房大小
第二個櫃子
第三個櫃子
第四個櫃子
石棺
第一個棺
第二個棺
第三個棺
純金110kg
黃金面具
木乃伊外頭隔著八層防護！
總算是木乃伊了！
他身上配戴的
護身符及裝飾品
多達一百五十個

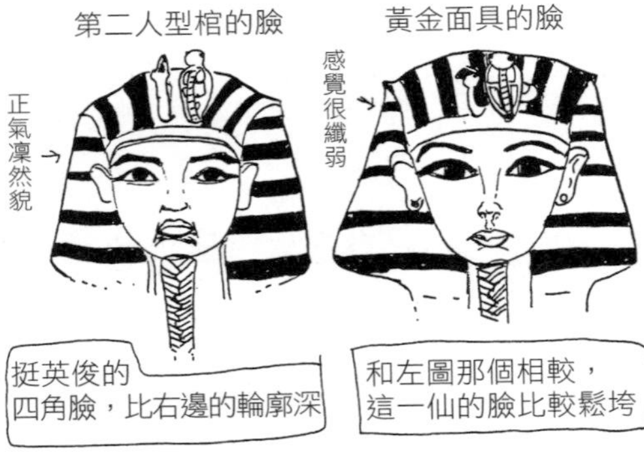
第二人型棺的臉
黃金面具的臉
正氣凜然貌
感覺很纖弱
挺英俊的
四角臉，比右邊的輪廓深
和左圖那個相較，
這一仙的臉比較鬆垮

第二人型棺的臉部造型，跟其他圖坦卡門的臉完全不一樣。盛裝內臟的小型棺，也跟這個第二人型棺的設計一樣。而且小型棺的上頭有前一個國王斯門卡瑞的繼位名（安克克普魯拉）被改成「圖坦卡門」的痕跡。所以，很有可能第二人型棺原本是為斯門卡瑞而準備的。另外，像是木乃伊身上所配戴的黃金腰帶等等，裝飾品當中也有幾件原本是斯門卡瑞的東西。

不過為什麼會這樣？

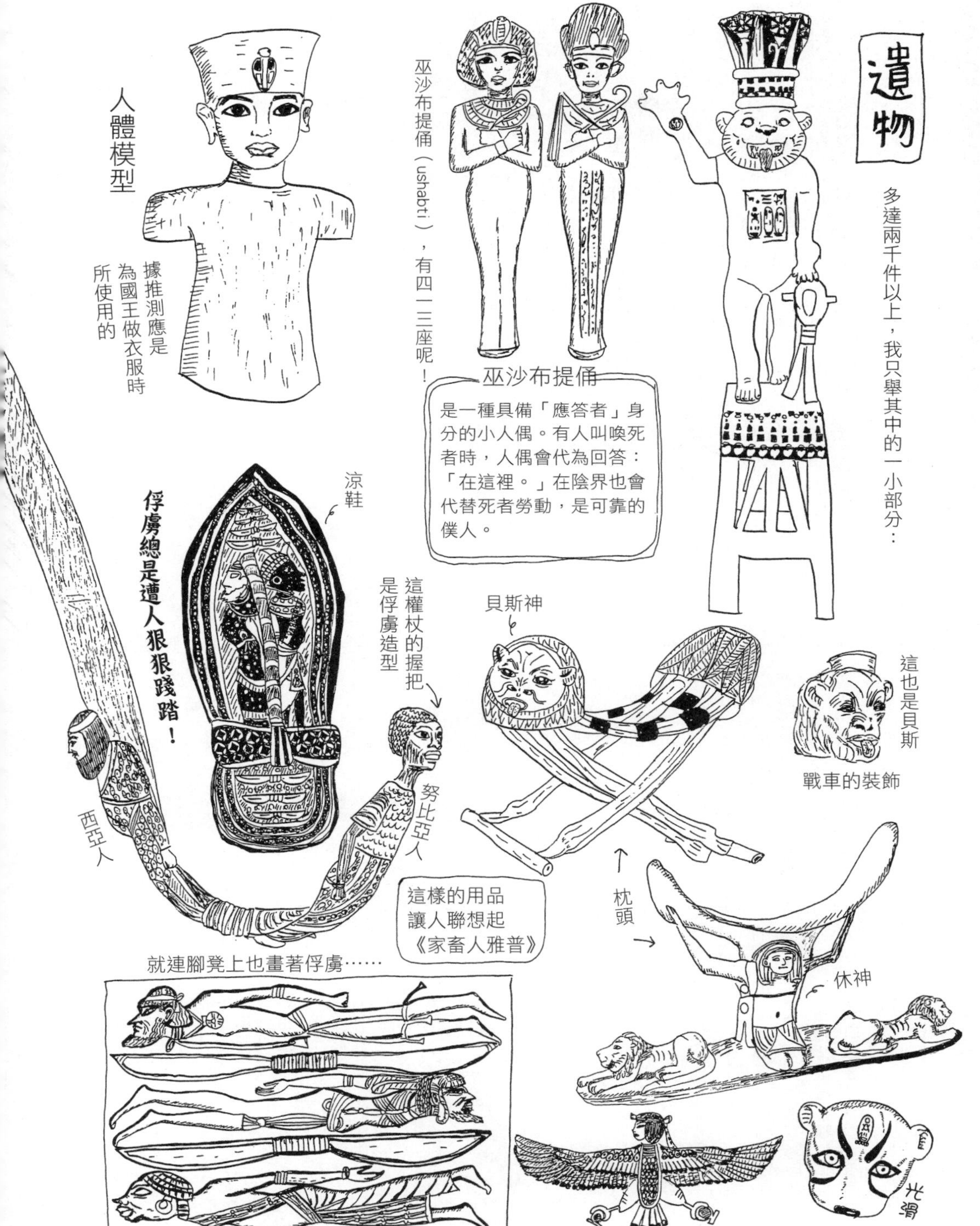
遺物
多達兩千件以上，我只舉其中的一小部分：
人體模型
據推測應是為國王做衣服時所使用的
巫沙布提俑（ushabti），有四一三座呢！
巫沙布提俑
是一種具備「應答者」身分的小人偶。有人叫喚死者時，人偶會代為回答：「在這裡。」在陰界也會代替死者勞動，是可靠的僕人。
涼鞋
俘虜總是遭人狠狠踐踏！
這權杖的握把是俘虜造型
西亞人
努比亞人
貝斯神
這也是貝斯
戰車的裝飾
這樣的用品讓人聯想起《家畜人雅普》
枕頭
休神
就連腳凳上也畫著俘虜……
光滑

✻《家畜人雅普》：這本書是科幻（？）作品。是名為沼正三的怪人寫的、像噩夢般的小說。在這本書中，日本男人被改造成歐美人的生活用品，譬如尿壺及椅子等。

圖坦卡門英年早逝（十七歲左右），有人指他是遭暗殺……

原本像人偶一般任人操控的圖坦卡門，長大後想自己做主，朝臣控制不了他，就將他殺了？
這種推理常有人提，是還蠻有道理的啦……

很多專家調查過圖坦卡門的木乃伊，但包括人稱法醫學權威的人在內，每個人的說法都不一樣，沒有辦法斷定他的死因為何。

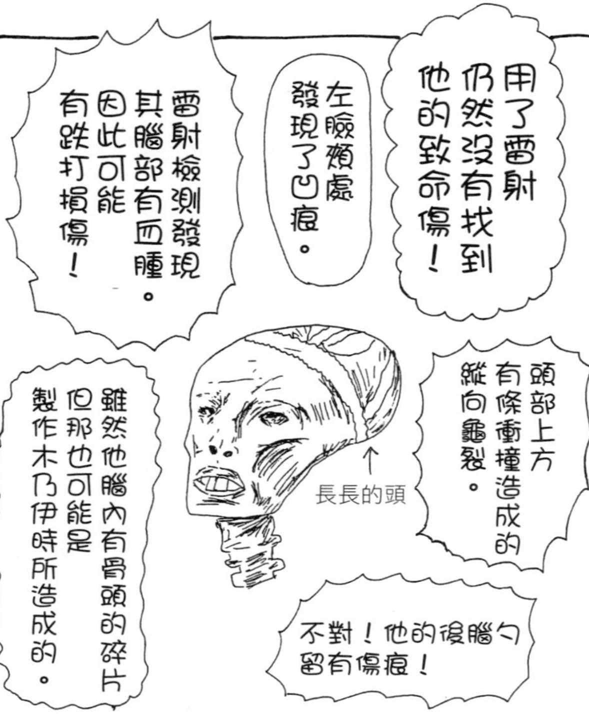
用了雷射仍然沒有找到他的致命傷！
左臉頰處發現了凹痕。
雷射檢測發現其腦部有血腫。因此可能有跌打損傷！
頭部上方有條衝撞造成的縱向龜裂。
長長的頭
不對！他的後腦勺留有傷痕！
雖然他腦內有骨頭的碎片但那也可能是製作木乃伊時所造成的。

墳墓中放了許許多多的物品，當中最讓卡特感動的是——放在棺內的花。

矢車菊的迷你花環
布
大花環

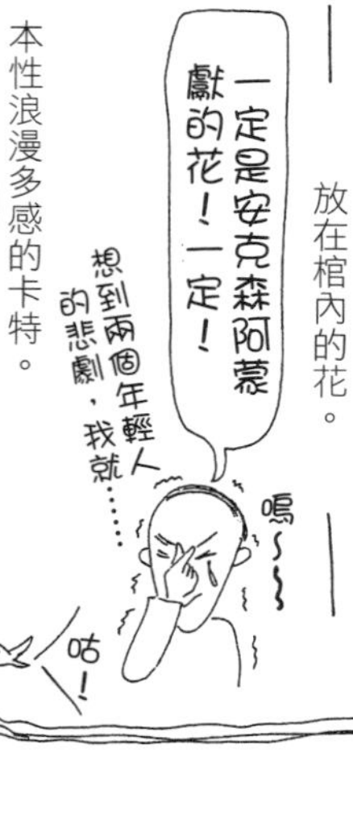
本性浪漫多感的卡特。
一定是安克森阿蒙獻的花！一定！
想到兩個年輕人的悲劇，我就……
嗚～～
咕！

圖坦卡門的墳墓建造完成後，馬上兩度遭人盜墓。不過，再度封印後，直到被霍華德・卡特發現，這三千三百年的時光中，就沒有任何人到訪過。

他的墳墓一直沒有被發現，最主要要歸功於一連串的幸運與巧合，不過，也有人說圖坦卡門的家臣馬雅（Maya）的功勞最大。

馬雅負責監督墳墓施工作業，是寶庫的總長。一般認為，其他墳墓之所以會遭盜墓者潛入，最大的原因是建造墳墓的相關人士將墳墓的消息「洩漏」出去。看來馬雅不但謹守秘密，而且還很迅速地因應盜墓的情況。

像建造圖特摩斯一世墳墓的伊涅尼，就四處誇口：「我秘密地建造了國王的墳墓喔。」就是他這樣大嘴巴，才讓人得以趁虛而入……

若說這是國王墳墓，實在太小了，因此有人認為這是家臣的東西。

沒有錯！我的墳墓就是因為這樣被搗亂的。你應該跟馬雅看齊！
笨蛋！
← 圖特摩斯一世

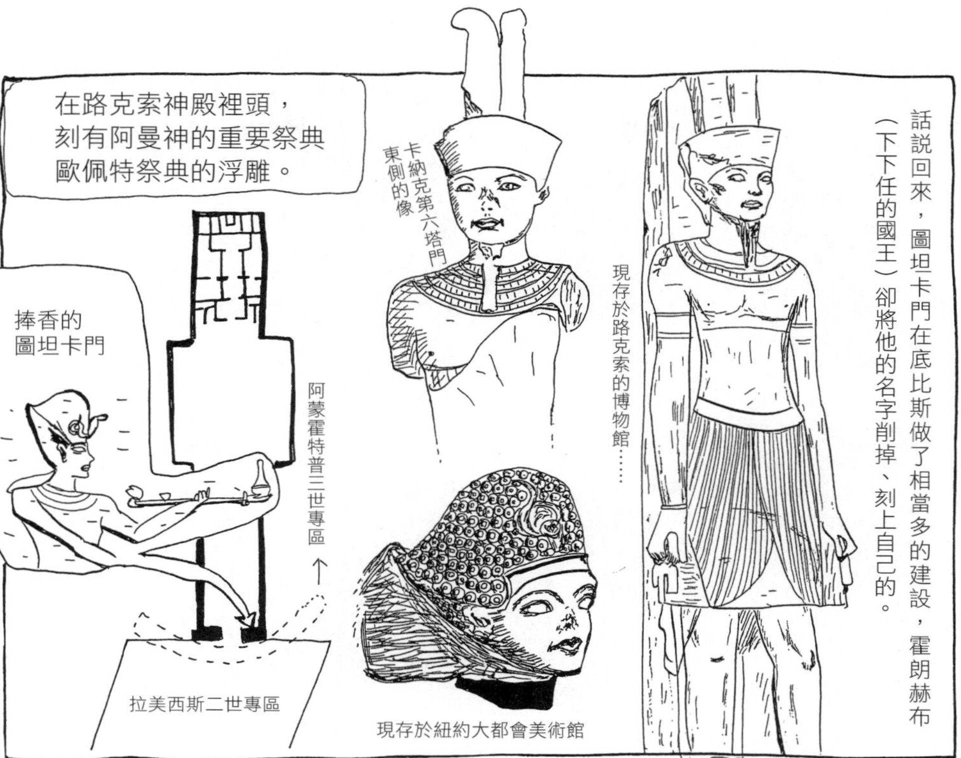

在路克索神殿裡頭，
刻有阿曼神的重要祭典
歐佩特祭典的浮雕。
捧香的
圖坦卡門
阿蒙霍特普三世專區
拉美西斯二世專區
卡納克第六塔門東側的像
現存於紐約大都會美術館
現存於路克索的博物館……
話說回來，圖坦卡門在底比斯做了相當多的建設，霍朗赫布（下下任的國王）卻將他的名字削掉、刻上自己的。

⑫ 阿伊

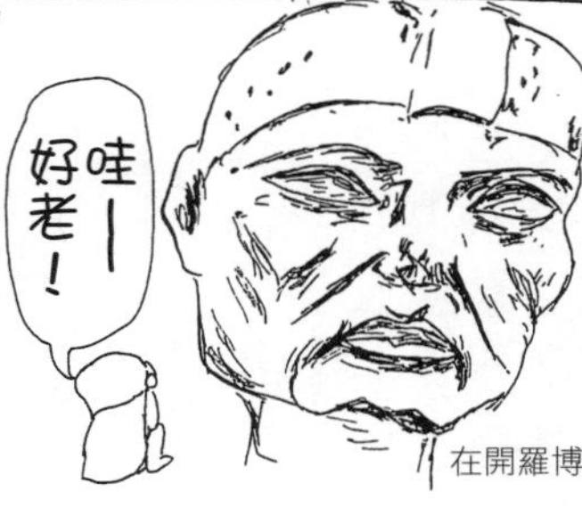

哇——好老！

在開羅博物館……

阿伊，乃是從家臣升格為法老的實力派人士。

也是因為他長壽啦。

圖坦卡門沒有任何子嗣，他過世之後，阿伊和擁有王位繼承權的未亡人安克森阿蒙舉行形式上的婚禮，取得了成為國王的資格。

安克森阿蒙是不是曾經作弊？

在西臺的首都古城漢梯沙（Hattusha，現今土耳其的博阿茲柯雷〔Bogazkale〕），現在保存了一封古埃及王妃寄給西臺的信件，內容很情緒化。信是這麼寫的：

「我的丈夫過世了。我沒有小孩。您有許多的子嗣吧。請您一定要讓您的其中一個兒子到埃及來。讓他成為我的丈夫、成為埃及的法老吧。我不想要跟僕人結婚！那樣實在是太可怕了……」

信件的口吻相當的急迫，從這點判斷，這封信應該是安克森阿蒙寫的。

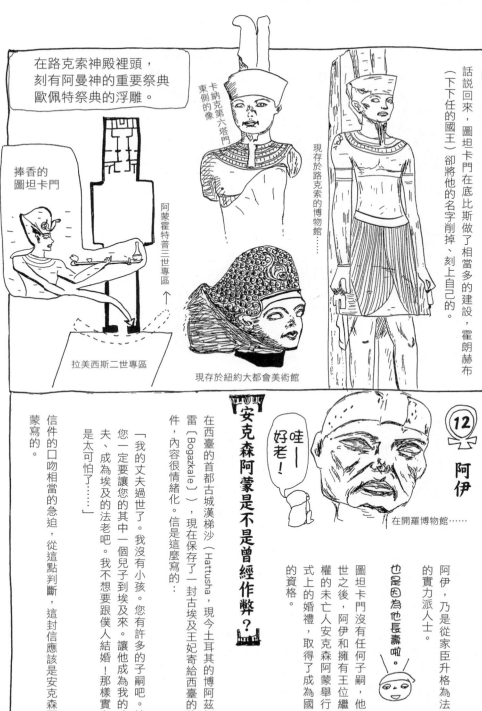

當時西臺這個國家勢力正興起，已漸漸對埃及形成威脅，而且外國人當法老這種事更是沒有前例。（先擱開希克索斯不談。）

天哪～這麼會搞這套！
這女人怎麼這麼無知！
女人家就難搞啊！
大家可以想像得到她的這個行為有多麼令朝廷要臣們驚恐、氣憤。

更感驚訝、不敢相信的，恐怕是西臺國王了吧。他調查了這一封史無前例、叫他訝異不已的信件，接著又跟埃及這位王妃通信好幾次，這才終於下了重大的決定，將自家王子派往埃及。

但是，西臺王子才剛剛越過國境，馬上就被埃及的軍隊殺害了。憤怒的西臺國王馬上進攻埃及，展開報復。（不過只是稍微較量，沒有釀成大戰爭。）

順帶一提，在戰事之後，被帶往西臺的埃及俘虜將瘟疫傳染了出去，導致西臺全國陷入恐慌、人人自危；關於這件事的紀錄，只有西臺這邊留著。

不過呢，很多人認為這件事只是西臺在找埃及人的碴，並不是事實啦。但是也有人認為，記錄所載的這個瘟疫，正是導致法老們早逝以及王室家族下落不明的原因。（支持這派說法的有葛理翰・菲利浦〔Graham Phillips〕等人……）

阿伊和安克森阿蒙結婚所鑄造的戒指，是關於後者的最後紀錄。

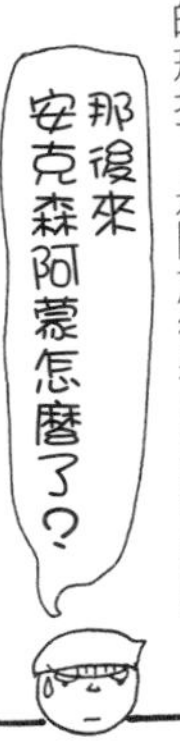

那後來安克森阿蒙怎麼了？

阿伊的墳墓（WV23）裡頭畫著他的老妻蒂★，卻沒有畫上安克森阿蒙。

圖坦卡門的墳墓中不見她的身影，這個情況比較可憐吧。
而且不自然……

將我利用完就一腳踢開嗎？
咬牙切齒

這個墳墓位於帝王谷西邊、靠近阿蒙霍特普三世的墳墓，其規模也符合國王的身分。

有人認為這墳墓「原本是埃赫那頓在遷移到埃赫塔香前建造的」，這是相當有力的說法。

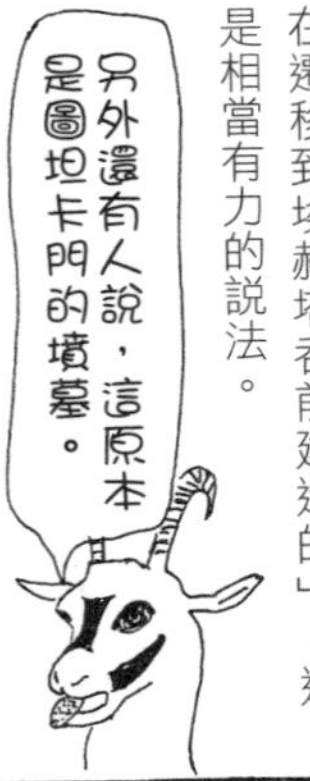

另外還有人說，這原本是圖坦卡門的墳墓。

鏘！
貝爾佐尼偶然發現的！

這個墳墓遭到嚴重的破壞，與其說是遭到盜墓的關係，倒不如說是有人為了洩恨、惡意胡攪所致。因為阿伊的肖像和名字幾乎全被削光了。到底是誰這麼恨他呢？一般認為是他下一任國王霍朗赫布下令幹的、或是後代拉美西斯王朝的人進行的報復。

這本書之前也有提到，阿馬納一地也有阿伊在阿頓神時代建造的墓地，這個墓以刻有讚美阿頓的詩而聞名。

★ 老妻「蒂」當然不是指阿蒙霍特普三世的王后。這裡的「蒂」是曾任納芙蒂蒂奶媽的那位。

阿伊是壞人嗎？
圖坦卡門一死，看起來得到最多利益的就是阿伊了。當然就有人認為圖坦卡門是阿伊暗殺的。人只要有一個部分遭到懷疑，其他地方也就跟著可疑了起來。安克森阿蒙是那麼的討厭阿伊；阿伊似乎也不愛惜安克森阿蒙。埃赫那頓的時代，阿伊是那麼熱烈、虔誠地信仰阿頓，但國王一死，他馬上就跟神官團聯手迫害阿頓信仰，以鞏固自己的地位，這點也相當不可思議。
而且，他還把圖坦卡門葬祭殿的巨像拿來當自己的東西用。
單純因為
我就是討厭老頭子嘛！
也不無可能。
所以說，他侵占圖坦卡門墳墓的可能性相當高囉。
而關於他以此手段建造的葬祭殿
我一死你就做出這種事！
啪啪啪
呵呵呵
到最後是落到霍朗赫布手中……
喂！
啪啪啪
哈哈哈
厚臉皮欸你！
啪啪啪
不過，阿伊在圖坦卡門的墳墓中是有出現的。
長得這麼可愛的人是阿伊
圖坦卡門
都年紀一把了，還穿豹紋咧……他還想老來俏嗎？
哎呀呀
這幅畫描繪的是：下一任國王阿伊為已是木乃伊的圖坦卡門執行開口儀式。
這是進行這種儀式時神官必須穿的制服，哪是什麼老來俏！
在所有王墓中，王位繼承人為先王實行儀式的就只有這幅畫。
前無古人後無來者……
這幅畫局部來看，就跟心理測驗一樣，觀者各有不同的解讀。
心理測驗的圖應該是這樣
從這張畫你看見了什麼？

有人認為霍朗赫布葬祭殿附近曾有圖坦卡門的建築，但沒有任何證據留下。

這個解釋 by 倡言「阿伊是犯人」的巴布・布萊亞（Bob Brier），著作為The Murder of Tutankhamen

阿伊就是企圖用這張史無前例的畫作，證明他跟國王關係匪淺，藉此宣示自己擁有正當的王位繼承權。
不要臉的人！
厚臉皮！
裝模作樣嘛。

這是某一派的解釋；

阿伊之所以親自執行這個最重要的儀式，代表他深深敬愛去世的國王，要國王安心地去，放心地把國政交給他。
是嗎？
嗯哼……
哎，各人看法不同嘛～

也有人這麼解釋。

認為阿伊是忠臣的人，意見大致如下。

「阿伊從阿蒙霍特普三世的時代開始，就盡心盡力、忠心耿耿地侍奉著王室。他為了保護年幼的圖坦卡門，還使出苦肉計，好讓阿曼信仰重新成為埃及主要宗教，從而重振了埃及。由於阿伊對埃及及王室貢獻良多，仰賴阿伊的安克森阿蒙才會選他當國王。寫信給西臺的王妃並不是安克森阿蒙，而是納芙蒂蒂。」

——另外，阿伊的名字，跟埃赫那頓、斯門卡瑞、圖坦卡門一樣，也沒有列在王名表上。也就是說，這四個人同時被人刻意地從歷史上抹滅。這個事實說明，有人想要從絢爛輝煌的埃及歷史當中，將如污漬般令人忌諱的阿頓時代給抹除，而從這件事也可以知道，阿伊在人們的心目中是阿頓派的代表人物。

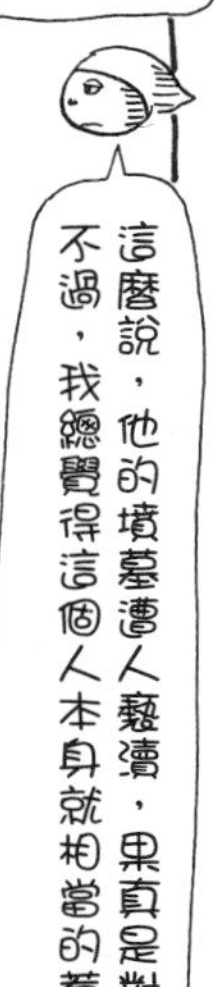

這麼說，他的墳墓遭人褻瀆，果真是對阿頓的反動之一？不過，我總覺得這個人本身就相當的惹人厭……

關於阿伊的出身，也有各種的謠傳。（跟納芙蒂蒂的地方稍微重疊。）他出身於艾赫米姆（Akhmim）這個地方。阿蒙霍特普三世的妻子蒂的父母——由雅與秋雅，也是那裡出身的。而阿伊跟由雅擁有相同的頭銜，由於埃及官僚是世襲制，如果依此推斷，他是情況①所示的話，那麼就是阿蒙霍特普三世的姻親兄弟，這樣一來，他會擁有那麼大的權勢也就不足為奇了。或者是如②所示，他是納芙蒂蒂的父親。另外還有如③的說法，這種主張是將納芙蒂蒂、由雅、秋雅、阿伊當成一個家族亂湊一通。

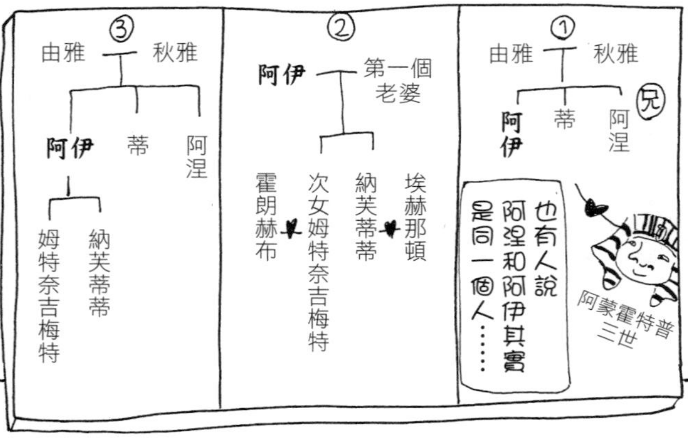

①
由雅
秋雅
阿伊
蒂
阿涅
兄
也有人說阿涅和阿伊其實是同一個人……
阿蒙霍特普三世
②
阿伊
第一個老婆
埃赫那頓
納芙蒂蒂
次女姆特奈吉梅特
霍朗赫布
③
由雅
秋雅
阿伊
蒂
阿涅
納芙蒂蒂
姆特奈吉梅特

不過雖然阿伊好不容易才當上國王，但即位四年他就離開人世了。他的木乃伊至今還沒有發現。

13 霍朗赫布（Horemheb）

和阿伊一樣，霍朗赫布也是歷經好幾代的家臣。他因為軍事才能而嶄露頭角，受到重用，之後逐步往上爬。在阿伊過世之後，他跟納芙蒂蒂的妹妹姆特奈吉梅特結婚，最後當上了國王。

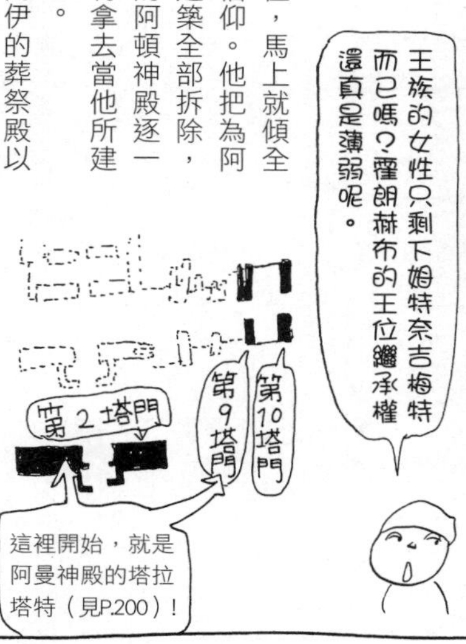
王族的女性只剩下姆特奈吉梅特而已嗎？霍朗赫布的王位繼承權還真是薄弱呢。
第10塔門
第9塔門
第2塔門
這裡開始，就是阿曼神殿的塔拉塔特（見P.200）！

他一登上王位，馬上就傾全力消滅阿頓信仰。他把為阿頓神建造的建築全部拆除，也把卡納克的阿頓神殿逐一破壞，將石材拿去當他所建的塔門的礎石。

他不但侵占阿伊的葬祭殿以及刻有圖坦卡門名字的物品，還把埃赫那頓到阿伊的統治期間納入自己的治世。（也就是變成阿蒙霍特普三世之後他統治了五十九年。）

因為上述種種事情，有人認為霍朗赫布是對權力頗為飢渴的人，甚至後來還有人認為他正是殺害圖坦卡門的兇手。

但是，霍朗赫布卻修復了遭盜墓的圖特摩斯四世的墳墓，命令馬雅（第二一六頁）重新將它封印。馬雅及其助手傑夫第梅斯（Djehutymose）記錄在墳墓中的碑文，敘述了這段始末。（加分！馬雅他們似乎相當仔細地修復墳墓。）

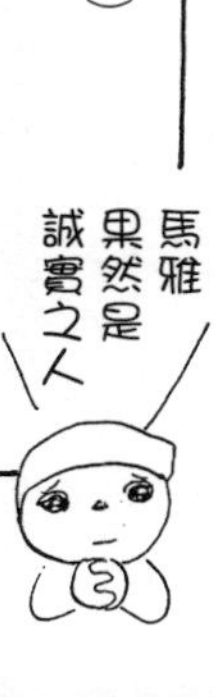
馬雅果然是誠實之人

圖坦卡門的墳墓中，也留有傑夫第梅斯的名字（處理盜墓時的簽名），從這一點來推測，圖坦卡門墳墓再度封印應該也是霍朗赫布時代執行的。

如果事情真的是這樣，他們守護墳墓的作為當可視為是對先王的尊敬，不是嗎。

此外，在卡納克這地方出土的霍朗赫布的敕令碑，也可一窺他的個性。

「不可在遠征之地掠奪他人財物。
不可收受賄賂。
不可濫用職權、不可貪污。
當官之人不可使平民百姓蒙受痛苦。」

絕對禁止歪風！
不遵守的話，就把鼻子削掉！
規律及秩序優先！
這個人給人感覺相當正派耶。

因此也有不少學者認為：「霍朗赫布是個相當客觀的人。他之所以會抹滅先人的名字、壓制阿頓信仰，純粹是出於政治上的理由。」

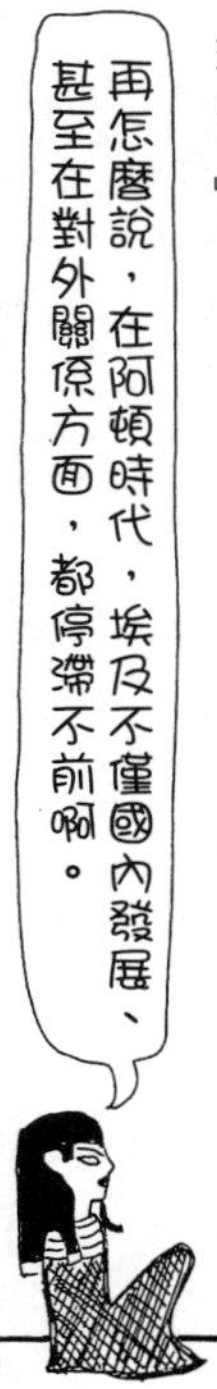
再怎麼說，在阿頓時代，埃及不僅國內發展、甚至在對外關係方面，都停滯不前啊。

★據說，霍朗赫布只是把阿頓的痕跡抹除到某個程度而已，沒有趕盡殺絕；至於殘酷的迫害行動，則是從下一個王朝開始的。

戴維斯＆艾爾頓所發現
霍朗赫布的墳墓（KV57）跟埃赫那頓的很像，接近一直線型，只在中途稍微彎曲。也有人認為這個墳墓原本是屬於圖坦卡門的。
從這個時候開始，除了少數例外，絕大多數的墳墓都演變成一直線型的。
在這個墳墓中找到了許多人的陪葬品及遺骸，所以也有人認為這裡是藏放木乃伊的地方。但是尚無法確定有哪個木乃伊是霍朗赫布的。
墳墓的壁畫沒有絲毫隨便的地方，既精緻又細膩。
所有人的臉都很美。
就在階梯金字塔旁邊！
在沙卡拉，還留有他當家臣時的墳墓。
附有豪華葬祭殿！
前來跟圖坦卡門請願的西亞的人們
壁畫是阿馬納風
畫作很多看來像軍人，多是俘虜。
努比亞
西亞
好多威廉・狄福啊！
Willem Dafoe，美國影星。
蜂擁！
一個大男人做到這程度……
連滑倒的人都有
呼～～！到這裡神秘華麗的第十八王朝就結束了。緊接著要跟各位介紹的是一個令人難以忍受的「大男人王朝」。
第19王朝
B.C. 1293 ～ 1185
①拉美西斯一世（意思是「拉所孕育之人」）
他是霍朗赫布在軍人時代就相識的盟友（也有人說是「推心置腹的部下」）。
小拉美啊，你要不要也當法老啊。
喀啦！
當然要試試啦！
但是當時他已經步入晚年，所以當上法老之後沒多久，就過世了。
才兩年！
拉美西斯一世的墳墓（KV16）是貝爾佐尼的團隊發現的。
不過墳墓中棺材裡的木乃伊，卻是厚臉皮的侵占者……
他還有一部分的棺材藏放於皇家墓城，不過本尊木乃伊究竟在哪兒，至今不明※。
好可愛的姿勢喔，這個姿勢據說是表示祈願及歡喜的。
還真是簡單明瞭！

※最近（2003年），美國將一具很可能是拉美西斯一世的木乃伊還給了埃及。

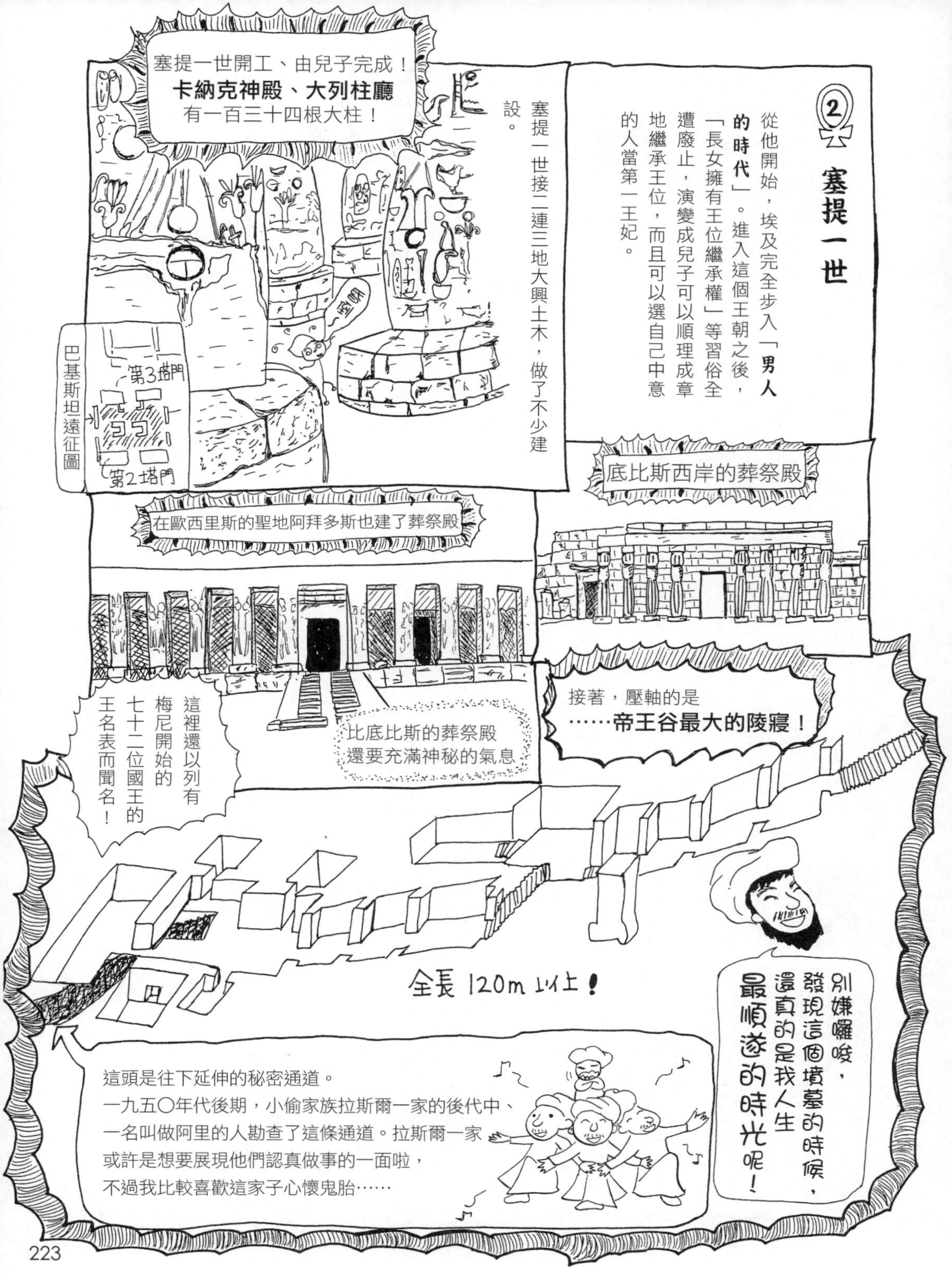

② 塞提一世
從他開始，埃及完全步入「男人的時代」。進入這個王朝之後，「長女擁有王位繼承權」等習俗全遭廢止，演變成兒子可以順理成章地繼承王位，而且可以選自己中意的人當第一王妃。
塞提一世開工、由兒子完成！
卡納克神殿、大列柱廳
有一百三十四根大柱！
塞提一世接二連三地大興土木，做了不少建設。
巴基斯坦遠征圖
第3塔門
第2塔門
底比斯西岸的葬祭殿
在歐西里斯的聖地阿拜多斯也建了葬祭殿
這裡還以列有梅尼開始的七十二位國王的王名表而聞名！
比底比斯的葬祭殿還要充滿神秘的氣息
接著，壓軸的是……帝王谷最大的陵寢！
全長120m以上！
別嫌囉唆，發現這個墳墓的時候，還真的是我人生最順遂的時光呢！
這頭是往下延伸的秘密通道。
一九五〇年代後期，小偷家族拉斯爾一家的後代中、一名叫做阿里的人勘查了這條通道。拉斯爾一家或許是想要展現他們認真做事的一面啦，不過我比較喜歡這家子心懷鬼胎……

也有知名的「天文圖」喔（第300頁）
部分墳墓壁畫
哇喔～
噗嗤
哇哈哈～！
抱歉捏，不管怎麼看
我都覺得這個畫是在胡鬧～～
他的木乃伊是所有木乃伊中臉最完整的
雖然身體部分被盜墓的人破壞得亂七八糟……
「塞提」這個名字唸起來感覺很可愛、像少女似的，其實卻是從火爆浪子「賽特神」變化而來的。拉美西斯以及塞提一家，是出身於三角洲地帶。賽特神原本就是上埃及這個地方的神祇，不過或許也是由於希克索斯時代特別尊敬賽特神，使得賽特神在三角洲地區更形重要吧。
那麼，取名叫「賽特」的那一些人，是想要拿剽悍、狂野當做賣點喔？
是不是像日本的GTO鬼塚啊？
嗯哼
羅無瀨棲
KILL YOU!
也有一些人說，這個家族原本就是侍奉賽特神的神官。
外交政策
不愧是男的！他不但攻占敍利亞，還首次與西臺交戰。
看來他有心進駐亞洲，還建造了一座名為培爾－拉美西斯（Per-Ramesses，「拉美西斯之家」的意思）的城市。
地中海
培爾-拉美西斯
（現在的甘提爾〔Kantir〕）
老子在這帶很受歡迎喔！
嘿嘿
是謎，抑或者是……？
歐西雷翁（Osireon，衣冠塚）
in阿拜多斯
塞提一世的葬祭殿旁邊，有一棟（故意設計）浸水的建築，叫做「歐西雷翁」。
據說，這是表示創造天地時的原始之丘，
也有人說那是塞提一世的空墳。還有人指出這一棟建築和吉薩卡夫拉的河岸神殿類似（像是：沒有裝飾、巨石的堆法等等），因而認為這個建築早在塞提一世之前便已存在了。
這裡的確跟其他的葬祭殿風格不怎麼一樣……
那些說古埃及是「亞特蘭提斯」、「外星人造訪」等有的沒的的人，也對這棟「謎樣的建築」投以熱切的關注。
雖說刻有塞提名諱的石頭放置在只可能是建築當初才放得上去的地方。
水
巨石
可以從葬祭殿進入，不過真正的入口在別處，古代人的做法，是通過一百公尺長的隧道進入內部。（現在不行了。）

③ 拉美西斯二世

這一位，可說是代表古埃及史的法老中的法老！

看好了！

本大王的檔案

- **喜歡的事物**：俺，接著是女人。還喜歡受人吹捧。
- **興趣**：誇口、戰爭、大興土木。
- **特長**：「長」壽。
- **寶貝**：俺，其次是我老婆納法塔莉。

拉美西斯二世性喜四處征戰，精力充沛孩子生了有一百個，恰恰是那些喜歡「英雄本色」論調的老頭們會支持的人物啦。

很多男人稱不上英雄，卻照樣好色……

再來，說到拉美西斯二世著名的「卡德墟戰役」（Battle of Kadesh，治世第五年）。

這場大戰役中，他率領了兩萬士兵挑戰西臺勢力，不過並沒有分出勝負。

有兩萬人參戰，真的假的？

唷！

雖然兩國實際交戰，但結果並非如拉美西斯二世自誇的「大獲全勝」，反而是西臺那方佔優勢（一般的看法）。

打到一半，西臺國王說話了：

西臺
卡德墟
埃及
喂，我們交戰，背後的亞述正好坐收漁翁之利，搞不好會找機會襲擊我們咧……
呼～
要不要考慮一下停戰啊？

西臺國王都開口提議停戰了……

說得也是，那我就暫且放你一馬好了——

於是呢，埃及就退兵了。

我看埃及根本是倉皇而逃，又沒得到什麼好處！

接下來……

拉美西斯二世對「卡德墟戰役」之「自豪」開始啦！

也不知道拉美西斯二世是什麼心態，明明這場戰他又沒打贏，卻把自己英勇的模樣接連地畫在各種建築的壁畫上。

跟老吹噓當年勇的老頭子沒啥兩樣

對於這場戰役的高潮，他是這麼敘述的：

> 我們被西臺軍隊給團團包圍住，我的部下死的死、傷的傷，戰到所剩無幾，他們都嚇得不敢再出手了。於是，我帶著一個手持盾牌的部下，從正面迎擊兩千五百輛敵軍的戰車。也真是多虧了阿曼神的庇祐，我得以將敵軍一一殲滅，甚至一千輛敵軍戰車追殺過來，我也照樣殺得他們片甲不留！

……

就像大多數歷史學家說的，國王都想要給自己台階下。

有可能嗎？一人擋三千五百輛戰車～

但是這個碑文接下來的內容，也顯示出他對於部下的軟腳蝦德性確實相當光火，所以也有人認為，拉美西斯二世之所以會記錄下卡德墟戰役的情況，不光是為了自誇，也是為了提振士兵們的士氣，為下一次的遠征做準備。

「（還有一些人是認為，第二天的戰鬥紀錄是「在暗示將會對於臨陣退縮的士兵處以刑罰」。）將士兵們逼到極限，叫他們認真地打仗，才是拉美西斯二世公開卡德墟戰役狀況的真正意圖吧。」

＝『エジプト王国三千年』吉成薫著：

※前文中（）內是作者（我）簡約的內容。

「卡德墟戰役」之後，埃及、西臺雙方又交戰了幾次，但是都沒有什麼明顯的進展……

西臺似乎一直對亞述方面掛心不已，沒有辦法專心攻打埃及。

我才討厭這種事情懸而未決的狀況呢！

就這樣，在拉美西斯二世統治埃及的第二十一年，西臺和埃及締結了協定。

協定內容是：

那是史上第一個和平條約呢。

1、彼此互不侵犯對方的領土。
2、如果其中一方遭到他國侵略，要向對方伸出援手。
3、如果對方的罪犯逃亡進入自己國家，須立即將其遣返。

這個樣子。

（拉美西姆及卡納克神殿內，皆刻有這個和平條約。）

這件事兩國也各刻下碑文記載：

咳咳
雖然我們打了勝仗，不過啊既然對方哭著求饒了，我只好網開一面、賣個人情給人家，跟他們交好囉！

彼此互不相讓。

西臺國的公主後來也嫁到埃及（拉美西斯二世在位第三十四年）。但這時雙方又為了新娘的嫁妝鬧得不愉快。

欸，這樣不會太少了點？
大王我可是窮兮兮的欸～
嚇
咦？
啊！

拉美西斯二世的抱怨讓西臺傻了眼，使和平蒙上一層陰影。

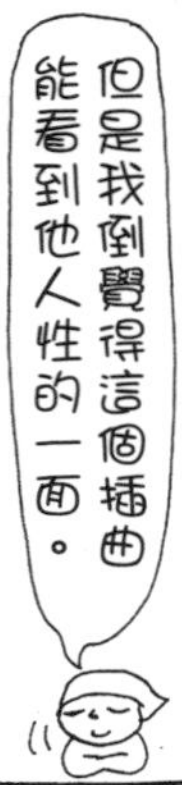
但是我倒覺得這個插曲能看到他人性的一面。

拉美西斯二世吝嗇的性格，也表現在建築一事上。

他會將別人還不錯的建築，直接改成自己的名字。

話雖如此，光他自己新建的建築，不論規模及數量就已經是第一名了！

大家都嘛在做這種事，有什麼關係啊！

而在大家的**卡納克神殿**
跟西臺簽的和平條約
自誇卡德墟戰役
大列柱廳
俺的巨像
俺老子蓋的由俺完成
霍朗赫布才蓋一半的塔門俺把它完成囉
(Ramesseum)
位於西岸的**拉美西姆**(拉美西斯二世葬祭殿)
拉美西斯二世的代表性建築
遍地巨像殘骸
足
比起戰爭,這些建築才是讓他大大出名的功臣喔!
我的考古契機就是從搬這個像的頭開始的喲~
感慨……
貝爾佐尼
這裡就沒什麼啦!
俺的像
俺的中庭
這兒開始是俺的地盤
俺的第一塔門
本來是放了六座俺的像的……
路克索神殿
這可是俺自豪的塔門。
右邊的方尖碑現在位於法國巴黎的協和廣場(Place de la Concordet)……。(商博良策畫的。)
在阿爾—賽布亞(El-Sebua)建造的神殿
他也在位於阿拜多斯的塞提一世葬祭殿附近,建了個小巧可愛的神殿。
俺還完成了俺老子的葬祭殿呢。
您說,俺是不是很孝順?
他甚至在努比亞也建了許多神殿。

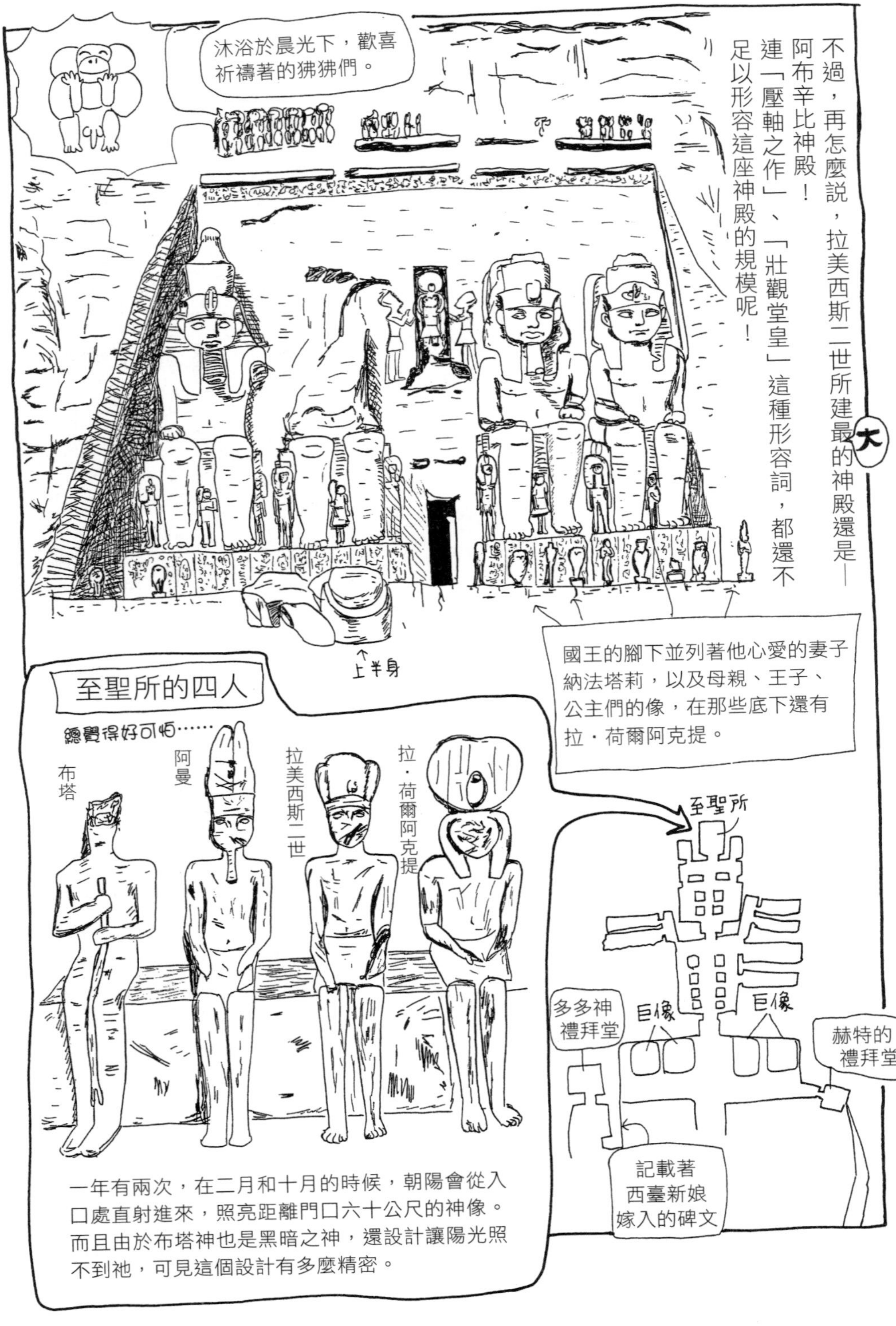

不過，再怎麼說，拉美西斯二世所建最大的神殿還是——
阿布辛比神殿！
連「壓軸之作」、「壯觀堂皇」這種形容詞，都還不足以形容這座神殿的規模呢！
沐浴於晨光下，歡喜祈禱著的狒狒們。
國王的腳下並列著他心愛的妻子納法塔莉，以及母親、王子、公主們的像，在那些底下還有拉・荷爾阿克提。
上半身
至聖所的四人
總覺得好可怕……
布塔
阿曼
拉美西斯二世
拉・荷爾阿克提
至聖所
巨像
巨像
多多神禮拜堂
赫特的禮拜堂
記載著西臺新娘嫁入的碑文
一年有兩次，在二月和十月的時候，朝陽會從入口處直射進來，照亮距離門口六十公尺的神像。而且由於布塔神也是黑暗之神，還設計讓陽光照不到祂，可見這個設計有多麼精密。

阿布辛比神殿出土的歷史！
它是一個非常了不起的建築，沒想它的存在卻一直到十九世紀才為人所知。在這之前，只在當地民間流傳。
西元一八九三年，瑞士探險家布爾克哈特（Burckhardt）對這個夢幻的神殿產生了興趣，因而往努比亞方面探索。
小神殿
啊！好壯觀～
鏘鏘！！！
哇喔～
在那裡，他第一次見到大神殿，為之驚嘆不已！
我沒有聽說竟然有兩個神殿。
GOAL
一九〇九年馬斯佩羅終於將所有沙子都清乾淨了。
以為沒事了
五年後，艾美利亞·艾德華（Amelia B. Edwards，女、言情小說作家，迷上埃及之後甚至成立調查基金會）將腳的部分的沙子除去；北邊的像仍在沙中。
還是埋在裡頭
但是很快的入口又被沙子堵住
馬里埃特從正面將沙子除去
(1869年)
貝爾佐尼也來試試看。
果然沒辦法～
他第一次失敗了，但後來重新挑戰，終於從入口進入。（一八一七年）
法國領事德羅韋蒂率先開挖！
因村人完全不聽使喚，失敗！
接著，因為亞斯文水壩（Aswan High Dam）的建設工程，又有水災的危機等在那裡。
這時候，聯合國教科文組織（UNESCO）出面試圖保護古蹟，展開了一連串搶救古蹟的行動。世界各國的研究者提出了各種方案，最後採用了「將神殿往上抬六十公尺」這個聽起來像天方夜譚的提案。他們先將神殿分解成一千零三十六塊，再於高處重新組裝，就變成現在大家所見到的模樣了（於一九六八年完成）。
聯合國教科文組織的這一次行動，也搶救了其他因為水壩而差點遭淹沒的古蹟。
真的是感謝他們
像是費拉島的古蹟、卡拉布夏神殿以及拉美西斯二世神廟、和第二二七頁提及的阿爾－賽布亞都是……
雖說花了四百萬美元，但算是很便宜了啦……
真搞不懂為什麼會切割成這樣！
碰！
但是你們看它的腳！為什麼就只有這個部位這麼的平凡？難道這是當時理想的腳型嗎？就連十九世紀的福樓拜（Flaubert）也有意見：「臉那麼好看，為什麼腳這麼醜啊？」
我自個兒的腳也是長這樣，因此反而對他第一次有好感……

納法塔莉（Nefertari）

據說拉美西斯二世一共有八位王妃，但是他對於納法塔莉的盲目愛戀卻明明白白地表現在建築物上，相較之下其他王妃就很可憐了。

在阿布辛比神殿那個嚇死人的大神殿的隔壁，拉美西斯二世為納法塔莉建造了一個優美纖細的小神殿。在這個神殿的入口處，伸出左腳的納法塔莉像跟她丈夫的像一樣大。

伸出左腳的姿勢象徵著行動力。

納法塔莉王妃曾經寄信給西臺，表達其關切之意，由此可見她會在外交事務方面協助她的丈夫，因此絕對不是一個被動溫順的人。

她似乎死於拉美西斯二世治世第二十四至三十年期間，國王為她建了非常漂亮的墳墓。這個一般稱為「帝后谷」（Valley of the Queens）的陵寢，是現存所有墳墓中保存得最好的，到現在還能欣賞到美麗的壁畫。

壁畫的牛也好可愛！

納法塔莉的出身不明。由於她的墳墓中有阿伊的東西，因此有人猜測她具有阿伊的血統。在拉美西姆也有敏神祭典時納法塔莉在聖牛前跳舞的圖，這也顯示——

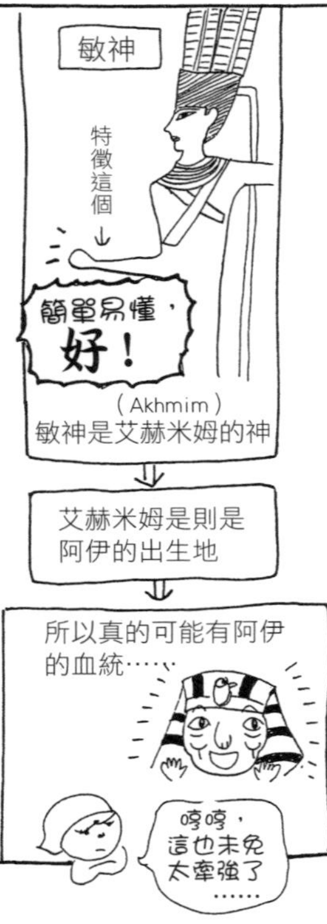
敏神
特徵這個
簡單易懂，好！
敏神是艾赫米姆（Akhmim）的神
艾赫米姆是則是阿伊的出生地
所以真的可能有阿伊的血統……
哼哼，這也未免太牽強了……

有人這麼推論。

納法塔莉過世之後，拉美西斯二世喜歡上他和納法塔莉所生的女兒梅里特阿蒙（Meritamen）。後來兩個人還結婚了。

距拉美西姆八公尺的地方，也挖到巨大的梅里特阿蒙像。

在拉美西姆所找到的像。這個像肌膚雪白、散發出奇異的光彩。

白拋拋的，真好哪～

因為納法塔莉太過搶眼了，結果第二王妃艾西斯納法特（Isisnofret）相對就顯得黯然失色。其實後者也是個重要的人物。再怎麼說，她都生下了下一任國王麥倫普塔赫，也是埃及史上最奇特的王子卡艾姆華塞特（Khaemwaset）的母親。

考古學開山祖師 卡艾姆華塞特（Khaemwaset）

被點名當下一任國王的卡艾姆華塞特，後來並沒有當上國王，但是他的名字卻在建築史上留了下來。

卡艾姆華塞特似乎在參觀先王們的偉大建築的過程中頗受震撼，後來相當熱中於修復及研究古蹟，他在所經過的地方都刻下了「卡艾姆華塞特所修復」的字樣，由此就可以窺見他熱中的程度了。

他在烏尼斯王的金字塔以及謝普塞斯卡弗國王的梯型平頂墓上，也留下了碑文炫示自己的作為，甚至還在胡夫王的長子卡瓦布的像上面刻下「卡艾姆華塞特發現」。

他的獨特行徑，似乎在當時的人們心目中留下了深刻的印象。後來人們戲稱他為「魔法師卡艾姆華塞特」，他的傳奇故事甚至流傳到後世。

卡艾姆華塞特的葬祭殿在阿布辛比神殿被發現。他會把墳墓造在阿布辛比神殿，也相當奇特，因為他那個時代，把葬祭殿建在底比斯西邊蔚為主流。

為啥是魔法師？

我想他真的很愛金字塔時代吧。

馬里埃特所發現的阿匹斯牛的地下墳墓，也是在拉美西斯二世的時候大規模興建的。（大概是從阿蒙霍特普三世左右開始建造）。在這裡，找到了刻有卡艾姆華塞特名字的黃金面具以及鑲上寶石的牛木乃伊。

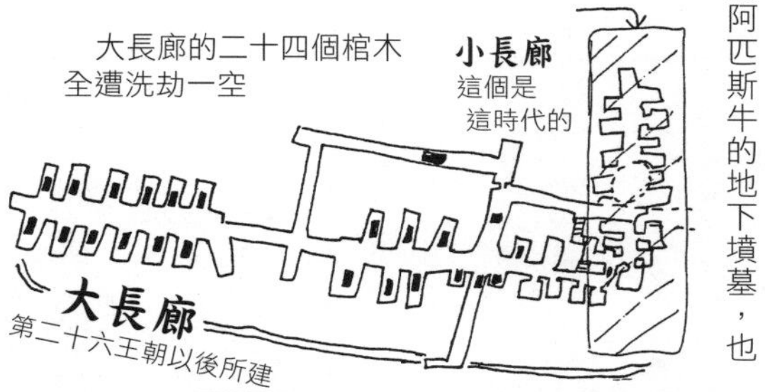
小長廊
這個是這時代的
大長廊的二十四個棺木全遭洗劫一空
大長廊
第二十六王朝以後所建

拉美西斯二世的墳墓KV7，因為水災而嚴重損毀。現在甚至無法開放參觀。

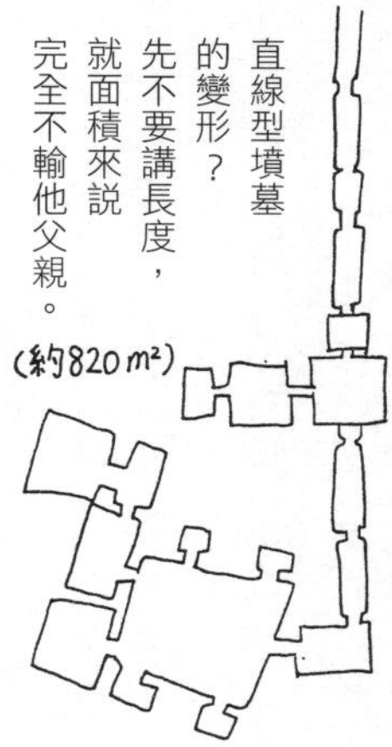
直線型墳墓的變形？
先不要講長度，
就面積來說
完全不輸他父親。
（約820 m²）

從拉美西斯二世的木乃伊可知他患有關節炎，因而行動不便，而且嚴重的蛀牙蔓延到下顎，看來他的老年生活應該相當的難熬。

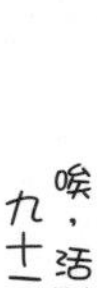
唉，活到九十二歲欸…

這家子的特徵是鷹勾鼻。父親拉美西斯二世及兒子麥倫普塔赫都是。

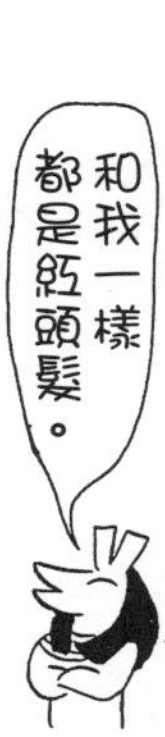
和我一樣都是紅頭髮。

一九九五年，在帝王谷有了重大的發現。帝王谷有一個十九世紀開始為人所知、但只挖到入口附近、長期以來無人問津的墳墓KV5。後來開羅・美利堅（AUC）大學的肯特・維克斯（Kent Weeks）準備了超音波以及雷射等設備，挑戰這個墳墓的挖掘工作。

他一開挖，前頭就一直延伸下去，這才知道這是一個非常龐大壯觀的陵墓。截至目前為止，確定總共有九十五個房間！根據牆壁的碑文以及陪葬品，人們推斷這是拉美西斯二世的王子們的墳墓。（也確認了其中幾位王子的名字。）

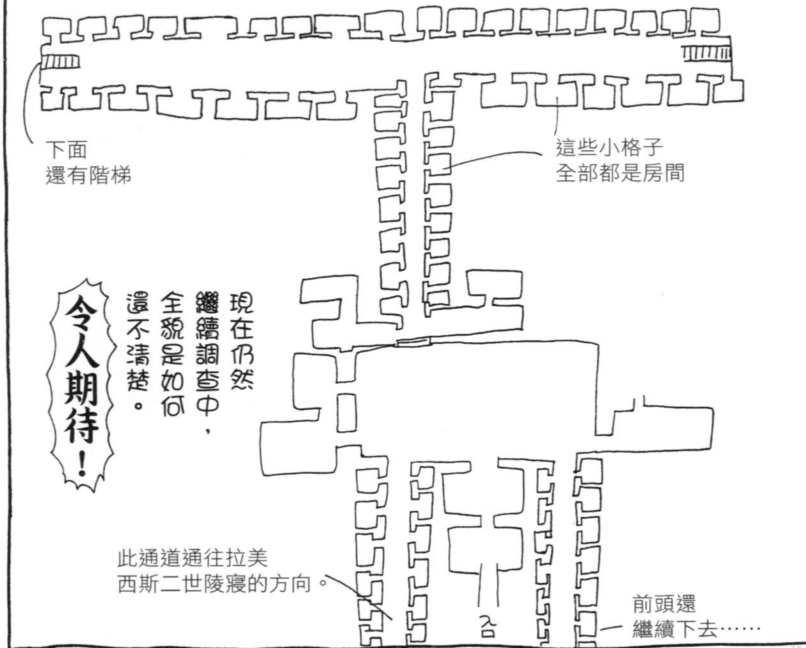
下面
還有階梯
這些小格子
全部都是房間
現在仍然繼續調查中，全貌是如何還不清楚。
令人期待！
此通道通往拉美
西斯二世陵寢的方向。
前頭還
繼續下去……

④ 麥倫普塔赫（Meruenputaha）

拉美西斯二世相當長壽，卡艾姆華塞特等王子一個接著一個過世，最後，王位終於讓第十三位王子麥倫普塔赫給等到了。

說是王子，可是其實我也已經六十歲了。
憔悴～
原本以為無望了說
……

麥倫普塔赫國王統治埃及期間所發生的事情，記錄在三個碑板上。碑板上頭記載了：①埃及出兵鎮壓敍利亞的叛變；②西臺遭到敵人攻擊，埃及方面遵照和平協定的約定，運送穀物前去援助西臺；③埃及遭到利比亞以及「海之民」（從地中海沿岸來的難民武裝集團）侵襲，雖然事出突然，不過很快地就將之弭平……等對外的事件。

另外，這些碑板當中的一塊——也就是佩特里在麥倫普塔赫的葬祭殿中所發現的那塊，上面有埃及史上第一次對以色列相關之事的記載；埃及將以色列稱為「Israel Stella」。不過碑板上面僅僅提到：「現在以色列（的人民）遭到了襲擊，已經沒有種了……」

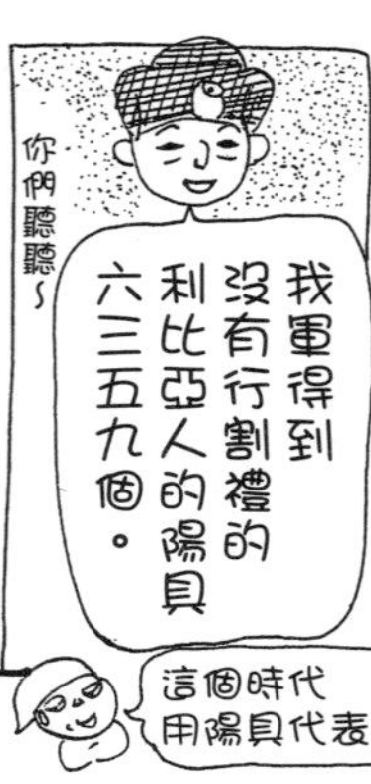
你們聽聽～
我軍得到沒有行割禮的利比亞人的陽具六三五九個。

這個時代用陽具代表人數嗎？

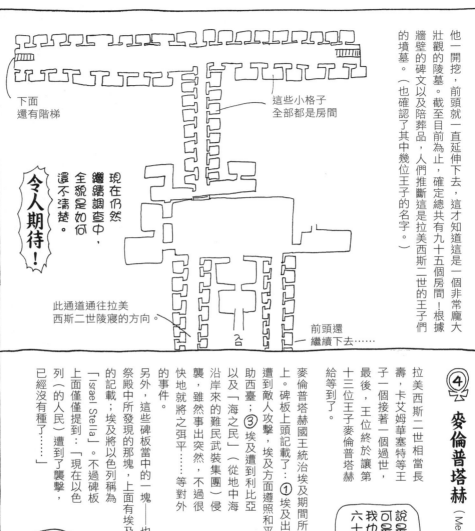

不過啊，比起他的父親拉美西斯二世，麥倫普塔赫更喜歡使喚人。他年紀一大把的時候才終於登上了王位，該怎麼形容他才對呢……是要說他「沒有朝氣」呢、還是要說他「沒有氣概」咧……。就連那些石碑都是使用阿蒙霍特普三世石碑的**背面**欸……。阿蒙霍特普三世的葬祭殿會落到只像「門農石像」般蕭瑟的景況，這也全要怪這個傢伙把別人的石材偷走、挪為己用。

他是覺得近水樓台好偷竊嗎～
侵佔者
只能說真是活該

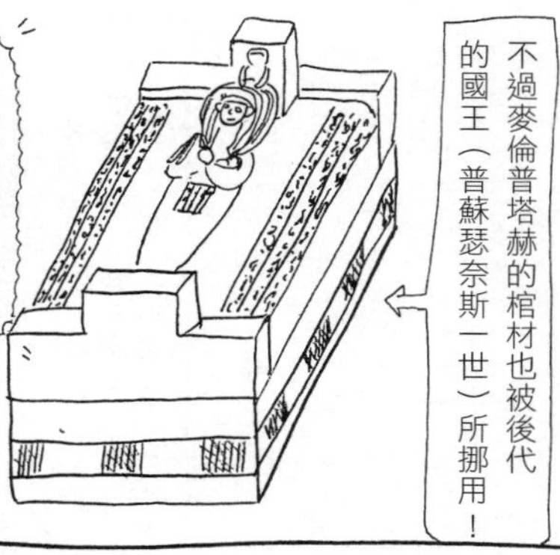

不過麥倫普塔赫的棺材也被後代的國王（普蘇瑟奈斯一世）所挪用！

他的陵墓（KV8）有希臘文以及拉丁文的塗鴉，可見古代就有許多觀光客造訪。

不知道為什麼，麥倫普塔赫的木乃伊很白。因為這樣，還有人說：「麥倫普塔赫正是摩西故事裡的暴君，他是因為走進分成兩半的紅海溺死，海鹽浮現出來，木乃伊才會變成白的。」而被認為最有可能是〈出埃及記〉中的暴君的，則是拉美西斯二世。

《聖經》上寫道：「以色列之子，為了帕羅（即「法老」）建造了儲藏物資的城鎮匹特姆（Pitom）及拉美西斯。」連城鎮的名字都明白指出來了，這根本就是培爾－拉美西斯建設時代所發生的事嘛！所以幾乎可以斷定〈出埃及記〉裡頭的暴君，若不是塞提一世，就是拉美西斯二世！但是也有人說：「《聖經》上頭所記載的地名，不一定會用那個時代所使用的名字，所以不能做準。」結果暴君究竟是誰，也僅止於猜測而已。

然而，這一件事對猶太人來說，是關乎他們的「起源」為何的重大事件，但是埃及方面卻完全沒有記載。這種情況，是不是也符合了「被欺負的人總是牢牢地記住仇恨（三千年以來一而再、再而三地重提，從來沒忘記）、而欺負他人的人卻對自己的作為完全沒有自覺」的法則呢？還是說，又是因為紀錄佚失呢？

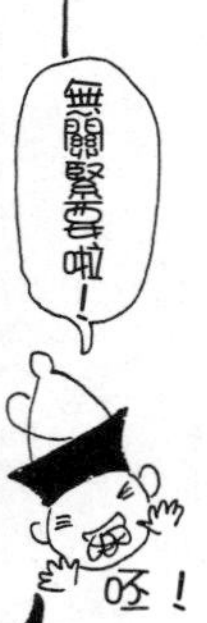

無關緊要啦！
呸！

摩西與亞特蘭提斯

摩西吵著要出埃及的時候，十項報復展開了。有些人指那些現象是「聖托里尼島（Santorini）的火山爆發所引起的」。（竹內均、葛理翰・菲利浦等人支持這看法……）因為那些「報復」都是火山爆發時可能會發生的現象，火山爆發也會導致蝗蟲肆虐及疾病盛行。

還有人進一步發揮想像力，說聖托里尼島就是柏拉圖說的**亞特蘭提斯**。

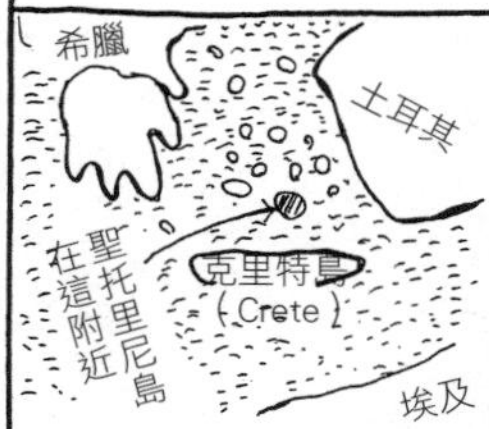

希臘
土耳其
聖托里尼島在這附近
克里特島
（Crete）
埃及

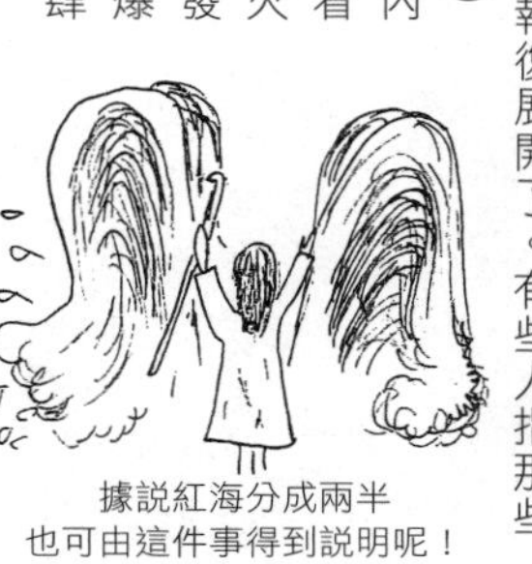

據說紅海分成兩半也可由這件事得到說明呢！

◎那兩位認為埃赫那頓時代前後才是「出埃及」的年代。

⑤ 阿蒙麥西斯（Amenmesses）

麥倫普塔赫原本指名塞提二世繼任下一任國王，但不知道什麼緣故，最後卻是低階王妃的兒子阿蒙麥西斯當上國王。宮廷內似乎上演了什麼戲碼。

阿蒙麥西斯的治世不過四、五年就告終了。

阿蒙麥西斯國王的墳墓（KV10）和麥倫普塔赫的一樣，從古代開始就已是觀光景點。卡特等人所活躍的考古盛行時期，受雇於戴維斯的艾爾頓聽說就是使用這裡的餐廳以及工作間呢。

阿蒙麥西斯的木乃伊至今下落不明。

一蓮托生
吳越同舟
這樣褻瀆先人……
啊，不過若這麼說的話，
考古本身就是褻瀆囉～

⑥ 塞提二世（Seti 二）

使勁
渾蛋～

結果塞提二世似乎最終仍登上了王位。他把阿蒙麥西斯所建造的東西改刻上自己的名字，看來很拚命地要把阿蒙麥西斯「滅跡」。

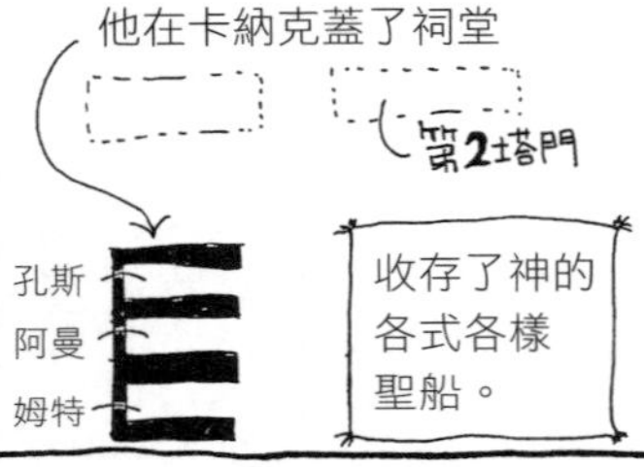
他在卡納克蓋了祠堂
第2塔門
孔斯
阿曼
姆特
收存了神的各式各樣聖船。

⑦ 西普塔（Siptah）

據說西普塔是塞提二世及其第三夫人蒂亞所生的孩子。

由於西普塔即位的時候年紀還小，因此政局實際上是由他的後母塔塞雷特（Tausert）以及侍奉她的國外大臣「拜」所操縱。（到了這個時期，以外國人身分爬到高位已經不是什麼新鮮事了。）

西普塔的陵墓（KV47）也是艾爾頓和戴維斯這一對搭檔所發現的。

從木乃伊變形的左腳可以判知，他患有小兒麻痺。

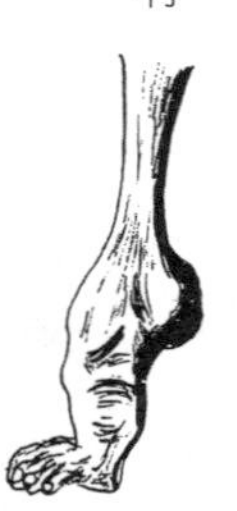

⑧ 塔塞雷特女王（Tausert）

又有一個女法老登場囉！由於西普塔過世得早，原本不過是「塞提二世第二夫人」的塔塞雷特，竟然爬到了法老的位子。

不知道為什麼，她把西普塔的治世全納為自己所有。（實際她只統治埃及兩年。）

雖然她建了丈夫塞提二世和自己的墳墓……

真是個愛搶鋒頭的人哪。
西普塔早死一事也是很可疑

塞特納赫特這渾蛋！
詳情待續
木乃伊下落不明

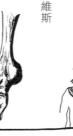

另外發現了被認為屬於塞提二世與塔塞雷特的女兒的小墳墓。（一般稱做「黃金之墓」）KV56

發現者又是戴維斯＆艾爾頓二人組！

裡頭還有這種東西。
耳環

其他還有戒指及手鐲等……

和塔塞雷特共同執政的神秘外國人「拜」權傾一時，甚至在帝王谷建造自己的陵墓（KV13）。

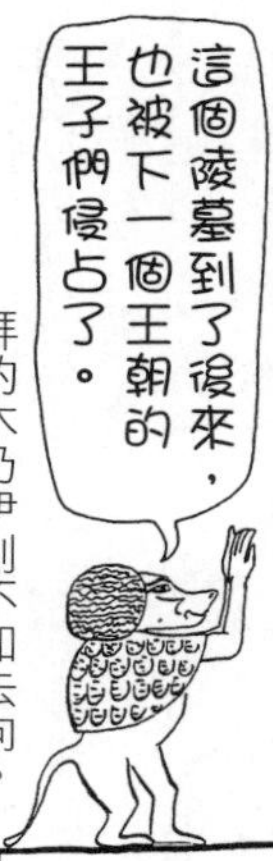

這個陵墓到了後來，也被下一個王朝的王子們侵占了。

拜的木乃伊則不知去向。

第十九王朝就在這裡畫下句點。華麗而富戲劇性的拉美西斯二世的時代恍如夢幻一般，之後越走越下坡。不過，接下來的時代還更寂寥。

咻呼

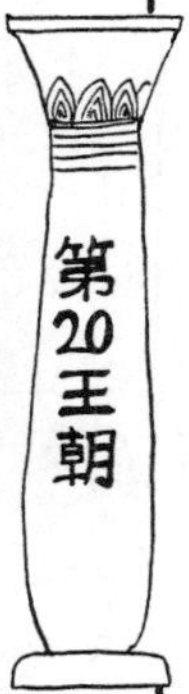

第20王朝

第20王朝

(B.C. 1185 ~ 1069)

① 塞特納赫特（Sethnacht）

不知道他究竟是怎麼當上埃及國王的，他的出身是怎麼樣也無人知曉。在名為〈大哈里斯莎草紙〉（Great Harris Papyrus）的物件中（第二三八頁），記載了如左的內容……

上一個王朝末期局勢陷入混亂。乘著這一個亂世，一位亞洲男子成為埃及的法老，但被神選中的塞特納赫特把亞洲男子流放，成為國王。

據信這人應是剛才的拜★

內容還真是含糊不清捏～

關於這位「亞洲男子」，只知道他非常嫌惡塔塞雷特女王，甚至還瞧不起她呢。

塞特納赫特開始建造自己的墳墓（KV11），但因為建到一半時跟阿蒙麥西斯王的陵墓相衝，所以便打消了念頭，改採「最快的方法」——也就是直接挪用塔塞雷特的陵墓當自己的。

你們做什麼！

這時候，塔塞雷特及塞提二世的木乃伊因而遭到遷移。

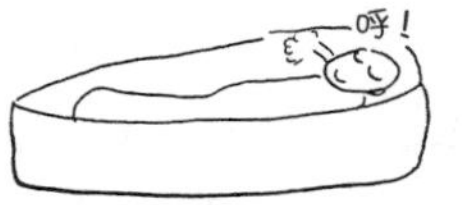

呼！

塞提二世被放置在匆忙完工的陵墓（KV15），但塔塞雷特的木乃伊就不知被搬去哪兒了……

此外，塞特納赫特將塔塞雷特原本的陵墓再新增全部的三分之一，變成全長112公尺的長墳。裡頭的雕像也改刻上自己的名字。不過塞特納赫特後來下落不明。

快住手！

★也有人認為拜是在西普塔治世第四年時失勢的。

② 拉美西斯三世
（Ramesses 三）

貝爾佐尼從他墳墓中搬出去的石棺蓋子

首先遇到的難關是「戰爭」。

「海之民」以併吞埃及的氣勢排山倒海而來。這時候的「海之民」跟麥倫普塔赫時期比較起來，不但人口增多，甚至還將強國西臺給消滅了，已經是武力超強的「新海之民」。

埃及好不容易才擊退這麼可怕的一群人！

而且之後，還戰勝了不斷進攻埃及的利比亞人，總算維持住現狀。

這些戰爭就耗費了拉美西斯三世治世的前半段。他與「海之民」對戰獲勝的自豪經歷，洋洋灑灑地刻在建於底比斯西岸的梅底涅特・哈布（Medinet Hbu）的葬祭殿中。

他的名字是仿效偉大的拉美西斯二世，不過他們兩人之間毫無血緣關係。他是前一位國王塞特納赫特的兒子。

他面臨到一個接一個的難題，是一位滿辛苦的法老喔～

感覺真的真的好可怕的

海之民的人們

那個葬祭殿

戰敗的敵人總數是135人
手
用手來計算不準啦～
哼！
這邊也有135根啦
好、好，這樣子我知道了。
小雞雞
這邊這張畫是……

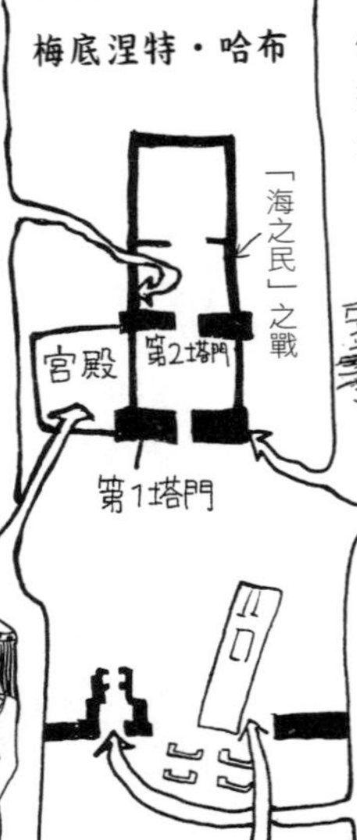

梅底涅特・哈布
「海之民」之戰
宮殿
第2塔門
第1塔門

他似乎以他尊敬的拉美西斯二世的「拉美西姆」為藍本。

利比亞
努比亞
敘利亞
貝都因
（Bedouin）
西臺

形形色色的俘虜像這樣繪在磁磚上。

第十八王朝的神殿
原本是哈塞普蘇女王建造的，後來接連被其他的國王改名。

模仿敘利亞的門。

他還擴建卡納克神殿！

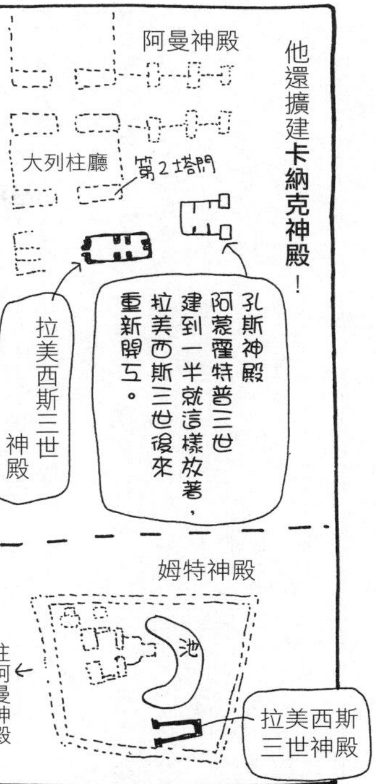

阿曼神殿
大列柱廳
第2塔門
孔斯神殿
阿蒙霍特普三世
建到一半就這樣放著，
拉美西斯三世後來
重新開工。
拉美西斯三世
神殿
姆特神殿
池
往阿曼神殿
拉美西斯三世神殿

拉美西斯三世另外出名的事蹟還有：為了讓自己的名字不會被篡改，他將名字刻得極深，連一個拳頭都伸得進去。

曾經發生這樣的事。

暗殺法老未遂事件

遭逮捕的人
接二連三！

都靈博物館所收藏的莎草紙裡頭，記載著這個事件的審判紀錄。這個事件是一位名為「蒂」的低階王妃為了立其子為王，所進行的後宮陰謀。證據是蠟人偶等等。因為這個事件，許多高官被判自殺刑、或是割耳刑、削鼻刑等刑罰。

還有啊，罪犯會被取難聽的名字，那個名字同樣留在審判紀錄中。譬如說，梅塞都斯拉（意思是「拉所憎恨的人」）等等……

憑你這種傢伙，用這名字就夠了！
嚓嚓
從這件事情也可以知道，埃及人有多麼看重「名字」。

甚至還發生過

史上最初的罷工事件

勞工在圖特摩斯三世葬祭殿以及拉美西姆等地方

靜坐抗議！

這是在拉美西斯三世晚年的時候發生的事情。造墓工匠們為了抗議國王好幾次遲發薪水（這個時代薪水是食物及生活物資）給他們，於是頑強靜坐了一個禮拜。

（摘自都靈博物館收藏的莎草紙）

——這之後，工匠的薪水仍經常遲發，他們還罷工過好幾次。

世上最早的罷工紀錄

造墓工匠們

他們在底比斯西岸，建立起人口約四百人的聚落，生活其間。（現在的迪爾阿爾梅第納，第八七頁）

造墓的工作是世襲制。工匠大部分是識字的菁英分子，另外紀錄中也有三十個以上的外國人名。

以往的研究認為，「為了確保陵墓相關機密不外洩」，從事造墓的工匠會遭滅口，但現在的研究已經否定了這種說法。不僅如此，造墓工匠的日子似乎還挺快活的。看他們上班的紀錄（收藏於大英博物館中），請假的理由大多是「生病」

——這個理由還算是普通的咧，其他原因還有像：「幫朋友做木乃伊」啦、「自己的生日」啦、「帶騾子看醫生」……等等，甚至連「宿醉」這個理由都給搬出來了。啊是怎樣，這是打工喔？（就算打工，也沒有人用這麼可笑的理由請假吧……）

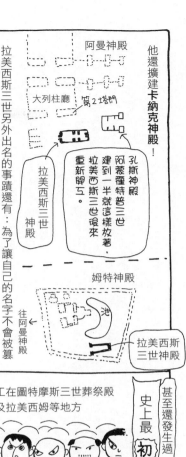

這個時代留下不少完整的紀錄，裡頭甚至有長達四十公尺的莎草紙——〈大哈里斯莎草紙〉。（這個稱呼是來自於十九世紀時購買這個莎草紙的古董商名字。）這是拉美西斯三世的兒子拉美西斯四世所做、要放進父親陵墓的陪葬品。因為，不管拉美西斯三世如何為了神明不惜鉅資（他非常詳盡地記下錢的用途、流向），還是得寫信給神明報告自己的德政。

四十公尺的莎草紙？

但是照理說應該位於拉美西斯三世墳墓中的這封信，卻是在造墓工匠的個人墳墓中找到的。

被強迫閱讀的神明應該是很受不了吧。
唉……
歐西里斯

盜墓者？

拉美西斯三世的墳墓（KV11）是利用他父親塞特納赫特建到中途放棄的墳墓建成的。（他是巧妙地繞過與阿蒙麥西斯墳墓衝撞的地方往前挖。）他的墳墓全長一百二十五公尺，是相當長的直線型墳墓。這墳墓自古就是名勝陵墓之一。十八世紀的蘇格蘭探險家詹姆斯・布魯斯（James Bruce），曾興奮地這麼向世界介紹這個陵墓：「裡頭有盲人豎琴演奏師的壁畫。美不勝收，價值連城啊。」

因此後來這個陵墓又被稱為「布魯斯之墓」或是「豎琴演奏者之墓」。歐洲人似乎因為布魯斯的盛讚，而對尚未親眼目睹的帝王谷產生了遐想。

拉美西斯三世的木乃伊是第一個鑲上假眼的木乃伊。很難得的，他的墳墓並未遭人偷盜，所以木乃伊也保存完好、沒有受到損害，但是他的木乃伊很醜，醜得成為老電影《木乃伊》的藍本……⊚

我就……
那麼醜嗎？

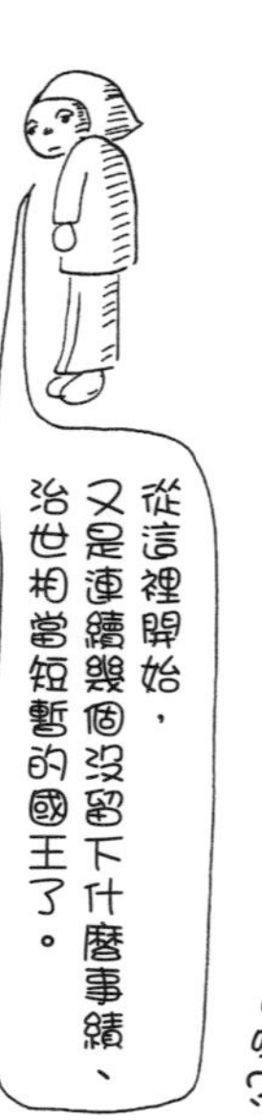
從這裡開始，又是連續幾個沒留下什麼事績、治世相當短暫的國王了。

③ 拉美西斯四世（Ramesses IV）

除了製作先前提到的〈大哈里斯莎草紙〉，根據記載，拉美西斯四世還曾為了得到建設用的石頭，將遠征大隊送到西奈半島。他的治世共六年。

他的陵墓（KV2）自古以來就是有名的觀光景點。從上面留著科普特語的塗鴉以及墳墓附近有家畜的欄圈看來，科普特教徒曾在這附近居住過。商博良也在調查帝王谷的時候，把這裡當旅館使用。是因為住這種地方舒服嗎？另外，商博良在都靈研究莎草紙時，發現了這個陵墓的設計圖。（設計圖非常稀有。）

⊚其他沒有遭到破壞的木乃伊還有阿蒙霍特普二世、圖坦卡門和第二十一王朝的普蘇瑟奈斯一世（Psusennes I）。

④ 拉美西斯五世（Ramesses V）

位於都靈的莎草紙中記載，這個國王在位期間曾經發生內亂，混亂到造墓工匠們怕得不敢出門工作。除了這一點，關於拉美西斯五世幾乎一無所知。他在位共四年。拉美西斯五世被葬入陵墓（KV9），是在下一個國王拉美西斯六世（Ramesses VI）的治世第二年的時候。為什麼當中間隔了兩年？難道跟前面講的那個內亂有關嗎？

那個內亂究竟是怎麼回事啊？

⑤ 拉美西斯六世（在位八年）

到了這個時期，以往在西亞稱雄的埃及似乎已經失去了影響力，國土也縮小了。拉美西斯六世決定跟拉美西斯五世葬在同一個陵寢，所以就擴建了墳墓。兩人是要好的兄弟嗎？

他的木乃伊像是感染了天花，滿臉坑洞。從木乃伊消瘦的程度，可知他一生體弱多病。他還有鼠蹊部疝氣。

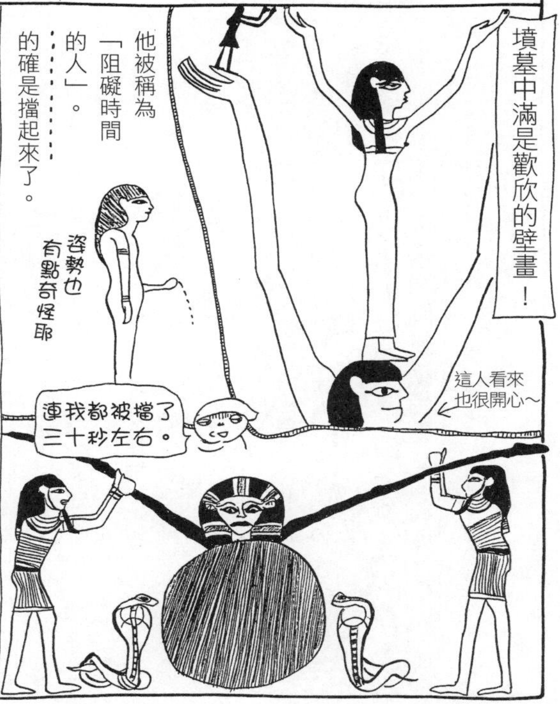
墳墓中滿是歡欣的壁畫！
他被稱為「阻礙時間的人」。的確是擋起來了。
姿勢也有點奇怪耶
這人看來也很開心～
連我都被擋了三十秒左右。

古代觀光客也很愛的這個陵墓，被稱為「門農之墓」。這個名字似乎是來自於大家把裝飾這個國王名字的字彙「梅里．阿蒙」誤認成「門農」。

「門農之墓」人氣真的一級棒呢。

他的木乃伊是所有遺體當中受損最為嚴重的。他的頭顱跟身體都被斧頭砍得四分五裂，已經連原貌都很難看出來了。第二十一王朝的神官們曾經修復過這個木乃伊，不過那個時候的修復做法，卻是縫上塞提二世及其他女人的手做造型（？）。如果只是盜墓的人，應該不至於將木乃伊破壞到這樣的程度，所以一般認為，是有人相當憎恨拉美西斯六世的關係。

多虧了這個陵墓的工人小屋，圖坦卡門的墳墓才得以保全。

⑥ 拉美西斯七世（在位七年）

造墓工匠村出土的古代便條紙——奧斯多拉根（Ostrakon）上面抱怨著拉美西斯七世的時代埃及「經濟不安定、生活窮苦」。此外就沒再發現更多資料了。

他的墳墓上留有最早的「觀光客」字樣塗鴉，還附上日期。（紀元前二一七八年）。

他的木乃伊尚未確認。

埃及這地方真的是每下愈況得嚴重……
陵墓是值得紀念的KV1

⑦ 拉美西斯八世（在位六年）

尚未發現他的墳墓及木乃伊！就只有這點紀錄！

大預言！
人類啊，永遠戒不掉塗鴉！

第二十王朝中，拉美西斯四世以後的法老們治世都短得異常。而且也沒有留下什麼紀錄或是建築物，教人搞不清楚是什麼狀況。

第二十王朝的系譜
（）是在位長短

- ①塞特納赫特（3年）
  - ②拉美西斯三世（31年）
    - ③4世（6年）
    - ④5世（4年）
    - ⑤6世（8年）
      - ⑥7世（7年）
      - ⑧9世（?）（18年）
    - ⑦8世（6年）

也有人說五世是四世的兒子……

十世、十一世兩位法老的出身不明。

⑧ 拉美西斯九世

好不容易，到這個國王的時候，治世維持了十八年，達到一般的長度。但是這時的埃及已經積弱不堪了。不知道拉美西斯九世是不是在神官當道的底比斯待不下去，一直窩在三角洲地區。

在卡納克的阿曼神殿中，神官的圖與國王的圖同等大小，可見那時國王越來越沒地位了！

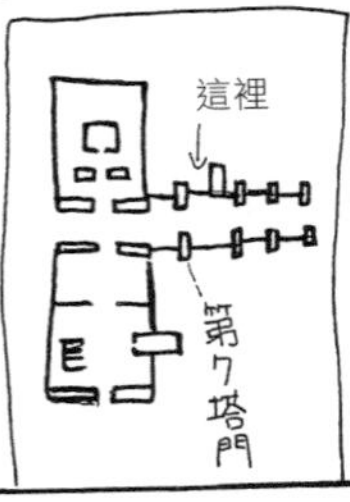
這裡
第7塔門

可惡！他一定是瞧不起我！擺那麼奇怪的姿勢，是要嚇人嗎！還讓小孩靠在腳邊，以為自己很受歡迎嗎……反正我就是一個人啦！
大祭司阿蒙霍特普
之後也相當活躍
想要抱怨但又好害怕……
才不是小孩子呢！是隨從！

埃及陵墓自古就是開放的，這個時代的觀光客則越發恣意而為，甚至把參觀的感想寫在牆壁上。

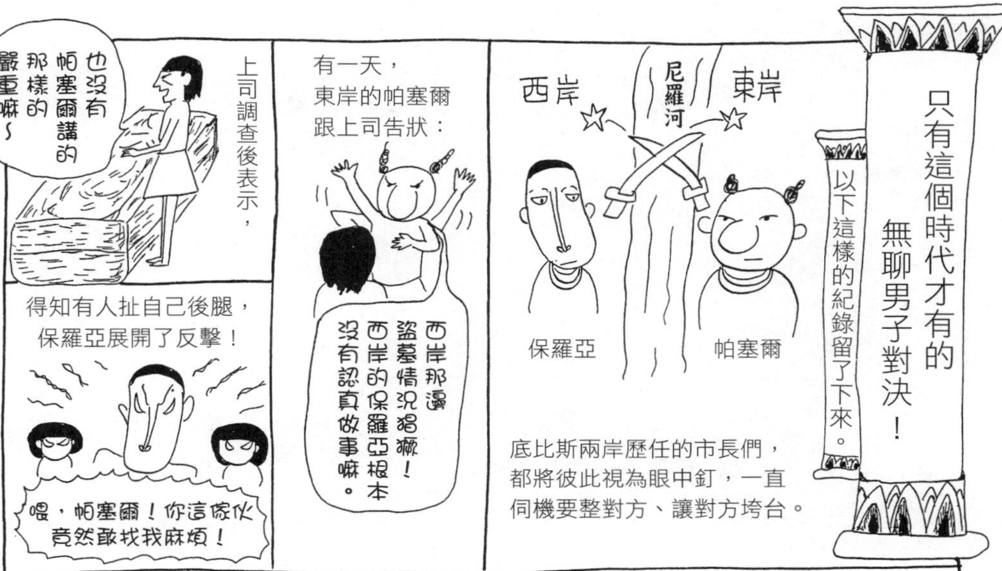
只有這個時代才有的無聊男子對決！
以下這樣的紀錄留了下來。
西岸
尼羅河
東岸
保羅亞
帕塞爾
底比斯兩岸歷任的市長們，都將彼此視為眼中釘，一直伺機要整對方、讓對方垮台。
有一天，東岸的帕塞爾跟上司告狀：
西岸那邊盜墓情況猖獗！西岸的保羅亞根本沒有認真做事嘛。
上司調查後表示，
也沒有帕塞爾講的那樣的嚴重嘛～
得知有人扯自己後腿，保羅亞展開了反擊！
喂，帕塞爾！你這傢伙竟然敢找我麻煩！

就這樣，這回換保羅亞去告狀了。這兩人就這樣狗咬狗、一嘴毛，情況就像八卦綜藝節目一般，赤裸裸的人性就這樣上演著。但是，記載著這些無聊鬥爭的莎草紙，卻也意外地告訴了我們當時陵墓的狀況，所以保羅亞跟帕塞爾兩個人之間的鬥法似乎也不是完全沒有價值啦。（第一七五頁的〈艾博特莎草紙〉也是其中一份資料。）

人的德性還真是從古到今毫無改變啊……
不過，埃及人留下紀錄的方式還真是不可思議，連這麼下流的事都記錄下來了。

甚至，藉由這些資料，還可以得知當時的小偷們的狀況以及官吏腐敗的情形。有些人明明沒有幹什麼壞事，卻因嚴刑逼供，不得已之下只好認罪；但也有真正的犯人在大刺刺招供之後，竟然馬上就藉由賄賂獲得釋放。

這個男的後來仍然繼續盜墓呢。

我一共拿到十四・五公斤的黃金呢。還拿了不少寶石。棺材沒路用所以我就燒掉了。
啊哈哈～

順帶一提，圖坦卡門的黃金面具是一〇・二三公斤。

⑨ 拉美西斯十世（Ramesses Ⅹ）

到了這代，埃及王朝再度萎縮。拉美西斯十世的治世大約三到九年，不甚清楚。他的木乃伊至今仍尚未發現……他的陵墓（KV18）只有挖到入口附近而已。

就不能對我多感興趣一點嗎？

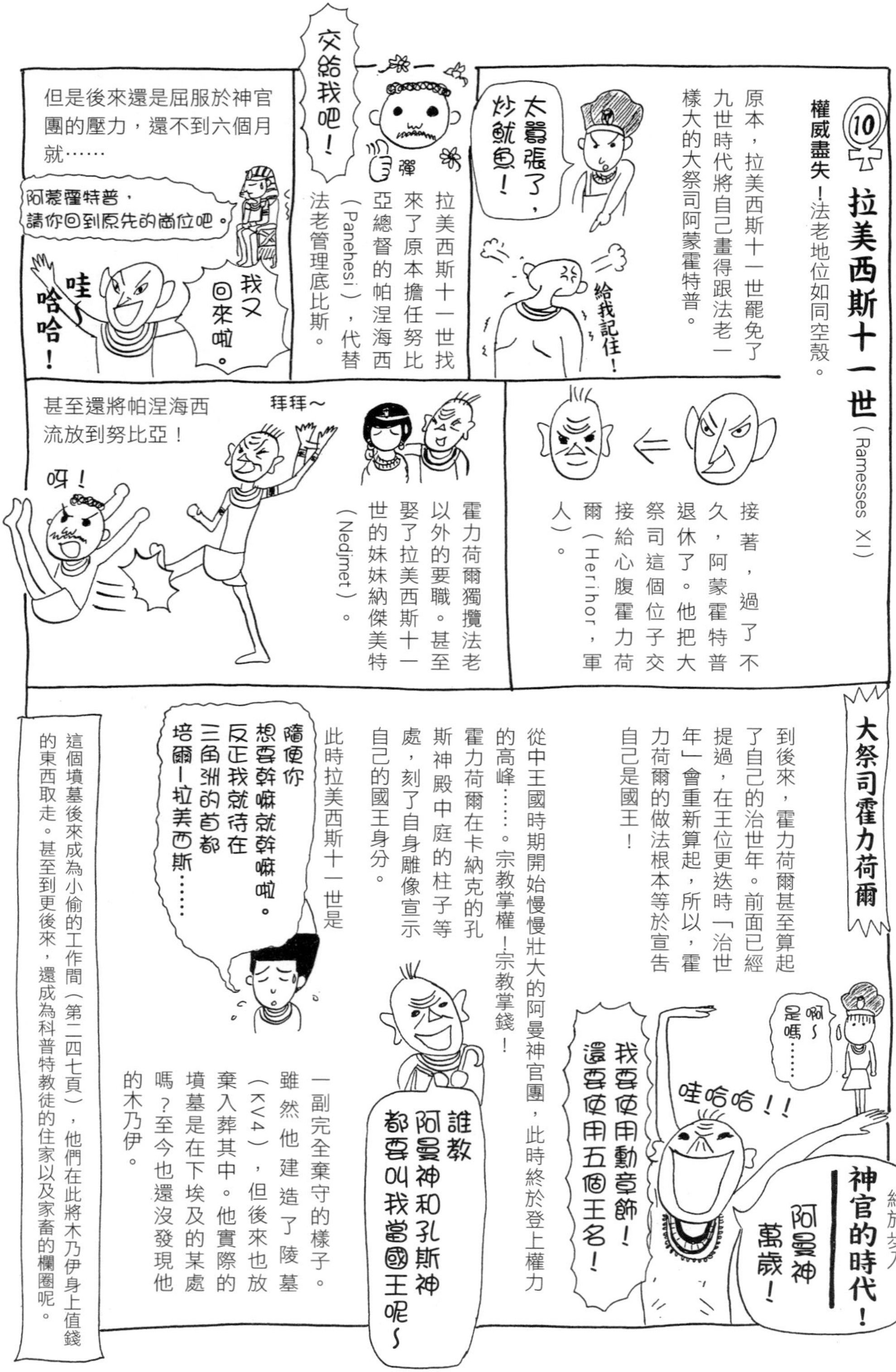
10 拉美西斯十一世（Ramesses XI）
權威盡失！法老地位如同空殼。
原本，拉美西斯十一世罷免了九世時代將自己畫得跟法老一樣大的大祭司阿蒙霍特普。
太囂張了，炒魷魚！
給我記住！
交給我吧！
彈
拉美西斯十一世找來了原本擔任努比亞總督的帕涅海西（Panehesi），代替法老管理底比斯。
但是後來還是屈服於神官團的壓力，還不到六個月就……
阿蒙霍特普，請你回到原先的崗位吧。
我又回來啦。
哇～哈哈！
接著，過了不久，阿蒙霍特普退休了。他把大祭司這個位子交接給心腹霍力荷爾（Herihor，軍人）。
霍力荷爾獨攬法老以外的要職。甚至娶了拉美西斯十一世的妹妹納傑美特（Nedjmet）。
甚至還將帕涅海西流放到努比亞！
拜拜～
呀！
大祭司霍力荷爾
到後來，霍力荷爾甚至算起了自己的治世年。前面已經提過，在王位更迭時「治世年」會重新算起，所以，霍力荷爾的做法根本等於宣告自己是國王！
終於步入神官的時代！
阿曼神萬歲！
啊～是嗎……
哇哈哈！！
我要使用動章飾！還要使用五個王名！
從中王國時期開始慢慢壯大的阿曼神官團，此時終於登上權力的高峰……。宗教掌權！宗教掌錢！
霍力荷爾在卡納克的孔斯神殿中庭的柱子等處，刻了自身雕像宣示自己的國王身分。
誰教阿曼神和孔斯神都要叫我當國王呢～
此時拉美西斯十一世是一副完全棄守的樣子。雖然他建造了陵墓（KV4），但後來也放棄入葬其中。他實際的墳墓是在下埃及的某處嗎？至今也還沒發現他的木乃伊。
隨便你想要幹嘛就幹嘛啦。反正我就待在三角洲的首都培爾-拉美西斯……
這個墳墓後來成為小偷的工作間（第二四七頁），他們在此將木乃伊身上值錢的東西取走。甚至到更後來，還成為科普特教徒的住家以及家畜的欄圈呢。

★**死者之書**：為了死後的生活，而放進棺材中的咒語集。第二中期時開始出現。咒語有**金字塔銘文→棺木文→莎草紙的死者之書**，依序越來越小巧……

另一方面，完全將上埃及握在掌中的大祭司霍力荷爾，在拉美西斯十一世過世前五年就已經往生了。

他和他妻子納傑美特的木乃伊，在皇家墓城中被發現。而皇家墓城的存在得以揭露，也是因為這對夫妻的莎草紙（★死者之書〔Necronomicon〕）、以及下一個王朝的國王帕涅傑姆（Pinudem 一）的巫沙布提俑在古董市集流通，導致馬斯佩羅起疑心而開始調查的關係。

霍力荷爾的墳墓則沒有發現。

皮安其將軍（Pianki）

霍力荷爾過世之後，他兒子皮安其掌握了實權。在這個時期，之前被霍力荷爾流放到努比亞的帕涅海西（打不怕的人）起而叛亂。此時的皮安其正因缺乏戰爭資金而苦惱不已，最後竟然動起了歪腦筋，幹了犯法的事。他跟家臣下令道：「我要你們去做一件過去你們從未做過的事，就是去挖出一個先祖的墳墓。」也就是說，他公然命令人掠奪帝王谷！（雖然過去大家都已經偷偷地這麼幹……）

在那之後，政府開始公然大掠過去的陵墓。

皮安其似乎跟拉美西斯十一世幾乎同時離開人世。

帝王谷

到這邊，帝王谷要步入尾聲了。

截至目前為止，帝王谷總共發現了六十二個墳墓（包含沒有使用的以及成為倉庫的），其中當做陵墓使用的大約佔了三分之一，其他的墳墓則埋葬了享有特別待遇的高官（譬如：由雅、秋雅等）、也可能是國王的青梅竹馬（像是：邁荷魯普利，黑色人種）以及寵物等等，「內容物」相當的多樣。

在五百年的歲月中，帝王谷被當成墳場使用，在那之後，它變成了人們的財源，接著又過了五百年，這一次它變成羅馬以及希臘古人的古代觀光勝地，從而受到注目。這個時期開放的墳墓，是以第二十王朝的陵墓為主，蘇格拉底、迪奧多羅斯等古典時期的旅行家們也都曾經介紹這個地方。不過，有好幾個著名陵墓古代人當時都還不知道，比如圖坦卡門墓等等。

第二十王朝墳墓的入口跟第十八王朝、第十九王朝的不一樣，是開在地面上、沒有絲毫遮掩的。甚至還建了高塔以指引入口所在處。一般認為，這樣的做法是由於埃及人的觀念到那時已經有所轉變——「既然再怎麼小心翼翼地藏匿都會被小偷發現，倒不如打從一開始就公開，但是加強戒備」。哎，雖說到後來他們的戒備也是逐漸鬆懈啦……

彰顯這個時代特色的小故事
溫阿蒙航海記
（The Story of Wenamen）
且聽深愛埃及的我——溫阿蒙，為了要尋找木材，歷經了怎麼樣的千辛萬苦。
我遵奉大祭司霍力荷爾大人的命令，前往盛產木材的地區畢布羅斯（Byblos）。沒想到，行經途中一個叫做朵爾的港口時，購買木材的款子竟然被我所信賴的船員給捲走了！
畢布羅斯
朵爾
耶路撒冷
埃及
可惡——！焦急的我於是拜託朵爾港的領主：
我在你的港口遭小偷耶。你會幫我把錢和犯人都給追回來吧？
……
結果他卻說：
如果是我這兒的人所幹下的事情，賠償你也沒有關係。但今天是你的部下做了這事。
說這什麼話！真是討厭！不過……
唉，不過我看你也挺可憐的，就幫你找犯人看看吧。
他都這麼說了，就原諒他吧。
朵爾的領主還真寬大。
我才寬大呢！
但是，過了九天了，卻還找不到犯人。
害我浪費了這麼多的時間！這下子看你要怎麼賠我！
噢。
俺實在受不了沒用的朵爾領主，於是離開了朵爾港。
給我等一下!!
可惡——。剛好這時候，我發現了海之民的船隻，趕快攔住調查。我發現他們有銀子，就給沒收啦。哼！
後來，他們不曉得是在不滿什麼，在那邊嘰嘰喳喳的。
你們若是替我找到犯人，要我將銀子全部退還也沒問題！
什麼！
這究竟是什麼道理啊？
不要囉唆那麼多啦。我可是在趕時間耶！

歷經這種種事情，最後我終於抵達了畢布羅斯，但是沒想到這兒的領主卻避不見面。不僅如此，還每天派使者來跟我說些廢話。我相當的堅持，在那裡待了兩天。之後——啊，阿曼神終究是眷顧我的，領主這下子終於肯露臉了。只不過，他的態度非常的冷淡。

您還是回去吧……

過去啊，埃及的法老們來跟我求木材時，依照慣例，都有六艘載著寶物的船隻前來。
你算什麼？難不成只帶兩串蕉？

聞言，我這麼反駁他：

怎麼樣！那樣的東西算什麼啊！先王們不過是給些金銀財寶罷了。但是這一次可不是為了國王而是為了阿曼神前來的呢。神明可是能給你帶來無價的健康跟長壽的耶。

我這樣強力地遊說，

但他冷漠依舊，不把我放眼裡。

啊，好啦，我知道了、我了解了啦。

沒辦法，我只好派人回埃及。聽說情況之後，下埃及將軍斯門代斯（Smendes）爽快地帶了錢前來。謝了，斯門代斯！我們不像先王有那麼多的金銀財寶，就請你委屈一下、多擔待一些了。

就這樣，最後終於取得了木材！喔耶！這下我可以安心了。但是，就在我要啟程回家的當兒，那些被我沒收銀子的海之民們，怒氣沖沖地前來跟我要錢～～

錢還來！

真是一波三折啊。

啊～！我運氣怎麼這麼差～

待續……（騙你的啦）

接下來他順著風勢落跑，抵達了塞普勒斯島（Cyprus），該地領主的女兒是個好人……。到這裡，莎草紙就中斷了，因此不知道後續發展如何。不過，既然這個報告書是溫阿蒙提出的，表示後來他一定是平安無事地回到埃及。

不過這個溫阿蒙實在是……這個人個性顯然很有問題，但是，從他漫不經心地幹下那些蠻不講理的事，也可以想見過去的埃及有多麼的風光。

但「風光」是很久很久以前的事了。明明已經沒人理會他們傲慢的舉動了，埃及人卻依舊我行我素。從這故事也可以知道，埃及人對自身的評價跟外國對他們的評價落差有多大。

對自己的認知若是跟實際形象差太多，就會像溫阿蒙那樣，令周圍的人退避三舍。
要經常自我警惕
不過這種人啊，永遠不會在意別人眼光，身為這樣子的人還挺幸福的呢。

第三中期

從第二十王朝開始，埃及逐漸分成南、北兩大主要勢力，分別由軍人以及大祭司統治。不過這兩個地區的關係友好。

下埃及地區

第21王朝（B.C. 1069～945）

這時的治世年大致是以「下埃及」的統治者為主，所以應該是「下埃及」的權勢較為強大。

① 斯門代斯（Smendes）（B.C. 1069～1043）

這個人曾經在前面「溫阿蒙航海記」出現過，原本是軍部的總司令官。沒有人知道他是怎麼樣當上法老的。若根據慣例去推測，他應該是跟拉美西斯十一世的女兒結婚……。他將首都遷到塔尼斯。

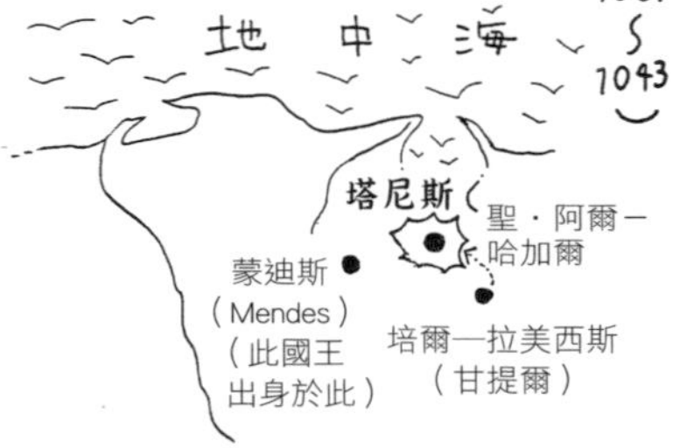
地中海
塔尼斯
聖・阿爾－哈加爾
蒙迪斯（Mendes）（此國王出身於此）
培爾－拉美西斯（甘提爾）

② 阿蒙涅姆尼蘇（Amenemnisu）（B.C. 1043～1039）

斯門代斯去世之後，不知道為什麼，大祭司霍力荷爾及王妃納傑美特的兒子阿蒙涅姆尼蘇當上了法老……

總歸一句，不論上、下埃及都變成神官的天下了啦！

上埃及地區

① 帕涅傑姆一世（B.C. 1070～1032）

應是皮安其的兒子

我有使用勳章飾喔。

穿著也如同法老

霍力荷爾所開啟的大祭司天下到了這個時代仍舊持續著。他和霍力荷爾一樣，娶了拉美西斯十一世的女兒為妻。

拉美西斯十一世簡直是任人擺佈，實在好可憐。

在卡納克神殿這邊，他恐怕也把拉美西斯二世的巨像占為己有。

接著，他將皮安其展開的拆解帝王谷陵墓、搬運木乃伊等事情攬了下來，好好地中飽私囊了一番。

一旦有人開了先例，後面的人就會群起仿效……

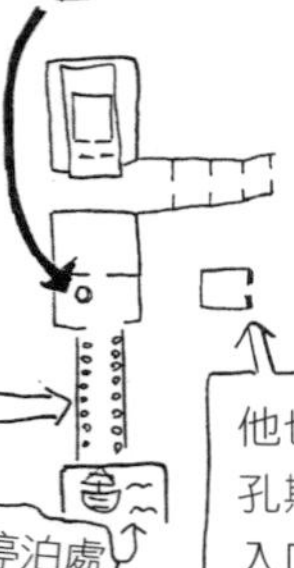
船停泊處

司芬克斯參道
這裡的司芬克斯上，也有帕涅傑姆一世的名字，不過他應該是把拉美西斯二世建造的司芬克斯重刻上自己名字的。

他也裝飾了孔斯神殿的入口塔門。

拉美西斯一族此時完全失勢

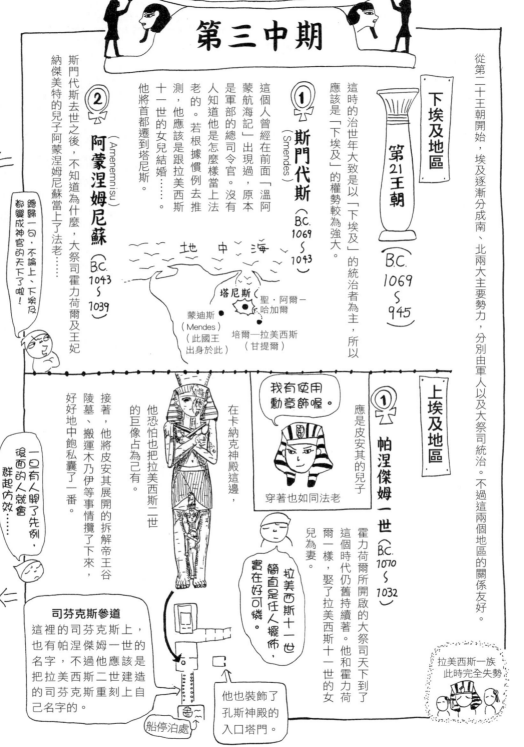

③ 普蘇森尼斯一世（Psusennes I）（B.C. 1039～991）

賀！發現從未遭竊的陵墓！

啪啪啪……

一九三九年，法國人皮耶魯・蒙第（Pierre Montet）在挖掘塔尼斯大神殿周邊地區時，偶然發現的。總共有七個墳墓！其中普蘇森尼斯一世的玄室完好如初、並未遭到盜墓。

但是這個墳墓裡頭的棺材卻是麥倫普塔赫的，陪葬品也很少，裡頭的東西大多是從先王的墳墓裡拿來的二手貨。跟圖坦卡門的陵寢相比，這個地方簡直窮酸到不像個國王的墳墓。

跟圖坦卡門的相較，根本薄得像紙。
著名的黃金面具
面具真的是他自己的。

淪落到連陪葬品也用別人的嗎……

引人注目的家臣 溫杰巴恩傑德

連黃金面具他都有！

他也葬在普蘇森尼斯一世的陵墓中！

溫杰巴恩傑德（Wendjebauendjed）是輔佐普蘇森尼斯一世的軍人。他的遺體盛裝打扮、毫無損傷，甚至還戴著拉美西斯九世的戒子。但是為什麼他可以跟國王葬在同一個墳墓呢……。看來他應該是備受寵愛。

木乃伊身上的繃帶重新纏繞過，之前幸運沒有被小偷偷走的值錢護身符，也幾乎被剝得一乾二淨。而且這些木乃伊被集中在阿蒙霍特普二世的陵墓、以及位於達爾－巴赫里的因哈匹王妃（Inhapi，第十八王朝的首位法老雅赫摩斯的其中一位妻子）的墳墓中。這樣的作業一直持續到西阿蒙（下埃及）的第十年治世左右。

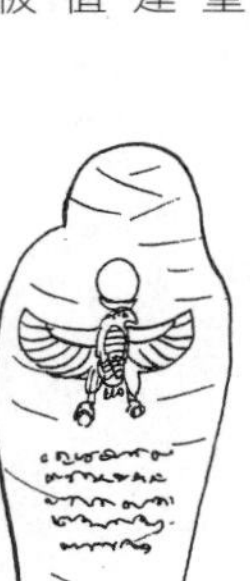
那個時候，木乃伊的名字會寫在棺材和包材上，所以能確知那個木乃伊是誰。

帕涅傑姆一世過世之後，

② **馬薩哈爾塔**（Masaherta）（B.C. 1054～1046）

③ **門喀貝爾拉**（Menkheperre）（B.C. 1045～992）

④ **斯門代斯二世**（Smendes II）（B.C. 992～990）

⑤ **帕涅傑姆二世**（Pinudjem II）（B.C. 990～969）

這些人陸續接掌大祭司一職。

推測出來的系譜之一

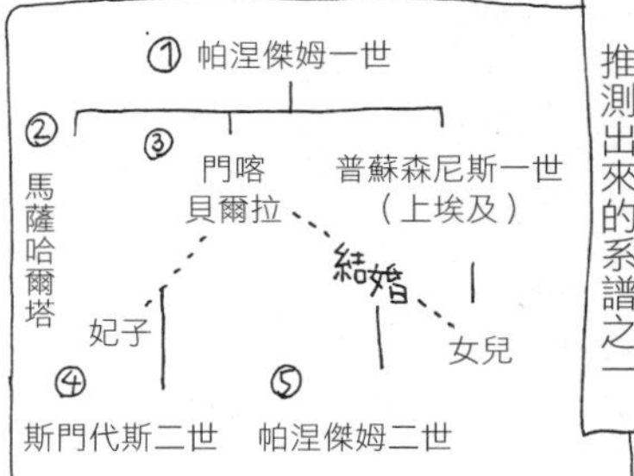
① 帕涅傑姆一世
② 馬薩哈爾塔
③ 門喀貝爾拉
普蘇森尼斯一世（上埃及）
結婚
妃子
女兒
④ 斯門代斯二世
⑤ 帕涅傑姆二世

一般認為，不管是上埃及還是下埃及，其實都是同一族的人在統治。

下埃及

④ **阿蒙涅莫普**（Amenemope）（B.C.993～984）

他也有黃金面具！

他是普蘇森尼斯一世的兒子，死後被安葬在父親玄室旁邊的房間中。但不知道為什麼，他是用母親的棺材……

臉的下緣看來好厚重……。

接下來是

⑤ **奧索爾孔**（Osorkon）（B.C.984～978）

謎樣的人。有人說他是利比亞人。

⑥ **西阿蒙**（Siamen）（B.C.978～959）

在塔尼斯的墓群中找到他的巫沙布提俑。

⑦ **普蘇森尼斯二世**（Psusennes 二）（B.C.959～945）

上述這些人接著統治。

埃及的公主，終於終於嫁到國外了！

這個時候，大衛王治理之下的以色列正逐步邁向全盛期。所以，埃及就將自家公主嫁給大衛王的兒子所羅門王。阿蒙霍特普三世曾經誇下海口說：「埃及的公主絕對不會嫁到國外去！」那個輝煌時代早已一去不復返，成了泡沫幻影……

有人說是同一人！

帕涅傑姆二世和他的家族一塊兒葬在達爾－巴赫里。法老的木乃伊後來都被集中在這地方，一般稱此處為「皇家墓城」。

國王的木乃伊被搬來移去。

譬如說，拉美西斯二世的木乃伊，首先被移往塞提一世的陵墓。

算了，是父子嘛……

後來又移到因哈匹王妃的墳墓，跟之前被搬進去的木乃伊安置在同一處。

（西阿蒙治世第十年）

最後，在下一個王朝的舍順克一世治世第十一年時，被移到因哈匹王妃墓附近的帕涅傑姆二世陵墓，跟其他人一起。他在這裡待了三千年。

而打破這份寧靜的是這一群人～

We've founded!

拉斯爾家族

不曉得人們為什麼要將木乃伊從因哈匹王妃墓移到帕涅傑姆二世的陵寢，既然能夠從木乃伊身上掠奪的都已經掠奪殆盡了。因此也有人認為，這最後一趟的搬遷，應該純粹是為了「找個讓先王得以安息的地方」。

而最後的統治者是

⑥ **普蘇森尼斯三世**（Psusennes 三）（B.C.969～945）

似乎有這號人物存在，但關於他的事蹟一概不明。

應該是吧～

上埃及

第22王朝（B.C. 945〜715）

① 舍順克一世（Sheshonq I）（B.C. 945〜924）

這位是利比亞人！

他原本是軍部的總司令官，後來跟普蘇森尼斯二世的女兒結婚，於是升格為法老。

從拉美西斯二世的時代開始，利比亞人就以傭兵身分逐漸進入埃及。

他出身於布巴實提（Bubastis）。

也有人說他是第二十一王朝的奧索爾孔的姪子。

貝斯特是主神
塔尼斯

由於舍順克一世的兒子擔任要職，埃及在長久分裂之後終於**再度統一**。

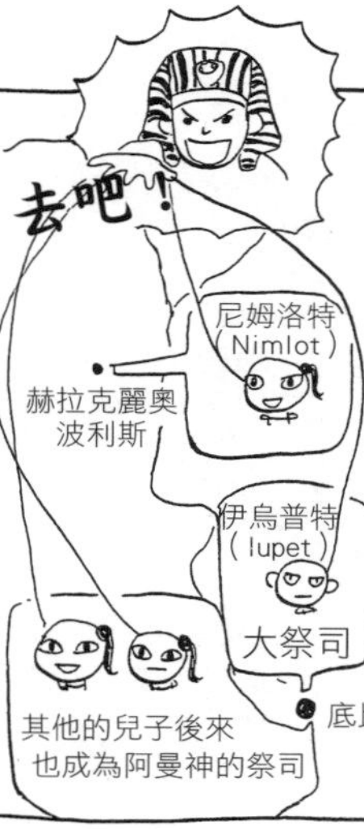
去吧！
尼姆洛特（Nimlot）
赫拉克麗奧波利斯
伊烏普特（Iupet）
大祭司
底比斯
其他的兒子後來也成為阿曼神的祭司

這個王朝的國王們全都用這種方式維持統一。

不過舍順克一世並不以完成統一為滿足，他甚至還進軍巴基斯坦，以昭示自己的實力。《舊約聖經》中也曾出現「舍順克」這個名字呢。除了收存摩西十戒的聖櫃之外，他將當地掠奪一空。（但從這個時候開始，聖櫃就下落不明。）

佔領耶路撒冷！

他還在圖特摩斯三世獲得大勝的梅吉德（Megiddo）立紀念碑，紀念勝利。

衰微中的埃及因此享受了短暫的榮光。

舍順克一世也在卡納克建造了大的中庭。

「布巴實提之門」上面留有壁畫炫耀他在巴基斯坦戰勝的事蹟。

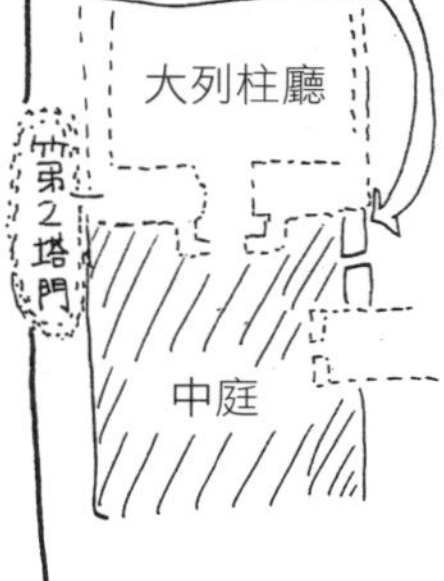
大列柱廳
第2塔門
中庭

接下來是

② 奧索爾孔一世（Osorkon I）（B.C. 924〜889）

舍順克一世的兒子，為了怕兄弟奪權，先立兒子

③ 舍順克二世（Sheshonq II）（B.C. 890頃）

為阿曼大祭司，接著指名兒子當共同統治者。但是舍順克二世早逝，不知道是不是受到失算的打擊，奧索爾孔一世自己不久後也撒手人寰。

奧索爾孔一世在布巴實提建造了阿圖姆神殿，也增建了歷史悠久的貝斯特神殿。在塔尼斯的王墓群中找到雪花石膏製作的他的容器。

頭前傾

奧索爾孔一世像

不怎麼活躍的舍順克二世的黃金面具

面具及他的木乃伊都在塔尼斯的王墓群中發現

④ 塔克洛特一世（Takelot I）（B.C.889～874）

奧索爾孔一世側室生的小孩。

只有這麼一句話嗎。

⑤ 奧索爾孔二世（B.C.874～850）

塔克洛特一世之子。到他時埃及再度分裂。他的堂兄弟荷爾蘇伊塞（Harsiese，舍順克二世的兒子）當了阿曼神殿的大祭司，可是突然說——

我要當法老～

然後就擅自掌管上埃及。這個王朝為了不讓其他人將權力奪去，想出了這個自鳴得意的「家族經營」體系，但是從這一件事看來，這體系終歸是有缺陷的。親族之間互相奪權的情形又開始了。

奧索爾孔二世警覺到王權逐漸衰微，因此在荷爾蘇伊塞過世之後，他馬上就派兒子尼姆洛特以「阿曼神殿大祭司」的身分前往底比斯；另外還任命自己另一個兒子舍順克擔任位於孟菲斯的布塔神殿的祭司，不只這樣，而且還讓其他兒子分別擔任要職，藉以鞏固自己的地盤。

還是兒子可靠。
這下安心了～
你自己當然沒事，但是你的兒子或孫子輩他們，還不是一樣會重蹈覆轍！你自己不是有最深刻的體驗嗎～

正當奧索爾孔二世以為解決了國內問題之際，外界的問題隨之而來……這時期亞述漸漸強大，接連征服周邊的國家，勢力甚至慢慢擴展到西邊這頭來。埃及跟以色列及畢布羅斯締結軍事同盟與亞述對抗，總算阻止其入侵。

這下子終於鬆口氣了～

對於布巴實提的貝斯特神殿之擴建，奧索爾孔二世也小有貢獻。這個王朝為了發揚他們這一族的出身地，對布巴實提的神殿傾注了相當多的心血。而他們的努力也沒有白費，在往後希羅多德造訪埃及的時代，神殿依舊堂皇，也就是因為神殿的華麗震攝了希羅多德，它的名聲才傳到全世界。

奧索爾孔二世的石棺在塔尼斯的王墓群中找到。

⑥ 塔克洛特二世（Takelot II）（B.C.850～825）

奧索爾孔二世之子。到他即位為王的時候，他在底比斯當大祭司的哥哥尼姆洛特，已經建立了相當大的勢力。

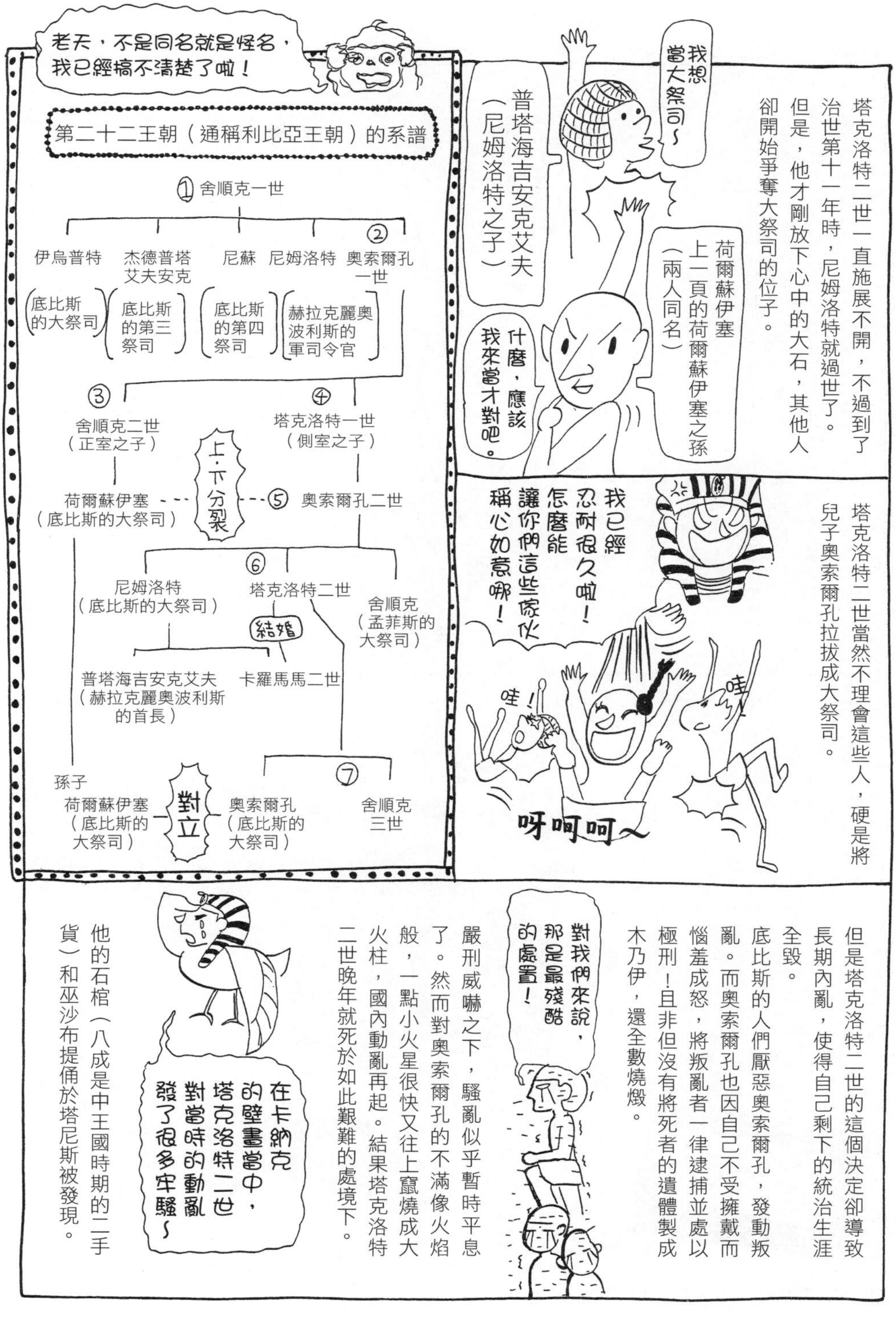
塔克洛特二世一直施展不開，不過到了治世第十一年時，尼姆洛特就過世了。但是，他才剛放下心中的大石，其他人卻開始爭奪大祭司的位子。
我想當大祭司～
普塔海吉安克艾夫（尼姆洛特之子）
荷爾蘇伊塞 上一頁的荷爾蘇伊塞之孫（兩人同名）
什麼，應該我來當才對吧。
塔克洛特二世當然不理會這些人，硬是將兒子奧索爾孔拉拔成大祭司。
我已經忍耐很久啦！怎麼能讓你們這些傢伙稱心如意哪！
哇！
哇
呀呵呵～
老天，不是同名就是怪名，我已經搞不清楚了啦！
第二十二王朝（通稱利比亞王朝）的系譜
①舍順克一世
伊烏普特（底比斯的大祭司）
杰德普塔艾夫安克（底比斯的第三祭司）
尼蘇（底比斯的第四祭司）
尼姆洛特（赫拉克麗奧波利斯的軍司令官）
②奧索爾孔一世
③舍順克二世（正室之子）
④塔克洛特一世（側室之子）
荷爾蘇伊塞（底比斯的大祭司）
上・下分裂
⑤奧索爾孔二世
尼姆洛特（底比斯的大祭司）
⑥塔克洛特二世
舍順克（孟菲斯的大祭司）
結婚
普塔海吉安克艾夫（赫拉克麗奧波利斯的首長）
卡羅馬馬二世
孫子
荷爾蘇伊塞（底比斯的大祭司）
對立
奧索爾孔（底比斯的大祭司）
⑦舍順克三世
但是塔克洛特二世的這個決定卻導致長期內亂，使得自己剩下的統治生涯全毀。
底比斯的人們厭惡奧索爾孔，發動叛亂。而奧索爾孔也因自己不受擁戴而惱羞成怒，將叛亂者一律逮捕並處以極刑！且非但沒有將死者的遺體製成木乃伊，還全數燒燬。
對我們來說，那是最殘酷的處置！
嚴刑威嚇之下，騷亂似乎暫時平息了。然而對奧索爾孔的不滿像火焰般，一點小火星很快又往上竄燒成大火柱，國內動亂再起。結果塔克洛特二世晚年就死於如此艱難的處境下。
在卡納克的壁畫當中，塔克洛特二世對當時的動亂發了很多牢騷～
他的石棺（八成是中王國時期的二手貨）和巫沙布提俑於塔尼斯被發現。

7 舍順克三世（B.C.825～773）
（Sheshonq 三）

塔克洛特二世過世之後，舍順克三世不理會在底比斯滿心期待升格為法老的哥哥奧索爾孔，自己跳出來當法老。

原本應該繼承為下一任法老的奧索爾孔得知消息之後，當然是暴跳如雷，但是他敵不過地盤穩固、武力雄厚的舍順克三世。就在奧索爾孔一心一意想著要怎麼樣奪回理應屬於他的法老之位，將全部注意力都放在塔尼斯的時候，他自己的大祭司地位反倒被不放棄奪權的男人荷爾蘇伊塞給搶去了。

天啊！
當我是什麼！
就真的這樣
任你們踐踏嗎！

之後，奧索爾孔跟荷爾蘇伊塞展開攻防，爭奪「大祭司寶座」。

就在這家子鬧得不可開交之際，一個叫做帕帝巴斯特的男子（一般認為他也是這一族的人，不詳），在雷翁特波里斯（Leontopolis）宣告自立為法老！

這個舉動引發了連鎖效應，各地當權的男子異口同聲表示：「這樣我也要當王！」於是乎一個接一個自立為王。

舍順克三世的墳墓原本是塔尼斯的五號墳，不過遺體似乎被移到一號墳墓。

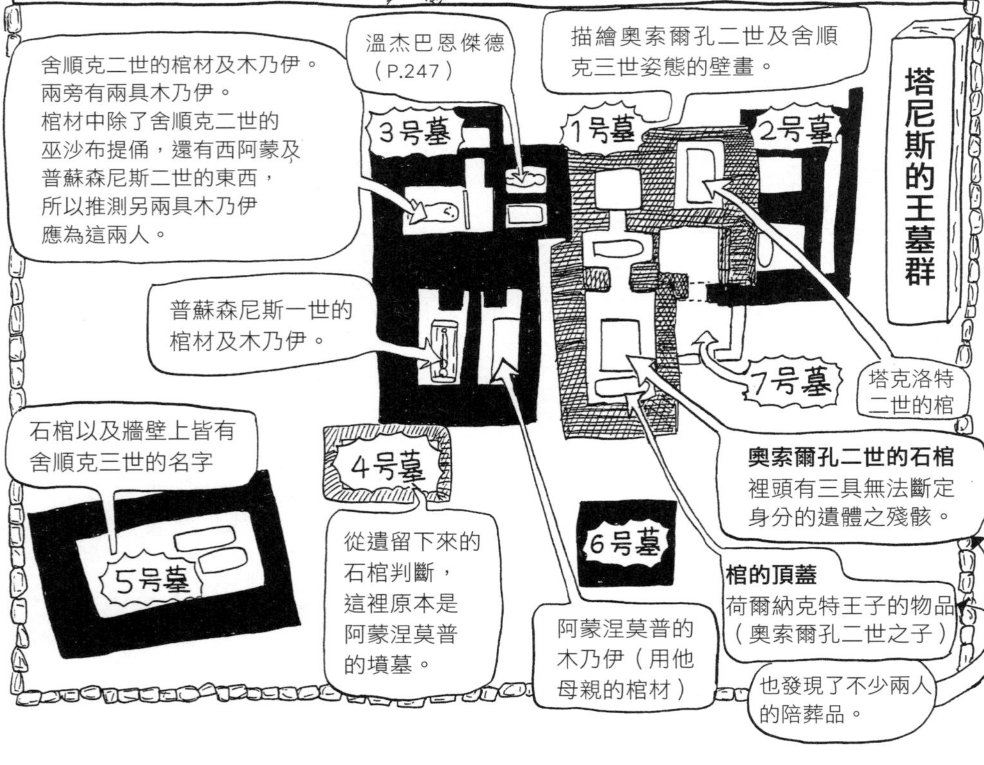
塔尼斯的王墓群
舍順克二世的棺材及木乃伊。兩旁有兩具木乃伊。棺材中除了舍順克二世的巫沙布提俑，還有西阿蒙及普蘇森尼斯二世的東西，所以推測另兩具木乃伊應為這兩人。
溫杰巴恩傑德（P.247）
描繪奧索爾孔二世及舍順克三世姿態的壁畫。
3号墓
1号墓
2号墓
普蘇森尼斯一世的棺材及木乃伊。
7号墓
塔克洛特二世的棺
奧索爾孔二世的石棺
裡頭有三具無法斷定身分的遺體之殘骸。
石棺以及牆壁上皆有舍順克三世的名字
4号墓
5号墓
6号墓
從遺留下來的石棺判斷，這裡原本是阿蒙涅莫普的墳墓。
阿蒙涅莫普的木乃伊（用他母親的棺材）
棺的頂蓋
荷爾納克特王子的物品（奧索爾孔二世之子）
也發現了不少兩人的陪葬品。

北部的五個地區分別立了自己的法老。

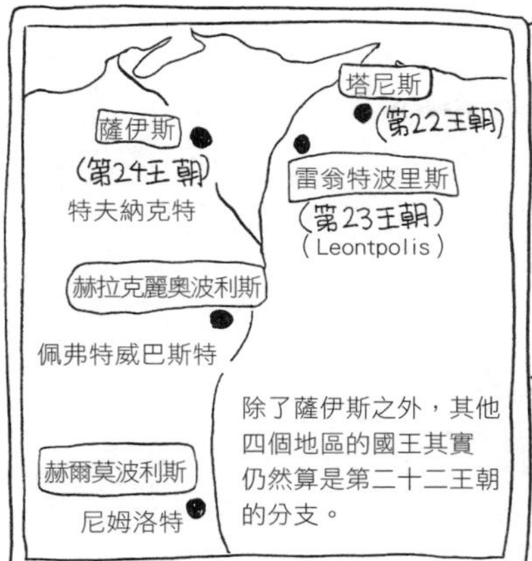

塔尼斯
（第22王朝）
薩伊斯
（第24王朝）
特夫納克特
雷翁特波里斯
（第23王朝）
（Leontpolis）
赫拉克麗奧波利斯
佩弗特威巴斯特
赫爾莫波利斯
尼姆洛特
除了薩伊斯之外，其他四個地區的國王其實仍然算是第二十二王朝的分支。

【塔尼斯】

雖然第二十二王朝仍然繼續傳下去，但是舍順克三世死後，勢力就越來越萎縮了。

⑧ **帕米**（Pami）（B.C.773～767）

⑨ **舍順克五世**（Shoshenq V）（B.C.767～730）

⑩ **奧索爾孔四世**（Osorkon IV）（B.C.730～715）

【雷翁特波里斯】（Leontpolis）

第23王朝（B.C.818～715）

① **皮杜巴斯特**（Pedubaste I）（B.C.818～793）

② **舍順克四世**（Shoshenq IV）（B.C.793～787）

③ **奧索爾孔三世**（Osorkon III）（B.C.787～759）

④ **塔克洛特三世**（Takelot III）（B.C.764～757）

⑤ **魯德阿蒙**（Rudamun）（B.C.757～754）

⑥ **伊烏普特**（Iupet II）（B.C.754～715）

兄弟

【薩伊斯】

第24王朝（B.C.727～715）

① **特夫納克特**（Tefnakht）（B.C.727～720）

武夫型的利比亞人。統帥多民族集團。

【赫爾莫波利斯】

尼姆洛特

【赫拉克麗奧波利斯】（Heracleopolis）

佩弗特威巴斯特（Peftjauwybast）

娶魯德阿蒙的女兒為妻。

特夫納克特嚴重受到努比亞威脅，因此對下埃及的國王發出呼籲。

努比亞越來越囂張囉～

因此，下埃及五個王便結成同盟。

接著，上埃及竟然被**努比亞**王朝……

以往，埃及對努比亞總是極盡威嚇欺凌之能事，不怎麼把它放在眼裡。這時，努比亞趁著埃及國勢逐漸衰敗的大好時機，慢慢地儲備實力，終於成為一個統一的國家「庫什」（Kush）。而建立庫什王國的核心人物卡什塔（Kahsta）當上國王的時候，努比亞的勢力甚至大到進駐埃及。

對埃及而言，西亞諸國是他們的「小老弟」，有時候埃及也會以對等的態度對待它們。但是對努比亞，埃及似乎只把它當成「心情不好時的出氣筒」。

第25王朝（B.C.747～656）

① **皮安希**（Piankhy）（B.C.747～716）

由於卡什塔國王建立起穩固的基礎，他的繼任者皮安希被迎到上埃及，取得了統治權。到了這個時期，埃及和努比亞長年的關係大為逆轉。皮安希本人雖是滿足於這個現況，然而下埃及的聯軍卻無法接受，頻繁地挑釁其權力。

真受不了他們，討厭～

於是皮安希終於下了重大決定。

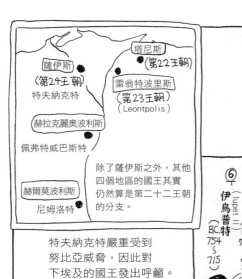

結果，聯軍和皮安希的軍隊就在赫爾莫波利斯這個地方決一死戰！
——皮安希實在太強大了！打敗敵人簡直易如反掌，輕鬆獲勝！
終於，努比亞法老再度將上、下埃及統一！恭喜！
這時候，原本統治赫爾莫波利斯的尼姆洛特跑來搖尾乞憐。他向皮安希獻上美女，想要討他歡心，但是皮安希完全不吃這一套……
No thanks!!
失望
槓龜了嗎！
而且，皮安希看到農舍裡頭的家畜餓肚子，反而大為動怒。
你（尼姆洛特）害動物們吃苦頭的重罪，可是遠遠超過你做過的所有壞事！
氣得發抖
努比亞人非常愛護動物，尤其是喜愛馬。
皮安希還展現了他瀟灑大度的一面。他不但原諒了原本為敵的四個國王，
皮安希你好帥喔……
你們各位統治的地區以後還請多多關照！
尼姆洛特
阿曼神
馬
非常感謝您的心意。
皮安希
奧索爾孔四世
伊烏普特
佩弗特威巴斯特
戰勝紀念碑
詳細地描繪了皮安希的活躍程度。
還這樣寬容大量。
而挑起爭端的第二十四王朝的特夫納克特，則逃遁到三角洲。
他寫信盛讚皮安希，假裝自己有反省之意。
英勇的皮安希大人
嚓
但其實他受的教訓顯然不夠，還準備再度出征。
接著，他滅掉了第二十二、二十三王朝。
你們居然敢背叛我！
害我最後變成孤軍奮戰～
之後，
② 波克霍利斯（Bocchoris）(B.C. 720～715)
→右為希臘文通稱。埃及名是巴克恩雷尼夫（Bakenrenef）。
他繼承第二十四王朝特夫納克特的遺志。

另一方面，皮安希安排自己的妹妹阿蒙伊爾底斯一世（Amenirdas 一）當上「阿曼神的聖妻」，以壓制底比斯。之後皮安希回到庫什王國的首都，也就是他的故鄉納帕塔（Napata），從那裡遙控埃及。

什麼嘛，是那種離不開故鄉的男人喔！我不要了。
草包一個～

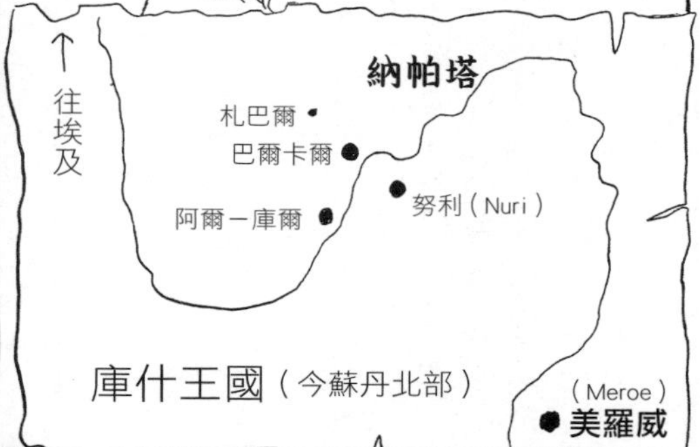
納帕塔
札巴爾
巴爾卡爾
阿爾－庫爾
努利（Nuri）
往埃及
庫什王國（今蘇丹北部）
（Meroe）
美羅威

神之手

「阿曼神的聖妻」寶座，再度流行！

雖然說這個職位已經被人遺忘很長一段時日了，但是，其實自拉美西斯六世的女兒就任這個職位以來，國王的女兒擔任「聖妻」就已成為慣例了，這寶座也變得越來越重要。而且到了這個時候，「聖妻」的權力還凌駕於神官團之上，權傾一時，甚至得掌管國家財政。

皮安希的妹妹阿蒙伊爾底斯一世在拉美西斯三世的葬祭殿中，建造了自己的墳墓以及禮拜堂，從這點也可以看出「聖妻」的權勢有多大。

另外呢，努比亞的人們雖然長久以來受盡埃及欺凌，但是，在長期受埃及支配、影響的過程中，他們卻也漸漸地愛上了埃及的文化以及宗教。甚至可以說，比起因為權力鬥爭致使信仰遭到扭曲的埃及人民，努比亞人對於阿曼．拉的信仰還比較虔誠、純粹呢。努比亞人從埃及第十八、十九王朝左右開始，在札巴爾．巴爾卡爾（Gebel Barkal）這個地方建設的阿曼神殿，到了這個王朝的時候，規模已經大到可以跟卡納克神殿匹敵了。

是要說努比亞人太好了，還是……

日本人也是這種爛好人嗎？

另外，皮安希的繼位名也是取自圖特摩斯三世，不知道是不是圖特摩斯是他「崇拜的英雄」之故。不過，如果那位「英雄」知道努比亞人竟然當上埃及法老，搞不好會嚇昏哩。

皮安希最後葬在阿爾－庫爾（el-Kurru）。而金字塔竟然也在努比亞復活。

墳墓上端尖角已經沒了
玄室
努比亞的傳統是讓遺體躺在床上。

埃及和努比亞的習俗混合在一起。

前任國王卡什塔葬旁邊……

附近有馬的墳墓！

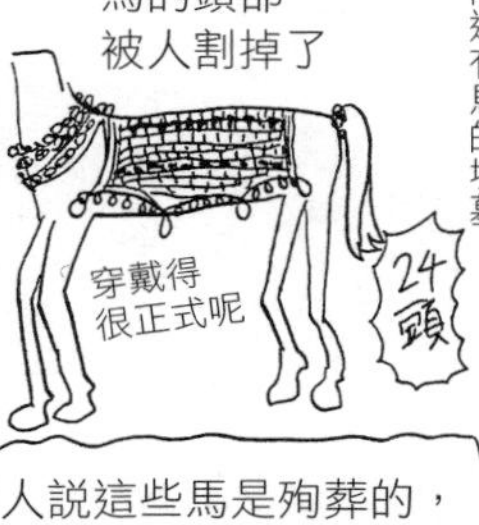
馬的頭部被人割掉了
穿戴得很正式呢
24頭

四匹馬一組，以立姿直接埋葬。

有人說這些馬是殉葬的，不過實在是很難想像對馬兒的痛苦可說感同身受的皮安希，會允許這種事。

②沙巴卡（Shabaka）（B.C. 716～702）

皮安希的弟弟。他討伐了那個小囉嗦的波克霍利斯，完全征服了皮安希放任不管的三角洲地帶！於是埃及全境到這個時候又統一了。

沙巴卡石（Shabaka Stone）

他的遺物在大英博物館展示。

沙巴卡時代在孟菲斯發現了一份破爛不堪的莎草紙，為了將上面的內容傳給後世，於是重新刻在石頭上，就是這塊石頭。（內容講的是布塔神為主角的創世神話。）

（那個顯眼又像花樣的刻痕，其實是後人拿來當臼使用留下的痕跡。）

③沙巴塔卡（Shabataka）（B.C. 702～690）

這個時候，亞述以勢如破竹之姿，大舉擴張領土，開始攻打巴基斯坦。

看到情如兄弟的國家任人宰割，沙巴塔卡說：

可惡～我看不下去了～

於是就派出援軍。但是沙巴塔卡的「男子漢軍團」卻被亞述王嘲笑是「沒路用的東西」。雖然埃及這一次受到了重挫，國力再度大減，不過無論如何，總算是阻擋了亞述進一步的侵略。

沙巴卡、沙巴塔卡的墳墓和皮安希一樣位於阿爾-庫爾。

④塔哈爾卡（Taharqo）（B.C. 690～664）

沙巴塔卡的弟弟。

他治世的前半段主要致力於全國性規模的建築事業。

我在卡納克的阿曼神殿第一中庭建了十根大柱呢。

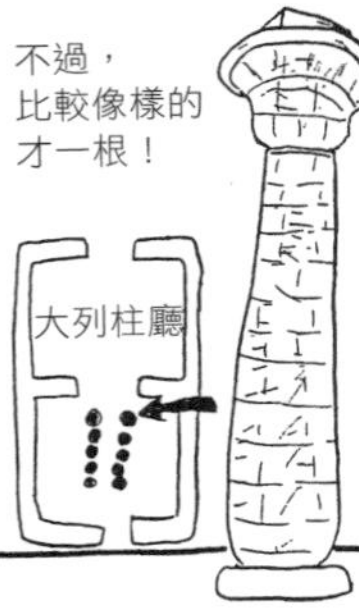
不過，比較像樣的才一根！
大列柱廳

塔哈爾卡治世的後半段，終究還是面臨到亞述的攻擊。亞述軍力強大，兩軍對戰，埃及的軍隊就只有挨打的份兒，塔哈爾卡一直往內陸撤退，到後來底比斯被佔領，他也逃回庫什去了。

佔領埃及的亞述軍隊，把始祖為特夫納克特的第二十四王朝後裔尼科一世（Neko 一）、以及他的兒子普薩美提克一世（Psamtek 一）帶到亞述的首都尼尼微（Nineveh）。

跟我們好好學學！

在那裡，尼科父子倆被強迫接受亞述教育，並且在宣誓對亞述忠誠之後，最後被遣送回埃及，在亞述的監視下統治著三角洲地帶。

一切都遵照亞述大人的吩咐……

另外這一頭，塔哈爾卡則是在故鄉抑鬱而終。他的遺體葬在努利的墳墓中……

⑤ 塔努特阿蒙（Tanotamun）（B.C. 664～656）

努比亞王朝還沒有完全放棄！在重整旗鼓之後，再度進攻三角洲。塔努特阿蒙首先攻打把靈魂賣給亞述的尼科一世，憑著一股氣勢，將孟菲斯給奪了回來。

哇啊！
笨蛋！笨蛋！你這叛國賊！

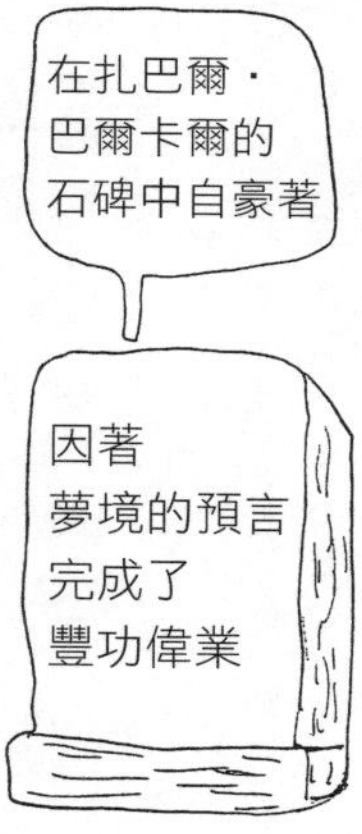

在扎巴爾·巴爾卡爾的石碑中自豪著
因著夢境的預言完成了豐功偉業

但是，亞述軍隊緊追而來。

哇哈哈
哇～～

於是，塔努特阿蒙只好逃回故鄉。在這個時候，底比斯也因戰亂而面目全非。

在這之後，塔努特阿蒙放棄了一切，將首都從納帕塔遷到了美羅威，然後就在那裡定居下來。從此，埃及歷史上就再也沒有出現過努比亞法老了。

之後，努比亞人把他們從埃及及所帶回來的文化在美羅威發揚光大。他們在那裡建造了阿曼·拉神殿，還建造了金字塔，金字塔數量甚至還是埃及境內的兩倍——有一百八十座（以基台總數來計算）。

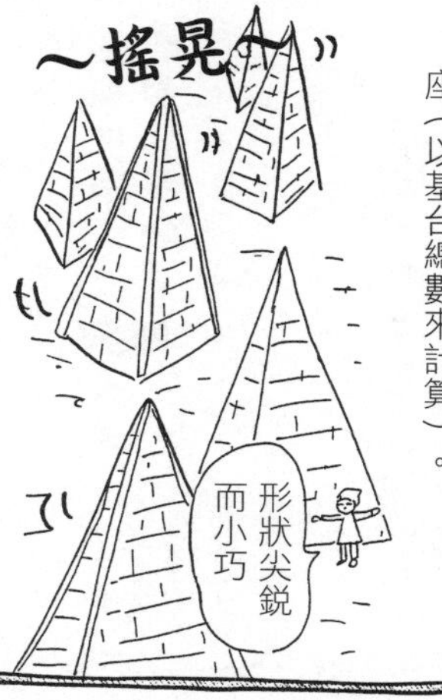

～搖晃～
形狀尖銳而小巧

美羅威的繁榮維持到西元三五〇年。

★努比亞人以埃及文字為基礎（或許啦），創造出獨特的美羅威文字。

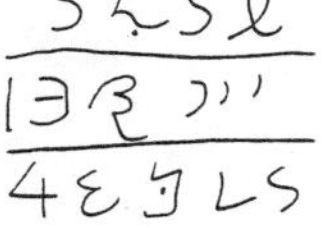

時至今日
無人能解……

酷斃了！

底比斯市長 蒙圖艾姆赫特（Montuemhat）

底比斯遭到破壞、烽火連天之際，毅然留在阿曼神殿的男子漢。就連亞述王都很欣賞蒙圖艾姆赫特的男子氣概，不但稱呼他為「底比斯王」，還將底比斯交給他統治。

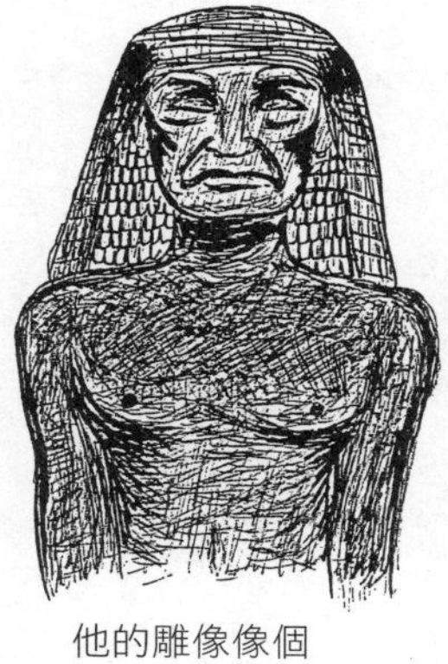

他的雕像像個
不苟言笑的大叔

蒙圖艾姆赫特承接了塔哈爾卡時代起步的建築事業；當了「市長」、「阿曼神第四祭司」（這頭銜怎麼這樣不上不下）；再加上他整修被亞述破壞得亂七八糟的底比斯，更使他聲名遠播。據說他相當有勢力，也娶了三個妻子。哈塞普蘇葬祭殿附近的貴族墳墓中，就屬蒙圖艾姆赫特的最大，甚至還建有禮拜堂呢。

第26王朝
通稱 薩伊斯王朝
(B.C.664~525)

① 普薩美提克一世 (Psammethicus 一) (B.C.664~610)

努比亞王朝撤回故鄉後，亞述把埃及交給與尼科一世一同接受洗腦教育的兒子——普薩美提克一世，之後就撤退了。

那麼接下來就都交給你啦。
要好好地看門啊。
是~
搖尾巴

亞述本以為普薩美提克一世是聽話、好掌控的部下，沒料到這個人其實工於心計，是個強悍而富有手腕的政客。

我的專長就是把毒牙藏得好好的，不讓人發現。
對外界端出和善而好相處的樣子~

普薩美提克一世以他們家族出身的薩伊斯為首都，用他自豪的社交手腕拉攏了三角洲地區的豪族們。

接著，他又攏絡底比斯的當權者蒙圖艾姆赫特，讓女兒尼特克利斯（Nitocris）當上「阿曼神的聖妻」，把底比斯也控制在手掌心裡。

哎呀，沒有什麼比樹立敵人更愚蠢的啦。
特別是自己的地位還沒很穩固的時候！

另外，他認為沒有錢沒辦法辦事，因此認真地投入跟地中海各國的貿易往來。此外，他還積極地僱用希臘等外國人當士兵，以徹底提升自家軍隊的素質。而為了支付這些外國人薪水，埃及也開始著手鑄造貨幣——這是埃及立國以來頭一遭。（在此之前，埃及都是以物易物喔！）

普薩美提克一世也進行了一些建設，顯示他處理國事遊刃有餘。

他展開沙卡拉的聖牛地下墳墓擴建工程，將古王國時期的建築好好整頓、修復了一番。

對國力恢復自信的普薩美提克一世，眼見亞述被周遭各國圍剿、漸漸失勢……

這下子我也差不多可以露出真正面目了。
凜然
第一步，就先跟亞述頂嘴看看。

普薩美提克一世對亞述的態度越來越不客氣，不過此時亞述已經沒有餘力管束他，除了放任也別無他法，於是埃及再度恢復自治權。

而且，獨立國家新埃及甚至更進一步前往亞述，提供援助。因為埃及也感受到亞述的最大敵國、快速成長的新巴比倫的威脅。

但埃及的努力終究枉然，西元前六一二年左右，亞述的首都尼尼微被攻破，亞述帝國隨之滅亡。

嗯~這次我失算了。
哎呀，就交給兒子善後啦。

亞述滅亡後的
西亞諸國
里底亞（Lydia）
米提（Media）
西里西亞（Cilicia）
新巴比倫
埃及
猶大

② 尼科二世（B.C. 610～595）

尼科二世繼承了其重建埃及的偉大父親普薩美提克一世之王位。繼位後不久，他馬上決定跟亞述的殘存勢力合作，進攻巴基斯坦！不過他抵達的時候，亞述的殘存勢力已經完全被殲滅了，可說是撲了個空，不過他仍然憑著銳不可擋的氣勢擊敗了約書亞王（Joshua），支配了猶大王國！

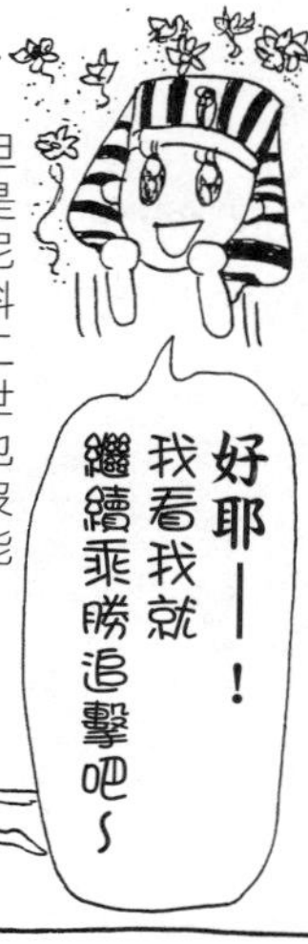
好耶——！
我看我就
繼續乘勝追擊吧～

但是尼科二世也沒能高興多久啦。五年之後，他就被新巴比倫的國王尼布甲尼撒二世（Nebuchadnezzar 二）踢到一邊去了。

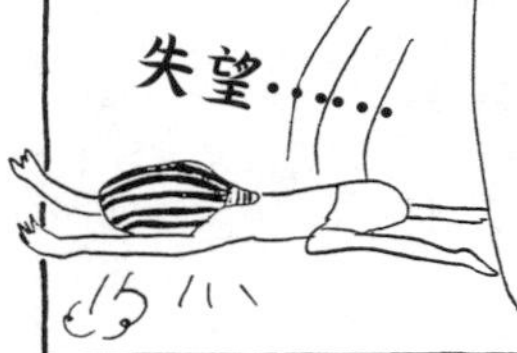
失望……

尼科二世支配巴基斯坦的美夢雖然是曇花一現，但他卻得到了「海上男兒」的稱號。

據希羅多德表示，尼科二世還著手開挖運河，以連接尼羅河及紅海！

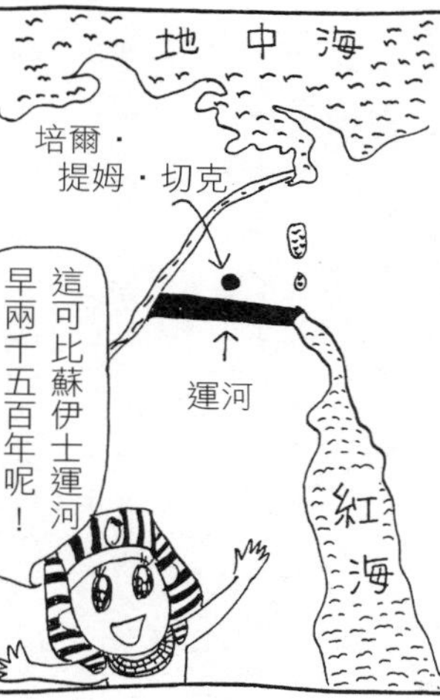
地中海
培爾・提姆・切克
運河
紅海
這可比蘇伊士運河早兩千五百年呢！

而尼科二世也在運河的中段建設了新興都市培爾・提姆・切克（現在的迪爾阿爾－馬斯庫塔）。他還僱用了希臘傭兵，成立了埃及第一支海軍，命令他們鎮守地中海及紅海。希羅多德說，尼科二世甚至還搭乘腓尼基人的船隻，繞行非洲大陸一圈呢。

他似乎比西方大航海時代還早兩千年航行非洲大陸一周呢。

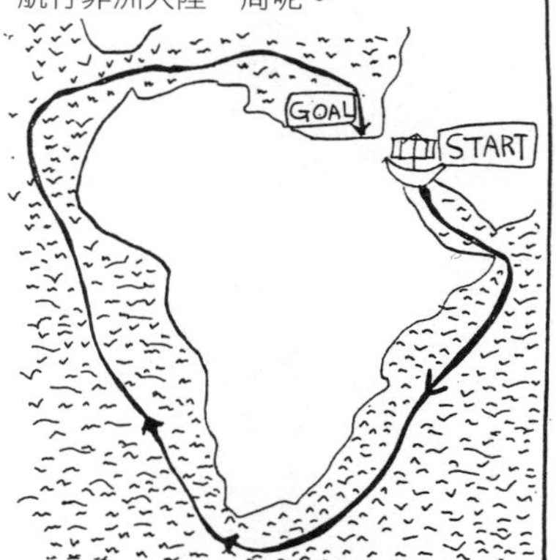
GOAL
START

對現今的人們來說，尼科二世是不像圖坦卡門或者拉美西斯二世那樣有名，不過其實他是一個立下豐功偉業的埃及國王呢。如果再將「埃及人自古以來就不諳水性」這一點列入考慮，更能意識到尼科二世做了什麼「創舉」！有人認為他之所以沒有成名，主要是幾乎沒有遺物出土的緣故。這可能是因為他的遺物被後來的統治者給破壞殆盡了，也有可能還沈睡在現代大樓以及住宅區建築林立的地面下。

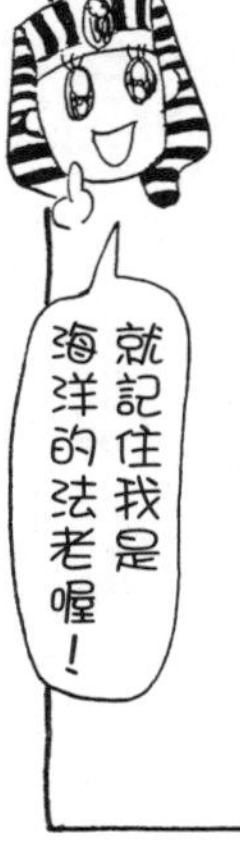
就記住我是
海洋的法老喔！

③ 普薩美提克二世（Psammethicus 二）（B.C. 595～589）

這個王朝對先前的努比亞王朝抱著很深的情結，不斷破壞努比亞王朝刻在建築物上的名字洩憤，而且甚至覺得這樣的報復遠遠不夠，到了普薩美提克二世的時代，甚至還帶領希臘傭兵進攻庫什王國。

努比亞王朝打碎了我們的祖先特夫納克特的豪情壯志；還燒死了波克霍利斯、殺掉尼科一世。此仇不報非君子！
此時希臘士兵在途中經過的阿布辛比神殿上塗鴉。（至今還留著）

據說原本氣派堂皇的札巴爾・巴爾卡爾神殿，也是在這時遭到破壞的。

再來又是 希羅多德所提供的情報

哈～

古希臘的城邦國家之一伊里斯（Iris），曾經派遣使者前來埃及拜訪普薩美提克二世。這位使者跟普薩美提克二世表示：「我們希望舉辦一個規則完美無缺、公平公正禮讚人類的競技大會，叫做『奧林匹克』。競賽規則部分，我們怕萬一有什麼考慮不周詳的地方，所以想要借重埃及的智慧。」

聽完伊里斯使者充滿自信地將規則解釋一通之後，普薩美提克二世說道：

你們說規則公平公正，但是由主辦人選派選手這一點不是很奇怪嗎？這麼一來，很容易袒護自己的選手吧？主辦者就應該要專心管大會的事情……

他的意見可以說相當公允，但似乎沒有被希臘人採用。

？？？

④ ★阿普里斯（Apries）（B.C. 589～570）

到阿普里斯這代，埃及再度將眼光探往巴基斯坦。但是，不論埃及有多麼想要插一腿，就是敵不過新巴比倫。於是阿普里斯選中了在新巴比倫的管制之下飽受壓迫的猶大王國，提供援助，煽動他們叛亂！雖然猶大王國過去曾經被埃及的尼科二世佔領過，但或許他們覺得埃及還比新巴比倫好啦，總之後來猶大王國接受了埃及的提議，起來反抗新巴比倫。

但先前教唆猶大王國叛亂的阿普里斯，在這最關鍵的時刻卻未派出援軍……。結果猶大王國遭到攻陷，最後覆亡。他們的人民則被押到新巴比倫。（這件事就是所謂的「第二次巴比倫之囚」。）

哈哈哈
我不管了～
咻！

這個時期很多猶大王國的人逃到了埃及。
好不容易才逃出埃及的說……

★從這個國王開始，採用較廣為人知的名字（大多是以希臘人的稱法為主）。

阿普里斯隨便的態度，也反映在對國內的統治上。就在埃及人民對他的反感達到最高點的時候，鄰國利比亞的利比亞原住民正好與進行殖民地化的希臘人之間起了衝突。
好，這下子可以轉移國民的注意力啦。
呵呵
阿普里斯派援軍支援利比亞，不過埃及的軍隊卻吃了小敗仗。
關於這一段經過，希羅多德也做了詳細的介紹呢～
這場戰役中生還的埃及士兵們，對國王的不滿馬上就爆發了。
那個傢伙竟然犧牲我們！
他還巴不得我們死掉呢！
哇咧！沒有轉移注意力，反倒火上加油嗎？
終於，埃及士兵群起圍攻阿普里斯。
於是阿普里斯派將軍阿馬西斯去鎮壓。
哈、哈，這個任務簡單啦！
交給我吧！
阿馬西斯（第二六二頁）
前一任國王普薩美提克二世時期的知名軍事將領。從阿布辛比（神殿）的塗鴉得知，他曾經指揮過埃及軍隊遠征努比亞。
但是，阿普里斯可說是派了最糟糕的人選。因為阿馬西斯聽了叛軍的陳情之後，反倒對他們深感同情；結果，他反而被叛亂軍推舉為領袖。
哈哈哈
真是敗給你們啦。
阿普里斯啞口無言。
天哪～～
為什麼搬木乃伊的會變成木乃伊啊！
下一個！這次換你去勸說！
遵命！
高官
帕塔爾貝密斯
（Patarbemis）
但是，勸說失敗。
你就拿這個代我問候他吧！
噗！！！
……
無功而返的帕塔爾貝密斯被處以削掉耳鼻的刑罰。
呀～
不中用的傢伙！
因為這件事，越發招惹民怨的阿普里斯竟然轉而投靠「理應」是敵人的新巴比倫。他跟新巴比倫訴諸利害關係，便得到了支援，隨後領著巴比倫尼亞（Babylonia）軍隊與阿馬西斯的軍隊交戰！不過他的期望最終還是落空，很快就吃了敗仗。雖然阿馬西斯反對，阿普里斯還是被處死了。
沒想到堂堂法老會被百姓處死～
這個時代法老的威嚴只剩這麼一丁點……

⑤阿馬西斯（Amasis）（B.C.570～526）

（他的埃及名是雅赫摩斯二世〔Ahmose 二〕）

而備受推崇的阿馬西斯，就這樣被拱上了法老之位。

關於他頗富人性的一面，希羅多德寫下不少傳說。

《其一》

家臣指責他太沈迷於逸樂時，他的說法是這樣的！

你在說什麼啊。弓如果一直拉得很緊、不稍為放鬆的話，就會壞掉啊，不是嗎？人就跟弓一樣，如果總是處於緊繃狀態，最後可是會瘋掉的欸。所以我才會**特地**安排跟工作等量的時間從事玩樂、排遣排遣耶。
應該工作的時候我就會工作啦！
…

〈其二〉

在成為國王之前，阿馬西斯沒錢玩樂的時候就會去當小偷，總之不務正業、過著不怎麼正經的生活。他被捕多次，有好幾次被帶到神殿接受神諭（當時的審判方式）。爾後他當上了國王，便將過去曾經判他「無罪」的神殿視為沒有價值的神殿，不給錢、也完全無視其存在；然而判他「有罪」的神殿他倒認為是「真正的神殿」，獻上其至高的尊崇。

對這垃圾神殿
這樣子就夠囉！

〈其三〉

阿馬西斯雖然最後登上了法老這個高位，但由於他是平民出身的，因此有不少人瞧不起他，他氣憤之下心生一計。

呵！

阿馬西斯將客人洗腳用的黃金水盆熔掉，重新鑄造成神像，然後將神像放在鎮上。阿馬西斯看著人們祭拜神像之後說：「你們現在所祭拜的這個神像，在過去不過是個任人吐痰、撒尿、洗腳的淤盆。我就跟這個淤盆一樣。雖然以前我身分低賤，但現在已經當上國王了，所以你們必須對我表示敬意。」

人民很快地領會、接受了這個簡明易懂的譬喻，開始尊敬阿馬西斯……

該做事的時候，阿馬西斯的確有好好地做事喔。不僅是建築事業，他還訂下法律，規定國民所得稅申報相關事宜；另外，為了防範埃及人以及希臘人之間發生無謂的爭端，他規定兩邊的人只能在諾克拉提斯（這是普薩美提克一世時期開始希臘人的居住區）進行交易，限制了希臘人的活動範圍。不過，他也不動聲色地對希臘人多所通融。

為了防範新巴比倫以及背後漸漸壯大的波斯攻擊埃及，阿馬西斯除了在貿易往來上禮遇希臘之外，也努力維繫和希臘之間的友好關係，比如他就曾經捐出大筆款子重建被燒燬的德爾菲（Delphi）的神殿，以顯示他的慷慨。

阿馬西斯最愛喝酒跟開玩笑啦。所謂「豪放」、「磊落」，就是專為這個男人發明的詞兒。

我自言自語。

不用鳥我。

但是，不管是什麼人，只要經由希羅多德的嘴巴敘述出來，就變得希臘化了。原本應該是這些人的故事。

聽起來卻像是這些人的故事。

到了阿馬西斯的治世末期，新巴比倫就被波斯消滅了。

⑥普薩美提克三世（B.C.526～525）

他一繼位，馬上就遭受波斯攻擊，並且吃下敗仗，只好將埃及交到敵人手中，可說是個命運坎坷的法老。

普薩美提克三世落入敵人之手後的事，再度由說書先生希羅多德提供（一如往常，他的故事很有「改編」的味道）：

拜波斯王岡比西斯（Kambyses）之賜，普薩美提克三世成為階下囚，儘管他被迫遊街示眾任人訕笑、眼睜睜地看著自己的女兒穿上奴隸的衣服工作、或是親眼目睹兒子被拉上死刑台，但他都只是點點頭而已。但是，某日普薩美提克三世看到士兵當中混著一位正在行乞的垂垂老矣的乞丐，突然如決堤般嚎啕大哭。原來那個乞丐過去是經常跟他一起喝酒的夥伴。但是他竟然激動到搥胸頓足、痛哭流涕，著實令岡比西斯大惑不解。一問，普薩美提克三世回答道：「我們家族的人遭受不幸也就罷了。但是看到過去生活富裕的人，都已經年紀一大把、沒有多少日子可活了，還變得那樣的悽慘，難道我不該哭嗎？」

這句話感動了岡比西斯，於是他饒了普薩美提克三世一命。

唉，不過後來他又企圖造反，結果好不容易撿回的命，這下子又丟了。

走「懷舊」路線的薩伊斯王朝

這個時代，古王國時期的物品樣式大行其道。第一眼看到這個時代的雕像時，還分不清楚它是舊的還是新的呢。另外，這個王朝也盛行修復金字塔，他們還很多管閒事地做了些細微的加工（就比如下面這個棺材）。雖然他們是由於瘋狂崇拜古代的法老才會有這樣的舉動的……

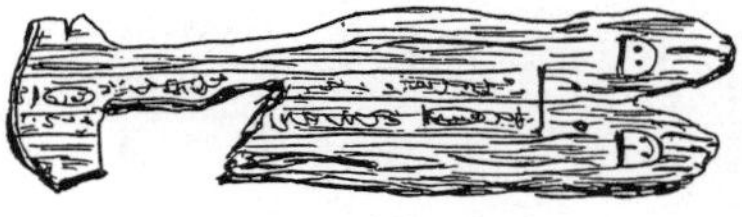

孟卡拉（第四王朝）的金字塔中出土的木製棺材

第27王朝（B.C. 525～404）

《第一次被波斯統治》

① 岡比西斯二世（Cambyses 二）（B.C. 525～522）

這會兒埃及再度落入外國人手裡了。但是這一回跟亞述那時候不同，埃及人此時沒有辦法繼續當法老，而是波斯王自己當法老，他們也使用勳章飾。波斯王在埃及設有總督，自己則在波斯遙控埃及。

從這邊開始，全部都交給那個不負責任的希羅多德吧～

岡比西斯是歷代的波斯王當中，最殘暴的一個。

他下令將聖牛阿匹斯的股溝切開、然後殺害，還把阿馬西斯的遺體從薩伊斯的墳墓中挖出來、大肆破壞之後燒掉。這種作為對埃及人來說，是絕對的禁忌，但他卻屢屢搬演。

在自己的國家，岡比西斯更是厲行「恐怖統治」！譬如說——

他會將收受賄賂、判決不公的審判官殺死，然後剝下他的皮，把剝下的人皮鋪在審判長的椅子上。接著他指定死去的審判官之子接手審判官工作，還對他說道：「工作時要記住你是坐在什麼樣的椅子上。」

媽媽咪欸！他的興趣還真特別啊！

不過征服埃及之後，岡比西斯好似用光了他所有的好運，諸事不順，不管做什麼事都終告失敗。

他遠征努比亞，卻沒有事先做好準備，想到就去幹了。搞到最後落得彈盡糧絕，敗興而返。但即使如此，他仍逞強進軍，結果導致一部分士兵因為無法忍受飢餓，用抽籤的方式決定吃掉哪一個夥伴。聽到這件事，岡比西斯擔心自己也會被吃掉，結果就這樣撤兵了……

所以說這次遠征努比亞的大計算是失敗了。而就在這個時候，傳來一個怪消息：不知什麼原因，他派去錫瓦綠洲（Siwa Oasis）的五萬名士兵突然憑空消失了。（謠傳是說這些人被流沙吞沒了。）

不知道岡比西斯是因為這些事情受到嚴重打擊，還是說他原本個性就是這樣。總而言之，之後啊，他的行徑變得越來越詭異，凌虐人民較之以往有過之而無不及，最後因為意外而身亡。

他騎馬的時候，寶劍突然出鞘，而劍呢正好刺中他的股溝，形成了致命傷。
很奇妙的是，他受傷的部位，就是他刺傷阿匹斯牛的部位。

又來啦～
又在穿鑿附會了吼～

② 大流士一世（Darius 一）（B.C. 522 ~ 486）

他原是岡比西斯的家臣。

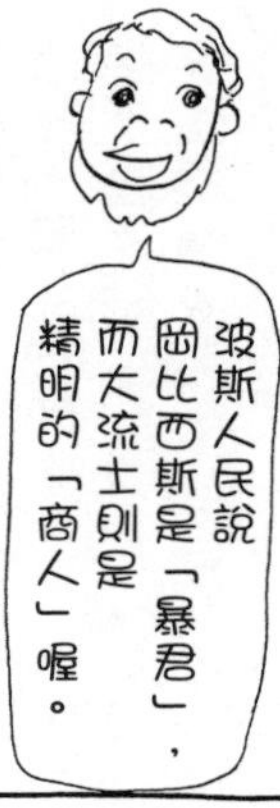
波斯人民說岡比西斯是「暴君」，而大流士則是精明的「商人」喔。

他很注重經營埃及，

在卡爾軋綠洲（Kharga Oasis）建造了希比斯（Hibis）神殿，

又完成了尼科二世建到一半的運河。

就這條
還立石碑自吹自擂

西元前四九〇年的時候，波斯在馬拉頓之役（Battle of Marathon）敗給希臘，埃及趁這機會起來反抗波斯。大流士一世就死於這場叛亂。

③ 薛西斯（Xerxes 一）（B.C. 486 ~ 465）

薛西斯繼位後，立即鎮壓埃及反叛軍。

怒
怒
怒
怒
失望……

西元前四八〇年，撒拉密司（Salamis）海戰中，薛西斯敗給雅典軍。完全不敵希臘。他的兒子後來暗殺了他。

④ 阿爾塔薛西斯一世（Artaxerxes 一）（B.C. 465 ~ 424）

← 這個人

埃及的叛亂一發不可收拾，被岡比西斯處死的普薩美提克三世之子伊那羅斯王子（Inaros），以及一個叫做阿米爾塔伊烏斯（Amyrtaios）的男人帶頭起來作亂，不過後來還是被波斯軍隊鎮壓下去。伊那羅斯王子則被處以死刑。

伊那羅斯王子的行為感動了埃及人民，成為傳說中的英雄！

那我就報告到這邊啦。

⑤ 大流士二世（Darius 二）（B.C. 424 ~ 405）

大流士二世為了防止叛變，用盡手段試圖攏絡埃及人。

你們看，我幫你們修好神殿了耶～
就不要再鬧彆扭了嘛～
怒氣

不過依舊不得民心。

⑥ 阿爾塔薛西斯二世（Artaxerxes 二）（B.C. 405 ~ 359）

到了這個國王的時候，就在薩伊斯的阿米爾塔伊烏斯奮戰下，

是的，阿米爾塔伊烏斯的孫子。兩人同名。

埃及終於獨立了。

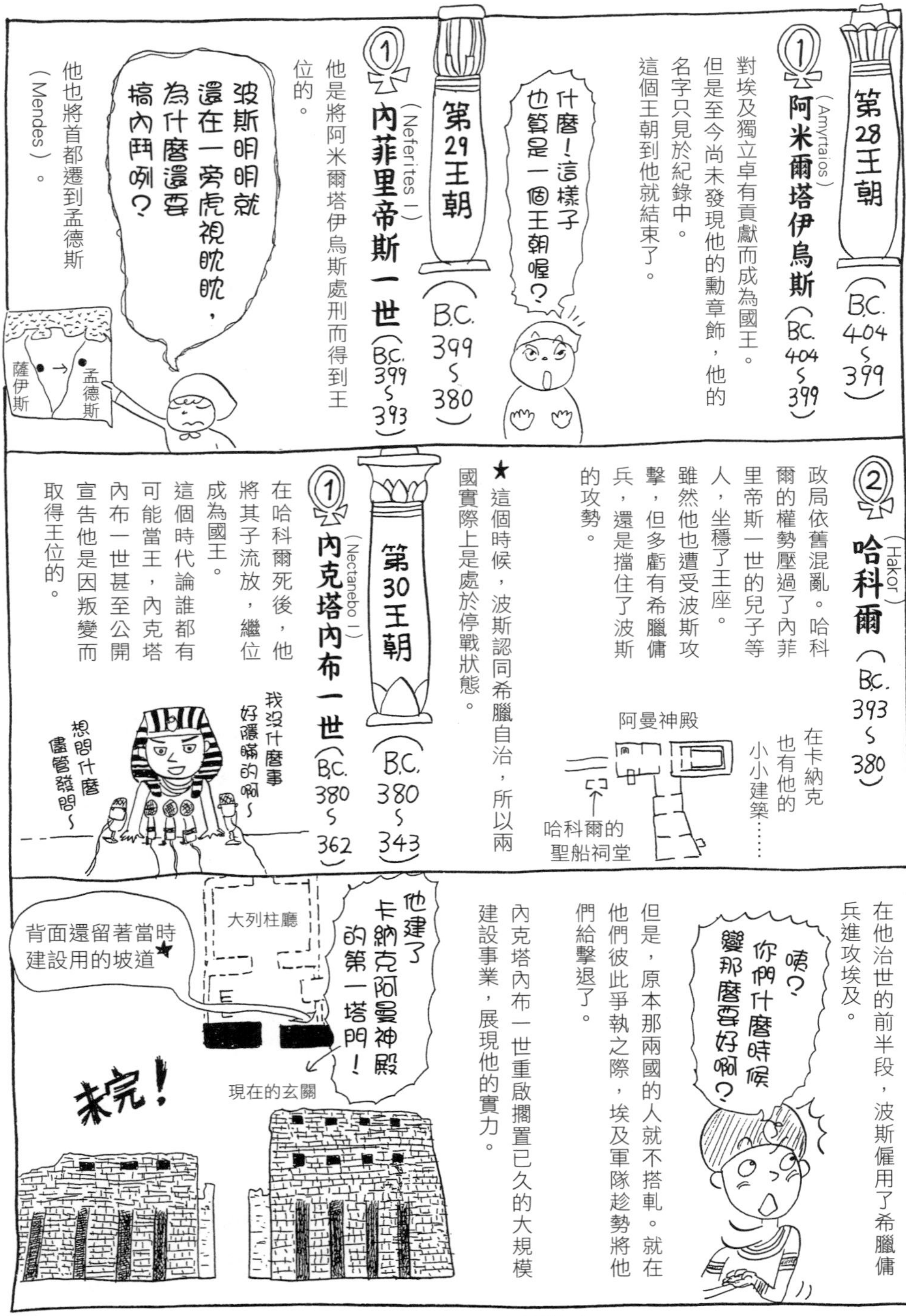
第28王朝
(B.C. 404~399)
① 阿米爾塔伊烏斯 (Amyrtaios) (B.C. 404~399)
對埃及獨立卓有貢獻而成為國王。
但是至今尚未發現他的勳章飾，他的名字只見於紀錄中。
這個王朝到他就結束了。
什麼！這樣子也算是一個王朝喔？
第29王朝
(B.C. 399~380)
① 內菲里帝斯一世 (Neferites I) (B.C. 399~393)
他是將阿米爾塔伊烏斯處刑而得到王位的。
波斯明明就還在一旁虎視眈眈，為什麼還要搞內鬨咧？
他也將首都遷到孟德斯(Mendes)。
薩伊斯
孟德斯
② 哈科爾 (Hakor) (B.C. 393~380)
政局依舊混亂。哈科爾的權勢壓過了內菲里帝斯一世的兒子等人，坐穩了王座。
雖然他也遭受波斯攻擊，但多虧有希臘傭兵，還是擋住了波斯的攻勢。
在卡納克也有他的小小建築……
阿曼神殿
哈科爾的聖船祠堂
★這個時候，波斯認同希臘自治，所以兩國實際上是處於停戰狀態。
第30王朝
(B.C. 380~343)
① 內克塔內布一世 (Nectanebo I) (B.C. 380~362)
在哈科爾死後，他將其子流放，繼位成為國王。
這個時代論誰都有可能當王，內克塔內布一世甚至公開宣告他是因叛變而取得王位的。
我沒什麼好隱瞞的啊～
想問什麼儘管發問～
在他治世的前半段，波斯僱用了希臘傭兵進攻埃及。
咦？你們什麼時候變那麼要好啊？
但是，原本那兩國的人就不搭軋。就在他們彼此爭執之際，埃及軍隊趁勢將他們給擊退了。
內克塔內布一世重啟擱置已久的大規模建設事業，展現他的實力。
他建了卡納克阿曼神殿的第一塔門！
大列柱廳
現在的玄關
背面還留著當時建設用的坡道★
未完！

★現在看到的斜坡是後世的人重建的。連個斜坡都重建過，還真是講究啊。

路克索神殿通往卡納克的道路上，兩旁並列著許多獅身人面像。

這個開啟馬里埃特發現聖牛地下墓室契機、從孟菲斯起頭的獅身人面像參道，一般認為也是內克塔內布一世建造的。托勒密王朝以及後來的羅馬時代中，相當受人歡迎並且頻繁進行擴建的費拉島及丹德拉等地，也遺留有內克塔內布一世的建築。（他建的東西是裡頭最古老的。）

費拉島
他用塔哈爾卡剩下的建築材料蓋了小涼亭。第一塔門上還留有內克塔內布的名字。

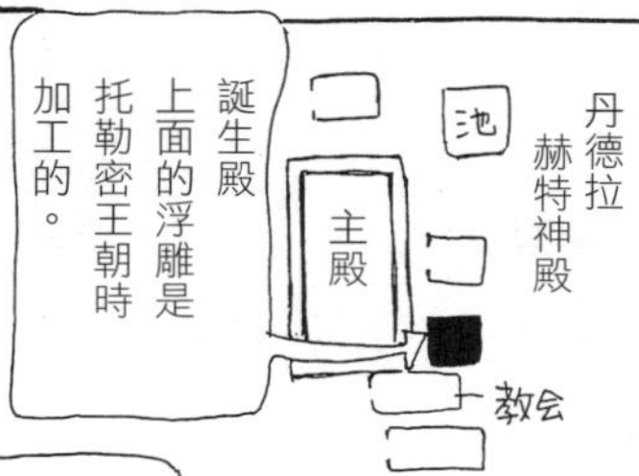
丹德拉
赫特神殿
池
主殿
教会
誕生殿
上面的浮雕是托勒密王朝時加工的。

② 提奧斯（Teos）（B.C. 362～360）

內克塔內布一世之子。此時埃及國力強盛，他馬上遠征敘利亞方面。但是，趁這個時機，他的兄弟想要擁立自己的兒子內克塔內布二世當法老，因而開始佈局。為了支付僱用希臘傭兵打仗的花費，提奧斯向人民課徵重稅，但得不到支持，最後只好逃到敵國波斯。

埃及我不管了！

③ 內克塔內布二世（Nectanebo 二）（B.C. 360～343）

他治世的前半段倖免於波斯的侵略，得以專注於建設等國內事務上。但是，沒想到之後波斯再度入侵了……。

埃德夫的荷魯斯神殿的至聖所及他的祠堂

這一回真的大勢已去。由埃及人統治、長達三千年的統一王朝，就到這裡結束。

據說內克塔內布二世後來逃到了努比亞，但之後的下場如何就不清楚了……。亞歷山大大帝的其中一個故事中，內克塔內布二世也曾登場。裡頭寫到：「逃到馬其頓宮廷的內克塔內布，以大魔法師的身分展開了他的第二個人生，結果他跟馬其頓王妃發生了關係，兩人生了個兒子，他們的兒子就是亞歷山大大帝。」……這個故事會不會太扯了點兒？？？內克塔內布二世留有未使用的棺材，但是這副棺材在亞歷山卓被當成澡盆使用，而且還沒憑沒據的被稱為「亞歷山大大帝的澡盆」。

為什麼老是魔法師啊？

怎麼這麼沒禮貌啊！
什麼事情都要跟知名人士扯上邊！
碎碎唸
碎碎唸
反正亞歷就是比我有名啦。

到這第三十王朝，是根據曼內托的劃分。

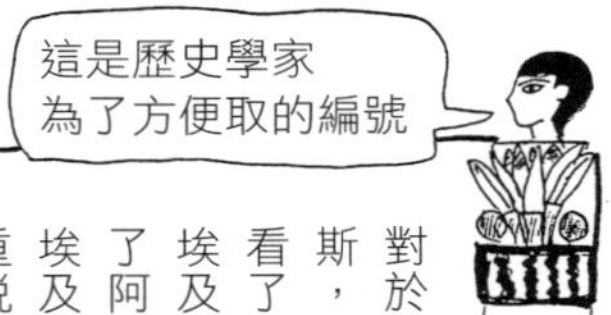
這是歷史學家
為了方便取的編號

第31王朝（第二次被波斯統治）(B.C. 343〜332)

對於埃及人之前的反抗懷恨在心的波斯，早就已經不再給埃及什麼好臉色看了。據說，波斯人毫不留情地破壞埃及的神殿，並且大肆掠奪；還殺掉了阿匹斯牛等聖物，極盡所能地踐踏埃及人民的尊嚴，並且跟埃及人課徵重稅，要他們做牛做馬……。不過，自岡比西斯開始的一連串「殘暴的波斯人」記載，都是希臘人所留下的，由於希臘跟波斯向來不合，所以那些記載也有可能跟事實有一些落差啦。譬如說，雖然希臘人記載著岡比西斯殺害阿匹斯牛，但是實際上在聖牛地下墓室中，卻留有紀錄記載著岡比西斯以法老身分厚葬阿匹斯牛。

不過再怎麼說，波斯人當法老，對埃及人民來說一定很不是滋味吧。

哞〜！

① 阿爾塔薛西斯三世（Artaxerxes 三）(B.C. 343〜338)

② 阿爾塞斯（Arses）(B.C. 338〜336)

波斯王室的政局也沒有好到哪裡去，短短的時間內，上述這兩個國王就被殺了。

③ 大流士三世（Darius 三）(B.C. 336〜332)

完全無關的資訊！他是超級美男子喔！

就在大流士三世主政的期間，波斯被亞歷山大給消滅了。

回 卡巴巴許

在波斯統治埃及的最後時期中，有兩年的時間，一個名字很怪、叫做卡巴巴許的埃及人，搶到了統治「下埃及」的權力。聖牛地下墓室的石棺中，也留著他的銘文。

接下來是

馬其頓王朝統治的時代 (B.C. 332〜305)

① 亞歷山大大帝 (B.C. 332〜323)（亞歷山大三世）

亞歷山大自幼即才氣縱橫，在英雄傳說耳濡目染下，深受影響。

他打敗了波斯、戰勝大流士三世，征服西亞之後，來到了埃及。亞歷山大對埃及人宣稱：「我不是來侵略你們的，而是來振興埃及的。」

我是阿基里斯的後裔。

他非常尊重埃及的文化和宗教，一會兒參拜神殿，一會兒掏腰包捐錢，有這樣充滿知性的解放者，埃及人高興得不得了，非常熱烈地歡迎他。

亞歷！
亞歷！
亞歷！
亞歷！

亞歷山大大帝停止行軍一個月，風塵僕僕地特地前往錫瓦綠洲的阿曼神殿接受神諭。他會不辭辛勞地這麼做，應該是為了仿效傳說中總會前往此地的著名英雄們。那時神官是用動物的糞便做燃料，點燃儀式用的燈火。
四周都是沙漠啦，所以木材很難到手。
這個是什麼味道！
這、這是……
！
……是…阿曼神的味道。
據說阿曼（Amen）就是氨（Ammonia）的詞源。（『吉村作治の古代エジプト講義録』）關於阿曼神變成氨的詞源的經過，還有其他各種說法。
順帶一提，鸚鵡螺（Ammonite）的詞源也是阿曼神喔！因為阿曼神有時候會化身為雄羊，而鸚鵡螺的螺旋狀就跟羊角一樣。
亞歷山大在阿曼神殿得到神諭說：「你是神之子。」心花怒放的他看上了一個不過是漁村的小鎮，就說：「這裡很適合做為貿易及軍事港口！」於是將那裡命名為「亞歷山卓」。他將都市營建事宜交給建築師負責之後，馬上又啟程遠征東方的印度。
勇哉亞歷山大，他還真是個大忙人啊。
埃及和亞歷山大有關的地名多達七十個以上，亞歷山卓是其中最值得紀念的第一砲！
亞歷山大原本想進一步擴張帝國版圖，可是……
老大，走不動了啦。
呼
吁
饒了我們吧。
哼！大家怎麼這麼提不起勁啊！
就這樣，亞歷山大只好心不甘情不願地撤退了。
回到巴比倫之後……
這裡就當新首都吧！
下回我要去阿拉伯！
雖然他再度燃起其他野心，不過卻因為身染熱病（應該是瘧疾）而與世長辭……。時年三十二歲。
亞歷山大雖說野心大到「要統一全世界」，不過除此之外，他幾乎是個清心寡欲的人。他不但吃得簡單，得到的財寶全都分給部下，而且對所征服的國家的女人也很有禮貌。大流士三世的母親甚至在亞歷山大死後，跟著他同赴黃泉。
亞歷山大帝國
馬其頓
黑海
裡海
埃及
巴比倫
印度
阿拉伯
錫瓦綠洲
亞歷山卓港
亞歷山大可是這麼興致勃勃呢！

亞歷山大之後，是跟他同父異母的兄弟——

② **腓力·阿里達烏斯**（Philip Arrhidaeus）（B.C.323～317）

以及亞歷山大還年幼的兒子

③ **亞歷山大四世**（Alexander IV）（B.C.317～305）

繼承了他的王位，可是兩個人很快就遭人暗殺身亡。那些才能不及亞歷山大的野心家們，在他死後馬上就露出了真面目。

馬其頓王朝的建築物

卡納克

亞歷山大修復了圖特摩斯三世祝祭殿的祠堂，留下了自己的浮雕。

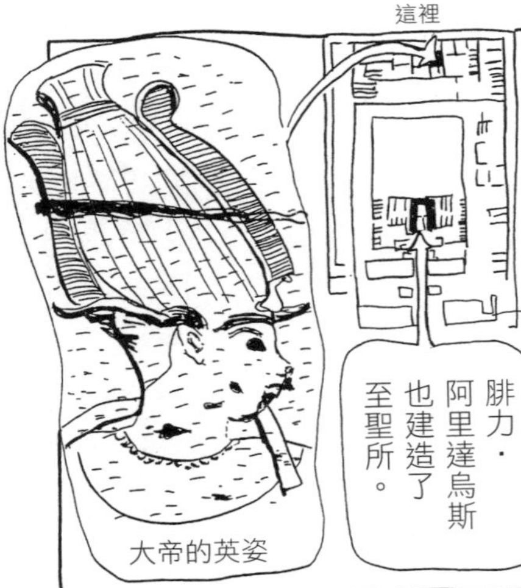
這裡
第4塔門
腓力·阿里達烏斯也建造了至聖所。
大帝的英姿

路克索神殿

亞歷山大重建了擺放聖船的祠堂。

牆上畫著亞歷山大祭祀神明的姿態。
這裡

過去曾經跟亞歷山大同窗的托勒密（Ptolemy）預料到亞歷山大死後會發生長期的繼位之爭，於是先下手為強，硬是將亞歷山大的遺體在巴比倫運到王墓途中給劫走，他說：

亞歷山大大帝是想要葬在錫瓦啦～
嚓嚓嚓嚓

也不知他說的是真是假，總之他將亞歷山大的遺體給運到了埃及。

為何要這樣做？

托勒密之所以會這麼做，據說是因為馬其頓的習俗中，埋葬前王是王位繼承人的必要條件。

（『謎の古代都市アレキサンドリア』野町啓著 講談社）

實際上，其他的地方霸主也確實為這個觀念所束縛，自認比托勒密矮了一截，讓他占盡了優勢。

真是感謝您。
？？？？

馬其頓
塞琉西王朝（Seleucid Kingdom）
敘利亞
托勒密王朝
埃及

亞歷山大所建立的版圖，在他死後歷經了長達二十年的爭奪，最終分割成三塊地區。

托勒密王朝（B.C.305～30）

①托勒密一世（Soter I）（B.C.305～282）

即索提爾一世（索提爾意指「救世主」）

結果托勒密將亞歷山大大帝遺體偷走後，並未將它埋葬在錫瓦，而是在亞歷山卓港建墓。（這個騙子！）爾後，托勒密還將這個在王位繼承爭奪戰中幫了他大忙的亞歷山大大帝遺體，也拿來運用在埃及。托勒密宣稱他自己：「保管著於錫瓦的阿曼神殿得到『神之子』品質保證的大帝遺體，所以是『繼任者』。」又說自己也是「神之子」，慢慢地讓埃及人民信服他。

挾持著這尊大帝的遺體，還可以得到其他國家的注目，真是一石二鳥啊。
實在是非常感謝～

另外，托勒密也積極地接受埃及的習俗以及宗教禮儀。看到這個新法老這麼融入自己的宗教，自然而然地，埃及人民逐漸對他產生好感，而接受外國人統治的不自在感覺也因而稍微釋懷。

合格了！真是開心呢！

接著，托勒密又將亞歷山卓港建設成世界級首都，逐步實現了亞歷山大大帝想要將它建設成重量級大都市的夢想。

首先，托勒密在可說是亞歷山卓港入口的法羅斯島（Pharos）上，建造了大燈塔。

據說這個燈塔高度超過一百五十公尺，在當時應該相當令人們嘆為觀止吧。這個建築也威風地名列「世界七大奇觀」之一。（當然是指當時而言。）傳說這個燈塔從來不熄燈，連遠在五十公里外的地方都看得到呢。

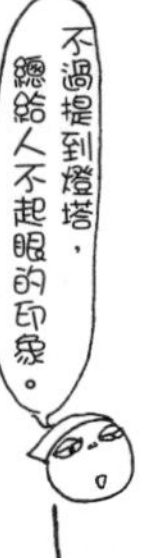
不過提到燈塔，總給人不起眼的印象。

不過很可惜的是，因為歷經兩次大地震，亞歷山大燈塔在十四世紀時就完全崩毀了。（也有人說，是因為阿拉伯人迷信燈塔底下有寶藏，所以將其搗毀。）現在，當地還留有馬穆魯克時代（Mamluk）的統治者凱特・貝（Qayt Bay）用燈塔的石材建造的城塞。

再探詞源

之後法羅斯島這名字就成了代表「燈塔」的辭彙。
英文是：pharos
義大利文是：faro
法文則是：phare

接下來，托勒密又在亞歷山卓港建了世界上藏書量最多的大圖書館、以及＊繆斯廟（研究學問的場所）。做為一個學術都市，亞歷山卓港也孕育出許多優秀的學者，其中著名的像是：阿基米德、歐幾里德、希巴柯斯（Hipparchos）、厄拉托斯德尼茲（Eratosthenes）等，不勝枚舉。

＊繆斯廟（Mouseion）

意思是「供奉繆斯（Muse，藝術女神）的神殿」，起源自雅典。為museum（博物館）一詞的詞源。

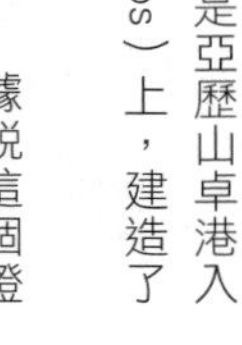

隨著在埃及的希臘人逐漸增加，為了要兼顧雙方的宗教信仰、凝聚國民的向心力，托勒密還創造了塞拉皮雍（Serapeum）這個新神祇。這個神是埃及的歐西里斯和阿匹斯的混合體，再揉合希臘的宙斯、黑帝斯（Hades，冥王）、阿斯克勒庇奧斯（Asclepius，醫療之神）等神話，真是個沒操守的神啊。

說到這個造神計畫，我也有參與喔。
曼內托

托勒密和內克塔內布二世的女兒雖舉行了形式上的婚禮，

不過他似乎比較喜歡自己國家的美女，因此寵愛這兩個妃子。

尤麗迪（Eurydike）
麻雀變鳳凰的貝勒尼基一世（Berenices 一）
她原本是尤麗迪的女侍。她的兒子後來當上下一任國王。
就這個人

莎草紙

莎草紙原本通稱「美弗」，托勒密一世將「美弗」的輸出管理全權交給王室之後，就改稱為pa-per-aa（法老的財產）。希臘人把這個字發音成papuros，之後一般人就使用這個字。papuros還衍申出paper（英文）、papier（法文）等字。

② 托勒密二世（B.C.285～246）

（Philadelphius，愛兄弟姐妹之人）

這個人人如其名，相當尊重埃及王室的慣例，與妹妹阿西諾亞二世（Arsinoe 二）結婚。雖說是古代，但當時地中海各國跟現代觀念一樣，對於近親婚姻有相當的禁忌。托勒密家族雖然因此被其他國家厭惡，不過卻越來越有埃及法老的樣子了。

我這麼做全是為了人民著想。

只是因為你喜歡那一套而已吧？依我看……

戴奧尼索斯（Dionysus）

酒與享樂之神

又叫巴克斯（Bacchus）。托勒密二世將自己比擬為這個神，之後托勒密家世世代代就都像仿效戴奧尼索斯的精神似的，盡情地追求享樂的生活。

托勒密二世雖然是個享樂主義者，不過他還是有好好地做事喔。他效法父親的做法，將埃及建設成地中海一帶數一數二的強國。他也完成了位於法羅斯島的燈塔。

據說，到了晚年的時候，托勒密二世還曾經耍小性子哭鬧著嚷嚷道：「我真不該生做國王的，真想當個平平凡凡的老百姓，過著自由自在的生活。」呃……。

托勒密三世（B.C. 246～222）
（Euergetes I，行善之人）

托勒密三世的時代爆發了戰爭。他的妹妹嫁到了敍利亞，但是該國王室發生叛亂，他的妹妹眼見性命即將不保，於是跟哥哥求救。但托勒密三世趕到時為時已晚，他的妹妹已經遭人殺害。他盛怒之下展開了報復，先是佔領敍利亞的首都安條克（Antiochia），但仍然無法消氣，於是繼續進軍。結果，諷刺的是，埃及的領土就因為這樣，擴張到百年來最大的規模……

是埃及的領土
馬其頓
哇～
昔蘭尼加
（Cyrenaica）
地中海
安條克
埃及
塞普勒斯
巴基斯坦
地區

但是
我內心的空虛
是難以彌補的～

托勒密三世也開始建設埃德夫的荷魯斯神殿。……到這裡，埃及的國力達到巔峰。

托勒密四世（B.C. 222～205）
（Philopater，敬愛父親之人）

啊～！到他這個時期，埃及又快速地沒落了。

托勒密四世這個扶不起的阿斗一繼位，四周的豺狼虎豹們一看，馬上就伸出了他們的爪牙。經濟大臣索西比斯（Sosibius）和大臣阿軋特庫雷斯（Agatocles）教唆托勒密四世殺死他的母親和弟弟，接著又假借藝術之名教他幹些不正經的勾當。托勒密四世就這樣變成悠哉快樂的傀儡，不問政事，而那些惡徒也樂得隨心所欲地操縱政治。阿軋特庫雷斯還把自己的妹妹阿軋特庫雷亞（Agatoclea）送給四世當情婦，權勢越來越大。

托勒密三世及四世建造了莫神殿的大門。

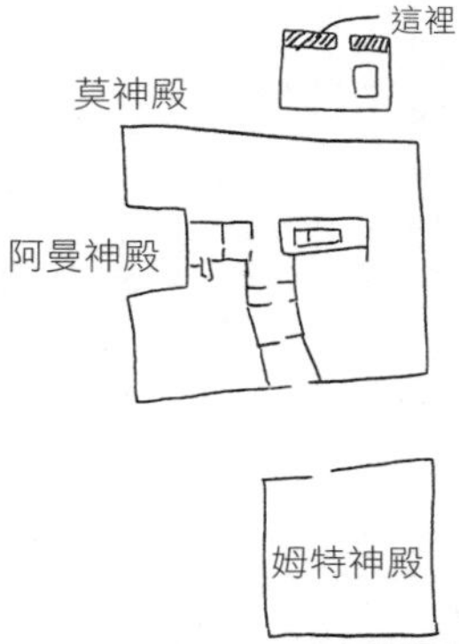
這裡
莫神殿
阿曼神殿
姆特神殿

托勒密五世（B.C. 205～180）
（Epiphanes，神祇顯靈）

托勒密四世一過世，三個惡徒就將國王的未亡人阿西諾亞三世（Arsinoe 三）毒死，將年幼的五世控制在掌心。

然而其他的朝廷重臣的不滿終於爆發了，發動內亂，將民眾也捲了進去。

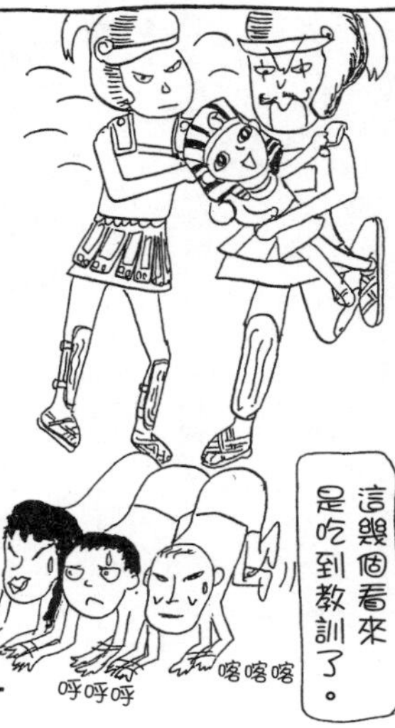
這幾個看來是吃到教訓了。
喀喀喀
呼呼呼

在政局一團混亂的情況下，之前托勒密三世好不容易擴張的領土幾乎都失守了，只除了塞普勒斯。

不能因為這種事就喪氣啊，為了復甦景氣……
免除稅金！
大赦罪犯！
各位將官，謝謝各位的辛勞啊。
給你們大大加薪！
另外，我還要建造很多神殿喔～
托勒密五世大刀闊斧推行新政！大家跟著歡欣鼓舞。孟菲斯的神官們為了表示對五世銘感五內，做了這個！
咚～～！
石碑上頭說盡了托勒密五世的好話，此外還有寫到為國王立像等等……
羅賽塔石碑
此時羅馬與敘利亞及馬其頓交戰，獲得勝利。從這時開始，羅馬的勢力迅速地強大起來。
伝說
這個時代，荷爾艾姆阿克特（Horemakhet，這個人據說是最後的埃及人法老內克塔內布二世的子孫）發動叛亂，一時之間江山幾乎就要易手。不過，沒有證據可以證明這個人確實存在……
⑥
托勒密六世
（Philometor，敬愛母親之人）
（B.C. 180～145）
原本他打算多多少少收復點領土，因而與敘利亞宣戰，但一下子就被打敗了，之後反而變成躲在敘利亞的羽翼之下接受保護。
埃及人民為此大感不滿，承認托勒密六世的弟弟八世的自立為法老宣言。
8世
他的綽號是Physcon（啤酒肚）
接下來該我出場了吧。
結果變成兩人分別統治上、下埃及。
尼羅河三角洲我來管吧～
嚼、嚼
交界
孟菲斯
六世掌管
敘利亞王
但是六世漸漸受不了敘利亞的管束，於是跟弟弟說：
我實在受不了敘利亞了啦，咱們和好吧～
嚼、嚼
嗯～
接著，兩個人便聯袂跟此時稱霸地中海的羅馬哭著央求……
敘利亞真的很討厭捏～

因為畏懼羅馬的權力，敍利亞只好心不甘情不願地放棄埃及。

但是，欠了羅馬大人情的埃及，從此完全仰羅馬鼻息……

塞普勒斯
埃及
昔蘭尼加
嘿、嘿
嗯～
耶～

托勒密六世終於成為埃及國王……而胖子則是成為昔蘭尼加的國王。哎，不過在這前後，兩個人還是為了想比對方佔優勢，而彼此較勁、爭執不已，各自跑到羅馬跟前說彼此壞話。

而八世
請看看我的傷！
都是六世害的啦……
六世呢
被修理得一身破爛……
您看看我……

兩人都用了苦肉計。實在是叫人看不下去。

在這之後，大家相安無事了一段短暫的時日，但托勒密六世後來再度跟敍利亞挑戰——是為了救出此時已嫁到敍利亞、身陷混亂政局中的女兒克麗奧佩脫拉・提亞（Cleopatra Tea）。在這場戰役中，托勒密六世丟掉了性命。

另外一方面，挑起這一場爭端的元兇克麗奧佩脫拉・提亞，本人卻像是沒有發生什麼事似的，陸續跟敍利亞的歷代三個國王結婚，快快樂樂地過著她的好日子，還相當長壽哩。

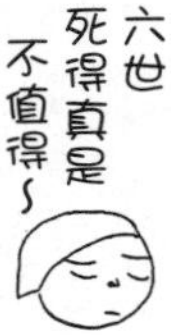
六世
死得真是不值得～

托勒密家族的女人一大特色是，就算當了人家的娘了，仍然不忘展現女人味，既妖嬌又厚臉皮哪。

⑦ 托勒密八世（Euergetes 二）B.C. 170～116

喔耶！我的時代終於來臨啦！

原本就野心勃勃的胖子，當然趁這時機發揮他奪權的本領。

他對六世的未亡人克麗奧佩脫拉二世（Cleopatra 二，也是他妹妹）承諾：

如果你跟我結婚，我會好好地保護你跟六世生的兒子（托勒密七世）當上法老的。
從很早以前
吁、吁
我就想要你啦～

兩人於是結婚。

實在覺得很不安……
今後就請你多照顧了。

但是胖子的字典裡沒有「守信」這個詞兒。克麗奧佩脫拉二世才剛懷了他的孩子，他馬上就殺了托勒密七世。接著，還將目標轉向克麗奧佩脫拉二世的女兒克麗奧佩脫拉三世（Cleopatra 三）。

兩人又結婚了。

年輕女人還是最讚啊！
你讓我當王妃的話，我就是你的人了。
鮮嫩誘人

從這時開始，克麗奧佩脫拉母女倆就有了心結。

啊哈哈哈
墮落且道德淪喪的托勒密八世，吃飽太閒沒樂子，竟然以欺負人民為樂。
他也因此成為「埃及歷史上最惹人厭的國王」。另外一方面，克麗奧佩脫拉二世則因為是胖子的犧牲者，因而得到人民的同情及支持。
之後，民眾終於起來反抗視人民為無物的死胖子。
胖子偕同年輕的妻子克麗奧佩脫拉三世逃到了昔蘭尼加島。
嚓嚓嚓
噠噠噠！
八世離開埃及之後，眾望所歸的克麗奧佩脫拉二世開始統治埃及。
你實在是把我惹火了！
嫉妒攻心的胖子為了報復埃及人民及克麗奧佩脫拉二世，於是將他倆所生的小孩殺死，然後大卸八塊，送給克麗奧佩脫拉二世當生日禮物。他的行徑實在太令人髮指了。
不久，他從昔蘭尼加領兵回埃及，再度以法老之姿君臨埃及。
哇哈哈～想要爬到我頭上？你們想都別想啦～
之後，胖子一不高興就拿軍隊威脅人民，人民可以說是活在水深火熱中。
對於羅馬，他則繼續沒骨氣地極盡阿諛諂媚之能事。他甚至不負責任地表示，如果之後自己沒有子嗣繼承王位的話……
就請羅馬接管埃及吧……
這個人實在壞透了。這種人還會有什麼優點嗎？
建設事業
他完成了費拉島上的艾西斯神殿的誕生殿。
此時所建的方尖碑之複寫本，幾經波折後落入商博良的手中……。上頭的克麗奧佩脫拉三世的動章飾成為解讀象形文字的重要線索。
考姆翁布（神殿）也刻著我的英姿喔！
中庭
卡納克 阿曼神殿
這個歐佩特神殿（Temple of Opet）也幾乎都是我
還有埃德夫的荷魯斯神殿的第一列柱廳等等……
中庭
這個誕生殿也是喔。
我可是做了不少事呢！
現身～

壞事做絕的胖子最終也難逃死神的召喚。他的遺囑上寫著：「將埃及交給克麗奧佩脫拉三世。」

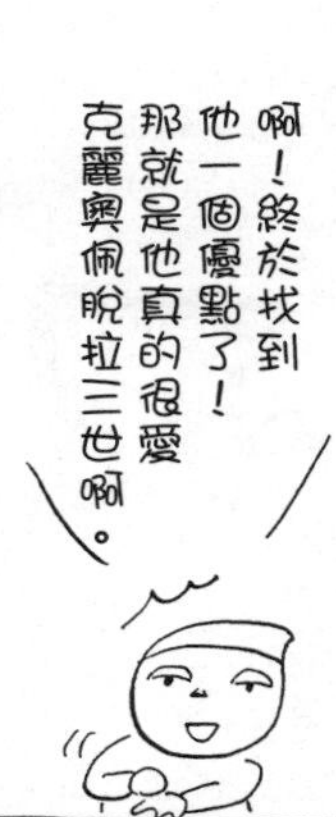
啊！終於找到他一個優點了！那就是他真的很愛克麗奧佩脫拉三世啊。

而生養出薄情寡義女兒的克麗奧佩脫拉二世，下場如何不得而知。之後她的名字都被女兒三世給湮滅了。

⑧ 托勒密九世（Soter 二）

B.C. 116～107

托勒密八世和克麗奧佩脫拉三世一共生了兩個兒子，長子托勒密九世以及次子十世。但不知道為什麼，克麗奧佩脫拉三世偏愛次子十世。不過她仍照慣例指定九世當國王。

不知為何遭母親嫌惡的長子

但是可憐的九世因為母親的陰謀……

你心懷不軌，想要暗殺我，對不對！
咦？你在說什麼？
為什麼！

就這樣被陷害，

被趕出埃及……

⑨ 托勒密十世（Alexander 一）

B.C. 107～88

接下來，克麗奧佩脫拉三世甚至跟自己的次子結婚，讓他當上法老。

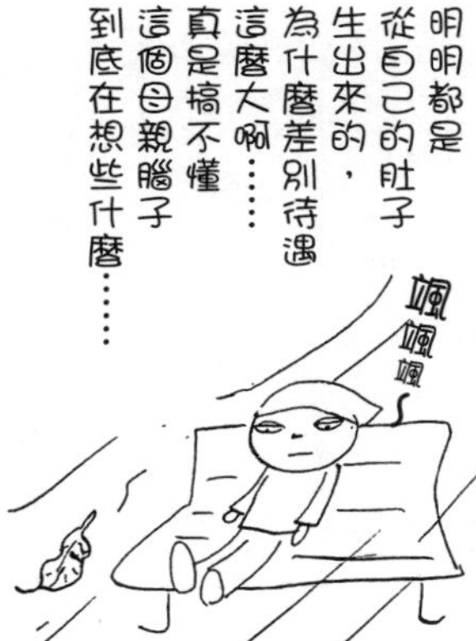
明明都是從自己的肚子生出來的，為什麼差別待遇這麼大啊……
真是搞不懂這個母親腦子到底在想些什麼……
颯颯颯

但是後來十世實在受不了母親的干涉，將她給殺害了。

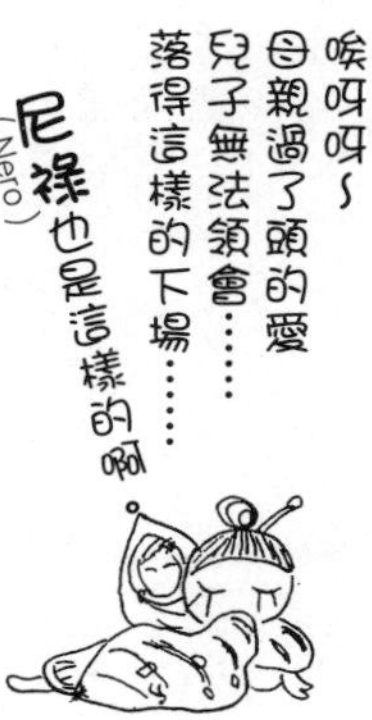
唉呀呀～
母親過了頭的愛兒子無法領會……
落得這樣的下場……
尼祿（Nero）也是這樣的啊

十世是在母親溺愛下長大的，自然也發揮了他「扶不起的阿斗」本色。

據說他跟八世一樣都是超級大胖子，沒人攙扶甚至無法走路！

啥？難不成克麗奧佩脫拉三世對大胖子情有獨鍾？

他因民眾發起叛亂而逃亡，不久之後，就在逃亡途中被殺身亡。

托勒密十世死後也是留下了一堆爛攤子。他生前曾經為了打造艦隊而拿埃及做抵押，跟羅馬欠下了龐大的債務。這件事也成為爾後埃及覆亡的前奏曲之一。

接著十世那被虐待的哥哥

托勒密九世（Ptolemy IX）（B.C.88～80）

重返埃及，重新登基成為法老。

實在是太好了！
啪啪啪

他的綽號叫做「雞豆」耶！

啦啦～

⑩ 托勒密十一世（Alexander II）（B.C.80）

雞豆沒有子嗣，於是就將埃及傳給女兒貝勒尼基三世（Berenice 三，也是胖子十世的未亡人）。貝勒尼基挑中胖子十世的兒子托勒密十一世當丈夫，讓他當上法老。但是對十一世來說，他似乎無法忍受跟繼母結婚，很快就殺害了貝勒尼基。

呵呵呵呵
老太婆我不要啦～

但是因為貝勒尼基老太婆相當受歡迎，所以十一世繼位不久就被民眾殺掉了。就這樣，托勒密王朝就沒有繼承人了。結果，托勒密九世和希臘女子所生的小孩就被拱上了王座。

⑪ 托勒密十二世（Neos **Dionysus**）（B.C.80～58）

＊新 Dionysus

光是從這個人特地選用托勒密一家都愛用的歡樂之神戴奧尼索斯的名字，就可以想見他是那種喝得醉醺醺、吹著笛子的「無路用國王終極版」。埃及人民甚至還給他取了個綽號，嘲弄他，叫做「吹笛的」。

笛子？

「吹笛的」也是背了一屁股的債，外交方面，除了奉承羅馬，就沒幹別的事兒了。他糜爛墮落的行徑引發了人民的不滿。不僅如此，為了清償債款，他還跟人民課徵重稅，這下子就真的把大家給惹火了。

吁～！救人喔！羅馬大人！

「吹笛的」亡命海外～

⑫ 貝勒尼基四世（Berenice IV）（B.C.58～55）

因為「吹笛的」逃到羅馬，他的女兒貝勒尼基四世因而當上女王。她跟在敘利亞的表兄弟結婚，這人被人民取了「鹹魚商人」的綽號，可想而知是多「遜咖」的男人，不知貝勒尼基是不是不滿這點，新婚三天就把他宰了。

究竟是發生啥事啊？

然後跟她的青梅竹馬結婚。

另一方面，「吹笛的」還眷戀著法老的位子，於是他跟羅馬的當權者凱撒（Julius Caesar）這樣約定……
我會將埃及全年稅收的一半都獻給您～
他承諾了這個苛刻的條件後，獲得羅馬首肯，於是帶領敘利亞的軍隊進入埃及。
此時二十六歲的安東尼（第二八三頁）跟他同行。
就在此時，貝勒尼基女王被殺了。
接著又是
托勒密十二世（B.C.55～51）
再度登基。舉國上下當然是大喝倒彩，但是因羅馬及敘利亞軍隊進駐、坐鎮，「吹笛」直到過世，這四年期間都穩坐法老之位。不知道是不是預感自己歲數將盡，在這第二次統治期間，他就像即將熄滅的火燄般，行徑越加詭異。
考姆翁布一地有他建的門
主殿
這個
他在其他神殿中也留下許多的浮雕（埃德夫的荷魯斯神殿塔門等……）
男性戀人
男扮女裝也是主要興趣之一
不過我偶爾也會幹正事啦
吹笛的似乎頗溺愛女兒克麗奧佩脫拉，他留下遺囑說：「我要孩子中的姐姐克麗奧佩脫拉和弟弟托勒密十三世結婚，在羅馬的保護下兩人共同統治埃及。」
13 托勒密十三世（Ptolemy XIII）（B.C.51～47）
14 克麗奧佩脫拉七世（Philopater，敬愛父親之人）（B.C.51～30）
終於！名聞遐邇的「埃及豔后」登場了。
關於她的一生，相信各位讀者都很清楚了，不過到這裡已經是最後了。
怎麼覺得壓力好大～
三個野心家將年幼的托勒密十三世操縱在手中，對他們來說，聰慧的克麗奧佩脫拉無疑是眼中釘！他們的小動作讓克麗奧佩脫拉意識到自己有性命危險，於是逃出埃及宮廷。
軍隊司令 阿基拉斯（Aquilas）
教育官 提奧多特斯（Theodotus）
妹妹阿西諾亞（Arsinoe）
十歲
宰相 波提諾斯（Potinos）
我討厭克麗奧佩脫拉，寧願選弟弟。
十八歲
孤立無援
噠噠噠！
這個時候，龐培（Pompeius）遭到凱撒追殺，從羅馬逃往埃及。
救救我～
我以前幫過你們「吹笛王」，而且還曾經賣人情給埃及喔。
難得您想要到我們埃及來啊～

他們假裝歡迎龐培，之後卻將他殺害。
龐培都成了喪家之犬啦，庇護他有啥好處？還不如就賣人情給凱撒！
為了追殺龐培而來到埃及的凱撒，見到此景不但不覺得感謝，反而落下了男兒淚！
要我自己動手才有意義啊，幹嘛多管閒事！
糟糕～
三個想法單純的男人計畫落空了。凱撒則老大不高興……
另一方面，克麗奧佩脫拉心想：「凱撒正是掌握我命運的關鍵男子。」於是馬上展開那個有名的行動。
為了不讓十三世等人發現，她藏身睡袋中。
您好！有您的禮物。
包裹裡頭蹦出來的是——
掀開！
Surprise！
凱撒身邊不乏女人，但第一次遇到這麼有膽識的，不由得心花怒放。於是兩個人徹夜促膝長談。
埃及艷后的魅力——在於「聲音」
希臘傳記、散文家普盧塔克（Ploutarchos）在書中提到：「克麗奧佩脫拉的容貌平平，但是要大書特書的，是她那動人悅耳的聲音。」哎呀，聲音真的是引誘人的關鍵，可以提升好幾段「美人指數」呢。另外，克麗奧佩脫拉還擅長外語。她是托勒密家族中唯一會講埃及話的人，就連地中海各國的語言，她都說得很流利。
她跟凱撒交談可以不用透過口譯人員，這也是成功的關鍵之一。而且她精通歷史、文學，不管什麼樣的話題都難不倒她。此外她擅於傾聽，實在是個懂得「善用女人武器」的厲害角色啊。
應該說托勒密家其他人太懶了吧！
也是有人在國外都住了兩、三年了，還不會講當地話的！
凱撒對於克麗奧佩脫拉的聰明才智很是感佩，非常賞識她，於是很快地就把十三世等人叫到跟前。
你們要好好相處。
咦！怎麼回事！
被擺道啦～
表面上，克麗奧佩脫拉是跟十三世結婚，兩人共同統治埃及……
但事實上老扣扣的歐吉桑凱撒，
才是她的情人。
羅馬最偉大的男人是我男朋友。

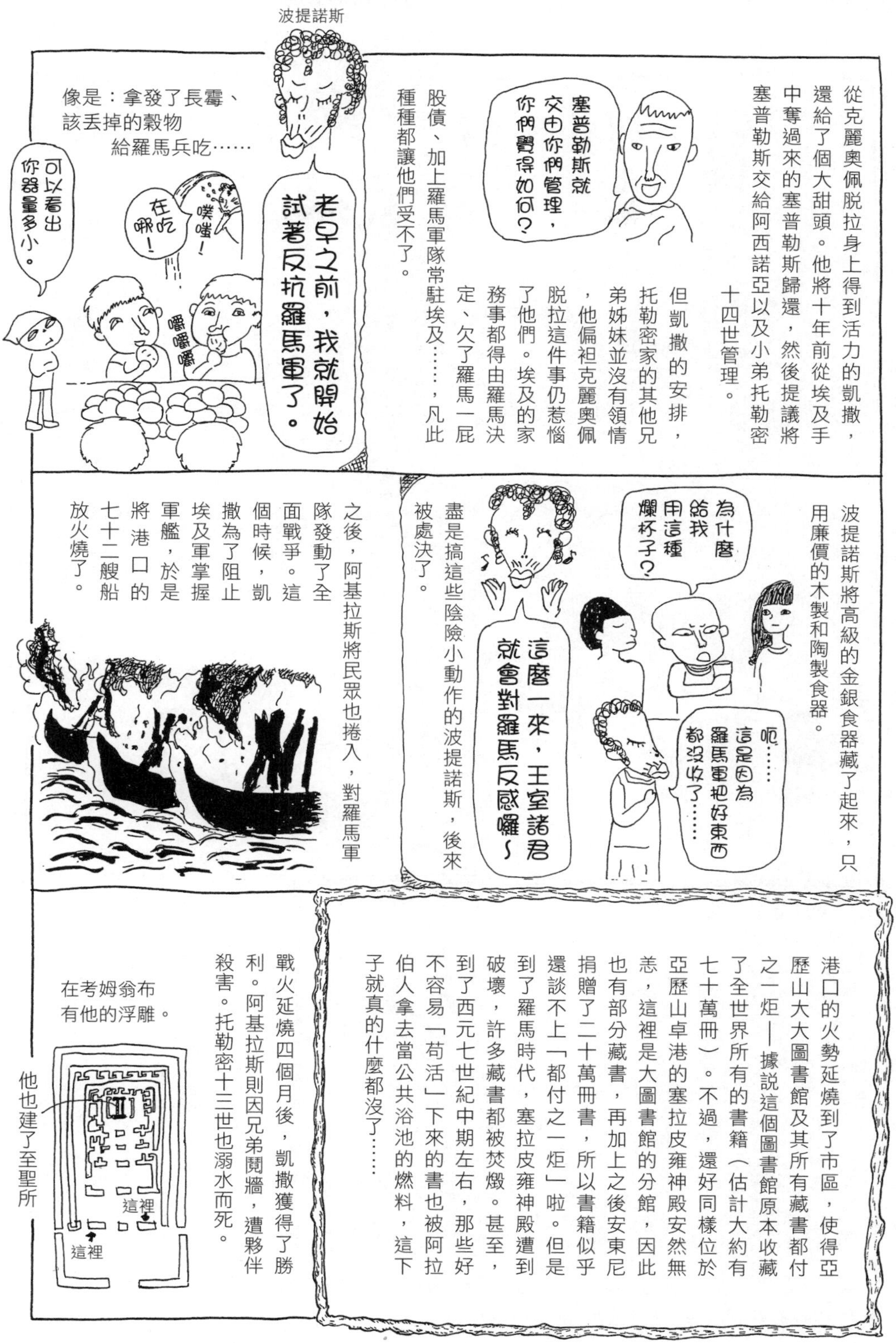
從克麗奧佩脫拉身上得到活力的凱撒，還給了個大甜頭。他將十年前從埃及手中奪過來的塞普勒斯歸還，然後提議將塞普勒斯交給阿西諾亞以及小弟托勒密十四世管理。
塞普勒斯就交由你們管理，你們覺得如何？
但凱撒的安排，托勒密家的其他兄弟姊妹並沒有領情，他偏袒克麗奧佩脫拉這件事仍惹惱了他們。埃及的家務事都得由羅馬決定、欠了羅馬一屁股債、加上羅馬軍隊常駐埃及……，凡此種種都讓他們受不了。
波提諾斯
老早之前，我就開始試著反抗羅馬軍了。
像是：拿發了長霉、該丟掉的穀物給羅馬兵吃……
噗嗤！
在吃哪！
嚼嚼嚼
可以看出你器量多小。
波提諾斯將高級的金銀食器藏了起來，只用廉價的木製和陶製食器。
為什麼給我用這種爛杯子？
呃……這是因為羅馬軍把好東西都沒收了……
這麼一來，王室諸君就會對羅馬反感囉～
盡是搞這些陰險小動作的波提諾斯，後來被處決了。
之後，阿基拉斯將民眾也捲入，對羅馬軍隊發動了全面戰爭。這個時候，凱撒為了阻止埃及軍掌握軍艦，於是將港口的七十二艘船放火燒了。
港口的火勢延燒到了市區，使得亞歷山大大圖書館及其所有藏書都付之一炬──據說這個圖書館原本收藏了全世界所有的書籍（估計大約有七十萬冊）。不過，還好同樣位於亞歷山卓港的塞拉皮雍神殿安然無恙，這裡是大圖書館的分館，因此也有部分藏書，再加上之後安東尼捐贈了二十萬冊書，所以書籍似乎還談不上「都付之一炬」啦。但是到了羅馬時代，塞拉皮雍神殿遭到破壞，許多藏書都被焚燬。甚至，到了西元七世紀中期左右，那些好不容易「苟活」下來的書也被阿拉伯人拿去當公共浴池的燃料，這下子就真的什麼都沒了……
戰火延燒四個月後，凱撒獲得了勝利。阿基拉斯則因兄弟鬩牆，遭夥伴殺害。托勒密十三世也溺水而死。
在考姆翁布有他的浮雕。
他也建了至聖所
這裡
這裡

這時，克麗奧佩脫拉的妹妹阿西諾亞被帶到羅馬遊街示眾。
唉～
步履蹣跚
跟阿西諾亞交惡的克麗奧佩脫拉趁機向凱撒要求：
給我殺——
殺了她！
這個人好恐怖
不過凱撒自有主見，最後僅僅流放了阿西諾亞。之後，阿西諾亞逃到了艾菲索斯（Ephesos，現今土耳其的一個都市）。
除去眼中釘的克麗奧佩脫拉跟……
⑮ 托勒密十四世（B.C.47～44）
形式上結婚了。表面上是兩個人共同統治埃及，其實她握有完全的實權。克麗奧佩脫拉也懷了凱撒的孩子，這個時期可以說是她人生的巔峰吧。（順帶一提，凱撒大帝是有老婆的。）
但是，凱撒是屬於男人世界的人，還沒等兒子出生，就又回到戰爭的舞台上。克麗奧佩脫拉一等再等，就是等不到凱撒的消息。按捺不住的她於是潛入羅馬。
你來啦！
焦慮焦慮焦慮
怎麼叫我等這麼久！
可惡的老頭
忙碌的凱撒其實已經對這個情婦沒有什麼熱情了，不過他是個心智成熟的男人，對她還是表示歡迎之意。
不知道是兩個人見面之後彼此重新燃起了熱情，抑或者凱撒只是不想要辜負女人，總之，兩個人聯袂同行，招搖地在羅馬市區遊街過市。
爾後，克麗奧佩脫拉要凱撒彌補她之前的空等，要求提升她的地位。
知道了
你要認這孩子！
要為我們埃及多想想啊！
凱撒在羅馬市內建造克麗奧佩脫拉的黃金塑像，想討她歡心，但這個舉動觸怒了羅馬市民。
「我們的英雄凱撒怎麼可以這樣任由一個野蠻國家的女人擺佈！」
結果，克麗奧佩脫拉成了羅馬的人民公敵。
性情乖戾&畏畏縮縮的男子西賽羅（Cicero，辯論家）曾經說：「我最討厭女王了。（中略）一想到她那些沒規矩的舉動，肚子就有氣。我不想再跟那種人有任何的瓜葛。他們對於我的人格視若無睹，最可恨的是，完全沒有注意到我。」
他會發這一大串牢騷，聽說起因是克麗奧佩脫拉曾經說要給他獎賞，但最後卻沒有給，因此他懷恨在心。
哎～
雖然是這種無聊至極的理由，不過我可以體會……
嗯嗯

★ 西賽羅的話摘錄自The Search for Cleopatra一書，作者Michael W. Foss。

之後，凱撒大帝遭到暗殺，克麗奧佩脫拉只好逃回埃及。

怎麼辦～
我已經保不住埃及了～
惶惶不可終日的克麗奧佩脫拉

沒有比女王逃亡更叫人開心的啦！
耶～！
西賽羅高興得要命！

克麗奧佩脫拉回埃及之後，托勒密十四世就過世了（據說是她毒死的），繼位的是她和凱撒生的兒子小凱撒（Caesarion），那時才三歲）——

16 托勒密十五世（B.C.44～30）

被克麗奧佩脫拉指名當她的共同統治者。

隔年，安東尼懲處了殺害凱撒大帝的多人，因而成為羅馬的新英雄，廣受人民歡迎。鎮日唉聲歎氣的克麗奧佩脫拉於是又看到了一線曙光。

啊
沒錯！就是安東尼！
啪噠！
安東尼！

陽光男安東尼（Marcus Antonius）

我的祖先是赫丘力士（Heracles）呢
口頭禪

他天生討喜的個性以及德性，就算再怎麼惡作劇，都能憑著笑臉而被人原諒，加上為人慷慨大方，因此頗受部下愛戴，也很有女人緣，實在是個很**陽光**的男人。

在塔爾利斯（Tarlis）駐紮的時候，安東尼曾經捎信息給克麗奧佩脫拉，質問她為什麼他們在為凱撒復仇的時候，她沒有加入戰局援助他們……這下子正中克麗奧佩脫拉下懷，她先是故意讓安東尼空等，待他等到心焦不耐後，她再安排豪華油輪，設宴款待他。

哇～

克麗奧佩脫拉用醋將珍珠融化後喝下，假意展現埃及的財力，跟以前一樣很會表現！

安東尼個性單純，又是個大老粗，對於女王優雅的一舉一動驚嘆不已。原本扳著臉的他態度馬上軟化，輕易就被籠絡了。

四十二歲
比當初對付凱撒輕鬆多了～
滾來滾去
二十八歲

嘻嘻

克麗奧佩脫拉和安東尼相戀之後，鎮日玩得跟孩子一般，形影不離。他們最喜歡的遊戲之一，是扮成身分卑微的人在市區穿梭。

安東尼完全迷戀上克麗奧佩脫拉，因此就遵照她的要求，把之前凱撒拒絕處決的克麗奧佩脫拉的妹妹阿西諾亞處死了。

之後，雖然安東尼仍對甜蜜的兩人生活依依不捨，但是他跟對手屋大維（凱撒的養子）之間還有糾葛沒有解決，不得不回國。

啊～

我很快就會回來！

就在安東尼身處埃及的這一段時間，他在羅馬的妻子富爾維亞（Fulvia）擔心屋大維會影響丈夫的地位，突然挑戰屋大維。這個舉動可說是有勇無謀，之後一心念著丈夫的富爾維亞，就在被丈夫斥責後病死了。

惱怒
幹嘛多管閒事！真是幫了個倒忙！

恰查某富爾維亞的軼事

把安東尼當做幼稚小孩看待、出言批判的西賽羅，後來在半公開的場合下遭到了暗殺。聽說富爾維亞還在西賽羅當街示眾的遺體的舌頭上插針呢。看來安東尼似乎是喜歡強悍的女人哪。

因為這件事，安東尼在屋大維的面前顯得矮了一截。

屋大維
對不起～我老婆給你添麻煩了……

為了和解，之後安東尼娶了屋大維的妹妹屋大維亞（Octavia）。這樣的生活對他來說似乎也相當快樂，兩人也生了兒子，就這樣過了三年……

但是……，等了三年的克麗奧佩脫拉可不願意就這樣善罷甘休。

喂！怎麼還不回來！
咚咚！
你不是說會馬上回來的嗎！
克麗奧佩脫拉
海倫（月亮）
哼！
好可怕～
跟安東尼生的雙胞胎
亞歷山大
赫利奧斯（太陽）

克麗奧佩脫拉非常有魅力，而且那麼會款待人，沒想到羅馬人卻不買她的帳，不僅看輕她，還不把她放在眼裡。話說回來了，沒落國家的人一開始本來就會被人瞧不起啦。

在羅馬時，凱撒大帝也是表面上對克麗奧佩脫拉極為呵護、照顧，但是其實他的遺囑卻徹底偏袒養子屋大維，完全沒有將他跟克麗奧佩脫拉生的獨子小凱撒放在眼裡。

羅馬人是這麼看埃及的……
你說埃及？那個已經完蛋的國家喔……
感覺很落後

為了遠征帕提亞（Parthia），安東尼駐留在安條克，這個時候他終於想起克麗奧佩脫拉了。

你究竟在忙啥啊？
沒想到這麼不負責任！
我一直很忙啊～抱歉啦～

之後，他又開始過著迷戀克麗奧佩脫拉的日子。安東尼還真是個隨便的男人，老是沈迷於眼前的快樂中。不過，不知道這次他是終於下定決心，還是說跟其他女人的婚姻生活讓他重新認識克麗奧佩脫拉的好，總之他開始展現誠意。安東尼先是宣誓兩人正式結婚，並且讓雙胞胎認祖歸宗，甚至餽贈了許多土地。另外，還從現在土耳其的貝加蒙（Pergamon）圖書館挑了二十萬冊書籍送給埃及。

當時管理猶大的是惡名昭彰的大希律王（Herod the Great，聖經中殺伯利恆嬰兒的名人），因為他是安東尼的好友，所以只有猶大NG。（但還是有拿回部分。）

這下子托勒密的領土全回來啦～
但是猶大沒有耶～

大希律王跟克麗奧佩脫拉之間似乎有複雜的心結。歷史學家提出眾多解釋：大希律王曾企圖暗殺克麗奧佩脫拉；不過，也有不少人說，克麗奧佩脫拉曾企圖暗殺大希律王。

惱
這個不共戴天的仇人！
笨女人……

後來安東尼在對帕提亞的戰役中吃了大敗仗。不過，之後他討伐了在那一場戰役中背叛他的亞美尼亞（Armenian），稍微打起精神來。按理說，這時候他應該要先回羅馬，不過他卻凱旋前往埃及。

安東尼甚至公開宣布，要將領土分給他和克麗奧佩脫拉所生的幾個孩子，甚至在他的遺囑中表示，死後他要葬在亞歷山卓港的克麗奧佩脫拉墳墓旁邊。自尊心強烈且善妒的羅馬人，聽聞這個消息當然勃然大怒！在他們看來，安東尼根本是被埃及女人懾去魂魄的蠢男人。屋大維眼見機不可失，表示：「我們應該征討背叛羅馬的安東尼！」公開向安東尼宣戰。

安東尼，
等著瞧！

——接著便是歷史上著名的亞克提姆（Actium）海戰！這段經過這邊就略過不談了，總之安東尼的軍隊被屋大維封鎖，動彈不得。

✱納巴提（Nabataeans）：位於現在的約旦，是阿拉伯民族建立的帝國。西元前二世紀到西元二世紀時，為一大貿易國，相當繁盛。它的首都佩特拉（Petra）因做為《印第安那・瓊斯》的外景而聲名大噪。

這個時候如果要突破重圍，原本應該要開戰才對……。但是，這時克麗奧佩脫拉所率領的六十艘艦隊卻突然逃走了。而接著，安東尼所率領的船隊也跟著落跑。留下的艦隊在群龍無首的情況下苟延殘喘，戰到最後，終究還是投降了。

唰～

至於克麗奧佩脫拉為何逃跑，有人說是「因為她放棄了安東尼了」、「她想要讓全部船隻得以撤退所以開路」等等，說法不一。

失意的安東尼
讓我死吧！

但在羅馬，人們都說安東尼棄同伴於不顧，為了追個女人而棄守沙場，聲名更加狼藉了。

即使事情發展到這步田地，克麗奧佩脫拉仍然不死心，她還到印度企圖建立新帝國。但是納巴提✱王國軍隊不甘領土被奪，把她建立帝國不可或缺的軍艦燒得一乾二淨。她的這個「帝國計畫」於是化為泡影，最後只好讓小凱撒一個人獨自前往印度。

在那之後，屋大維找上了克麗奧佩脫拉，告訴她：「如果你將安東尼交出來，我就放你一條生路。」不過克麗奧佩脫拉似乎已有了相當的覺悟，並沒有理會屋大維。看來她並不是只會替自己打算而已。

事到如今，安東尼也想開了。
好耶！
哈哈哈

之後，屋大維的軍隊終於開進了亞歷山卓港。雖然安東尼秉持「男人的美學」要求跟屋大維一對一決鬥，但是……

卻很快遭到拒絕。唉，這是當然的了。

憑什麼？

在戰火中負傷的安東尼一心想見克麗奧佩脫拉最後一面，衝到皇宮中。

但他到達時聽說女王已經死了。

於是舉劍自盡。
沒有她人生就沒有意義……

聽到安東尼死訊的女王將他搬進房間。

隨後，屋大維也攻到了皇宮。由於他計畫將克麗奧佩脫拉引渡到羅馬，為了嚴防她自殺，所以便派人嚴加看管、密切監視，不過她還是找到了空隙，讓眼鏡蛇咬了自己一口。就這樣，這個頗具長才、曾經呼風喚雨挑戰時代的女鬥士結束了她的一生。與此同時，埃及帝國也畫下了句點。

反抗命運亦是美學
——語尾學古文

心有不甘的屋大維
啊！
跺腳

關於埃及艷后克麗奧佩脫拉的傳說，就這樣隨著普盧塔克（第十頁、二八〇頁）的著述流傳到後世。而普盧塔克的描述則是參考他當克麗奧佩脫拉御醫、也參與過亞克提姆海戰的祖父的回憶。爾後，亞歷山卓港因為接連發生地震以及海嘯等天災，地盤逐漸下陷，原有的景觀遭到破壞。一般認為，克麗奧佩脫拉以及安東尼的墳墓，乃至於托勒密王朝、亞歷山大大帝的墳墓及皇宮等，全都已經沈到海底了。

克麗奧佩脫拉
凱撒
位於丹德拉的著名浮雕

那麼，克麗奧佩脫拉的孩子們下場如何呢？先說被送到印度的小凱撒，他被養育他的貪婪大臣給出賣了，落入屋大維手中之後遭到殺害。除了雙胞胎，女王及安東尼兩人還生下了另一個男孩，或許屋大維判斷他們不足為患，所以就將他們交給安東尼的妻子屋大維亞領養。不過兩個男孩最後的下場不得而知。而雙胞胎中的女孩，克麗奧佩脫拉．海倫（Cleopatra Selene，「月亮」之意）之後則生了個兒子托勒密，但這個孩子後來被羅馬皇帝卡利古拉（Caligula）殺害，托勒密一家從此斷了血脈。

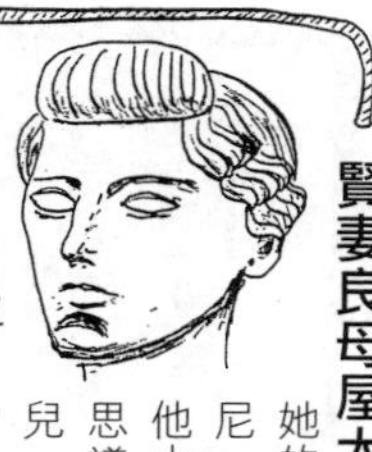
比起克麗奧佩脫拉，
聽說她美多了呢

賢妻良母屋大維亞

她的評價非常好。她不但沒有責備她那愚蠢的丈夫安東尼，還領養了丈夫可怕的前妻富爾維亞的小孩，以及其他小老婆生的孩子。不過，怎麼覺得她實在好得太不可思議了……。而且，屋大維亞為安東尼所生的兩個女兒，後來各自產下卡利古拉及尼祿這兩個惡名昭彰的暴君，這種落差也教人覺得毛毛的呢……

在這之後的埃及

在統治埃及長達三百年的托勒密王朝下台一鞠躬之後，取而代之的，是登上羅馬皇帝位子的屋大維。他將埃及當成其帝國的一個省份統治，不過，與其說他是將埃及當成羅馬的領土，還不如說是拿埃及當他的私有領地及穀倉。屋大維跟托勒密家族不一樣，他跟埃及不投緣、不討埃及人歡心，而且聽說他也不把埃及的宗教以及文化放在眼裡。

在這之後，羅馬皇帝當中也曾經出現過愛上埃及文化、因而積極增建神殿的人。像是喜歡四處遊歷的哈德良皇帝（Hadrianus），就曾經在自己的別墅裡頭引用了埃及美術，是個相當熱愛埃及文化的人。

但是，在羅馬的統治下，埃及人民仍然不斷遭受壓迫。譬如卡拉卡拉皇帝（Caracalla）就曾經指責亞歷山卓港的年輕人「毀謗羅馬」，而大肆屠殺埃及人。

繼西元三八〇年宣布基督教為國教後，三八四年，狄奧多西一世（Theodosius 一）更宣示「從此力行基督教信仰」，開始破壞埃及神殿。接著埃及又因貧困及疾病等因素人口銳減。三九四年，最後的象形文字刻在費拉島上後，就此消失。接下來，西元七世紀伊斯蘭軍隊入侵，這回換阿拉伯統治埃及……

埃及重新獲得獨立，要等到一九五二年（！）了。

卡拉卡拉皇帝很喜歡泡澡，走到哪裡大澡堂就建在哪裡。

這個時候斯脫拉波來到了亞歷山卓港。
充滿活力！
不愧是世界級交易市場

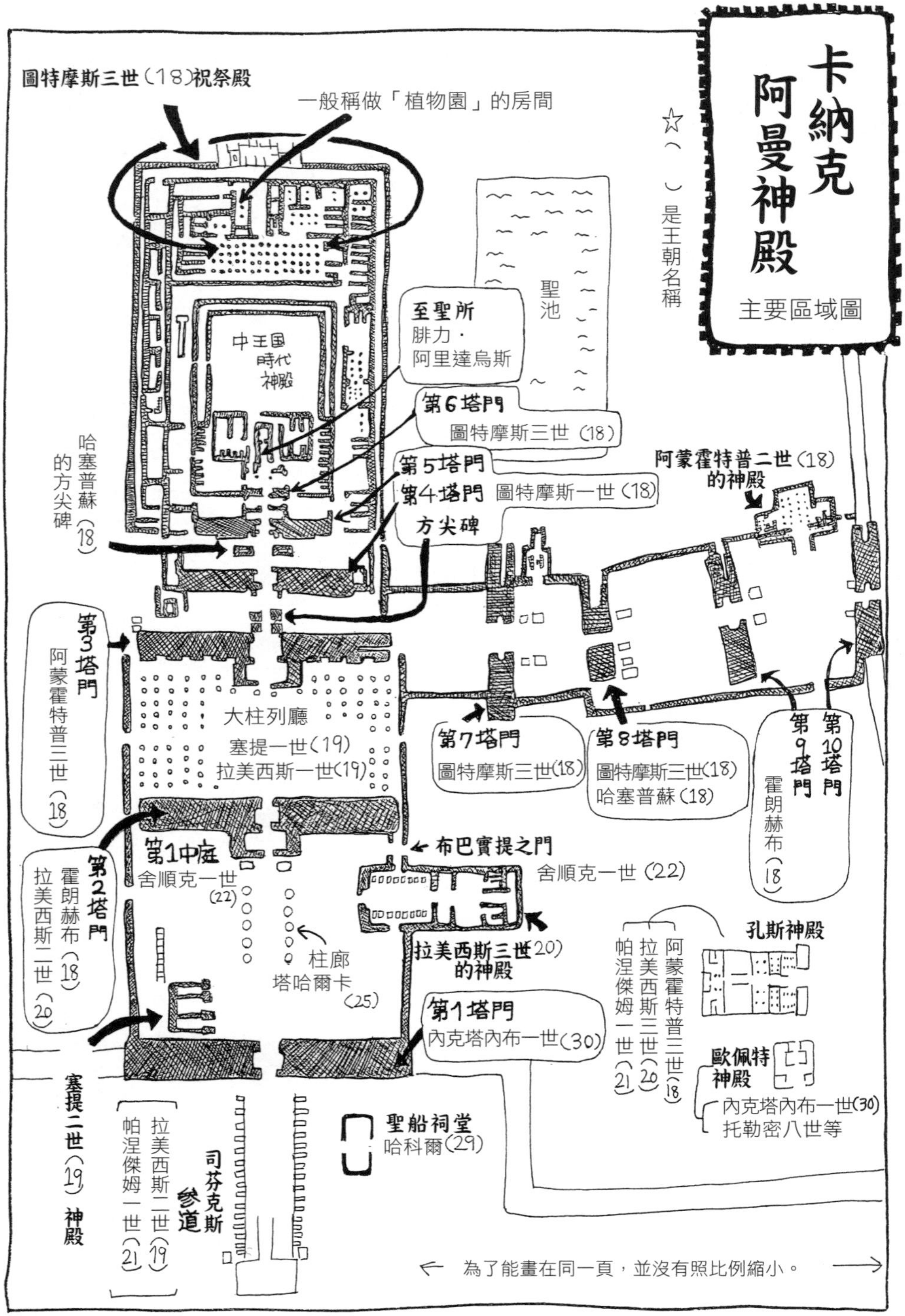
卡納克阿曼神殿
主要區域圖
☆（ ）是王朝名稱
圖特摩斯三世（18）祝祭殿
一般稱做「植物園」的房間
聖池
中王国時代神殿
至聖所
腓力・阿里達烏斯
第6塔門
圖特摩斯三世（18）
第5塔門
第4塔門
圖特摩斯一世（18）
方尖碑
哈塞普蘇的方尖碑（18）
阿蒙霍特普二世（18）的神殿
第3塔門
阿蒙霍特普三世（18）
大柱列廳
塞提一世（19）
拉美西斯一世（19）
第7塔門
圖特摩斯三世（18）
第8塔門
圖特摩斯三世（18）
哈塞普蘇（18）
第9塔門
第10塔門
霍朗赫布（18）
第2塔門
霍朗赫布（18）
拉美西斯一世（20）
第1中庭
舍順克一世（22）
布巴實提之門
舍順克一世（22）
柱廊
塔哈爾卡（25）
拉美西斯三世（20）的神殿
孔斯神殿
阿蒙霍特普三世（18）
拉美西斯三世（20）
帕涅傑姆一世（21）
第1塔門
內克塔內布一世（30）
歐佩特神殿
內克塔內布一世（30）
托勒密八世等
塞提二世（19）神殿
拉美西斯二世（19）
帕涅傑姆一世（21）
司芬克斯參道
聖船祠堂
哈科爾（29）
為了能畫在同一頁，並沒有照比例縮小。

SPHINX

～ 謎團般的偉大獅子 ～

司芬克斯這個獅子雕像很有名，太有名了，
一再被埋入沙中，然後一再被掘起。
這個巨岩雕成的獅像
永遠凝望著東方

法老王與獅身人面像

在獅身人面像的周遭，發現許多的遺物上頭刻有名字，這些名字從「阿蒙霍特普二世」到羅馬皇帝的名諱都有。由此可見，有許多法老曾造訪這個地方。

在河岸神殿的後面，圖坦卡門建造了一個供休憩的場所，而這個建築物的門扉上原本刻有圖坦卡門的名字，但是後來卻被拉美西斯二世抹滅重刻……。似乎也就是這位拉美西斯二世，把從第二金字塔拆卸下來的石材拿來填補獅身人面像的腳。

擁有眾多稱謂的獅身人面像

獅身人面像在金字塔銘文中叫做「Ruti」；中王國時代叫做「Shesep Ankh」（活生生的雕像）；新王國時期以後又叫做「Hor-em-akhet」（地平線上的荷魯斯），有許許多多的稱呼。

其中「Hor-em-akhet」並不是泛指所有的獅身人面像，而是專為底下那座大司芬克斯而取的名字喔。

據說「司芬克斯」這個普遍的名字，是從希臘人對「Shesep Ankh」的發音演變而來的。在古希臘文當中，「司芬克斯」這一個詞還有「劊子手」這樣令人戰慄的意思呢。

「或許是因為在伊底帕斯的故事當中，那個野蠻的司芬克斯讓人聯想到劊子手的關係，所以才形成這個詞源。」（引自《獅身人面像的秘密》，Selim Hassan著）

難不成獅身人面像還比金字塔重要嗎！

獅身人面像下方的修補作業，也一直持續到羅馬時代，可見它有多麼受人喜愛。

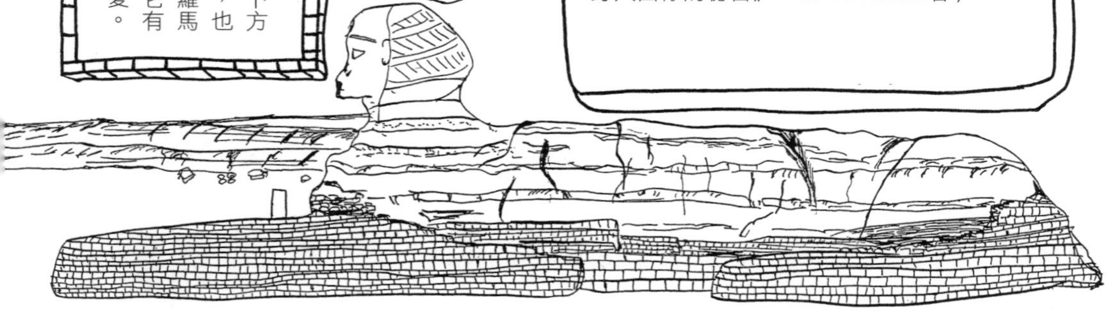

鼻 是誰弄壞鼻子的啊？

以下舉出一些弄壞鼻子的嫌疑犯。

① 狂熱的蘇菲教（Sufi，回教分支）教徒。因為教義說「不允許崇拜偶像」。

② 被當成阿拉伯人射擊的標靶。

③ 古代的某個觀光客。

蘇菲主義
跳著伊斯蘭神秘主義的「忘我之舞」

④ **馬穆魯克**族幹的。

原本是有斯拉夫、土耳其、希臘血統的白人奴隸。「馬穆魯克」這個詞意思是「被販賣的人」。他們先是被賣到伊斯蘭王朝當傭兵，後來伊斯蘭王朝為了增加兵力將他們解放，當中有些人甚至爬到很高的地位呢。西元一二五〇年，馬穆魯克終於奪取政權。他們也曾經跟拿破崙軍隊交戰。據說他們行動頗具機動性，而且性情執著，對消耗對方體力的戰法很擅長，還是「美男子軍團」哩。

就這樣硬把鼻子拔下來的。
嘿喲嘿喲

但是全部都僅止於猜測罷了。

還有些無聊的說法，比如說是拿破崙幹的好事……

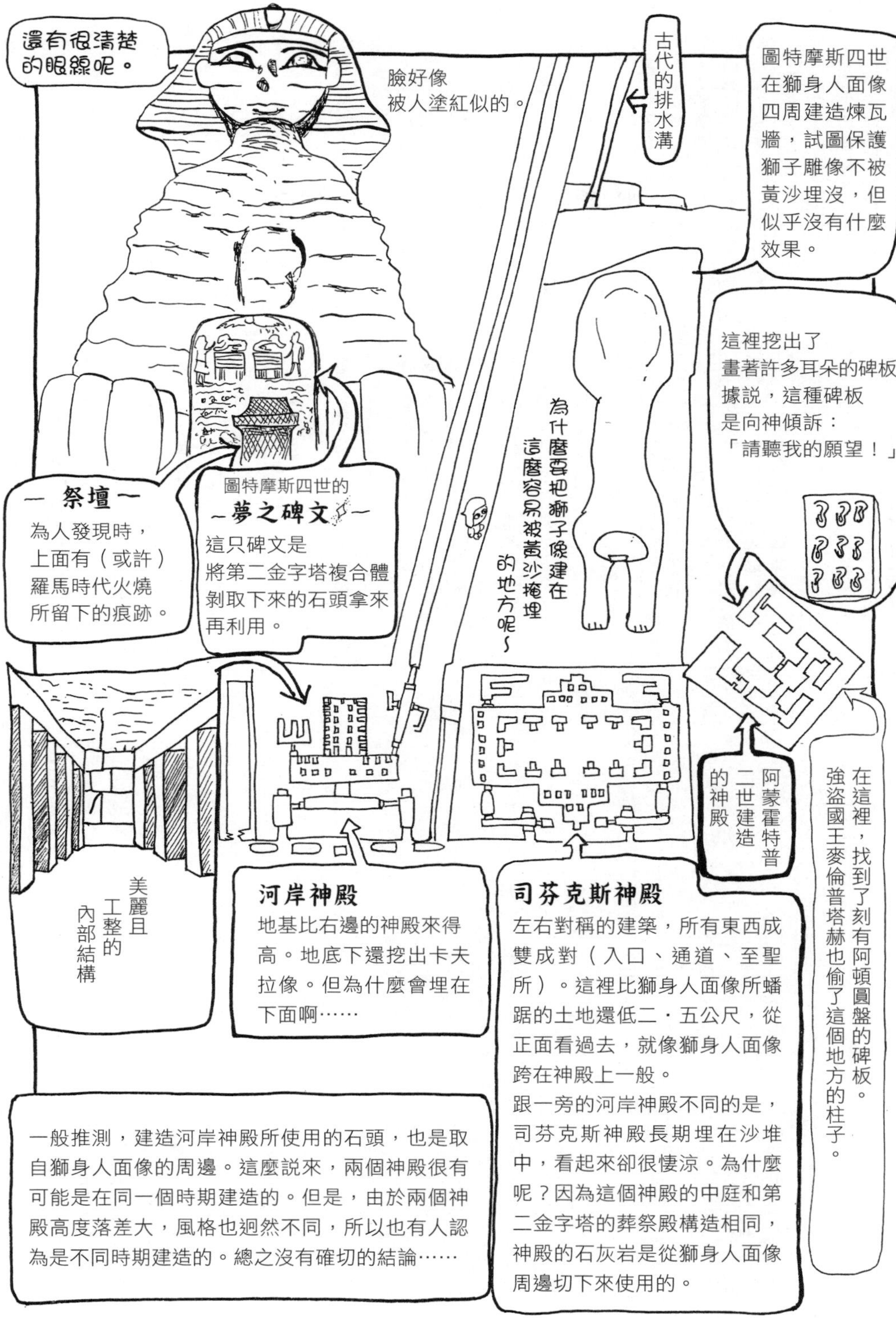
還有很清楚的眼線呢。
臉好像被人塗紅似的。
古代的排水溝
圖特摩斯四世在獅身人面像四周建造煉瓦牆，試圖保護獅子雕像不被黃沙埋沒，但似乎沒有什麼效果。
這裡挖出了畫著許多耳朵的碑板，據說，這種碑板是向神傾訴：「請聽我的願望！」
為什麼要把獅子像建在這麼容易被黃沙掩埋的地方呢～
— 祭壇 —
為人發現時，上面有（或許）羅馬時代火燒所留下的痕跡。
圖特摩斯四世的
～夢之碑文～
這只碑文是將第二金字塔複合體剝取下來的石頭拿來再利用。
美麗且工整的內部結構
河岸神殿
地基比右邊的神殿來得高。地底下還挖出卡夫拉像。但為什麼會埋在下面啊……
司芬克斯神殿
左右對稱的建築，所有東西成雙成對（入口、通道、至聖所）。這裡比獅身人面像所蟠踞的土地還低二・五公尺，從正面看過去，就像獅身人面像跨在神殿上一般。
跟一旁的河岸神殿不同的是，司芬克斯神殿長期埋在沙堆中，看起來卻很悽涼。為什麼呢？因為這個神殿的中庭和第二金字塔的葬祭殿構造相同，神殿的石灰岩是從獅身人面像周邊切下來使用的。
阿蒙霍特普二世建造的神殿
在這裡，找到了刻有阿頓圓盤的碑板。強盜國王麥倫普塔赫也偷了這個地方的柱子。
一般推測，建造河岸神殿所使用的石頭，也是取自獅身人面像的周邊。這麼說來，兩個神殿很有可能是在同一個時期建造的。但是，由於兩個神殿高度落差大，風格也迴然不同，所以也有人認為是不同時期建造的。總之沒有確切的結論……

鬍子賊

在十九世紀，人們在挖掘的過程中，找到了獅身人面像掉落的鬍子之殘骸，但是其中一部分卻被大英博物館給拿走了。

埃及方面一直要求英國歸還獅身人面像鬍子，但英國就是不還。

不過就鬍子嘛，你就還給人家吧。英國不是很注重紳士風度嗎？

何況只是殘骸……

這個也被拿走了
眼鏡蛇的頭
鬍子
鬍子
鬍子
鬍子
鬍子
歸還鬍子！
鬍子！鬍子！
哼
才不要咧，我就是不還～
扼腕啊！
如果是這種鬍子一定更有意思…

尋寶與未知的洞穴

有幾則傳說指出，獅身人面像裡頭藏放著寶藏。加斯頓・馬斯佩羅（第三十頁）為了要挖出被黃沙所掩埋的獅子像，辛苦地籌措資金。

藉著煽動的說詞籌到資金。

大家來看喔！這個碑板上畫著大司芬克斯坐在台子上，對吧？這個台座可能藏有寶藏喔。是個未知空間呢。搞不好有所羅門的盃等等傳說中的寶藏呢～
雖然最終沒挖到寶藏啦，不過露出全貌的司芬克斯，以其神秘的氣息成為觀光景點喔～

對了，順帶講一下：商博良的哥哥雖然沒有一圓夢想前往埃及，卻也在其著作中斷言道：「司芬克斯的雙腳以及下巴之間，有入口可以進入金字塔。」古代（西元一世紀）的老普林尼也曾描述道：「埃及人似乎認為，司芬克斯被收在荷爾艾姆阿克特國王（希臘名是Harmachis，見二七四頁）的墳墓中。」又有一說指是收在阿馬西斯王墓中。看來在古代就已經有許多謠傳了。

在往後的年代，獅子像身上也是到處被開洞，但是什麼都沒找到。一九八七年，日本研究人員利用電磁波調查，公開指出：「裡頭有類似空穴的空間。」

這之後，埃及的研究中心利用地震波的折射進行調查，卻宣布：「並沒有證據可以證明有空穴存在。」就這樣，終究沒有個定論。

雖說只要實際開挖，很快就可以知道真相。不過，以埃及政府的立場來說，他們已經飽嚐自己祖先的遺產如何因為挖掘而遭到損毀的經歷了，所以若是沒有確切證據，是不會輕易答應開挖的。

空穴 現在已知的空間有三個喔。

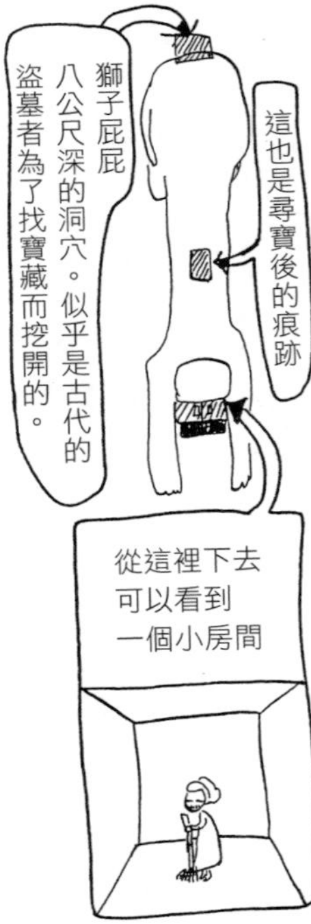
這也是尋寶後的痕跡
獅子屁屁
八公尺深的洞穴。似乎是古代的盜墓者為了找寶藏而挖開的。
從這裡下去
可以看到
一個小房間

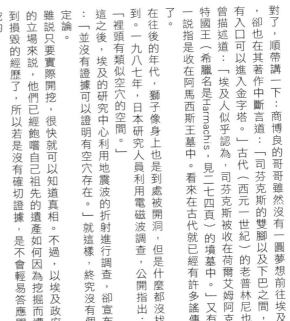

獅身人面像的製造年代

從正面看獅身人面像，可以看到它背後座落著巨大的第二金字塔，這個構圖看起來就好像獅子在守衛金字塔一樣。

在埃及學這個領域，認為第二金字塔和獅身人面像有關聯的人，似乎是佔了壓倒性的多數。

但是，也有人認為：「胡夫的金字塔實際上距離獅身人面像比較近，司芬克斯神殿和胡夫大金字塔的※葬祭殿構造又類似，所以獅子像應該是胡夫建造的。」還有人說：「不、不，應該是建於更早的時代。」總之，各式各樣的見解都有。

※ 前面曾經提到，司芬克斯神殿和第二金字塔的葬祭殿有許多類似的地方。

雖然不知道第二金字塔及獅身人面像的建造順序孰先孰後，不過可以確定的是，建造獅身人面像時，是有考慮到它跟第二金字塔的關係的。

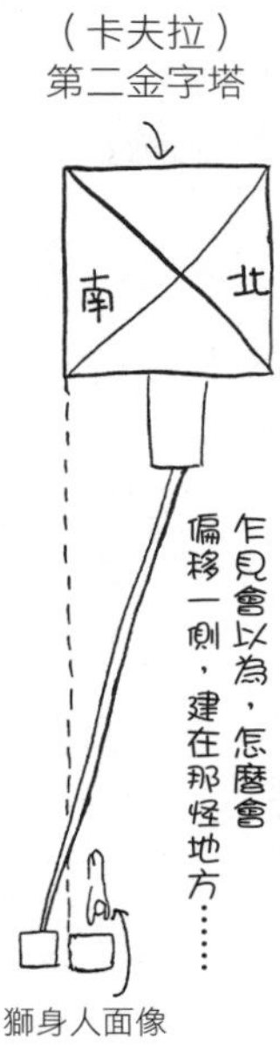
（卡夫拉）
第二金字塔
南
北
乍見會以為，怎麼會偏移一側，建在那怪地方……
獅身人面像

但相距四百公尺的兩個建築的南邊，其實剛好呈一直線（右圖虛線處）。

這樣的做法可以帶來以下的效果：

在春分和秋分這兩天，從司芬克斯神殿朝第二金字塔看的話，太陽看起來就像慢慢沈入金字塔的南端；如果是夏至，太陽看起來就像是往兩個金字塔中間下沈。有人指出，這樣就很類似代表「地平線」之意的象形文字。

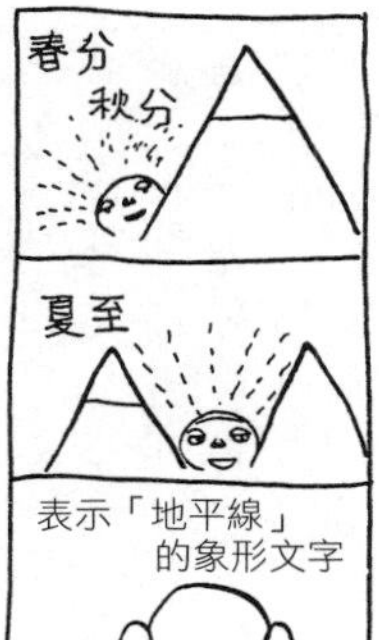
春分
秋分
夏至
表示「地平線」的象形文字

◎順帶一提：

獅身人面像正確地朝著正東方，所以春分、秋分的日出是在其正前方喔。

這跟司芬克斯又被稱做「Hor-em-akhet」（地平線上的荷魯斯）似乎也有關聯。

嗯，這是當然的啊。
嘖嘖

目錄碑板（Inventory Stela）

此外，還發現了這樣的東西。

馬里埃特發現的！
←這個

這是在胡夫大金字塔旁的衛星金字塔中的附屬禮拜堂內找到的，上頭寫著：

「胡夫發現了司芬克斯的凹地旁金字塔女主人為艾西斯的神殿。他把金字塔建在這個神殿旁邊。他把女兒海奴多仙的金字塔建在這個神殿的一旁。他把司芬克斯重新上色，予以復興。他先挖出破損的納美斯頭巾的背面。該頭巾長約七艾爾（三・七公尺）……」

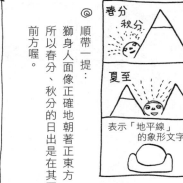

「目錄碑板」這個通稱，是由於這個碑板上刻有（據說是）胡夫修復的這個神殿內神像的紀錄之故。

啥、啥、啥…真是令人震驚!!

這就表示，胡夫之前就已經有獅身人面像啦？既然都有這麼具體而明瞭的東西存在了，獅身人面像何時建造不是一下子就解開了嗎？很可惜，事情並沒有這麼單純。這麼令人動心的內容，在目錄碑板出土的當時的確掀起了不小的旋風，但後來大部分的意見都認為：「這個石碑是第二十王朝之後偽造的東西，所以內容不足採信。」結果，這項發現就不再受重視了。

咦！幹嘛要這樣做啊？

大概是因為以下這些原因。

首先是**動機**。

這個碑板的主角是艾西斯神殿，以及裡頭的眾神。

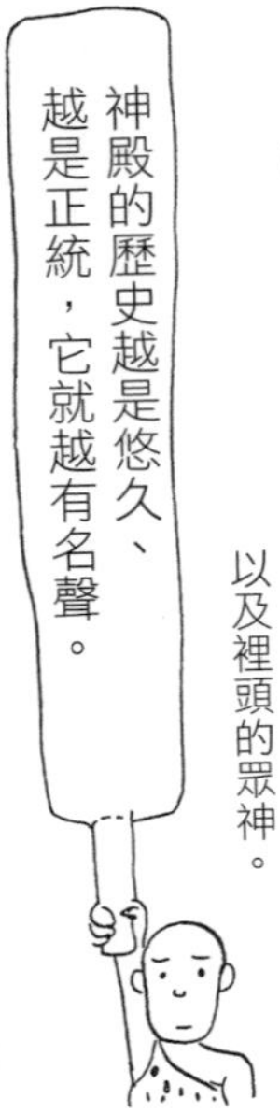
神殿的歷史越是悠久、越是正統，它就越有名聲。

因為有這樣的價值觀，第二十王朝搬出了對他們來說已算是相當古老的「胡夫」，再造假說獅身人面像比胡夫還歷史久遠。

在古代，胡夫可是很好裝門面的名牌！

那就把胡夫王搬出來吧。
胡夫的話OK！
安排得好啊！

根據什麼判斷碑文造假？

1 這篇文章是第二十王朝以後寫的。

碑文中稱呼獅身人面像為「富倫．荷爾．艾姆．阿凱特」，而這稱呼是十八王朝以後才出現的。

碑板上頭雖然註明了：「這是從古早時候的物品複寫下來的。」倘若真有它說的「古早時候的物品」，那就該使用可以顯示正統性的古文啊。

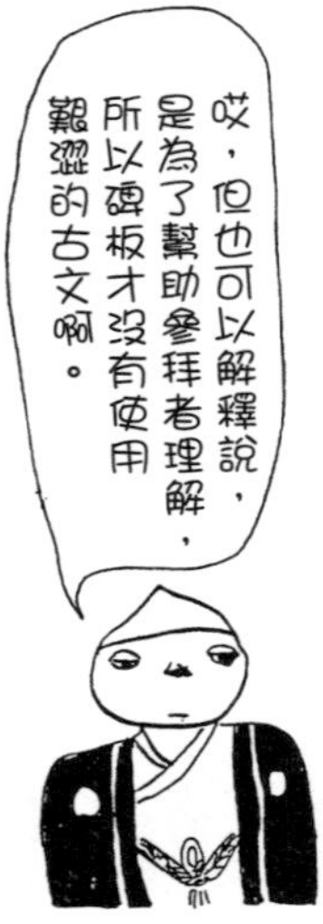
哎，但也可以解釋說，是為了幫助參拜者理解，所以碑板才沒有使用艱澀的古文啊。

2 經判斷，這個艾西斯神殿年代要比金字塔來得久遠，不過這個神殿其實是以衛星金字塔附屬的禮拜堂為基礎而增建的，它所使用的石材也是從周邊的陵墓掠奪而來。由這樣的事實可以判知，不管這個艾西斯神殿有多古老，都比衛星金字塔還要晚建造。

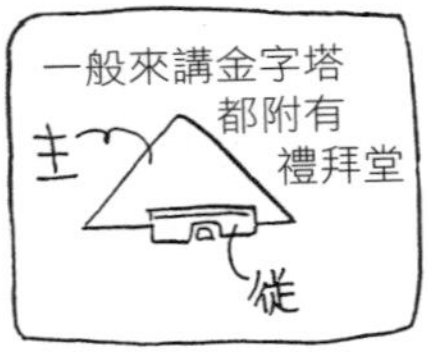
一般來講金字塔都附有禮拜堂
主
從

但是，為什麼三個衛星金字塔禮拜堂的「這玩意」會出現在艾西斯神殿中呢？難不成是湊巧完整保存下來的？
現在只是一堆瓦礫

③ 艾西斯神的信仰風行到人們為她建造神殿，那已經是很後面的事情了……。古王國時代埃及人就已信仰艾西斯，但至今沒有發現該時代的艾西斯神殿遺跡。

艾西斯神殿的歷史

艾西斯神殿所出土的古物當中，最古老的一件是刻有第十八王朝阿蒙霍特普三世名字的戒指，從這件東西可以知道，那個時候人們已在膜拜艾西斯神殿了。（此外還有發現刻有圖坦卡門、阿伊、霍朗赫布名字的戒指。）

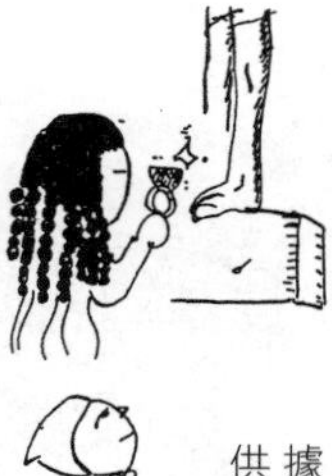
看來哪個國家都一樣嘛～

據判斷，這類戒指是參拜的人在神殿買下、然後供奉給神祇的。（雷斯納，見一三〇頁）

另外，第二十一王朝的普蘇森尼斯一世建造的石碑也出土了。（神殿的建築樣式也是這個時代的風格。）

從第二十六王朝的薩伊斯時代開始

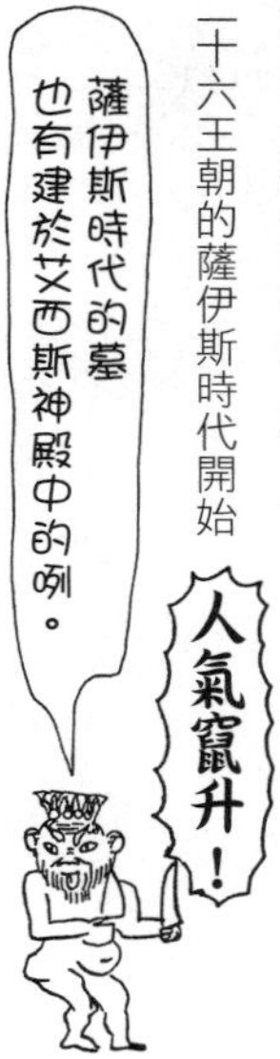
人氣竄升！
薩伊斯時代的墓也有建於艾西斯神殿中的咧。

說到艾西斯啊……。這個碑板上寫著她是「金字塔的女主人」，感覺好像「金字塔管理人」的頭銜似的，到底是什麼時候開始變成這樣的啊？

☆「金字塔的女主人艾西斯」這樣的措詞，亦可見於聖牛地下墓室的石碑中。（波斯王大流世治世所建造的。）

塞里姆・哈山（Selim Hassan）認為，艾西斯神殿原始的所有人海奴多仙（Henutsen）公主名字的「Henut」這部分意思是「女主人」，由於長久以來艾西斯與海奴多仙被混為一談，所以才演變出「金字塔的女主人艾西斯」這樣的稱呼。

也就是說，目錄碑板的內容不過是宣傳艾西斯神殿的伎倆罷了，記述的並非史實，碑文說什麼「胡夫修復獅身人面像」等等，都是胡說八道一通，所以這件事沒什麼進一步討論的價值了。可是，姑且先把事實為何擺一邊……

唉呀
唉呀，光顧著講艾西斯神殿，都忘了原本的主題是獅身人面像啦。

然而，從新王國時代開始，人們就普遍認為獅身人面像的年代相當久遠。

譬如說，阿蒙霍特普二世曾在碑板上寫道，第二金字塔是「Hor-em-akhet的金字塔」。讓人感覺獅身人面像似乎老早就存在了。

而且，就如同這個碑文所說的，獅身人面像的頭部後方有疑似被雷打過的破損部分，而且有修復過的痕跡（大約四公尺大）。上頭的資料真真假假、假假真真，實在是太容易誤導人了。

現存於開羅博物館中！
啪咖！
啪咖！
這個混淆視聽的玩意兒！

風化

接著，繼續獅身人面像「建造年代」的話題！

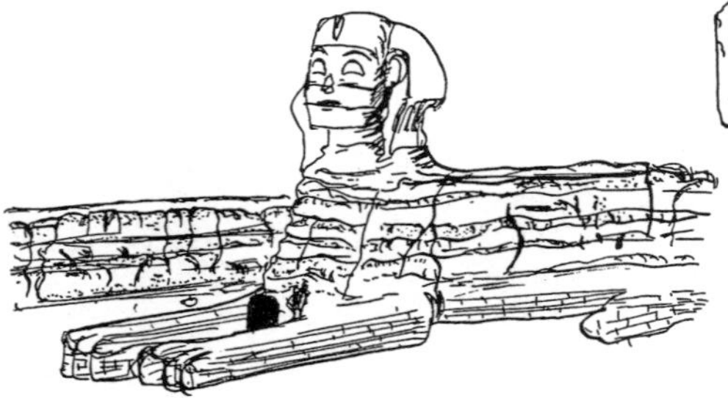

獅身人面像沒有被修理的上半部、凹陷的部分、還有神殿的石灰岩等的風化情形都相當嚴重。

這個風化據説是地下水導致的鹽害現象。

鹽害現象

因早晚溫差太大導致水份蒸發、鹽份結晶，物品因而被破壞的現象！

啥？

地質學者暨古生物學者羅伯特・夏克（Robert Shock）教授説：

這種破壞是水造成的喔！
而且不是尼羅河氾濫那種，
這可是豪雨長期沖刷侵蝕的痕跡呢！

另外他也調查了跟獅身人面像年代相近的古王國時代陵墓，但是那些墳墓並沒有像獅身人面像那樣嚴重的侵蝕痕跡。

夏克又參考古代氣象學者所提出的※「雨季期」，然後判斷「獅身人面像建造於西元前七千年到西元前五千年間」。

果真如此，就表示司芬克斯自遠古開始就孤獨地鎮守在吉薩的台地上——這幅景象實在太酷了！

讓人聯想起
那個著名電影的
這個場景

※那樣的豪雨，據説在胡夫時代很久以前，就已經停止不下了呢！

但還有學説認為，司芬克斯獨自鎮守台地的時間要來得更久。實在讓人摸不著頭緒。

這是《上帝的指紋》的作者葛瑞姆・漢卡克、以及曾在探討胡夫的篇章中出場的「金字塔＝獵戶座信仰之説」的羅伯特・鮑威爾一起提出的説法——兩個人不知道何時突然要好起來。

那本書曾經暢銷一時，我想很多人都知道它的內容，其實不太想將它的內容搬出來講（而且很複雜……），不過還是快速帶過啦。

或許有些人
讀過一遍還是
沒辦法理解……
我就是啦
……
『創生の守護神』大地舜訳
翔泳社

根據大金字塔與獵戶座之間的關係，他們認為吉薩的建築是象徵天界。實際上金字塔銘文等各式各樣的古代文書中確實曾經提及「將天體重現於地表」的事。

而用電腦計算它們與哪個時代的天界吻合時，發現獵戶座及銀河與地面對應的時期，正好是

B.C. 1万5百年！

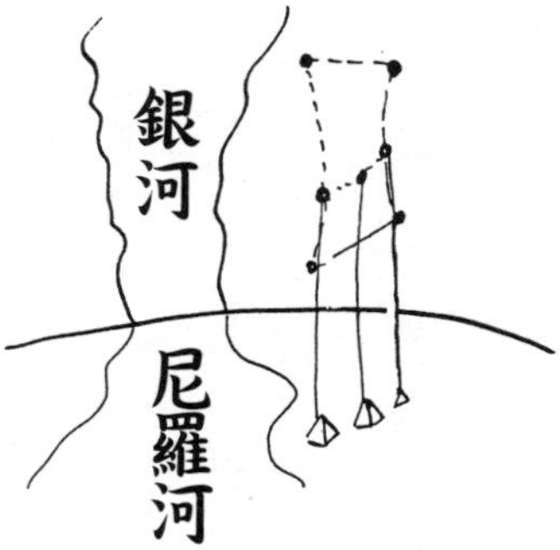
銀河
尼羅河

而那個時候，司芬克斯注視的方向正好是——

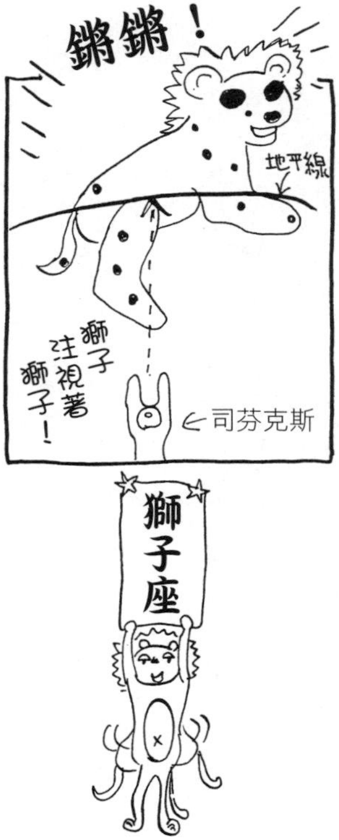
鏘鏘！
地平線
獅子注視著獅子！
司芬克斯
獅子座

會有這麼湊巧的事嗎？

西元前一萬零五百年——

葛瑞姆及鮑威爾認為這是埃及人稱為「起源之時」的年代。所謂「起源之時」，是神話中眾神與人類和平共處的黃金時代。

這個神話中出現的眾神，其實是一萬數幾千年前因大洪水而消失的文明中存活下的人們。「起源之時」的年代，就是他們教導埃及老祖宗知識的，不是嗎？

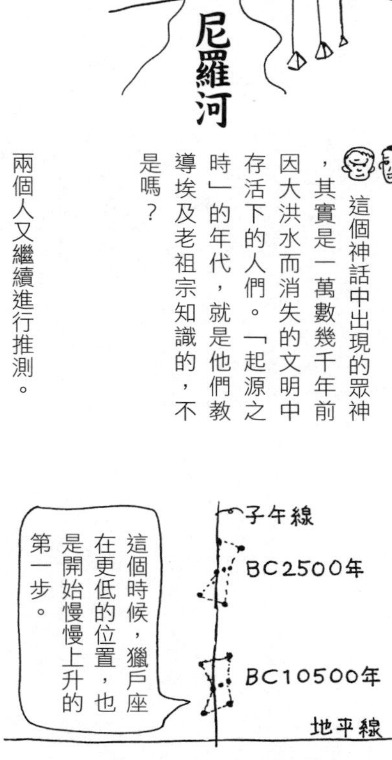
子午線
BC2500年
BC10500年
地平線
這個時候，獵戶座在更低的位置，也是開始慢慢上升的第一步。

天文學而言也是「起源之時」

兩個人又繼續進行推測。

西元前兩千五百年前所建的吉薩的大金字塔，是為了重現值得紀念的「起源之時」而建造的。而金字塔正是埃及人從「消失之文明的人們」那裡承繼下來的智慧啊。甚至可以說，金字塔是給探索未來真理的人的訊息，不是嗎？

欸？為了什麼啊？
叩、叩

所以他們說，獅身人面像的台座很可能大約建於西元前一萬五千年，而在西元前兩千年前就建好了大半。

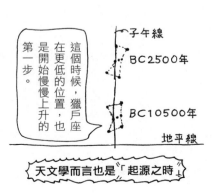

將這樣的訊息藉由金字塔永遠地留存下來，並且傳達給下一個世代的人們——建築物以及葬祭文等等，也記載有許多類似這樣的內容。藉由這樣的做法，使得能夠解讀其中奧祕的人將注意力轉到「天體動向」這個共通語言上，進而找到他們的智慧寶庫。

總之，葛瑞姆及鮑威爾兩個人從埃及建築、許許多多的埃及文書，以及星象變化中，感受到這個宏大的計畫。

這兩人怎麼解讀經文呢？舉個例子：

「跟從荷魯斯的人們」這句話

⬅ 變成「追尋荷魯斯之路的人們」；

⬅「追尋太陽路徑的人們」

⬅「追尋太陽於一年當中繞行十二星座之路徑的人們」

⬅ 不！也可以說是「花了數千年追尋春分點繞行十二星座之動線的人們」。

……就這樣，原本短短的一句話，他倆可以一再推演、解讀出這些訊息來。

因為上述這個解讀例子以及其他的要素，他們注意到了春分點。

春分点

春分時太陽所在的位置。

由於歲差運動，太陽從一個星座移到下一個星座要花兩千一百六十年。歲差運動與地球自轉方向相反，是畫分大時代的指標。比如現在是雙魚座時代，而西元前一萬零五百年是獅子座；西元前兩千五百年則是金牛座的時代。

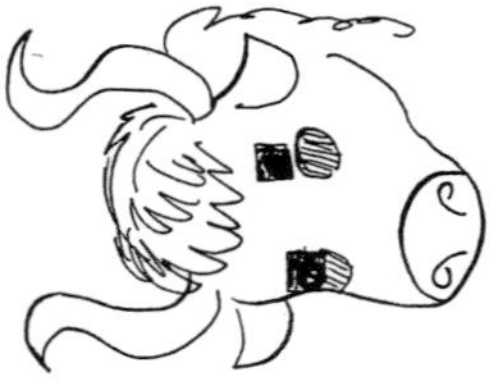

比如說，在大金字塔的時代，春分點正好落到金牛座。此時，斯尼夫魯國王在地表上相當於金牛座頭部位置的地方——也就是達夏爾，建了兩座金字塔來代表春分點。

哎呀，引言講太多了，終於可以回到司芬克斯本身了。

考考你！西元前一萬零五百年的春分點，在哪裡？

就是在
這裡

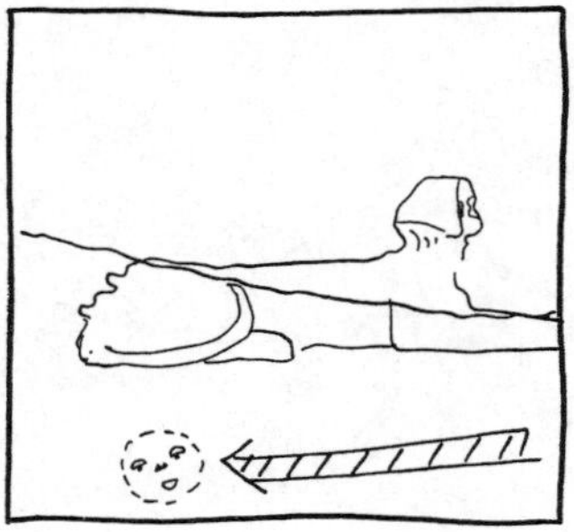

而對應到地表上，則是這裡！

棺木文當中也暗示說，吉薩的建築物底下有一個隱密的房間，在那裡，藏放著歐西里斯偉大的「祕密」。根據以上的線索，不是正可以推測出獅身人面像就是「消失之文明的人們」知識寶庫的入口嗎？

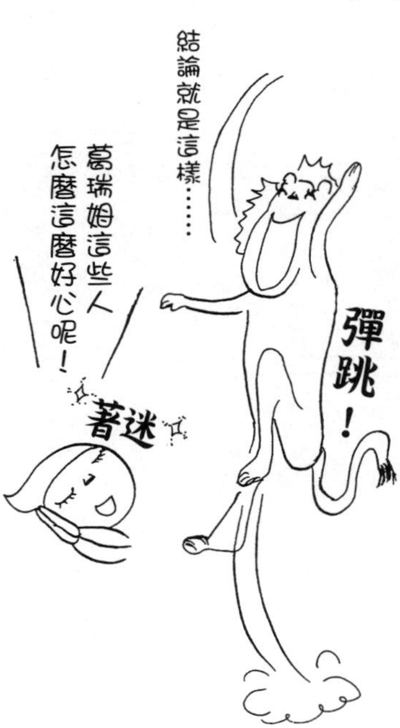
彈跳！
結論就是這樣……
葛瑞姆這些人
怎麼這麼好心呢！
著迷

「消失之文明的人們」為了要讓**探索未來真理的人們**留意到知識寶庫的存在，想出了這麼九彎十八拐的暗號。沒想到葛瑞姆及鮑威爾這兩個人卻毫不藏私地把他們好不容易辛苦解讀出的暗號，告訴我們這些懶惰鬼。真的是要向他們深深一鞠躬呢。

不過，也有人把批判的矛頭指向這兩個慷慨大方的人。

首先是——

「獅子座、獅子座，從剛剛開始你們就一直在說什麼獅子座！司芬克斯是獅子所以它就是指獅子座嗎？現在的小學生想法都沒這麼單純！」

比如這種批評。……話是沒錯啦。現在大夥兒耳熟能詳的「黃道十二宮」的概念（據說是起源於巴比倫）傳到埃及的時候，已經是埃及托勒密王朝那年代了。托勒密王朝在建造得稍嫌粗糙的丹德拉的赫特神殿中，的確是描繪出十二星座，但是在此之前，埃及的天體圖當中只會畫著埃及特有的星座。

但是就算是這樣，也沒辦法完全駁倒那兩個人的論點。因為赫特神殿的碑文中記載著「遵循自古以來的宏遠計畫而建造此神殿」。所以呢，托勒密王朝有可能是「重建」神殿，甚至可能只是「修復」神殿而已。

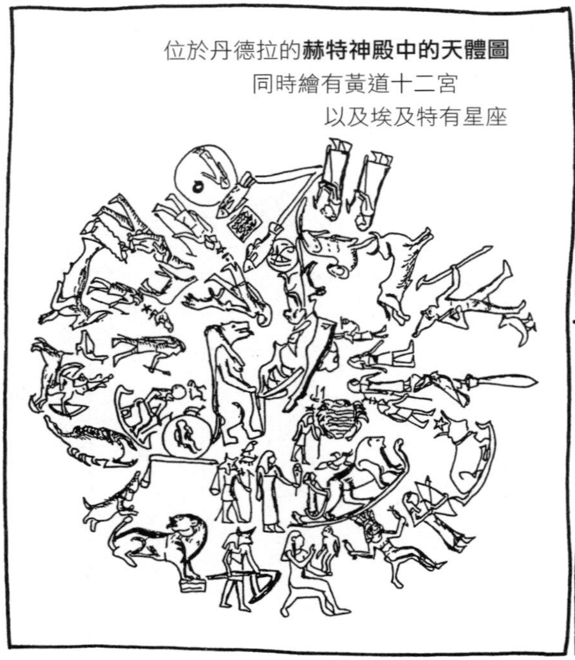
位於丹德拉的**赫特神殿中的天體圖**
同時繪有黃道十二宮
以及埃及特有星座

天体図
塞提一世陵墓有
聖牛墳墓的畫作

哎，不過如果事實真的就像碑文中所記載的那樣，那就表示埃及長久以來一直使用兩種星座欸，實在是太麻煩了，傷腦筋欸……

還有批評是這樣——

「那麼，為什麼沒有西元前一萬零五百年到西元前三、四千年的建築物遺址呢？照你們的說法，春分點（埃及人）都會有建設，那怎麼沒有看到代表巨蟹座跟雙子座的建築呢？」

諸如此類……

沒有建就沒有建嘛，那有什麼辦法啊。那個時候，埃及正飽受長期豪雨之苦呢，哪有那個閒情逸致跟美國時間蓋什麼東西啊！

不管怎麼樣，我希望他們兩位先生今後都更加活躍啦，特別是葛瑞姆！希望他們不斷不斷地收集到新證據，推廣他們的見解，讓他們的「歪理」更加暢行全球！

啊～但是先撇開不談
這個學說是真是假啦，
我真希望趕快證實
那個「未知的空間」的存在……
那座孤傲的獅子像真是
渾身充滿了煽動人們想像的
浪漫風情啊……

後記

這本書得以出版，我得要感謝幾個重要的人。首先，是我非常尊敬的「日本的佩特里」——早稻田大學的近藤二郎教授。老師百忙之中撥冗看過我的拙文，並且給予我不少的指點，實在很感謝他抓出我的錯誤，使我得以避免出洋相。老師給我的所有指導都是金科玉律，不過當中最令我喜出望外的，莫過於他指出漢字「中井貴一」的錯字。老師居然知道中井貴一耶！光是想到這個可愛的回憶，我就覺得今後漫長的人生可以順順利利地走下去。

接著，我要感謝偉大的編輯大人，青野先生。他不但採用了我這個看起來一副盜匪模樣的恰查某的稿子，而且從頭到尾都非常有耐心地處理這本書。對於他深刻的溫情與愛心，我想我畢生感念在心、沒齒難忘。

每一天每一天，埃及都有新的發現。跟埃及有關的訊息可說是日新月異。所以這本書裡頭所敍述的事情，今後應該仍會不斷地更新吧，屆時若有什麼出入之處，就要請大家見諒了。另外，這本書裡頭所使用的譯名，我已盡量採用簡單又通俗的詞了，所以有些地方難免沒照規矩來。這方面的取捨，或許相關專家看了會皺起眉頭、難以苟同啦，其中的判斷都是憑著我自己的一股蠻勁。如果有人看了心想：「喂，不是這樣的吧！」也請不吝賜教。

在最後，我一定要致上謝意的是——閱讀這本書、敞開胸懷且擁有美好而自由豁達精神的各位讀者。我打從心底感謝你們。謝謝你們閱讀到最後一頁。但願世界上所有的幸福降臨在所有人的身上。

參考文獻

我所獲得的埃及方面的知識，全部都是從這些人傾注血汗才寫成的珍貴著作得來的。

想要更進一步了解埃及的人，以下所列這些著作不容錯過！

《エジプト史とエジプト学全般および地理》

『古代エジプトファラオ歴代誌』P・クレイトン著　藤沢邦子訳　吉村作治監修　創元社

『古代エジプトのファラオ』松本弥著　弥呂久

『ファラオのエジプト』吉成薫著　廣済堂出版

『エジプト王国三千年ー興亡とその精神ー』吉成薫著　講談社

『吉村作治の古代エジプト講義録（上・下）』吉村作治著　講談社

『王と神とナイル』（沈黙の世界史2）鈴木八司著　新潮社

『古代エジプトー失われた世界の解読ー』笈川博一著　中央公論新社

『大英博物館　古代エジプト百科事典』I・ショー、P・ニコルソン著　内田杉彦訳　原書房

『歴史』ヘロドトス著　青木巌訳　新潮社

『古代のエジプト』（世界文化地理百科）J・ベインズ、J・マレック著　吉村作治訳　平田寛監修　朝倉書店

『古代エジプト』（地図で読む世界の歴史）B・マンリー著　古田実、牧人舎訳　鈴木まどか監修　河出書房新社

『ナイルの遺産ーエジプト歴史の旅ー』写真仁田三夫　屋形禎亮監修　山川出版社

『図説古代エジプト1、2』仁田三夫編著　河出書房新社

『古代エジプトの世界』C・フリーマン著　内田杉彦監訳　原書房

『エジプトーブルーガイド・ワールドー』実業之日本社

『エジプト5000年をゆく　1～5』吉村作治監修　日本テレビ放送網

《ピラミッド関連》

『図説ピラミッド大百科』M・レーナー著　内田杉彦訳　東洋書林

『ピラミッド』A・シリオッティ著　矢島文夫監訳　吉田春美訳　河出書房新社

『失われた王墓ー大ピラミッドの謎に挑むー』P・トンプキンズ著　吉村作治訳　日本ブリタニカ

『ピラミッド・ミステリーを語る』吉村作治、栗本薫著　朝日出版社

『痛快！ピラミッド学』吉村作治著　集英社インターナショナル

『ピラミッドの秘密』R・コットレル著　矢島文夫訳　みすず書房

『ピラミッド学入門』J・P・ローエル著　酒井傳六訳　法政大学出版局

『ピラミッドを探る』K・メンデルスゾーン著　酒井傳六訳　法政大学出版局

『ピラミッドの秘密』M・C・ツシャール著　酒井傳六訳　社会思想社

『ピラミッドの謎はとけた』A・ポシャン著　青木伸美訳　大陸書房

『オリオン・ミステリー』R・ボーヴァル、A・ギルバート著　近藤隆文訳　日本放送出版協会

『ピラミッドに隠された天文学』倉橋秀夫著　新人物往来社

《考古学》

『図説王家の谷百科』N・リーヴス、R・H・ウィルキンソン著　近藤二郎訳　原書房

『王家の谷』A・シリオッティ著　矢島文夫監訳　吉田春美訳　河出書房新社

『エジプトの考古学』（世界の考古学）近藤二郎著　同成社

『ナイルの略奪』B・M・フェイガン著　兼井連訳　法政大学出版局

『エジプト学夜話』酒井傳六著　青土社

『神・墓・学者』C・W・ツェーラム著　村田数之亮訳　中央公論新社
『古代エジプト探検史』J・ベルクテール著　福田素子訳　吉村作治監修　創元社
『古代エジプト探検百科』N・リーヴス著　岡村圭訳　原書房
『ツタンカーメン発掘記』H・カーター著　酒井傳六、熊田亨訳　筑摩書房
『ロゼッタストーン解読』L・アドキンズ、R・アドキンズ著　木原武一訳　新潮社
『ヒエログリフの謎をとく―天才シャンポリオン、苦闘の生涯―』M・ドヴァシュテール著　遠藤ゆかり訳　吉村作治監修　創元社
《個々のファラオ》
『トゥトアンクアモン』C・デローシュ＝ノーブルクール著　佐貫健、屋形禎亮訳　みすず書房
『図説黄金のツタンカーメン』N・リーヴス著　近藤二郎訳　原書房
『誰がツタンカーメンを殺したか』B・ブライアー著　東眞理子訳　原書房
『消されたファラオ』G・フィリップス著　匝瑳玲子訳　朝日新聞社
『伝説の王妃ネフェルティティ』P・ファンデンベルク著　金森誠也訳　佑学社
『クレオパトラとその時代』朝香正著　創元社
『知っていそうで知らなかったクレオパトラ』M・フォス著　田村明子訳　集英社
『クレオパトラ　古代エジプト最後の女王』E・フラマリオン著　高野優訳　創元社
『クレオパトラ―世界帝国を夢みた女―』P・ファンデンベルク著　坂本明美訳　佑学社
『悲劇の女王クレオパトラ』L・フォアマン著　岡村圭訳　原書房
《神話》
『エジプト神話』V・イオンズ著　酒井傳六訳　青土社
『図説エジプト神話物語』J・ディー著　山本史郎、山本泰子訳　原書房
『古代エジプト人―その神々と生活―』R・デイヴィッド著　近藤二郎訳　筑摩書房
『古代エジプトの神々』三笠宮崇仁著　日本放送出版協会
《生活、文化、スフィンクス、その他》
『図説古代エジプト生活誌　上・下巻』E・ストロウハル著　内田杉彦訳　原書房
『四大文明　エジプト』吉村作治、後藤健、NHKスペシャル「四大文明」プロジェクト編著　日本放送出版協会
『イシスの娘』J・ティルディスレイ著　細川晶訳　新書館
『古代オリエント集』（筑摩世界文学大系）屋形禎亮、杉勇訳　筑摩書房
『スフィンクスの秘密』S・ハッサン著　酒井傳六訳　社会思想社
『ヒエログリフをひらく』松本弥著　弥呂久
『エジプト―ヘロドトスの旅した国』J・ラカリエール解説　幸田礼雅訳　新評論
『古代文明の謎はどこまで解けたかI』P・ジェイムズ、N・ソープ著　福岡洋一訳　皆神龍太郎監修　太田出版
『古代エジプト』（ニュートンムック古代遺跡シリーズ）L・マンフレーディ、G・ロサーティ著　J・カセッリ監修　土井満寿美訳　ニュートンプレス
『シリウス・コネクション』M・ホープ著　荒俣宏監訳　徳間書店
『スフィンクスの眼』E・V・デーニケン著　井上正訳　新紀元社
（以上、敬称、副題省略）
カテゴリー分けしていますが、すべて関連しています。

國家圖書館出版品預行編目資料

漫畫圖解・不可思議的埃及古文明／芝崎みゆき 圖．文；許晴舒譯．－三版．－新北市：如果出版：大雁出版基地發行，2024.10
面；公分
譯自：古代エジプトうんちく図鑑
ISBN 978-626-7498-35-4（平裝）
1. 遊記 2. 漫畫 3. 埃及

761.89 113012795

漫畫圖解・不可思議的埃及古文明
古代エジプトうんちく図鑑

作者／芝崎みゆき
譯者／許晴舒
封面設計／萬勝安
美術編輯／莊煦初
責任編輯／林慧雯、張海靜、劉文駿、林潔如
行銷業務／王綬晨、邱紹溢、劉文雅
行銷企劃／黃羿潔
副總編輯／張海靜
總編輯／王思迅
發行人／蘇拾平
出版／如果出版
發行／大雁出版基地
地址／231030 新北市新店區北新路三段 207-3 號 5 樓 4
電話／（02）8913-1005
傳真／（02）8913-1056
讀者傳真服務／（02）8913-1056
讀者服務 E-mail／andbooks@andbooks.com.tw
劃撥帳號／19983379
戶名／大雁文化事業股份有限公司
出版日期／2024 年 10 月 三版
定價／430 元
ISBN／978-626-7498-35-4